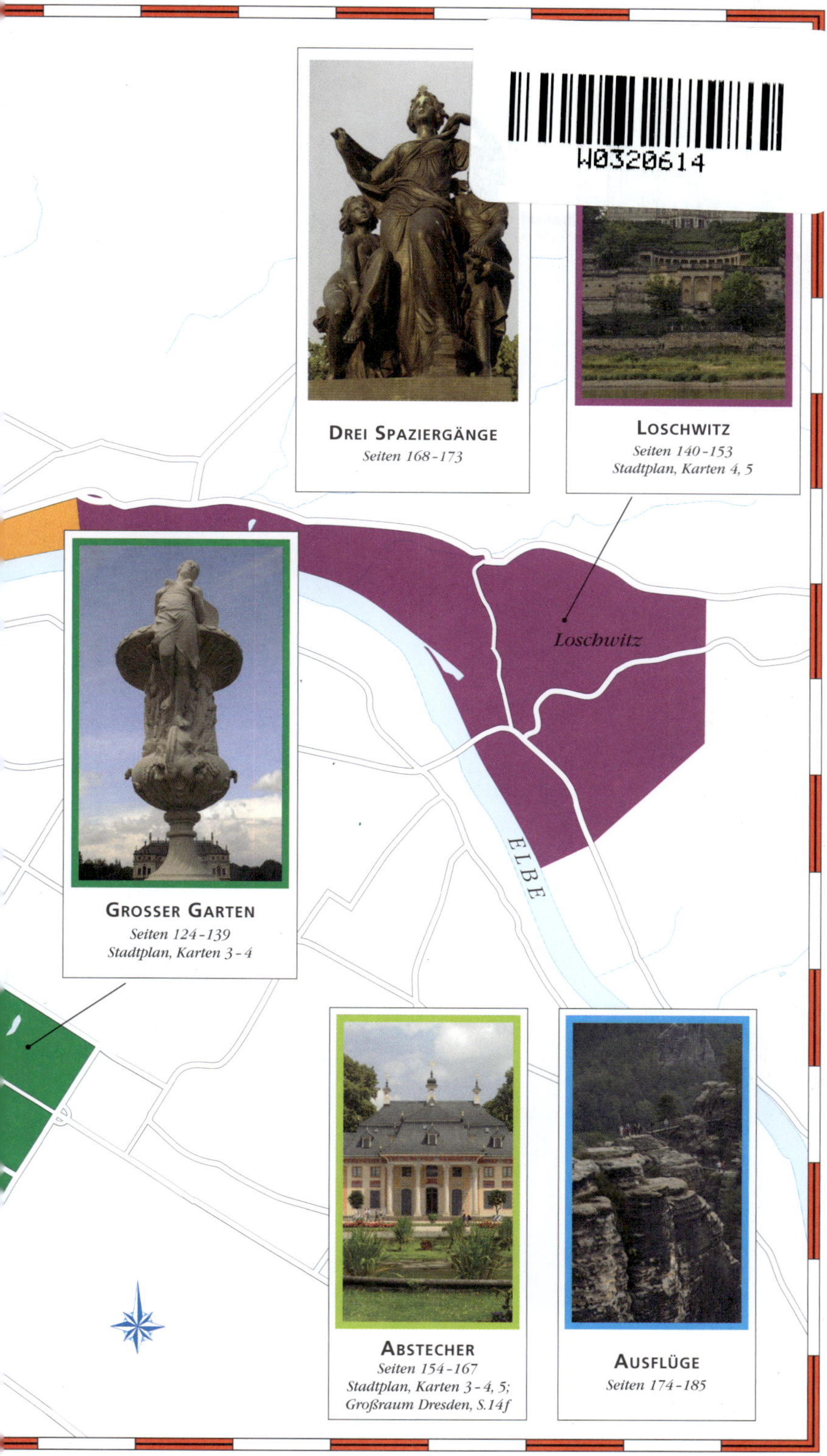
DREI SPAZIERGÄNGE
Seiten 168-173
LOSCHWITZ
Seiten 140-153
Stadtplan, Karten 4, 5
Loschwitz
GROSSER GARTEN
Seiten 124-139
Stadtplan, Karten 3-4
ELBE
ABSTECHER
Seiten 154-167
Stadtplan, Karten 3-4, 5;
Großraum Dresden, S.14f
AUSFLÜGE
Seiten 174-185

VIS à VIS

DRESDEN

VIS à VIS

DRESDEN

Autor: GERHARD BRUSCHKE

DORLING KINDERSLEY
LONDON • NEW YORK • MÜNCHEN
MELBOURNE • DELHI
www.dk.com

EIN DORLING KINDERSLEY BUCH

www.traveldk.com

PRODUKTION
Dorling Kindersley Verlag GmbH, München

PROGRAMMLEITUNG
Dr. Jörg Theilacker, Dorling Kindersley Verlag

PROJEKTLEITUNG
Stefanie Franz, Dorling Kindersley Verlag

TEXT
Gerhard Bruschke

FOTOGRAFIEN
Olaf Kalugin, Barbara Kimmerle

ILLUSTRATIONEN
Branimir Georgiev, Maria-Magdalena Renker, Eva Sixt

KARTOGRAFIE
Kartographie Huber, München
Anja Richter, Mare e Monte Kartografie, München
für Dorling Kindersley Verlag GmbH, München;
Cartography Dorling Kindersley Ltd., London

GESTALTUNG
Anja Richter, Visuelle Kommunikation, München

REDAKTION
Brigitte Maier, Konzept & Text, München;
Dr. Gabriele Rupp, München

BILDREDAKTION
Stefanie Franz, Dorling Kindersley Verlag

SCHLUSSREDAKTION
Philip Anton, Köln

SATZ UND PRODUKTION
Dorling Kindersley Verlag

LITHOGRAFIE
Felix Krammer, München; Farbsatz, Neuried

DRUCK
L. Rex Printing Co. Ltd., China

Zuerst erschienen 2010 in Deutschland
bei Dorling Kindersley Verlag GmbH
A Penguin Company

Aktualisierte Auflage 2010/2011

ISBN 978-3-8310-1363-0
1 2 3 4 5 14 13 12 11 10

Dieser Reiseführer wird regelmäßig aktualisiert. Angaben wie Telefonnummern, Öffnungszeiten, Adressen, Preise und Fahrpläne können sich jedoch ändern. Der Verlag kann für fehlerhafte oder veraltete Angaben nicht haftbar gemacht werden. Für Hinweise, Verbesserungsvorschläge und Korrekturen ist der Verlag dankbar. Bitte richten Sie Ihr Schreiben an:

Dorling Kindersley Verlag GmbH
Redaktion Reiseführer
Arnulfstraße 124 • 80636 München
travel@dk-germany.de

◁ **Panometer** ***(siehe S. 139)***
◁◁ **Umschlag: Frauenkirche** ***(siehe S. 98–101)***

INHALT

Figur auf dem Dach des art'otel ***(siehe S. 192)***

DRESDEN STELLT SICH VOR

Dampferparade auf der Elbe zum Dresdner Stadtfest ***(siehe S. 46f)***

Rathaus mit goldenem Tor und Löwe *(siehe S. 106)*

Die Stadtteile Dresdens

Kunstakademie an der Brühlschen Terrasse *(siehe S. 94f)*

Zu Gast in Dresden

Dresdner Stollen – eine weltberühmte Spezialität *(siehe S. 201)*

Grundinformationen

Kindermuseum im Deutschen Hygiene-Museum *(siehe S. 131)*

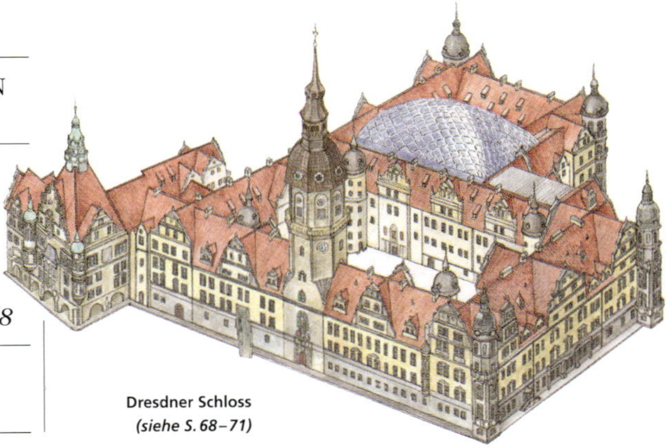

Dresdner Schloss *(siehe S. 68–71)*

BENUTZERHINWEISE

Dieser Reiseführer beleuchtet die Elbmetropole Dresden in all ihren Facetten – zur Einstimmung auf die Reise, als Wegbegleiter vor Ort und zum Schmökern nach der Rückkehr. Das Kapitel *Dresden stellt sich vor* zeigt die geografische Lage, spannt den historischen Bogen von den Ursprüngen bis heute und präsentiert die architektonischen und kulturellen Höhepunkte sowie Dresdens Flusspanorama. *Die Stadtteile Dresdens* beschreibt die Sehenswürdigkeiten der Stadt mit Texten, Karten, Fotos und Illustrationen. Auch Attraktionen der Umgebung bis zur Sächsischen Schweiz werden vorgestellt. Hotels, Restaurants, Shopping und Unterhaltung, Sport und Kinder sind die Themen im Kapitel *Zu Gast in Dresden*. Die *Grundinformationen* bieten Tipps für Ihren Aufenthalt, zur Anreise und zur Fortbewegung in Dresden. Mit dem *Stadtplan* auf den Seiten 248–257 finden Sie sich im »Elbflorenz« bestens zurecht.

ORIENTIERUNG IN DRESDEN

Dresden ist in diesem Reiseführer in fünf Stadtteile gegliedert. Jedes Kapitel beginnt mit einem Kurzporträt, das auf den besonderen Charakter des Viertels eingeht. Zur besseren Orientierung ist jedem Stadtviertel eine eigene Farbe zugeordnet.

1 Stadtteilkarte
Die Sehenswürdigkeiten eines Stadtteils sind hier nummeriert und nach Kategorien aufgelistet. Der auf der folgenden Detailkarte dargestellte Bereich ist rosa markiert.

Jeder Stadtteil hat eine Farbcodierung.

Orientierungskarte

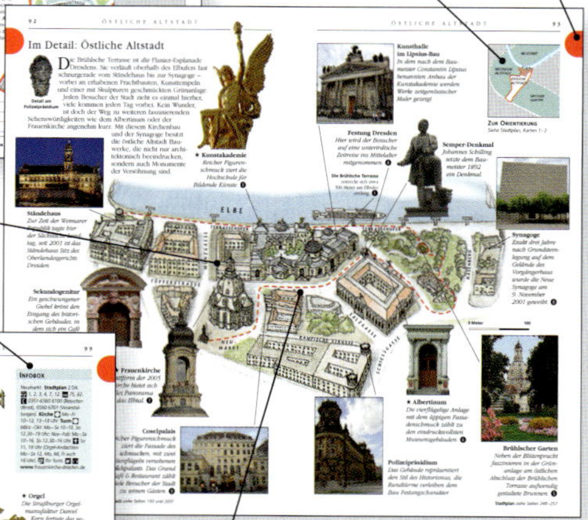

2 Detailkarte
Sie zeigt die wichtigsten Sehenswürdigkeiten des Stadtteils und eine Routenempfehlung. Die Vogelperspektive bietet den perfekten Überblick.

Die Infobox enthält alle praktischen Informationen.

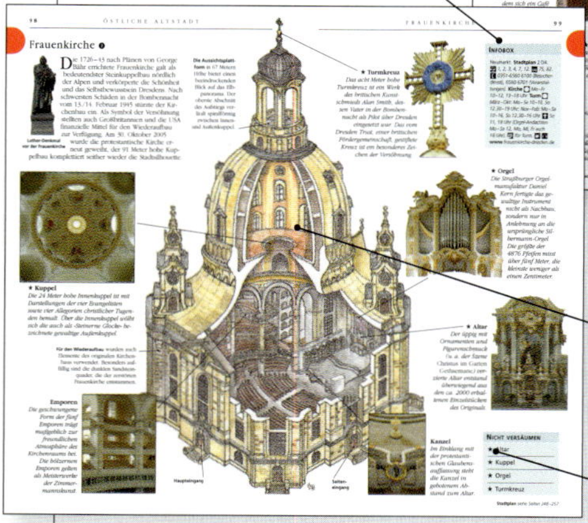

Die Routenempfehlung leitet Sie durch die spannendsten Straßen des Viertels.

3 Hauptsehenswürdigkeiten
Die Highlights von Dresden werden jeweils auf mehreren Seiten präsentiert. Illustrationen bieten aufschlussreiche Einblicke.

Sterne markieren Sehenswürdigkeiten, die Sie auf keinen Fall verpassen sollten.

Die Stadtteile Dresdens

Die Farbflächen auf dieser Karte *(vordere Umschlaginnenseiten)* markieren die fünf wichtigsten Viertel der Stadt: Sie werden im Kapitel *Die Stadtteile Dresdens (S. 58–185)* detailliert beschrieben. Diese Farbcodierung ist Ihr Wegweiser durch das Buch. Das Kapitel *Dresden im Überblick (S. 28–45)* präsentiert die wichtigsten Sehenswürdigkeiten der Stadt. *Drei Spaziergänge (S. 168–173)* führen Sie zwischen den Top-Attraktionen auch zu einigen weniger bekannten, aber nicht weniger interessanten Orten.

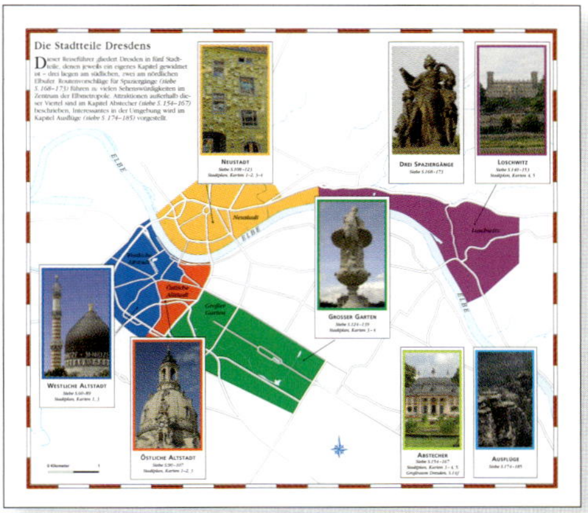

4 Detaillierte Informationen

Wichtige Attraktionen werden hier einzeln beschrieben. Die Reihenfolge entspricht der Nummerierung in den Stadtteil- und Detailkarten.

Der Infoblock bietet praktische Informationen auf einen Blick. Die Erklärung der Symbole finden Sie auf der hinteren Umschlagklappe.

Farbflächen symbolisieren einzelne Sammlungen. Lage und Größe jeder Abteilung werden somit auf einen Blick klar.

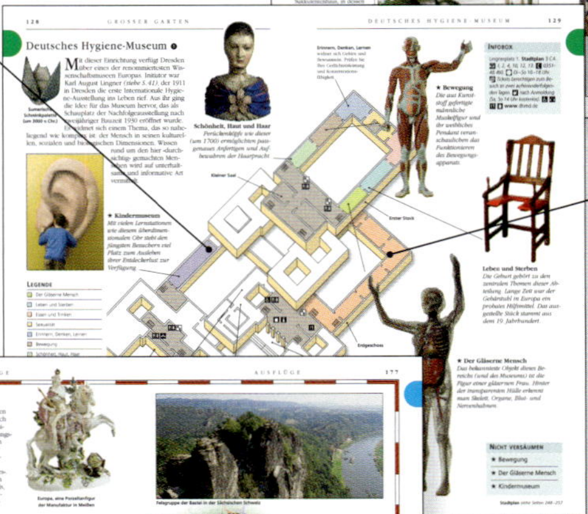

5 Museumsgrundriss

Mit dieser Übersicht können Sie sich ideal auf Ihren Museumsbesuch vorbereiten. Fotos zeigen einige der zentralen Objekte.

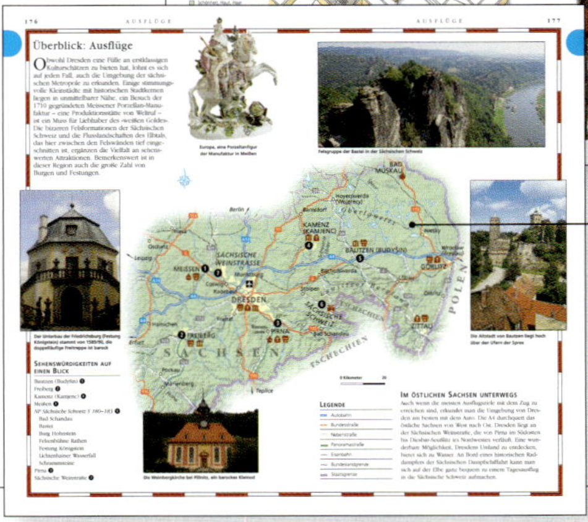

6 Regionalkarte

Diese Karte bietet einen klaren Überblick über Ziele in der Umgebung von Dresden. Die eingetragenen Sehenswürdigkeiten sowie der Verlauf von Autobahnen, Hauptstraßen und Eisenbahnlinien erleichtern Ihre Reiseplanung.

Dresden stellt sich vor

Vier Tage in Dresden

Dresden gehört zu den beliebtesten Reisezielen Deutschlands, und zu Recht haben Besucher ein Hauptinteresse: die prachtvolle Architektur und die überragenden Kunstsammlungen, die der Stadt den Beinamen »Elbflorenz« eingebracht haben. Doch Dresden hat noch mehr zu bieten: Bei einem Tag an und auf der Elbe erleben Sie wundervolle Schlösser und Stimmungen. Ebenso spannend wie entspannend sind die Grünanlagen, die auch für Familien jede Menge bieten. Die Preisangaben beinhalten Kosten für Anfahrt, Essen und Eintritt.

***Zephyr und Flora* in Großsedlitz**

Kunst und Architektur

- **Gesamtkunstwerk Zwinger**
- **Barockensemble am Theaterplatz**
- **Frauenkirche mit Kuppelaufstieg**
- **Japanisches Palais**

Zwei Erwachsene etwa 80 €

Vormittag

Dresden ist mit kunsthistorischen Schätzen reich gesegnet. Prachtvoll und beeindruckend präsentiert sich der **Zwinger** *(siehe S. 76–81)*. Er beherbergt u. a. die wertvolle Porzellansammlung und die Gemäldegalerie Alte Meister, die zu den beeindruckendsten Sammlungen europäischer Malerei zählt. Bauwerke wie **Semperoper** *(siehe S. 84–87)*, **Kathedrale** *(siehe S. 64f)* und **Schloss** *(siehe S. 68–71)* bilden den würdevollen Rahmen für den **Theaterplatz** *(siehe S. 83)*, der unbestritten zu den schönsten Plätzen Europas zählt. Sightseeing macht hungrig: Die Cafés und Restaurants auf der Brühlschen Terrasse bieten bei gutem Wetter draußen Tische mit Elbblick.

Theaterplatz mit Semperoper *(siehe S. 84–87)*

Nachmittag

Vorbei am **Fürstenzug** *(siehe S. 66)*, dem größten Porzellanbild der Welt, gelangen Sie zum Neumarkt mit der **Frauenkirche** *(siehe S. 98–101)* und ihrer markanten Kuppel. Von der Aussichtsplattform in 67 Metern Höhe können Sie die ganze Stadt überblicken.

Nach dem Überqueren der Augustusbrücke zu Fuß oder mit der Straßenbahn befinden Sie sich in der Neustadt. Dort werden Sie vom **Goldenen Reiter** *(siehe S. 112)* empfangen, dem vergoldeten Reiterstandbild Augusts des Starken. Auf diesen Monarchen geht auch die Planung des **Japanischen Palais** *(siehe S. 114f)* zurück.

Ein Tag an der Elbe

- **Canaletto-Blick**
- **Picknick am Elbufer**
- **Elbschlösser**
- **Blaues Wunder**

Zwei Erwachsene etwa 60 €

Vormittag

Am besten leihen Sie sich ein Fahrrad, der Elberadweg *(siehe S. 50)* ist sehr gut ausgebaut. Zunächst genießen Sie die schönste Ansicht der Altstadt: Der weltberühmte **Canaletto-Blick** *(siehe S. 112)* bietet sich vom Neustädter Elbufer auf Höhe der Augustusbrücke. Vor allem im Sommer finden am Elbufer

Das wunderschöne Stadtensemble inspirierte Canaletto (1722–1780) zu einer Reihe von Gemälden

◁ **Die Allegorien der Künste auf dem Schmuckvorhang der Semperoper *(siehe S. 84–87)***

viele Events *(siehe S. 47)* statt, darunter das Elbhangfest und die Filmnächte nahe der Carolabrücke. Ein Idyll ist das **Waldschlösschen-Areal** *(siehe S. 153)*. Für ein Mittagessen eignet sich das Brauhaus am Waldschlösschen *(siehe S. 208)* – oder Sie picknicken direkt am Fluss.

Nachmittag

Weiter Richtung Osten erreichen Sie **Schloss Albrechtsberg**, das **Lingnerschloss** und **Schloss Eckberg** *(siehe S. 150f)*. Die drei Anlagen liegen romantisch am Elbhang und zählen zu den Perlen der sächsischen Schlossarchitektur. Vom **Körnerplatz** *(siehe S. 144)* in **Loschwitz** fahren Sie mit der Standseil- *(siehe S. 146)* oder der Schwebebahn *(siehe S. 148)* hinauf zu wunderbaren Aussichtspunkten. Zurück ins Zentrum kommen Sie nach Überqueren des **Blauen Wunders** *(siehe S. 144)* am Südufer der Elbe.

Natürlich können Sie Dresdens Flusslage auch nutzen, um den Tag zum großen Teil *auf* der Elbe zu verbringen. Schiffe laufen alle beschriebenen Orte an *(siehe S. 246f)*.

Grünes Dresden

- **Großer Garten**
- **Rhododendron- und Rosenzauber**
- **Dresdner Heide**
- **Barocke Schlossgärten**

Zwei Erwachsene etwa 80 €

Vormittag

Dresden zählt zu den grünsten Städten Europas. Zu beiden Seiten der Elbe erstrecken sich idyllische Parks und Gartenanlagen. Bei einem ausgedehnten Spaziergang durch den **Großen Garten** *(siehe S. 134–136)* wandeln Sie auf langen, von Skulpturen und Brunnen gesäumten Alleen und können den **Botanischen Garten** *(siehe S. 138)* oder sonntags und bei Sonderausstellungen die Skulpturenausstellung im **Palais** *(siehe S. 136)* besuchen. Zum Mittagessen bietet sich die Torwirtschaft (Ecke Hauptallee/Lennéstraße) an.

Nachmittag

Fahren Sie mit der Straßenbahn vom Lenneplatz zum **Rosengarten** *(siehe S. 121)*, der zur Blütezeit farbenprächtig leuchtet. Ein Stück flussaufwärts kommen Sie zum **Albertpark** *(siehe S. 152)*, dem südwestlichsten Teil der **Dresdner Heide** *(siehe S. 159)*, einem 50 Quadratkilometer großen Waldgebiet. Ein botanisches Kleinod ist der **Rhododendronpark** *(siehe S. 149)* in Wachwitz. Der Garten von **Schloss Pillnitz** *(siehe S. 164f)* und der **Barockgarten Großsedlitz** *(siehe S. 166f)* sind einen Ausflug wert.

Signal der Parkeisenbahn

Familientag

- **Bunte Indianerwelt**
- **Historische Eisenbahn**
- **Mitmachen im Museum**
- **Parkeisenbahn und Ruderpartie**

Familie (4 Personen) etwa 160 €

Vormittag

Für große und kleine Indianerfans ein absolutes Muss ist ein Besuch des **Karl-May-Museums** *(siehe S. 158)* in Radebeul, das Sie mit S-Bahn oder Auto erreichen. Der Weg lohnt sich, denn nirgendwo sonst kann man besser in die Welt von Winnetou & Co eintauchen – nicht nur während der Karl-May-Festtage im Mai. Der Museumsbesuch lässt sich ideal mit einer nostalgischen Eisenbahnfahrt verbinden: Zwischen Radebeul und Radeburg verkehrt seit 1884 eine dampfbetriebene **Schmalspureisenbahn** *(siehe S. 158)*. An allen Bahnhöfen findet man Lokale zum Mittagessen.

Deutsches Hygiene-Museum mit Kindermuseum *(siehe S. 128–131)*

Nachmittag

Ein Erlebnis für die ganze Familie ist ein Besuch des **Deutschen Hygiene-Museums** *(siehe S. 128–131)*, in dem Besucher nicht nur staunen dürfen, sondern auch zum Mitmachen animiert werden. Im angegliederten Kindermuseum gehen die Kleinen auf eine spannende Entdeckungsreise durch den menschlichen Körper. Anschließend kann man im Großen Garten eine Runde mit der **Parkeisenbahn** *(siehe S. 127)* drehen, den **Zoo** *(siehe S. 137)* besuchen und ein Ruderboot für eine Kahnpartie auf dem Carolasee mieten. Zum Abschluss gibt es einen Eisbecher im **Carolaschlösschen** *(siehe S. 136)*.

Lingnerschloss – eines von drei Schlössern *(siehe S. 150f)* am rechten Elbufer

Dresden auf der Karte

Dresden ist die Hauptstadt des Freistaats Sachsen und mit rund 516 000 Einwohnern sowie 328 Quadratkilometern Fläche auch dessen größte Stadt. Das Zentrum eines der wirtschaftlich dynamischsten Räume Deutschlands erstreckt sich zu beiden Seiten der Elbe. Wegen ihrer großartigen barocken Architektur trägt die Stadt den Beinamen »Elbflorenz«. Zugleich ist Dresden auch eine Kulturmetropole ersten Ranges.

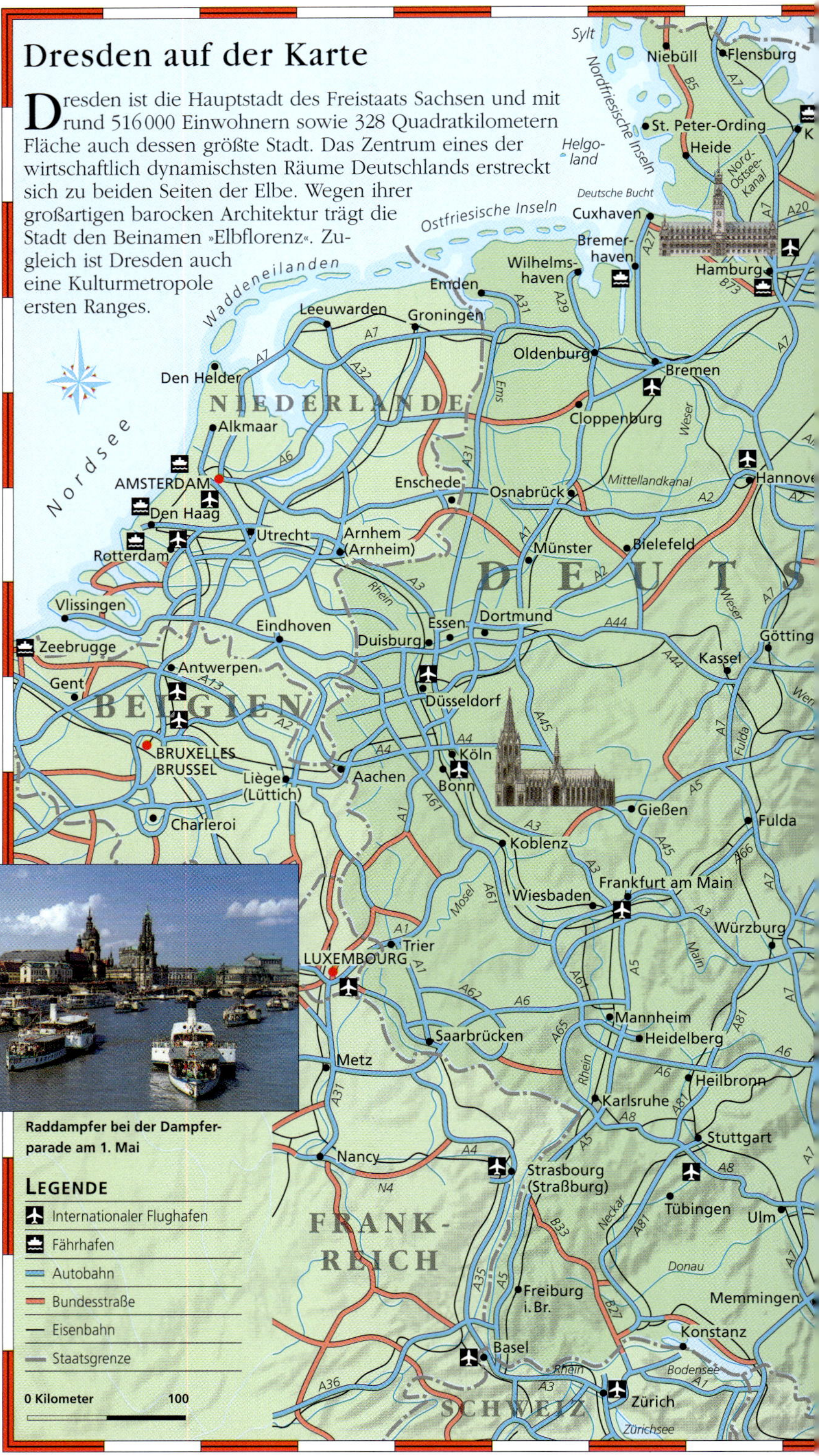

Raddampfer bei der Dampferparade am 1. Mai

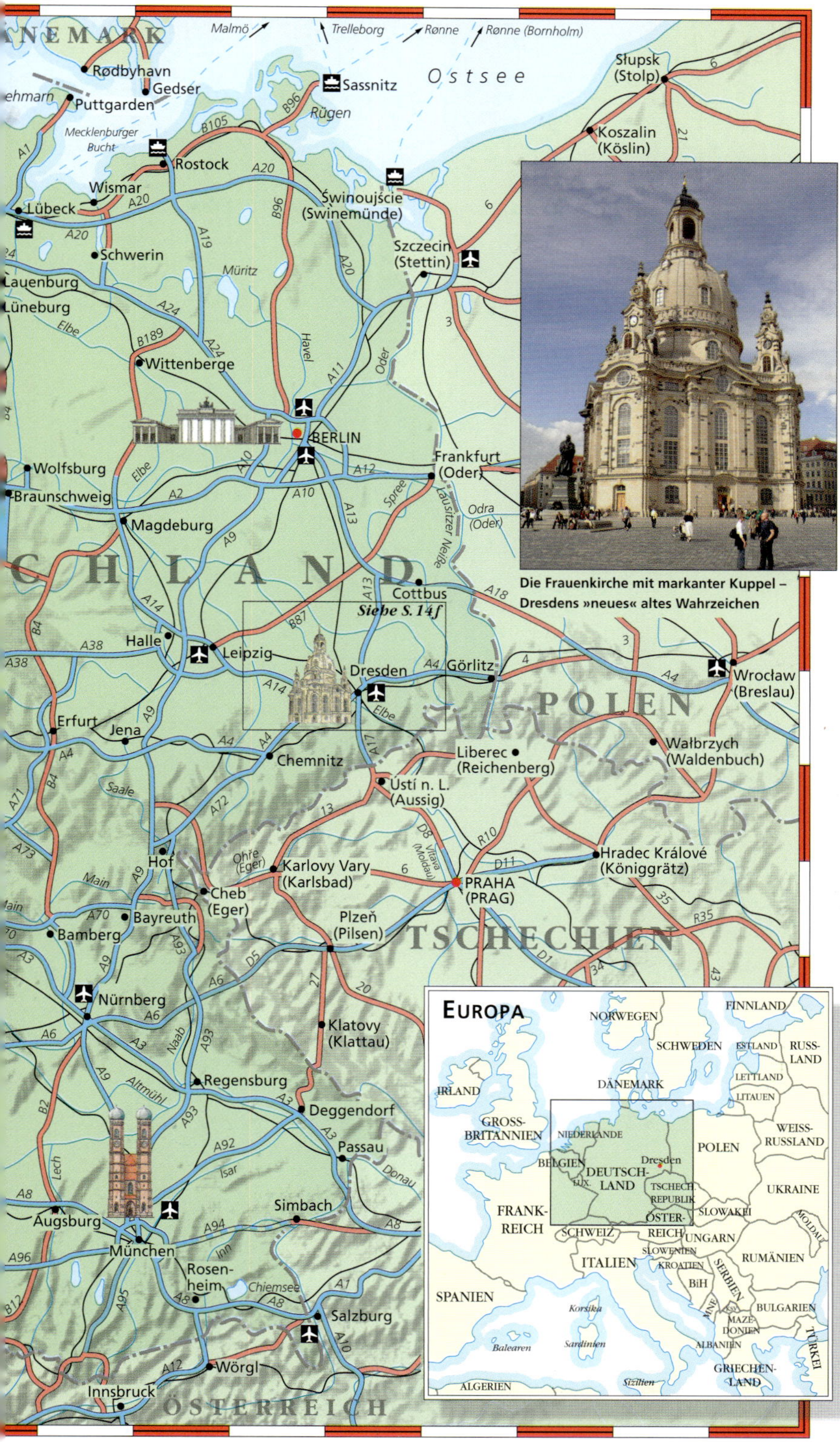

Die Frauenkirche mit markanter Kuppel – Dresdens »neues« altes Wahrzeichen

Großraum Dresden

Dresden ist nach Berlin, Hamburg und Köln die flächenmäßig viertgrößte Stadt in Deutschland. Durch Eingemeindungen breitete sich die Elbmetropole vor allem im 20. Jahrhundert weit in die Umgebung aus. Dresden gliedert sich in zehn Ortsämter (Altstadt, Blasewitz, Cotta, Klotzsche, Leuben, Loschwitz, Neustadt, Pieschen, Plauen, Prohlis) und neun Ortschaften (Altfranken, Cossebaude, Gompitz, Langebrück, Mobschatz, Oberwartha, Schönborn, Schönfeld-Weißig, Weixdorf).

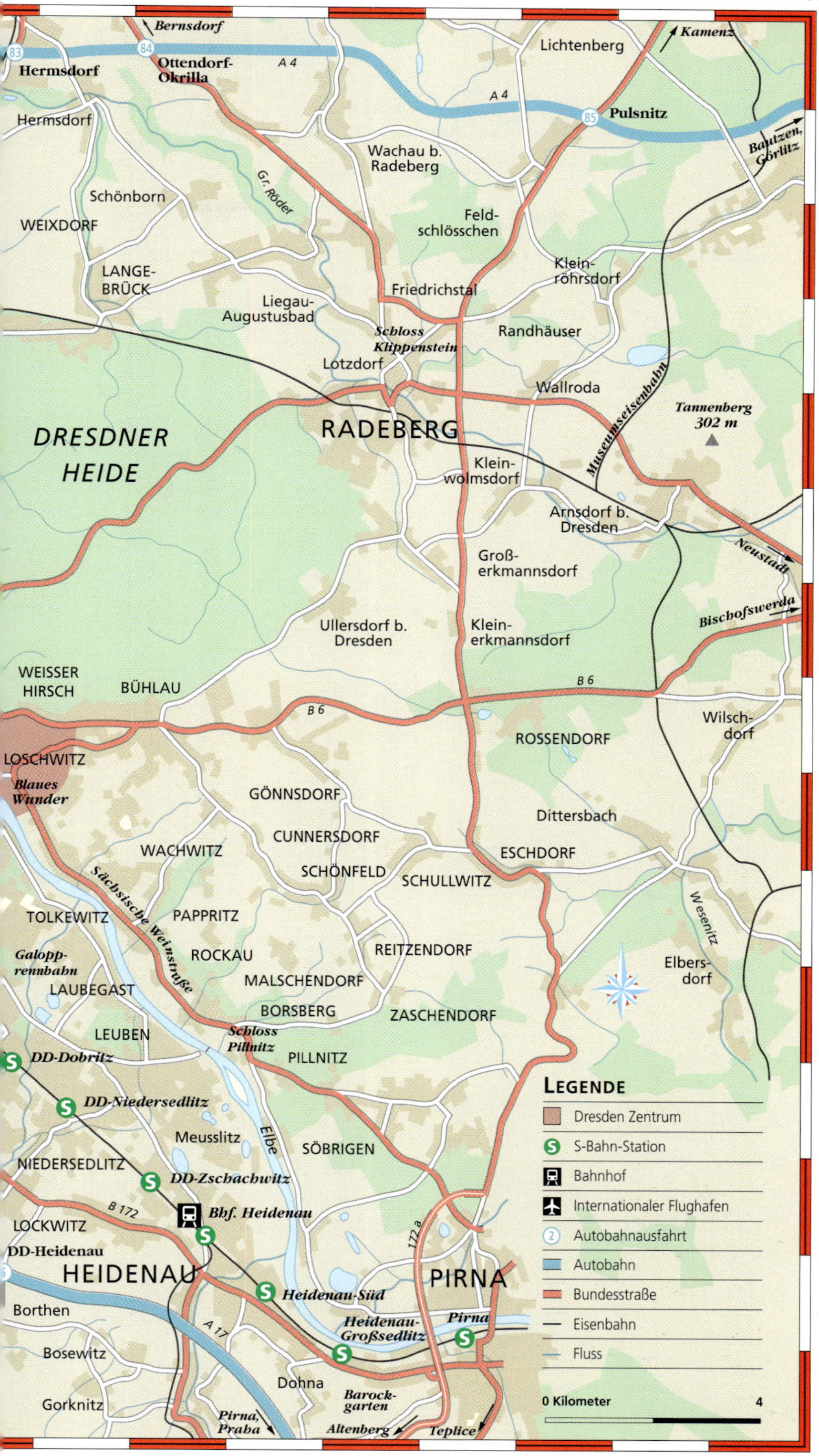
Bernsdorf
Hermsdorf
Ottendorf-Okrilla
A 4
Lichtenberg
Kamenz
Pulsnitz
Hermsdorf
Wachau b. Radeberg
Bautzen, Görlitz
Gr. Röder
Schönborn
WEIXDORF
Feld-schlösschen
LANGE-BRÜCK
Klein-röhrsdorf
Friedrichstal
Liegau-Augustusbad
Schloss Klippenstein
Randhäuser
Lotzdorf
Wallroda
Museumseisenbahn
Tannenberg 302 m
DRESDNER HEIDE
RADEBERG
Klein-wolmsdorf
Arnsdorf b. Dresden
Neustadt
Groß-erkmannsdorf
Bischofswerda
Ullersdorf b. Dresden
Klein-erkmannsdorf
WEISSER HIRSCH
BÜHLAU
B 6
Wilsch-dorf
ROSSENDORF
LOSCHWITZ
Blaues Wunder
GÖNNSDORF
Dittersbach
CUNNERSDORF
WACHWITZ
ESCHDORF
SCHÖNFELD
SCHULLWITZ
Sächsische Weinstraße
TOLKEWITZ
PAPPRITZ
Wesenitz
REITZENDORF
Galopp-rennbahn
ROCKAU
Elbers-dorf
MALSCHENDORF
LAUBEGAST
BORSBERG
ZASCHENDORF
LEUBEN
Schloss Pillnitz
PILLNITZ
DD-Dobritz
DD-Niedersedlitz
Meusslitz
Elbe
SÖBRIGEN
NIEDERSEDLITZ
DD-Zschachwitz
B 172
Bhf. Heidenau
LOCKWITZ
172 a
DD-Heidenau
HEIDENAU
PIRNA
Heidenau-Süd
Borthen
A 17
Heidenau-Großsedlitz
Pirna
Bosewitz
Dohna
Barock-garten
Gorknitz
Pirna, Praha
Altenberg
Teplice
LEGENDE
Dresden Zentrum
S-Bahn-Station
Bahnhof
Internationaler Flughafen
Autobahnausfahrt
Autobahn
Bundesstraße
Eisenbahn
Fluss
0 Kilometer 4

Dresdens Innenstadt

Detail am Nymphenbad, Zwinger

Trotz seiner Vielzahl an Sehenswürdigkeiten ist das Zentrum von Sachsens Hauptstadt angenehm überschaubar. Die meisten Attraktionen kann man im Rahmen von Spaziergängen erreichen. Die Innenstadt ist in diesem Reiseführer in einzelne Stadtteile gegliedert, die alle eine eigene Farbcodierung aufweisen. Die Elbe, von mehreren Brücken überspannt, trennt Altstadt und Neustadt voneinander. Südöstlich der Altstadt erstreckt sich der weitläufige Große Garten, die größte Parkanlage der Stadt. Auch das Neustädter Elbufer bildet eine grüne Oase inmitten des lebendigen Stadtzentrums.

Yenidze – ein Hauch von Orient ***(siehe S. 88f)***

Zwinger
Mit dem Zwinger – hier durch den Wasservorhang am Postplatz gesehen – erreichte die barocke Baukunst in Dresden ihren Höhepunkt. Die Sammlungen in den Pavillons bergen erlesene Kunstschätze (siehe S. 76–79).

Semperoper
Das weltberühmte, von Gottfried Semper im Stil der italienischen Hochrenaissance erbaute Opernhaus ist das auffallendste Gebäude unter all den architektonischen Highlights am Theaterplatz (siehe S. 84–87).

Silhouette der Altstadt
Die Pracht der Altstadt zeigt sich vom Neustädter Elbufer. Hier bietet sich – sogar gerahmt – der Canaletto-Blick, die berühmteste Stadtansicht.

Goldener Reiter
Das Reiterstandbild am Eingang zur Neustadt zeigt August den Starken in Herrscherpose. Unter seiner Regentschaft (1694–1733) erlebte Dresden eine beispiellose kulturelle Blütezeit (siehe S. 112).

Gläserne Manufaktur
Das Glas-Stahl-Gebäude verkörpert das moderne Dresden: Die Fertigungsstätte für Luxuslimousinen besticht durch ihre transparente Architektur. Im Inneren eröffnet sich eine Erlebniswelt für Besucher (siehe S. 132f).

LEGENDE

- Hauptsehenswürdigkeit
- Fußgängerzone
- S-Bahn-Station
- Bahnhof
- Parken
- Information
- Post
- Krankenhaus

DIE GESCHICHTE DRESDENS

Die aus einer slawischen Siedlung hervorgegangene Stadt war jahrhundertelang ein Machtzentrum der Wettiner. Unter dieser Dynastie entstanden die Perlen barocker Baukunst, die den »Mythos Dresden« begründeten. Wiederholte Zerstörungen – vor allem durch die Luftangriffe 1945 – machten all die Pracht zunichte, bis vieles im »neuen« Dresden wiedererrichtet wurde.

FRÜHE BESIEDLUNG

Die ersten Siedlungen im Gebiet des heutigen Dresden entstanden in der Jungsteinzeit. Archäologische Funde sogenannter Kreisgrabenanlagen belegen eine Besiedlung im 6. Jahrtausend v. Chr. Diese abseits von Siedlungen gelegenen Bereiche dienten als Versammlungsplätze oder zur Verteidigung. Aus jener Zeit stammen zahlreiche Funde, etwa Steinwerkzeuge und Keramikscherben.

Heinrich I. (876–936), ab 919 König des Ostfrankenreichs

SORBISCHE LANDNAHME

Die in Sachsen siedelnden germanischen Stämme zogen in der Zeit der Völkerwanderung nach Westen. Ihnen folgten im 6. Jahrhundert die westslawischen Sorben, die sich in der von mildem Klima und fruchtbaren Böden geprägten Weitung des Elbtals niederließen. Der Wasserspiegel lag damals deutlich höher als heute, weite Teile des Ufers waren Sumpfland oder von Seen bedeckt. Die Besiedlung beschränkte sich auf höher gelegene Bereiche wie den Taschenberg und Gebiete um die heutigen Plätze Altmarkt und Neumarkt. Vermutlich geht der Name Dresden auf das sorbische Wort für Sumpfwaldbewohner (»drježdźany«) zurück.

BEGINN DER WETTINER-HERRSCHAFT

Im 10. Jahrhundert wurden die Sorben im Zuge der deutschen Ostkolonisation unterworfen. Machtzentrum war die 929 unter König Heinrich I. angelegte Burg Meißen, die wenige Jahrzehnte später auch Bischofssitz wurde. Von hier aus wurden die von Sorben bewohnten Gebiete christianisiert. Durch gezielte Ansiedlung von Bauern, Kaufleuten und Handwerkern aus deutschen Gebieten wurden die Sorben zu einer Minderheit. 1089 bekam Heinrich von Eilenburg die Markgrafschaft Meißen als Lehen. Damit begann die bis 1918 währende Herrschaft der Wettiner, die die Geschicke Sachsens mehr als 800 Jahre lang lenken sollten. 1144 errangen die Markgrafen von Meißen die Herrschaft über das Gebiet mit dem heutigen Dresden. Wenige Jahre später ließen sie einen Übergang über die Elbe sowie eine Burg errichten.

ZEITSKALA

6. Jh. Sorben besiedeln das Elbtal

Konrad der Große, Markgraf von Meißen

10. Jh. Unterwerfung der Sorben

1089 Beginn der Herrschaft der Wettiner

500 | 700 | 800 | 900 | 1100

Burg Meißen

929 Heinrich I. lässt Burg Meißen errichten

Otto der Reiche, Markgraf von Meißen

1144 Meißner Markgrafen erlangen die Herrschaft über die Region

◁ Kurfürst Friedrich August I. (August der Starke; um 1723) von Louis de Silvestre, Stadtmuseum *(siehe S. 103)*

Stadtgründung

Im 12. Jahrhundert erlebte Sachsen vor allem durch den Abbau von Silbererz bei Freiberg einen rasanten Aufschwung. Äußerst dienlich für den Handel war Dresdens Lage am Fluss sowie am Schnittpunkt der Handelsrouten von Meißen über Pirna nach Böhmen und von Nürnberg über Freiberg nach Krakau. In einem markgräflichen Dokument wurde »Dresdene« am 31. März 1206 erstmals urkundlich erwähnt. Dieses Datum gilt als Tag der Gründung Dresdens, dem 1292 die Stadtrechte verliehen wurden.

Loblied auf die Wettiner: Prolog des Fürstenzugs

Entwicklung der jungen Stadt

Rasch wurde die Befestigung der Stadt vorangetrieben. Stellten vorher Seen und Sumpfland einen natürlichen Schutzgürtel dar, erfolgte nun die bauliche Absicherung der Stadtgrenzen. Um 1216 war die von einem Graben umgebene Stadtmauer fertig. Jedes der vier in die Mauer eingelassenen Tore hatte eine Zugbrücke, die nachts geschlossen wurde. Für den Handel wichtig waren vor allem das Wilsche Tor im Westen, durch das die in Freiberg beginnende Silberstraße in die Stadt führte, und das Elbtor in Richtung Fluss. Mit großem Aufwand wurde auch der Elbübergang befestigt. Der Stabilisierung der hölzernen Brücke durch Steinpfeiler folgte die 1287 vollendete Umgestaltung zur Steinbrücke, der vermutlich ersten ihrer Art im gesamten Flussverlauf. Der beachtliche Brückenzoll stellte eine wichtige Einnahmequelle der wettinischen Landesherren dar. Wirtschaftlich von großer Bedeutung waren zudem die Tuchmacher, die sich als größte Handwerkerzunft in Dresden um 1380 eine Zunftordnung gaben. Im Jahr 1400 erließ die Stadt die »Dresdner Willkür« genannte Rechtssatzung.

Das 1350 erstmals erwähnte Altendresden am rechten Elbufer erhielt 1403 Stadtrechte. Der Ort auf dem Gebiet der heutigen Inneren Neustadt stand jedoch im Schatten von Dresden, innerhalb dessen Stadtmauern Mitte des 15. Jahrhunderts rund 6000 Menschen lebten. Maßgeblich für die wirtschaftliche Blütezeit war 1455 die Verleihung des Stapelrechts für den Elbhandel und des Niederlagerechts für Waren nach Böhmen. Damit wurden Kaufleute verpflichtet, ihre Waren vor ihrer Weiterreise ein paar Tage auf den Märkten der Stadt anzubieten.

Luther-Denkmal vor der Frauenkirche

Residenzstadt Dresden

Parallel zum Ausbau Dresdens als bedeutender Wirtschaftsstandort wurde die Stadt politisches Machtzentrum Sachsens. Nach dem Tod ihres Vaters Kurfürst Friedrich II. 1464 beschlossen die gemeinsam regierenden Brüder Kurfürst Ernst und Markgraf Albrecht die Verlegung der Residenz von Meißen

Zeitskala

1206 Erste urkundliche Erwähnung von »Dresdene«

1292 Dresden erhält Stadtrechte

Ältester Ratssiegelstempel mit dem Dresdner Stadtwappen

1350 Altendresden wird erstmals urkundlich erwähnt

1400 »Dresdner Willkür«

1200 | 1250 | 1300 | 1350 | 1400

Otto der Reiche und Albrecht der Stolze

1287 Erste Steinbrücke über die Elbe

1380 Zunftordnung der Tuchmacher

1403 Das rechtselbische Altendresden erhält Stadtrechte

nach Dresden. In der Folgezeit entstanden in der neuen Residenzstadt zahlreiche Repräsentationsbauten, das aus der Burg hervorgegangene Schloss wurde erweitert.

Ein Meilenstein für die politische Entwicklung war die Leipziger Teilung von 1485, in der die beiden Brüder den wettinischen Besitz unter sich aufteilten und fortan getrennt regierten. Kurfürst Ernst übernahm den thüringischen Teil des Gebiets und begründete die ernestinische Linie der Wettiner, Markgraf Albert herrschte über die sächsischen Gebiete und wurde damit der Stammvater der albertinischen Linie.

Perspektivische Ansicht Dresdens (um 1634)

Großbrand 1491

Beim Großbrand 1491 ging die halbe Stadt in Flammen auf. Beim Wiederaufbau wuchs das Stadtgebiet durch Einbeziehung von Vororten. Unter Herzog Heinrich dem Frommen (1539–41) wurde in Sachsen als erstem Flächenstaat in Deutschland die Reformation eingeführt. Heinrichs Bruder und Nachfolger Moritz (1541–53) sicherte Sachsen 1547 die Kurwürde. Dresden war nun Kurfürstliche Residenzstadt und Hauptstadt des führenden protestantischen Landes in Deutschland. 1549 erfolgte die Vereinigung von Dresden und Altendresden, die Einwohnerzahl lag damit bereits bei rund 8000.

Blütezeit

Dresden erlebte nun auch eine kulturelle Blütezeit. Kurfürst August (1553–86), unter dem sich Dresden zu einer prachtvollen Renaissance-Stadt entwickelte, ließ im Schloss die Kunstkammer einrichten und schuf damit den Grundstock aller späteren Kunstsammlungen Dresdens. Mit dem Hofkapellmeister Heinrich Schütz *(siehe S. 33)* erreichte das musikalische Leben in Dresden einen Höhepunkt.

Die bis 1591 massiv ausgebaute Stadtbefestigung hielt im Dreißigjährigen Krieg (1618–48) allen Angriffen stand. Die Stadt wurde nicht geplündert oder zerstört, litt jedoch schwer unter der Pest, der 1632/33 ein großer Teil der Bevölkerung zum Opfer fiel. 1685 zerstörte ein Großbrand weite Teile von Altendresden.

Ansicht von Dresden (um 1650) von Altendresden aus, in der Mitte die Augustusbrücke

1455 Verleihung von Stapel- und Niederlagerecht

1464 Dresden wird Residenzstadt

1485 Leipziger Teilung des wettinischen Besitzes

1491 Großbrand zerstört die Hälfte der Bausubstanz

1539 Einführung der Reformation in Sachsen

1547 Herzog Moritz sichert Sachsen die Kurwürde

1549 Vereinigung von Dresden und Altendresden

1591 Fertigstellung der Stadtbefestigung

1632/33 Dresden wird von der Pest heimgesucht

1685 Schwerer Großbrand in Altendresden

1450 | 1500 | 1550 | 1600 | 1650

Fürstenerker

Die Pest, der »Schwarze Tod«

Augusteisches Zeitalter

Mit dem Amtsantritt von Kurfürst Friedrich August I. (»August der Starke«; *siehe S. 45*) begann 1694 die klassische Periode Dresdens, die bis zum Beginn des Siebenjährigen Kriegs 1756 dauerte. Die verschwenderische Großzügigkeit des absolutistisch regierenden Herrschers manifestierte sich in rauschenden Hoffesten, aber vor allem in einer Vielzahl prunkvoller Barockbauten (u. a. Zwinger, Frauenkirche, Japanisches Palais, Schloss Pillnitz), die Dresdens Ruf als Metropole der Kunst und Architektur begründeten. August der Starke erlangte zwar 1697 die polnische Krone und häufte zahlreiche Titel an, dennoch konnten seine außenpolitischen Leistungen nicht mit seinem absolutistischen Repräsentationswillen Schritt halten: Im Nordischen Krieg war Sachsen 1706 zeitweise von schwedischen Truppen besetzt.

Friedrich August II. (1696–1763) im Jahr 1735

Friedrich August II., der Sohn und Nachfolger von August dem Starken, regierte von 1733 bis 1763. Unter ihm ging Sachsen in den Siebenjährigen Krieg (1756–63), in dem Dresden durch Artilleriebeschuss preußischer Truppen schwere Schäden erlitt.

Gottfried Semper (1803–1879)

Nach dem Siebenjährigen Krieg

Sachsens Staatskasse wurde durch die Reparationszahlungen an Preußen schwer belastet. Der Wiederaufbau von Wirtschaft und Handel schritt nur langsam voran. Bis 1800 gab es rund 20 neue Manufakturen. Die Resonanz auf die Französische Revolution 1789/1793 war in Dresden sehr verhalten, vereinzelte Streiks wurden gewaltsam niedergeschlagen.

Königreich Sachsen

Im Krieg gegen Napoléon war Sachsen zunächst Verbündeter Preußens. Nach der Besetzung durch französische Truppen und dem Beitritt zum Rheinbund wurde es 1806 Königreich. Kurfürst Friedrich August III. regierte als König Friedrich August I. von Sachsen, das nun an der Seite Frankreichs kämpfte. 1813 rückten russische Truppen in Dresden ein. Durch Beschluss des Wiener Kongresses 1815 musste Sachsen Teile seines Territoriums an Preußen abtreten, blieb aber weiterhin Königreich. In den folgenden Jahren der Abkehr von der großen politischen Bühne erlebten Kunst und Wissenschaft einen Aufschwung.

Friedrich August I., Sachsens erster König

Nach den Unruhen von 1830 erfolgten Reformen: In der 1831 verabschiedeten ersten Verfassung Sachsens wurden die königlichen Rechte eingeschränkt, den Bürgern wurde ein

Zeitskala

1694–1733 Ära August des Starken

Amtskette der Ratsmitglieder

1760 Schäden durch preußische Artillerieangriffe

Goldener Reiter

1700 | 1725 | 1750 | 1775 | 1800

1706 Besetzung durch schwedische Truppen

1756–63 Siebenjähriger Krieg

1785 Schiller verfasst die Ode *An die Freude* in Dresden

1806 Sachsen wird Königreich

1813 Einmarsch russischer Truppen

Christian G. Körners Vertonung (1785) von Schillers Ode *An die Freude*

beschränktes Wahlrecht eingeräumt. Mit dem Bau von Hochschuleinrichtungen (1828 Gründung der Technischen Bildungsanstalt) wuchs Dresdens Rolle als Bildungszentrum.

Nachdem man 1829 die Stadtbefestigung abgerissen hatte, breitete sich Dresden rasch aus. 1834 kam Gottfried Semper in die Residenzstadt und prägte die nun folgende Blütezeit der Baukunst entscheidend mit. Auch die Industrialisierung der Stadt schritt voran: 1837 ging mit der *Königin Maria* das erste Elbe-Dampfschiff auf Jungfernfahrt, 1839 wurde auf der Strecke Dresden–Leipzig mit der *Saxonia* die erste Dampflok Deutschlands in Betrieb genommen – beide Verkehrsmittel wurden in Dresden-Übigau produziert.

Reisekamera (um 1895)

Revolution und Gründerzeit

Die Revolution von 1848/49 erreichte ihren Höhepunkt in Dresden im Maiaufstand (3. bis 9. Mai 1849). Die Stadt erholte sich rasch von den Wirren und entwickelte sich zu einem Produktionsstandort u.a. des Maschinenbaus, der chemisch-pharmazeutischen Industrie und der Fotoindustrie. Auch Brauereien und Zigarettenfabriken entstanden. Das wirtschaftliche Wachstum fand seinen architektonischen Ausdruck im Bau zahlreicher Villen (u.a. in Loschwitz und rund um den Großen Garten). Ende des 19. Jahrhunderts entstanden bedeutende gründerzeitliche Bauten wie Albertinum, Kunstakademie und Sekundogenitur. Die Vorstädte wuchsen rasch und wurden schrittweise eingemeindet, die Einwohnerzahl stieg rasant: 1875 lebten rund 200 000 Menschen in der Stadt, um 1900 bereits eine halbe Million. Die Entwicklung zur Metropole wurde auch durch den Ausbau des Verkehrsnetzes ermöglicht: 1893 wurde die Elbbrücke Blaues Wunder eröffnet, zugleich ging die erste elektrische Straßenbahn in Betrieb, ab 1901 fuhr in Loschwitz die weltweit erste Schwebebahn. Der Aufbruch erfasste auch die Kunstszene: 1905 entstand in Dresden die Künstlervereinigung Brücke *(siehe S. 33)*, die dem Expressionismus starke Impulse gab. 1912 eröffnete das Festspielhaus Hellerau.

Blick über die Dresdner Altstadt nach Nordosten (um 1911)

Saxonia

1825 | **1850** | **1875** | **1900**

1828 Gründung der Technischen Bildungsanstalt

1831 Sachsen erhält Verfassung

1837 Erstes Elbe-Dampfschiff

1839 Eisenbahn Dresden–Leipzig

1849 Dresdner Maiaufstand

1862 Erste Zigarettenfabrik Deutschlands (Laferme)

1893 Hängebrücke Blaues Wunder fertiggestellt

1893 Erste elektrische Straßenbahn

1901 Erste Schwebebahn der Welt in Loschwitz

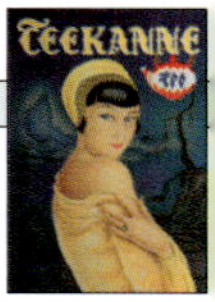

Ausstellungsplakat von Teekanne

Zwischen den Weltkriegen

Nach dem Ersten Weltkrieg (1914–18) zwang die Novemberrevolution von 1918 König Friedrich August III. zur Abdankung. Mit der Proklamation des Freistaats Sachsen endete die Ära Dresdens als Residenzstadt. In den 1920er Jahren wuchs das Stadtgebiet durch Eingemeindungen. Im künstlerischen Bereich wurden Akzente gesetzt: Maler wie Oskar Kokoschka oder Otto Dix wirkten an der Kunstakademie, Dix zählte zu den Begründern der Dresdner Sezession.

Mit der Machtergreifung der Nationalsozialisten 1933 kam die künstlerische Vielfalt Dresdens zum Erliegen. Wie überall in Deutschland wurden auch hier Juden und Regimegegner systematisch verfolgt, es gab Bücherverbrennungen und die Brandmarkung »entarteter Kunst«. In der Reichspogromnacht am 9. November 1938 ging die von Gottfried Semper erbaute Synagoge in Flammen auf. Von den 20 000 Juden, die 1933 in Dresden gelebt hatten, überlebten weniger als 200.

Dresden nach der Bombardierung 1945

Erinnerung an die Opfer auf dem Altmarkt

Untergang im Bombenhagel

Im Zweiten Weltkrieg (1939–45) blieb Dresden länger als viele andere deutsche Großstädte von Zerstörungen verschont. Doch in der Nacht vom 13. auf den 14. Februar – wenige Monate vor Kriegsende – wurde die Stadt in Schutt und Asche gelegt. Die Angriffe britischer und amerikanischer Bomberverbände zerstörten eine Fläche von rund 15 Quadratkilometern, darunter das gesamte Stadtzentrum. Offiziell starben rund 35 000 Menschen in dem Inferno – eine genaue Zahl der Opfer konnte nie ermittelt werden, da sich damals Tausende von Kriegsflüchtlingen in Dresden aufhielten. Viele Kulturdenkmäler stürzten in sich zusammen oder blieben – wie etwa das Schloss oder der Zwinger – als ausgebrannte Ruinen zurück.

Dresden in der Nachkriegszeit

Am 8. Mai 1945 marschierte die Rote Armee in die Stadt ein. Nach der Gründung der DDR am 7. Oktober 1949 übergab die Militärverwaltung der UdSSR die Verwaltungsvollmachten für Dresden an den Rat der Stadt. Mit der Gebietsreform 1952 erfolgten die Auflösung des Landes Sachsen und die Gründung der Bezirke Dresden, Leipzig und Karl-Marx-Stadt. Dresden wurde Bezirkshauptstadt.

Zeitskala

- **1905** Gründung der Künstlervereinigung Brücke
- **1911** Internationale Hygiene-Ausstellung
- **1919** Gründung der Dresdner Sezession
- **1925** Erster Rundfunksender Dresdens geht auf Sendung

Abendkleid (um 1925)

- **1935** Flughafen Dresden-Klotzsche wird eröffnet
- **9. Nov 1938** Reichspogromnacht (Zerstörung der Synagoge)
- **13./14. Feb 1945** Schwere Zerstörungen durch Bombenangriffe
- **8. Mai 1945** Einmarsch der Roten Armee
- **1963** Rekonstruktion des Zwingers abgeschlossen

1900 | 1910 | 1920 | 1930 | 1940 | 1950 | 1960

Statue einer Trümmerfrau

In den ersten Jahren nach dem Zweiten Weltkrieg waren die Errichtung von Wohngebäuden und die Instandsetzung der zerstörten Infrastruktur vorrangige Aufgaben. Daneben wurde der Wiederaufbau zerstörter Kulturdenkmäler vorangetrieben – bis 1963 war die Rekonstruktion des Zwingers abgeschlossen, auch Bauwerke wie Albertinum und Sekundogenitur waren wiederhergestellt. 1985 wurde am 40. Jahrestag der Zerstörung Dresdens die Semperoper mit einer Aufführung von Carl Maria von Webers *Der Freischütz* wiedereröffnet.

Vom kleinteiligen Grundriss des alten Dresden blieb jedoch wenig erhalten. Mit der von West nach Ost verlaufenden Ernst-Thälmann-Straße (heute Wilsdruffer Straße) und der Nord-Süd-Achse Leningrader Straße (heute Sankt Petersburger Straße) entstanden – typisch für sozialistische Stadtbilder – breite Haupttrassen, die sich für Aufmärsche (z. B. am 1. Mai) eigneten. Auch die Anlage von Plattenbauten war ein Bruch mit Dresdner Bautraditionen. Parallel dazu erfolgte die gezielte Förderung der Industrie. Es entstanden Betriebe für optische und elektronische Geräte, für Verpackungen und für Werkzeugmaschinen.

Wandgemälde (Ausschnitt) am Kulturpalast

Spiegel der Fluten Andernorts (2002) auf der Augustusbrücke

Gläserne Manufaktur – VW-Fabrik mit Kulturbetrieb

Dresden seit der Wende

Nach dem Beitritt der DDR zur Bundesrepublik 1990 wurde der Freistaat Sachsen mit Dresden als Landeshauptstadt (erneut) gegründet. Man förderte die wirtschaftliche Entwicklung durch die gezielte Ansiedlung von Hightech-Unternehmen, denen Dresden den Beinamen »Silicon Saxony« verdankt. Auch die 2002 eröffnete Gläserne Manufaktur, eine Produktionsstätte des VW-Konzerns, sowie das 2004 fertiggestellte Internationale Congress Center (ICC) werten den Wirtschaftsstandort Dresden auf. Die Schäden der Jahrhundertflut vom August 2002 konnten relativ zügig behoben werden.

Die im Zweiten Weltkrieg komplett zerstörte Frauenkirche wurde 2005 feierlich geweiht. Am Wiederaufbau hatten sich auch Amerikaner und Briten (vor allem Bürger von Dresdens Partnerstadt Coventry) durch Spenden beteiligt. Aus dem Mahnmal gegen den Krieg war ein Symbol der Versöhnung geworden. 2007 begann der lange Zeit kontrovers diskutierte Bau der Waldschlösschenbrücke über die Elbe. Das führte dazu, dass dem Dresdner Elbtal 2009 der Status einer Welterbestätte aberkannt wurde.

Logo der Musikfestspiele

1985 Wiedereröffnung der Semperoper

2001 Einweihung der Neuen Synagoge

2002 Jahrhundertflut

2005 Frauenkirche geweiht

2009 US-Präsident Barack Obama besucht Dresden

Jan Josef Liefers: Erinnerungen an seine Jugend in Dresden

1980 | **1990** | **2000** | **2010** | **2020**

1978 Dresdner Musikfestspiele werden erstmals veranstaltet

1987 Städtepartnerschaft mit Hamburg

1990 Dresden wird Hauptstadt des Freistaats Sachsen

2004 Dresdner Elbtal wird UNESCO-Welterbestätte

2007 Baubeginn der Waldschlösschenbrücke; der Brückenbau führt 2009 zur Aberkennung des UNESCO-Welterbetitels

Fürstenzug – Dokument der Wettiner-Herrschaft

Das Fürstengeschlecht der Wettiner regierte Sachsen von 1089 bis 1918 und lenkte damit auch die Geschicke des 1206 erstmals urkundlich erwähnten Dresden. 1464 erkoren die wettinischen Herrscher die Stadt zu ihrer Residenz. Die Rolle Dresdens als politisches Machtzentrum spiegelte sich in der Errichtung vieler repräsentativer Bauwerke wider. Ab 1806 regierten die Wettiner als Könige. Nach der Novemberrevolution 1918 dankte mit Friedrich August III. der letzte König aus der Dynastie der Wettiner ab.

Das riesige Porzellanbild an der Fassade des Langen Ganges (Augustusstraße) wurde zwischen 1904 und 1907 aus Fliesen der Meissener Porzellan-Manufaktur gefertigt. In chronologischer Reihe sind 35 überlebensgroße Markgrafen, Herzöge, Kurfürsten und Könige des über 800 Jahre herrschenden Fürstenhauses sowie viele weitere Personen zu sehen *(siehe auch S. 66)*.

Vorhut (u. a. Fanfarenbläser, Herolde, Bannerträger, Spielleute und Soldaten)

1307–24 Friedrich der Gebissene

1324–49 Friedrich II. der Ernsthafte

1349–81 Friedrich III. der Strenge

1381–1428 Friedrich I. der Streitbare

1464–86 Ernst

1486–1500 Albrecht der Beherzte

1428–64 Friedrich der Sanftmütige

1586–91 Christian I.

1591–1611 Christian II.

1611–56 Johann Georg I.

1656–80 Johann Georg II.

1680–91 Johann Georg III.

1691–94 Johann Georg IV.

1694–1733 August II. der Starke

1733–63 August III.

1763 Friedrich Christian

1763–1827 Friedrich Aug der Gerechte

1827–36 Anton der Gütige

»Lebendiger Fürstenzug«

Anlässlich der 800-Jahr-Feier der Stadt Dresden wurde das monumentale Wandbild zum Leben erweckt – am 27. August 2006 feierte der »Lebendige Fürstenzug« Premiere. Die Vorbereitungen für dieses festliche Ereignis nahmen mehrere Jahre in Anspruch. Die Herstellung der originalgetreu angefertigten Kostüme, Perücken und Rüstungen für die 94 Mitwirkenden erfolgte durch sächsische Handwerksbetriebe. Und der Aufwand lohnte sich: Den Umzug mit allen Figuren des Fürstenzuges erlebten nach offiziellen Schätzungen rund 1,5 Millionen Besucher.

Darsteller des »Lebendigen Fürstenzugs«, u. a. mit Kurfürst August dem Starken (2. von rechts)

1127–56 Konrad der Große

1156–90 Otto der Reiche

1190–95 Albrecht der Stolze

1195–1221 Dietrich der Bedrängte

1221–88 Heinrich der Erlauchte

1288–1307 Albrecht II. der Entartete

1486–1525 Friedrich der Weise

1525–32 Johann der Beständige

1532–47 Johann Friedrich der Großmütige

1500–39 Georg der Bärtige

1539–41 Heinrich der Fromme

1547–53 Moritz

1553–86 August I.

1836–54 Friedrich August II.

1854–73 Johann

1873–1902 Albert

1902–04 Georg

Nachhut (u. a. Studenten, Künstler, Wissenschaftler und Bauern)

JOHANN

Dresden im Überblick

Die Hauptstadt Sachsens gehört zu den kunsthistorisch reichsten Städten in Deutschland. Viele sächsische Regenten waren nicht nur Machthaber, sondern auch Förderer der Künste. Sie trugen Schätze aus aller Welt zusammen und legten wertvolle Sammlungen an, u.a. im Schloss, im Zwinger und im Albertinum. Auch monumentale Kirchenbauten wie die Frauenkirche und die Kathedrale prägen das Stadtbild. Die lange Musiktradition der Elbmetropole manifestiert sich in der Semperoper, einem der renommiertesten Opernhäuser der Welt. Doch neben einer schier unglaublichen barocken Pracht zeigt Dresden auch moderne Architektur, etwa die futuristisch anmutende Gläserne Manufaktur. Die folgenden Seiten geben einen Überblick über Highlights der Stadt: Meisterwerke der Architektur, Museen, Kirchen und Schlösser werden hier präsentiert. Diese zehn Attraktionen sollten Sie auf keinen Fall versäumen.

Zehn Hauptsehenswürdigkeiten von Dresden

Frauenkirche
Siehe S. 98–101

Kathedrale
Siehe S. 64f

Panometer
Siehe S. 139

Gläserne Manufaktur
Siehe S. 132f

Zwinger
Siehe S. 76–79

Schloss
Siehe S. 68–71

Albertinum
Siehe S. 96f

Semperoper
Siehe S. 84–87

Fürstenzug
Siehe S. 26f

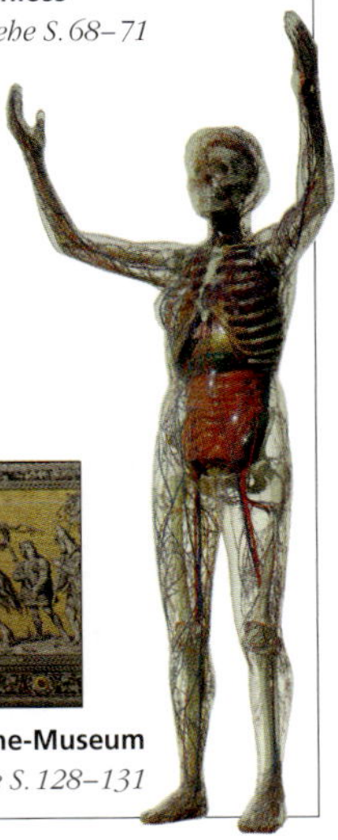

Deutsches Hygiene-Museum
Siehe S. 128–131

◁ **Reiterstandbild des Königs Johann von Sachsen (reg. 1854–73) vor der Semperoper** ***(siehe S. 84–87)***

Highlights: Architektur

Die Strahlkraft der Elbmetropole basiert nicht zuletzt auf ihrer einzigartigen Architektur. Vor allem unter August dem Starken *(siehe S. 22)* entstanden glanzvolle Bauwerke wie der Zwinger, die den Ruf Dresdens als »Perle des Barock« begründeten. Doch die Silhouette der Stadt wird nicht nur von eindrucksvoller Architektur früherer Jahrhunderte geprägt: Moderne Bauwerke wie das ICC Dresden, die Gläserne Manufaktur oder das Glaskugelhaus verkörpern das »neue« Dresden. Einen Hauch von Orient verströmt die Tabakfabrik Yenidze.

ICC Dresden
Kennzeichen des Kongresszentrums ist die asymmetrische Gestaltung mit geschwungenen Linien (siehe S. 88).

Yenidze
Wie eine Moschee mit Kuppel und Minarett wirkt die 1907–12 errichtete Tabakfabrik (siehe S. 88f).

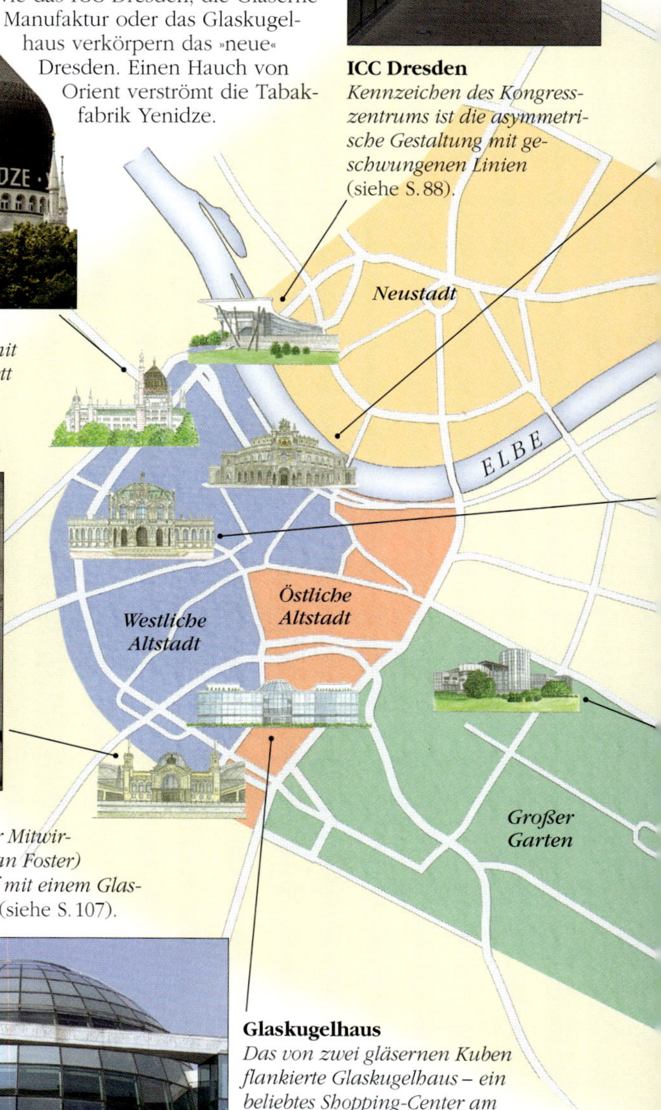

Hauptbahnhof
Beim Umbau (unter Mitwirkung von Sir Norman Foster) wurde der Bahnhof mit einem Glasfaserdach versehen (siehe S. 107).

Glaskugelhaus
Das von zwei gläsernen Kuben flankierte Glaskugelhaus – ein beliebtes Shopping-Center am Wiener Platz – setzt moderne architektonische Akzente in der Altstadt (siehe S. 107).

Semperoper
Prägende Elemente des Opernhauses sind das markante Eingangsportal und die zweigeschossige Bogenarchitektur (siehe S. 84–87).

Zwinger
Das Meisterwerk barocker Baukunst – einst Symbol höfischer Macht und Pracht – birgt kostbare Sammlungen (siehe S. 76–79).

Gläserne Manufaktur
Die futuristisch anmutende Glas-Stahl-Konstruktion ist Produktionsstätte für luxuriöse Limousinen (siehe S. 132f).

Blaues Wunder
Die 280 Meter lange Brücke wurde 1893 fertiggestellt und verbindet die Villengegend Blasewitz am linken mit Loschwitz am rechten Elbufer (siehe S. 144).

Künstler

Die Elbmetropole brachte auf vielen Gebieten namhafte Künstler hervor. Andere kamen (und blieben), um sich von der Stadt und ihrer Pracht inspirieren zu lassen. So entstanden in Dresden Meisterwerke der Kunst, die zu den bedeutendsten ihrer Zeit zählen. Ihren illustren Beinamen »Perle des Barock« verdankt die Stadt maßgeblich dem Baumeister Matthäus Daniel Pöppelmann. Dresdner Maler verschiedenster Epochen – von der Romantik bis zum Expressionismus – schufen stilbildende Werke. Eine ganze Reihe musikalischer Kompositionen und literarischer Werke ist untrennbar mit Dresden und der Semperoper verbunden.

Walter Reinhold schuf 1952 dieses Denkmal für die Trümmerfrauen

Unter dem Kronentor am Zwinger kann man promenieren

Architekten

Unter der Leitung von Matthäus Daniel Pöppelmann (1662–1736) entstand der Zwinger *(siehe S. 76–79)*, eines der herausragenden Gebäude des Spätbarock in Deutschland. Weitere Beispiele seiner Baukunst sind das Japanische Palais, Schloss Großsedlitz, die Dreikönigskirche und die Augustusbrücke. Einige Hauptwerke des protestantischen Kirchenbaus in Sachsen gehen auf George Bähr (1666–1738) zurück – darunter die Frauenkirche *(siehe S. 98–101)*, deren Fertigstellung er nicht mehr erlebte. Gottfried Semper (1803–1879) konzipierte in Dresden u. a. die Semperoper *(siehe S. 84–87)* und die Synagoge.

Rudolf Schilling (1859–1933) und Julius Graebner (1858–1917) schufen mit der Christuskirche (1902–05) den ersten modernen Kirchenbau in Deutschland. Vorwiegend außerhalb von Dresden für Furore sorgte der hier geborene Günter Behnisch (* 1922), nach dessen Plänen u. a. das Olympiagelände in München gestaltet wurde.

Maler

Ein Gemälde der Silhouette Dresdens verhalf dem Hofmaler Bernardo Bellotto (Canaletto; 1721–1780) – und der Stadt – zu Berühmtheit. Die 1748 festgehaltene Ansicht des südlichen Elbufers (Canaletto-Blick) gehört zu den weltweit bekanntesten Stadtansichten. Der ab 1798 in Dresden lebende Caspar David Friedrich (1774–1840) stellte Natur als Allegorie des menschlichen Lebens dar. Ebenfalls der Romantik sowie dem Biedermeier zugewandt war der Dresdner Ludwig Richter (1803–1884), der sich vor allem der Landschaftsmalerei widmete. Zum frühen Expressionismus werden die Bilder von Paula Modersohn-Becker (1876–1907) gezählt. Zu den zentralen Vertretern dieser Stilrichtung gehören die Maler der Brücke *(siehe Kasten)*. Otto Dix (1891–1969), Mitbegründer der Dresdner Sezession, schuf einige seiner von sozialkritischem Realismus geprägten Hauptwerke in Dresden. Die zeichnerische Interpretation literarischer Vorlagen war ein Sujet Josef Hegenbarths (1884–1962). Gerhard Richter (* 1932) ist einer der bedeutendsten deutschen bildenden Künstler.

Die weltberühmte Stadtansicht, die von Canaletto 1748 verewigt wurde

Bildhauer

Balthasar Permoser (1651–1732) kam 1689 nach Dresden und schuf hier u. a. Herkulesfiguren für den Großen Garten. Gemeinsam mit Pöppelmann erreichte er am Zwinger eine Verschmelzung von Bau- und Bildhauerkunst. Ernst Rietschel (1804–1861) zählt zu den bedeutendsten Bildhauern des Spätklassizismus. Er schuf das Denkmal König Friedrich Augusts I. vor dem Japanischen Palais und den plastischen Schmuck an vielen Gebäuden Dresdens. Weitere Skulpturen im Zentrum stammen u. a. von Ernst Hähnel (1811–1891), Heinrich Epler (1846–1905) und Walter Reinhold (1898–1982). Das bekannteste Werk des Kirchenraumgestalters Friedrich Press (1904–1990) ist die Pietà in der Kathedrale.

Musiker

Heinrich Schütz (1585–1672) war von 1617 bis zu seinem Tod Hofkapellmeister. Carl Maria von Weber (1786–1826) komponierte in Dresden einige Opern, darunter *Der Freischütz* und *Oberon*. Auch Richard Wagner (1813–1883) war in Dresden tätig: Hier entstand z. B. *Der Fliegende Holländer*. Paul Büttner (1870–1943) zählt zu den großen Sinfonikern des frühen 20. Jahrhunderts. Aus Dresden stammen auch der Opernkomponist Hugo Röhr (1866–1937) und der Sinfoniker Carl Ehrenberg (1878–1962).

Überwiegend dem Musiktheater widmet sich Udo Zimmermann (*1943), unter dessen Leitung 2003–08 das Festspielhaus Hellerau *(siehe S. 159)* zum Standort für wichtige Impulse der Gegenwartskunst wurde. Hartmut Haenchen (*1943), 2003–08 Intendant der Dresdner Musikfestspiele, gilt als einer der vielseitigsten Dirigenten des 20. Jahrhunderts.

Schriftsteller

In der Künstlerkolonie Loschwitz *(siehe S. 140–153)* verkehrten u. a. Johann Wolfgang von Goethe, Friedrich Schiller und Heinrich von Kleist. Schiller (1759–1805) verfasste bei einem seiner Aufenthalte in Dresden *Don Carlos* und die Ode *An die Freude*.

Karl May (1842–1912), der Schöpfer literarischer Helden wie Winnetou und Old Shatterhand, gehörte jahrzehntelang zu den meistgelesenen deutschen Schriftstellern. 1895 gab er seine Dresdner Wohnung auf und bezog ein herrschaftliches Anwesen in Radebeul *(siehe S. 158)*.

Vorwiegend für seine Kinderromane wie *Emil und die Detektive* oder *Pünktchen und Anton* berühmt wurde Erich Kästner (1899–1974), der u. a. auch als Drehbuchautor wirkte. Weitere aus Dresden stammende Literaten sind Wolfgang Hegewald (*1952), Verfasser von Erzählungen und Hörbüchern, der Essayist und Romanautor Ingo Schulze (*1962) sowie Uwe Tellkamp (*1968), der mit zahlreichen Literaturpreisen ausgezeichnet wurde.

Carl Maria von Weber am Theaterplatz

Johann Wolfgang von Goethe am Eingang der Semperoper

Schauspieler

Der Charakterdarsteller Gert Fröbe (1913–1988) spielte in zahllosen deutschen und internationalen Film- und Fernsehproduktionen (z. B. *Es geschah am hellichten Tag*, *Die Dreigroschenoper*, *August der Starke*). Weltruhm erlangte er als Goldfinger im gleichnamigen James-Bond-Film.

Karl May prägte das Indianer-Bild ganzer Generationen

Kurt Pratsch-Kaufmann (1906–1988) wirkte in vielen Heimatfilmen und Komödien mit, Horst Naumann (*1925) wurde durch die Fernsehserien *Schwarzwaldklinik* (als Dr. Römer) und *Traumschiff* (als Schiffsarzt Dr. Schröder) einem breiten Publikum bekannt. Den Sprung vom Teenager-Idol zum Mimen ernsthafter Rollen schaffte Thomas Fritsch (*1944), der überdies einer der gefragtesten deutschen Synchronsprecher ist.

Für seine Rolle im Fernsehfilm *Das Wunder von Lengede* wurde Jan Josef Liefers (*1964) 2004 mit dem Adolf-Grimme-Preis ausgezeichnet. Bei *Tatort*-Produktionen des WDR, die in Münster spielen, wirkt der beliebte Schauspieler seit 2002 als Rechtsmediziner bei der Aufklärung von Kriminalfällen mit.

Brücke

Der Beitrag Dresdens zur modernen Malerei wird vor allem von der einflussreichen Künstlervereinigung Brücke geprägt. Die Gruppe wurde 1905 von den vier Architekturstudenten Ernst Ludwig Kirchner, Erich Heckel, Karl Schmidt-Rottluff und Fritz Bleyl in Dresden gegründet, später traten ihr Emil Nolde, Max Pechstein und Otto Mueller bei. Die Werke dieser Maler brachen mit den ästhetischen Konventionen jener Zeit. Kontrastreiche Farben, kantige Formen, impulsive Pinselführung und Aufhebung traditioneller Proportionen und Perspektiven kennzeichnen das Werk der Brücke-Mitglieder, die dem Expressionismus in der deutschen Malerei außerordentliche Impulse gaben. Im Jahr 1913 löste sich die Gruppe auf.

Ernst L. Kirchner: *Selbstbildnis mit Modell*

Highlights: Museen und Sammlungen

Die meisten Schätze der Kulturmetropole sind in Museen öffentlich zugänglich. Einige Sammlungen, etwa die Galerie Alte Meister oder die Porzellansammlung im Zwinger, gehören zu den bedeutendsten ihrer Art. Andere Museen widmen sich der Stadtgeschichte, der Volkskunde oder den Naturwissenschaften sowie dem Vermächtnis einzelner Künstler. Einige dieser Kulturstätten bestechen nicht nur durch die Kleinode, die man bestaunen kann, sondern sind auch architektonische Sehenswürdigkeiten. Einmal im Jahr locken die Kulturstätten zur »Langen Nacht der Museen«.

Japanisches Palais
Das Palais präsentiert prähistorische und ethnologische Sammlungen (siehe S. 114f).

Zwinger
Die Pavillons des barocken Gesamtkunstwerks bergen die Porzellansammlung, die Rüstkammer, den Mathematisch-Physikalischen Salon (mit einer Globensammlung, links) und die Gemäldegalerie Alte Meister (siehe S. 76–83).

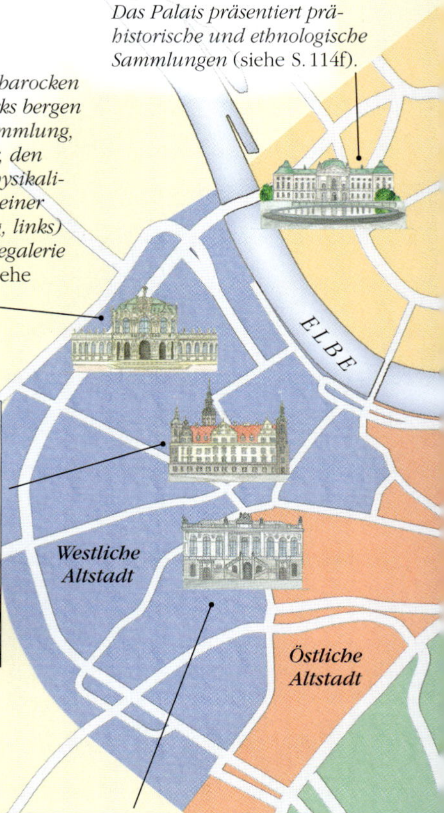

Grünes Gewölbe
Gold und Silber, Elfenbein und Edelsteine – die Sammlungen des Historischen und des Neuen Grünen Gewölbes im Schloss faszinieren durch ihre Pracht (siehe S. 70).

Johanneum
Das Gebäude mit dem prächtigen Treppenaufgang ist Sitz des Verkehrsmuseums, das vor allem für seine Sammlung historischer Eisenbahnen bekannt ist (siehe S. 72f).

Erich Kästner Museum
Auf der Gartenmauer vor dem Museum sitzt eine Bronzefigur, die den Dresdner Schriftsteller in jungen Jahren zeigt (siehe S. 120).

Militärhistorisches Museum
Vorherrschendes Thema des bedeutendsten Museums der Bundeswehr ist die deutsche Militärgeschichte seit dem Mittelalter (siehe S. 123).

Albertinum
Das Museum ist Standort der Galerie Neue Meister mit Werken von Paul Gauguin (links), Otto Dix und Oskar Kokoschka. Gerade wiedereröffnet ist die Skupturensammlung (siehe S. 96f).

Deutsches Hygiene-Museum
In diesem weltweit einmaligen Wissenschaftsmuseum dreht sich alles um den – hier transparent gemachten – Menschen (siehe S. 128–131).

Meissener Porzellan®

Bis ins frühe 18. Jahrhundert kannte man in Europa nur chinesisches Porzellan, und das Geheimnis der Porzellanherstellung wurde in China streng gehütet. Kurfürst August der Starke beauftragte Johann Friedrich Böttger und Ehrenfried Walther von Tschirnhaus, Porzellan herzustellen. 1707 waren die beiden, die unabhängig voneinander forschten, erfolgreich. Die Porzellan-Manufaktur in Meißen wurde 1710 gegründet und exportierte ab 1713 feinstes Porzellan. Bis 1863 wurde auf der Albrechtsburg produziert, danach in einem Werk im Triebischtal. Hier hat die Manufaktur auch heute noch ihren Sitz. Die ersten Porzellankünstler und -maler waren Johann Joachim Kändler und Johann Gregorius Höroldt.

Das Porzellan-Museum *wurde 1916 eröffnet. Es zeigt mit 3000 Exponaten die Entwicklung des Meissener Porzellans. In den Schauwerkstätten erleben Sie die Fertigung und Bemalung des »sächsischen Goldes«* (siehe S. 178).

Böttger-Steinzeug

Unabhängig von Ehrenfried Walther von Tschirnhaus stellte Johann Friedrich Böttger schon im Jahr 1707 festeres, von Rot bis Braun variierendes Steinzeug her. 1707 gelang von Tschirnhaus die Erfindung des weißen Porzellans, das sich als wesentlich härter und haltbarer als das chinesische Porzellan erwies.

Diese Teller und Schüsseln *sind typische Exemplare von Böttgers Steinzeug. Die einfache Form lehnt sich eng an die chinesischen Vorlagen an.*

Die dunkle Farbe wird durch den roten Ton erzeugt.

Der »Gelbe Löwe«, *ein Porzellanmotiv um das Jahr 1728, verzierte das erste Service der Manufaktur.*

Bei genauerem Hinsehen erweist sich der »Gelbe Löwe« als Tiger.

Chinesische Porzellanmotive

Bis ins 17. Jahrhundert wurde Porzellan aus China nach Europa importiert. Die ersten Stücke aus der sächsischen Produktion waren nur Kopien fernöstlicher Vorbilder. Die Figurinen und Gefäße aus Meißen wurden mit japanischen oder chinesischen Motiven bemalt. Nur die Service für den sächsischen Hof wurden mit einem eigens dafür entworfenen Design versehen. Besonders die Bildmotive »Roter Drache« und »Gelber Löwe« waren sehr beliebt. Da die chinesische Periode allerdings bald aus der Mode kam, setzten sich ab 1738 immer mehr europäische Barockszenen als Dekor für Porzellan durch.

Porzellanherstellung

Die Herstellungsmethoden haben sich durch die Jahrhunderte nur unwesentlich verändert. Das sogenannte »harte« Porzellan besteht aus Kaolin, Quarz und Feldspat. Alle Rohlinge werden getrocknet und gebrannt, die glasierten Stücke zweimal. Die Verzierungen können vor oder nach dem Brennvorgang aufgebracht werden. Handbemaltes und vergoldetes Porzellan erzielt bis heute Höchstpreise.

Bemalung von Porzellan in der Manufaktur

TISCHGESCHIRR

Schon Ende des 18. Jahrhunderts waren verschiedene Porzellandesigns im Handel. Die erfolgreichsten Service werden bis heute hergestellt. Die Porzellan-Manufaktur in Meißen entwarf im 18. Jahrhundert zwei berühmte Muster, das »Weinlaubmuster« und das »Zwiebelmuster«. Die von Generation zu Generation vererbten Service können noch heute durch Nachkauf vervollständigt und ergänzt werden.

Kaffeekanne und Tasse im kobaltblauen Zwiebelmuster sind mit Granatäpfeln und Pfirsichen verziert.

PORZELLAN MIT KUNSTMOTIVEN

Im 18. Jahrhundert begann man, Abbildungen berühmter Gemälde oder Stiche auf Vasen, Teller oder Tassen der Porzellane zu kopieren. Diese Art der Verzierung erreichte im Klassizismus und im Biedermeier ihren Höhepunkt, ein beliebtes Motiv war von 1775 bis 1790 etwa Goethes »Werther«.

Sorgsam und detailgenau wird der Stich auf eine Vase übertragen

Die von August dem Starken gegründete Porzellansammlung im Zwinger *(siehe S. 78)* zählt mit ca. 20 000 Objekten zu den größten und kostbarsten keramischen Sammlungen der Welt.

Vase mit dem Motiv eines Gemäldes von Antoine Watteau

SERVICE UND FIGURINEN

Hochrangige Künstler schufen außergewöhnliche Dekors und Einzelstücke für die königlichen Service der Porzellanhersteller in Meißen. Die berühmtesten Entwürfe kreierte Johann Joachim Kändler. Seine Figurinen und Vasen verzierten die Tafel des Königs oder standen in den Vitrinen wohlhabender Bürger. Ein Leipziger Bischof gab z. B. eine Figurengruppe kirchlicher Würdenträger für den Altar in Auftrag.

Schwanen-Service-Terrine

Diese Figurine stellt August III. dar

Figurine einer Hofdame von J. J. Kändler

DIE SIGNETS VON MEISSEN

Alle Porzellan-Manufakturen haben ihre eigenen Signets oder »Brandmarken«. Die Symbole werden meist unter der Glasur auf dem Boden des Stücks angebracht. In Meißen wurden zunächst japanische oder chinesische Kalligrafien imitiert. Danach gab es eine bestimmte Buchstabenkombination, seit 1722 markieren auch zwei gekreuzte Schwerter in blauer Farbe die Porzellanstücke aus Meißen. Die unteren Signets bezeichnen den jeweiligen königlichen Kunden.

Königliche Porzellan-Fabrik, Signet von 1723

Königliche Porzellan-Manufaktur, Signet in den Jahren 1722–25

Signets seit 1722

Augustus Rex, die Initialen von König August

Königliche Hof-Küche

Königliche Hof-Conditorei Warschau

Highlights: Kirchen

Die vielgestaltige Kirchenlandschaft Dresdens umfasst Gotteshäuser verschiedenster Epochen. Sie sind nicht nur bedeutende Kulturgüter und Baudenkmäler, sondern auch Dokumente der Stadtgeschichte. Neben monumentalen Barockkirchen (u. a. die Kathedrale und die Kreuzkirche) prägen Bauten der Moderne (etwa die Christuskirche) das Stadtbild. Wichtige Begegnungsstätten für ihre Gemeinden sind auch die Synagoge und die Russisch-Orthodoxe Kirche.

Dreikönigskirche
Das Gotteshaus birgt einen wertvollen Barockaltar (siehe S. 116).

Kathedrale
Die größte katholische Kirche in Sachsen besticht durch ihren filigranen Turm und den üppigen Skulpturenschmuck an der Fassade (siehe S. 64f).

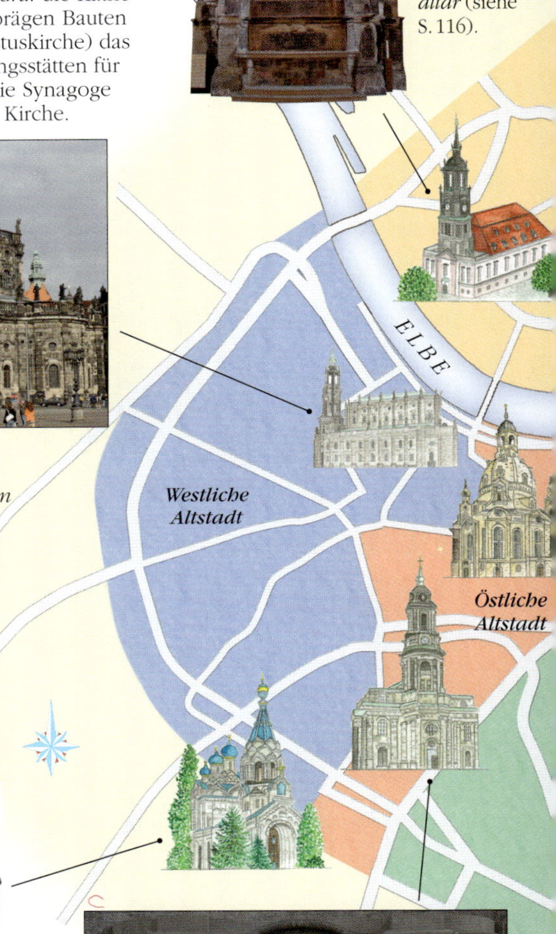

Russisch-Orthodoxe Kirche
Mit ihren Zwiebelkuppeln und vergoldeten Kreuzen erinnert die Kirche (19. Jh.) an den Stil altrussischer Sakralbauten.

Kreuzkirche
In der Heimstatt des Kreuzchors fand 1539 der erste protestantische Gottesdienst in Dresden statt (siehe S. 106).

Garnisonkirche
Das Gotteshaus entstand 1893–1900 als Simultankirche für die evangelische und die katholische Gemeinde (siehe S. 123).

Synagoge
Die 2001 geweihte Synagoge steht mit dem Gemeindezentrum (im Vordergrund) an der Stelle des von Gottfried Semper geschaffenen Vorgängerbaus (siehe S. 102).

Frauenkirche
Für den Neubau wurden viele Elemente der 1945 zerstörten Frauenkirche verwendet. Auch der Altar besteht zum Teil aus Einzelstücken des Originals (siehe S. 98–101).

Christuskirche
Als erster moderner Sakralbau Dresdens gilt die von einer streng wirkenden Doppelturmfassade geprägte Christuskirche (siehe S. 138).

Erfindungen aus Dresden

Dresdner sind traditionell für ihren Pioniergeist und ihre Innovationsfreude bekannt, auch wenn so manche Erfindung von »Zugereisten« gemacht wurde. Die Bandbreite an Innovationen reicht von technologischen wie der ersten deutschen Lokomotive oder der Spiegelreflexkamera bis zu Alltagsprodukten wie der Kaffee-Filtertüte oder dem Büstenhalter. Weltbekannt wurde die Stadt durch die Erfindung von Porzellan *(siehe S. 36f)*. Auch bei technologischen Innovationen im 21. Jahrhundert ist Dresden vorn dabei. Die Hochschulen und Forschungseinrichtungen der Stadt sind wahre Ideenschmieden, die Patentdichte ist mit 9,8 Patentanmeldungen je 100 000 Einwohner die höchste von allen Metropolregionen Deutschlands.

Die Schwebebahn in Loschwitz war die erste in Deutschland

Technik

Ein Meilenstein für die magnetische Aufzeichnung von Signalen – und damit auch für die Datenspeicherung – war die Erfindung des Tonbands. Der in Salzburg geborene Ingenieur Fritz Pfleumer (1881–1945), der ab 1897 in Dresden lebte, revolutionierte die Tonaufzeichnung, indem er mit Metallpulver beschichtete Papierstreifen verwendete – vorher benutzte man für Aufzeichnungen vor allem Stahldrähte. Auf Basis dieser Technik wurden später auch Audio- und Videokassetten entwickelt.

Zu den renommiertesten deutschen Naturwissenschaftlern des 20. Jahrhunderts zählt Manfred von Ardenne (1907–1997). 1931 präsentierte er auf der Berliner Funkausstellung die erste elektronische Übertragung eines Films. Dieses Ereignis gilt als Geburtsstunde des elektronischen Fernsehens. Von Ardenne war jedoch nicht nur ein Fernsehpionier. Auf ihn gehen auch der erste Breitbandverstärker und der Röntgenbildwandler zurück. In seinem 1955 in Dresden gegründeten Forschungsinstitut, das zur wichtigsten Forschungsstätte der DDR avancierte, widmete er sich vor allem der Elektronenmikroskopie.

Kleinbildkamera von Zeiss Ikon

Im Jahr 1932 brachte die Firmengruppe Zeiss Ikon (ZI), die ihren Hauptsitz in Dresden hatte, mit Contax die weltweit erste Kleinbildkamera auf den Markt. Sie fand schnell reißenden Absatz, und Zeiss Ikon entwickelte sich zeitweise zum größten Kameraproduzenten der Welt. Das Geschäft wurde durch Konkurrenz innerhalb der Stadt belebt: 1936 folgte die von der Ihagee (Industrie- und Handelsgesellschaft mbH) entwickelte erste Spiegelreflexkamera für Kleinbildfilme. Diese Kamera markiert den Anfang einer Modellreihe, auf der alle später entwickelten Kleinbild-Spiegelreflexkameras basieren.

Die Dampflok *Saxonia* fuhr zwischen Dresden und Leipzig

Verkehr

Wesentliche Innovationen im Bereich Verkehrsmittel stammen aus Dresden. Zu den Pionieren der industriellen Revolution in Deutschland gehört der Ingenieur Johann Andreas Schubert (1808–1870). Nachdem er ein Jahr zuvor die Maschinenbauanstalt Dresden-Übigau mitbegründet hatte, ging 1837 mit der *Königin Maria* das nach seinen Plänen konstruierte erste Elbe-Dampfschiff auf Jungfernfahrt.

Auf Schubert geht auch die Produktion der ersten Lokomotive in Deutschland zurück. Wie das Dampfschiff entstand die Dampflokomotive *Saxonia* in der Fabrik in Dresden-Übigau. Mit der Eröffnungsfahrt am 8. April 1839 wurde die erste Fernstrecke in Deutschland (Dresden–Leipzig) eingeweiht. Schubert erlebte die Fahrt auf dem Führerstand der Lokomotive. Die Höchstgeschwindigkeit des knapp neun Meter langen Zuges betrug 50 Stundenkilometer. Eine »Erfindung« der Dresdner Stadtväter ist die 1901 eröffnete Schwebebahn *(siehe S. 148)* in Loschwitz, die weltweit älteste ihrer Art.

Neben Verkehrsmitteln wurden in Dresden auch für die damalige Zeit neuartige technische Bauwerke geschaffen. Eine Meisterleistung der Ingenieurbaukunst ist das im Jahr 1893 fertiggestellte Blaue Wunder *(siehe S. 144)*, Dresdens bekannteste Brücke über die Elbe.

Genussmittel und Zubehör

Dass Erfindungen nicht nur akademisch geschulten Köpfen entspringen müssen, bewies 1908 die Dresdner Hausfrau Melitta Bentz (1873–1950; *siehe Kasten*). Um den Kaffeesatz von der Tasse fernzuhalten, stanzte sie Löcher in die Unterseite eines Metalltopfs und legte ein Löschblatt auf den Gefäßboden – der Kaffeefilter war erfunden. Die Kondensmilch zum Kaffee war schon vorher auf dem Markt: Erstmals in Deutschland wurde sie 1886 in Pfunds Molkerei *(siehe S. 120f)* in der Neustadt hergestellt.

Kreative Dresdner verwöhnten aber nicht nur Kaffeetrinker, sondern machten sich auch um die bequeme Zubereitung von Tee verdient. Das 1882 in Dresden gegründete Unternehmen Teekanne entwickelte 1929 eine neue Form der Portionierung, den Teebeutel. Für die Entwicklung entsprechender Packmaschinen sorgte das Unternehmen gleich mit.

Logo von Teekanne

Der Dresdner Robert Sputh erfand 1892 den Vorläufer des heutigen Bierdeckels. Er goss Papierbrei in Formen und ließ ihn trocknen. Die fünf Millimeter dicken Untersetzer hatten einen Durchmesser von 107 Millimetern und setzten sich wegen ihrer Saugfähigkeit gegenüber den vorher verwendeten Untersetzern aus Filz durch. Erfunden wurde das Pils zwar im tschechischen Pilsen, doch die 1872 vor den Toren Dresdens gegründete Radeberger Brauerei *(siehe S. 162)* war das erste Unternehmen, das in Deutschland Bier nach Pilsener Brauart produzierte. Die erste Milchschokolade wurde 1839 in der Dresdner Schokoladenfabrik Jordan & Timaeus hergestellt – Jahrzehnte bevor Schweizer Chocolatiers in dieser Richtung tätig wurden. Auch Köstlichkeiten wie Dresdner Stollen und Dominosteine stammen aus der Hauptstadt Sachsens.

Odolwerbung aus der Zeit um 1895

Bekleidung und Hygiene

In Sachsen, wo – nach einer alten Redewendung – die schönen Mädchen auf den Bäumen wachsen, sollte ihre Anmut in geordnete Bahnen gelenkt werden. Christine Hardt aus Dresden meldete 1899 das Patent für ein »Frauenleibchen als Brustträger« an. Es bestand aus zusammengeknüpften Taschentüchern und Männerhosenträgern, die sogar schon verstellbar waren.

Der erste Kaffeefilter

Frische Dresdner Atemluft als Welterfolg: Die Erfindung des Mundwassers Odol im Jahr 1892 geht auf Karl August Lingner (1861–1916) zurück, der nicht nur ein erfolgreicher Fabrikant, sondern auch ein engagierter Förderer der Volksgesundheit war. Lingner organisierte die 1911 im Großen Garten veranstaltete erste Internationale Hygiene-Ausstellung, aus der das Deutsche Hygiene-Museum *(siehe S. 128–131)* hervorging.

Neben Mundwasser wurde auch Zahnpulver auf Kreidebasis zur Zahnreinigung eingesetzt – bis der Dresdner Apotheker Ottomar Heinsius von Mayenburg 1907 die in Metalltuben verpackte Zahnpasta Chlorodont erfand.

Dem in Dresden tätigen Mediziner Friedrich Adolph August Struve (1781–1840) gelang die Herstellung von künstlichem Mineralwasser als wissenschaftlich exakte Nachbildung natürlichen Mineralwassers. Auf ihn gehen die Trinkkuranstalten zurück, die ab 1818 in Dresden eingerichtet wurden.

Der Melitta-Schriftzug hat sich seit 1936 nicht verändert

Melitta

Die Erfindung der Filtertüte im Jahr 1908 durch die Dresdnerin Melitta Bentz revolutionierte die Zubereitung von Kaffee. Die Tüftlerin ließ sich ihre Idee patentieren und gründete eine Firma, um das neue Produkt in Serie zu fertigen. Seither sind Filtertüten von Melitta in den typischen rot-grünen Packungen bekannt. 1929 verlegte man den Firmensitz ins westfälische Minden. Bald konnte man internationale Märkte erobern, das Unternehmen expandierte auch nach Übersee. Parallel dazu wurde die Angebotspalette kontinuierlich erweitert – u. a. um Aluminiumfolien, Staubsaugerbeutel und Kaffeeautomaten. Seit Jahrzehnten agiert die Melitta Unternehmensgruppe Bentz KG mit über 3000 Mitarbeitern weltweit, zwei Enkel von Melitta Bentz sind geschäftsführende Gesellschafter.

Highlights: Schlösser und Palais

Dresden birgt eine Vielzahl profaner Prachtbauten, Dokumente absolutistischen Denkens sowie kurfürstlichen und königlichen Repräsentationswillens. Die Schlösser zeigen sich als außergewöhnliche Ensembles aus Architektur und Gartenbaukunst. Ausgedehnte Grünanlagen bilden nicht nur den würdevollen Rahmen der prunkvollen Bauwerke, sondern laden auch zu Spaziergängen ein. Die noblen Palais waren Orte höfischer Vergnügungen oder dienten Regenten als Residenzen. Einige dieser Bauwerke präsentieren heute erlesene Kunstschätze.

Japanisches Palais
Die vierflügelige Anlage wurde als Ausstellungsort der kurfürstlichen Porzellansammlung errichtet (siehe S. 114f).

Schloss
Das Residenzschloss birgt Schatzkammern wie das Grüne Gewölbe (siehe S. 68–71).

Taschenbergpalais
Die frühere kurfürstliche Residenz ist heute ein Luxushotel (siehe S. 67).

Coselpalais
Der elegante Stadtpalast wurde originalgetreu wiederhergestellt (siehe S. 102).

Palais im Großen Garten
Aufwendiger Schmuck und Skulpturen zieren die dreistöckige Fassade (siehe S. 136).

Waldschlösschen
Nach dem ehemaligen Jagdhaus vom Ende des 18. Jahrhunderts ist das Waldschlösschen-Areal benannt (siehe S. 153).

Schloss Albrechtsberg
Mit Ecktürmen und einem vorgeschobenen Mittelbau präsentiert sich das westlichste der drei Elbschlösser. Es wurde 1850–54 im Stil einer italienischen Renaissance-Villa erbaut (siehe S. 150).

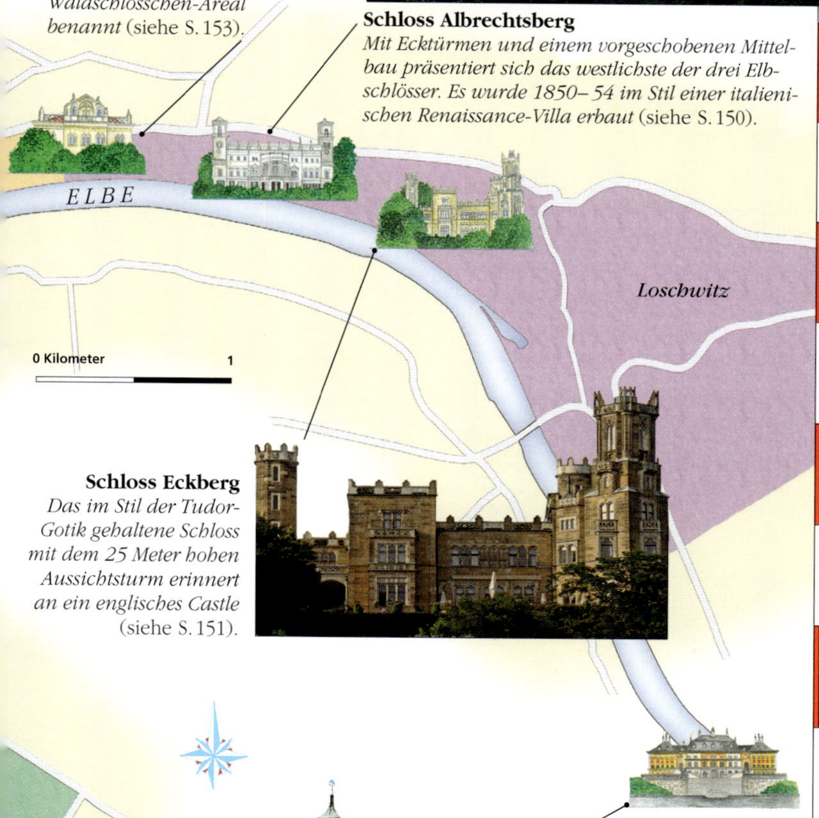

Schloss Eckberg
Das im Stil der Tudor-Gotik gehaltene Schloss mit dem 25 Meter hohen Aussichtsturm erinnert an ein englisches Castle (siehe S. 151).

Schloss Pillnitz
Mit ihren geschwungenen Dächern gleichen die Palais der Schlossanlage ostasiatischen Pagoden. Tropische Pflanzen verleihen dem Garten exotisches Flair (siehe S. 164f).

Berühmte Dresdner

Denkt man an Dresdens Berühmtheiten, so fallen einem sofort Maler wie Bernardo Canaletto, Architekten wie Gottfried Semper oder Musiker wie Carl Maria von Weber und Richard Wagner ein. Auch Schriftsteller wie Karl May oder Schauspieler wie Gerd Fröbe sind weithin bekannt *(siehe S. 32f)*. Es gibt aber noch eine ganze Reihe berühmter Söhne und Töchter der Elbmetropole, die in der Politik, den Wissenschaften, im Sport oder als Unternehmer Entscheidendes bewirkten. Hier finden Sie eine kleine Auswahl.

Der FDP-Politiker Gerhart Baum wurde 1932 in Dresden geboren

Politiker

Zu den wichtigsten (und umstrittensten) Persönlichkeiten der deutschen Nachkriegspolitik zählte der in Dresden geborene Herbert Wehner (1906–1990), der 1949–83 Mitglied des Bundestags war. Dort fungierte er u.a. als Bundesminister für gesamtdeutsche Fragen (1966–69) und als Vorsitzender der SPD-Fraktion (1969–83). Der für seine beißende Rhetorik und seinen eigenwilligen Führungsstil bekannte Wehner (Spitzname »Zuchtmeister«) setzte sich während seiner Mandatszeit für Verbesserungen der deutsch-deutschen Beziehungen ein.

Wolfgang Mischnick (1921–2002) gehörte nach dem Krieg zu den Mitbegründern der Liberal-Demokratischen Partei Deutschlands (LDP) in Dresden. Nach seiner Flucht in den Westen schloss er sich der FDP an. 1957–94 war Mischnick Mitglied des Bundestags und 1968–91 Vorsitzender der FDP-Fraktion. Sein Parteifreund Gerhart Baum (*1932), auch er in Dresden geboren und dort bis 1945 aufgewachsen, war 1972–94 Bundestagsmitglied und 1978–82 Bundesinnenminister. Nach dem Ende seiner Mandatszeit war Baum für die Vereinten Nationen tätig, u.a. als UNO-Beauftragter für Menschenrechte.

Einige gebürtige Dresdner machten im Ausland politische Karriere. Josef Burg (1909–1999) wurde 1949 erstmals in die Knesset gewählt und bekleidete in den folgenden Jahrzehnten in der israelischen Regierung diverse Ministerämter. Freda Meissner-Blau (*1927) war maßgeblich an der Entstehung einer Ökologiebewegung und als Parteivorsitzende an der Etablierung der Partei Die Grünen in Österreich beteiligt.

Der SPD-Politiker prägte viele Jahre deutsch-deutsche Politik

Wissenschaftler

Entscheidenden Einfluss auf die Entwicklung von Funk- und TV-Technik sowie der Mikroskopie nahm Manfred von Ardenne (1907–1997; *siehe S. 40*). Umfassende Erkenntnisse in Geodäsie, Kartografie und Astronomie gehen auf Wilhelm Gotthelf Lohrmann (1796–1840) zurück. Seine wesentlichen Leistungen sind die Kartierung Sachsens und die Anfertigung einer Mondkarte. Wichtige Beiträge zur Vermessung der Erde sowie zur Ortung von Himmelskörpern stammen von Carl Theodor Albrecht (1843–1915).

Der Altertumswissenschaftler Johannes Irmscher (1920–2000) widmete sich neben der Forschung auch dem Verfassen einiger Standardwerke. Der Historiker und Politologe Arnulf Baring (*1932) behandelte in seinen Büchern die Geschichte der Bundesrepublik Deutschland und begleitete den Werdegang der Nation mit stets kritischen Augen.

Sportler

Gret Palucca (1902–1993), eine Schülerin von Mary Wigman *(siehe S. 120)*, startete 1924 ihre Solokarriere und avancierte zu einer führenden Vertreterin des Ausdruckstanzes. Als Tanzpädagogin in ihrer 1925 in Dresden gegründeten Schule lehrte sie bis wenige Jahre vor ihrem Tod.

Der Leichtathlet Rudolf Harbig (1913–1944) errang bei den Olympischen Spielen 1936 mit der 4x400-Meter-Staffel die Bronzemedaille und gewann bei den Europameisterschaften 1938 den Titel im 800-Meter-Lauf. Nach ihm ist das Rudolf-Harbig-Stadion im Großen Garten benannt.

Herausragende Leistungen vollbrachte der Bergsteiger Fritz Wiessner (1900–1988)

Palucca Schule, von der Tänzerin und Choreografin Gret Palucca gegründet

Friedrich August I. (1670–1733)

Die Reputation Dresdens als prachtvolle Barockmetropole ist untrennbar mit Kurfürst Friedrich August I. (August der Starke) verbunden, dessen absolutistische Selbstdarstellung sich in einer geradezu verschwenderischen Bautätigkeit äußerte. Mit 24 Jahren trat der in Dresden geborene Friedrich August 1694 als Kurfürst die Regentschaft über Sachsen an. Nach dem Tod des polnischen Königs Johann III. Sobieski wurde der – dafür extra zum katholischen Glauben übergetretene – Kurfürst 1697 auch König von Polen. Unter seiner Herrschaft stagnierte die außenpolitische Entwicklung Sachsens, der Dresdner Hof erblühte hingegen als Zentrum für Kunst und Kultur.

mit Erstbegehungen schwieriger Routen in den Alpen und in den Rocky Mountains.

Zwischen 1954 und 1986 gewann der Schachspieler Wolfgang Uhlmann (*1935) elf DDR-Meisterschaften. 1959 wurde ihm der Titel »Großmeister« verliehen.

Der Eiskunstläufer Jan Hoffmann (*1955) wurde zweimal Weltmeister und gewann bei den Olympischen Spielen 1980 Silber. Die Eisschnellläuferin Karin Enke (*1961) siegte elfmal bei Weltmeisterschaften und errang 1980 und 1984 dreimal Olympia-Gold.

Helmut Schön (1915–1996), ein ehemaliger Spieler des Dresdner SC, war 1964–78 Trainer der Fußballnationalmannschaft. Fachleute bezeichnen diese Phase als erfolgreichste und spielerisch hochwertigste des DFB-Teams, das mit dem »Mann mit der Mütze« als Trainer 1972 Europameister und 1974 Weltmeister wurde. Der Fußballer Matthias Sammer (*1967) spielte 1982–90 für Dynamo Dresden und gewann mit dem Club zweimal den Meistertitel der DDR. Sammer spielte später beim VfB Stuttgart, bei Borussia Dortmund (1997 Sieger der UEFA Champions League) und in der Nationalmannschaft (1996 Europameister).

Helmut Schön, der »Mann mit der Mütze«, wurde zur Fußballlegende

Unternehmer

Der in Dresden geborene Uhrmacher Ferdinand Adolph Lange (1815–1875) gründete 1845 im 20 Kilometer südlich gelegenen Glashütte eine Uhrenmanufaktur, die sich unter dem Namen »A. Lange & Söhne« zu einem international renommierten Produktionszentrum für Feinuhren entwickelte. Die edlen Zeitmesser werden noch heute gefertigt und sind weltweit gefragt.

Ferdinand A. Lange, der Name für Luxusuhren

Bruno Naumann (1844–1903) war ab 1872 der bedeutendste Fabrikant von Nähmaschinen, später fertigte sein Unternehmen auch Fahrräder. 1910 liefen in seinen Fabriken die ersten Schreibmaschinen der Marke Erika vom Band.

Wesentliche Impulse zur industriellen Entwicklung des Großraums Dresden kamen von Oskar Ludwig Kummer (1848–1912), der Elektromotoren erstmals in Serie herstellen ließ. Mit 2000 Beschäftigten waren die Kummer-Werke zeitweilig der größte Betrieb in Sachsen. Heinrich Ernemann (1850–1928) verdankte Dresden seine Rolle als herausragendes Zentrum der Fotografie. Die Ernemann-Werke gingen 1926 in der Firmengruppe Zeiss Ikon (ZI) auf.

Heinrich Ernemann war ein Pionier der Fototechnik

Der Gründer von Pfunds Molkerei *(siehe S. 120f)*, Paul Pfund (1849–1923), baute in Dresden ein Imperium auf, zu dem u. a. auch ein Labor, eine Kartonagenfabrik und eine Druckerei gehörten.

Wesentliche Beiträge zur Verbesserung der Volksgesundheit kamen von Karl August Lingner (1861–1916; *siehe S. 41*). Ein Teil seines Vermögens, das er mit dem Erfolg seines Mundwassers Odol erzielte, investierte er in Informationskampagnen für eine gesündere Lebensweise. Der Dresdner Adolf Merckle (1934–2009) baute den vom Vater geerbten Arzneimittelbetrieb aus, u. a. mit dem Pharmaunternehmen Ratiopharm.

Das Jahr in Dresden

Die Kunst- und Kulturstadt Dresden zeigt sich das ganze Jahr über von ihrer festlichen Seite. Jede Jahreszeit hat ihre eigenen Feierlichkeiten und Events, die einen Besuch der Stadt zu einem Erlebnis machen. In der traditionsreichen Musikmetropole stehen natürlich zahlreiche Veranstaltungen im Zeichen der Musik – von Klassik bis Jazz. Die gesamte Bandbreite wird beispielsweise beim Stadtfest im August präsentiert. Doch auch Liebhaber von Theater, Tanz und Film kommen in Dresden rund ums Jahr auf ihre Kosten. Die Karl-May-Festtage in Radebeul sowie die Dampferparaden am 1. Mai und im August lassen nicht nur Kinderherzen höherschlagen. Tipps zu aktuellen Veranstaltungen liefern Websites und die Tourist-Information *(siehe S. 226f)*.

Erste Frühlingsboten

Frühling

Bereits im Frühling beginnt in Dresden die Open-Air-Saison für Veranstaltungen in der Stadt und auf der Elbe. Ein Highlight ist die Dampferparade am 1. Mai. Die ersten Straßenfeste locken mit einem bunten Kulturprogramm, bei Spaziergängen am grünen Elbufer erfreut man sich an der Blütenpracht der Wiesen, Parks und Gärten. Internationales Renommee genießen die Dresdner Musikfestspiele.

März

Festival Sandstein und Musik *(März–Nov)*. Großes Angebot an hochkarätigen Konzerten in der Sächsischen Schweiz. Neben Schlössern, Kirchen, Burgen und Gärten dient sogar ein Steinbruch als Bühne.

April

Filmfest Dresden *(Mitte Apr)*. Eines der wichtigsten deutschen Festivals für Kurz- und Animationsfilme. Vorführungen in Kinos und Galerien.

Tanzwoche Dresden *(zehn Tage Ende Apr)*. International renommiertes Festival für modernen Bühnentanz.

Johann Strauss Festival *(eine Woche Ende Apr)*. In der Staatsoperette stehen bekannte und weniger bekannte Werke des Operetten-Komponisten auf dem Spielplan. Daneben werden Werke von Jacques Offenbach aufgeführt.

Mai

Dampferparade *(1. Mai)*. Neun historische Raddampfer fahren in Paradeformation vom Terrassenufer zu Schloss Pillnitz und zurück. Im Umfeld bietet die Sächsische Dampfschiffahrt *(siehe S. 51 und 246f)* Sonderfahrten mit Live-Musik an. Eine Dampferparade findet auch zum Stadtfest im August statt.

Dixieland Festival *(fünf Tage Mitte Mai)*. Ein Hauch von US-Südstaaten-Flair an der Elbe. Das Spektrum an Veranstaltungsorten reicht vom Kulturpalast über historische Raddampfer und die Jazzmeile Prager Straße bis zur Freilichtbühne im Großen Garten.

Die Dresdner Musikfestspiele *(Mai/Juni)* lassen die Stadt erklingen

Karl-May-Festtage Radebeul *(Wochenende nach Christi Himmelfahrt)*. Radebeul steht ganz im Zeichen seines berühmtesten Sohnes. Pow Wow mit Indianern aus Nordamerika und Westernspiele – ein Eldorado für Freunde der Wildwest-Romantik.

Dresdner Musikfestspiele *(zwei Wochen Ende Mai–Anfang Juni)*. Klassik, Jazz, Weltmusik und mehr in zahlreichen Gärten, Sälen, Kirchen und Schlössern der Stadt und der Umgebung.

Bei der Dampferparade am 1. Mai wird es voll auf der Elbe zwischen Dresden und Schloss Pillnitz

Sonnenschein
In den Sommermonaten Juni, Juli und August scheint die Sonne am längsten, doch auch Mai und September sind an vielen Tagen sonnig. Im Kontrast dazu zeigt sich in den wolkenverhangenen Monaten November, Dezember und Januar die Sonne im Durchschnitt nicht einmal zwei Stunden am Tag.

Sommer

Im Sommer finden viele Veranstaltungen im Freien statt – auch in den Abend- und Nachtstunden. Die Jahreszeit ist ideal für Kino unterm Sternenhimmel und für lange Museumsnächte. An manchen Freitagen ziehen die Inline-Skater ihre Bahnen durch die Stadt. Großer Andrang herrscht vor allem beim Elbhangfest und beim Dresdner Stadtfest.

Juni

Bunte Republik Neustadt *(drittes Wochenende im Juni).* 1990 ins Leben gerufenes Stadtteilfest der Äußeren Neustadt mit viel Kleinkunst und (Sub-)Kultur bis in den hintersten Hinterhof.
Elbhangfest *(letztes Wochenende im Juni).* Beim größten Stadtteilfest von Dresden herrscht auf einer rund sieben Kilometer langen Strecke zwischen Blauem Wunder und Schloss Pillnitz der Ausnahmezustand *(siehe S. 149).*
Lange Nacht der Wissenschaften *(ein Fr im Juni/Juli).* Dresdner Hochschulen und Forschungseinrichtungen öffnen bis zwei Uhr früh ihre Tore für Ausstellungen, Führungen und Shows – alles gratis. Shuttle-Service zwischen den einzelnen Orten.
Klassik picknickt *(ein Sa im Juni/Juli).* Open-Air-Konzert der Sächsischen Staatskapelle Dresden vor der Kulisse der Gläsernen Manufaktur. Der Eintrittspreis ist günstig, und auch für das leibliche Wohl ist auf den Wiesen vor der Manufaktur bestens gesorgt.

Ein lebendes Notenbild beim Elbhangfest *(Juni)*

Juli

Filmnächte am Elbufer *(Juli/Aug).* Das wohl stimmungsvollste Open-Air-Kinofestival in Deutschland mit etwa 50 Vorführungen pro Saison begeistert an vielen Abenden bis zu 4000 Besucher – nicht zuletzt wegen der wunderbaren Aussicht auf die illuminierte Silhouette der Altstadt. Konzerte namhafter Künstler bilden das anspruchsvolle Rahmenprogramm am Königsufer.
Museums-Sommernacht *(Sa im Juli).* Bei der langen Nacht der Museen öffnen zahlreiche Ausstellungshäuser ihre Pforten bis ein Uhr morgens.
Scheune Schaubuden Sommer *(elf Tage im Juli).* Sommerfestival mit Theater, Kleinkunst und Musik im Garten des Kulturzentrums Scheune in der Neustadt. Das Programm ist kurzweilig, die einzelnen Vorstellungen dauern jeweils maximal 30 Minuten.

August

Dresdner Stadtfest *(drittes Wochenende im Aug).* Mittelalter meets Moderne. Hunderttausende feiern alljährlich drei Tage lang in der gesamten Innenstadt ein Fest der Superlative. Live-Konzerte von Barockmusik bis Calypso. Höhepunkte sind die Nachstellung des Fürstenzugs und die Dampferparade.
Moritzburg Festival *(zwei Wochen im Aug).* Eines der international führenden Kammermusikfestivals mit Konzerten an Veranstaltungsorten wie Schloss Moritzburg und der Gläsernen Manufaktur.

»Klassik picknickt« – und jeder kann eine klangvolle Nacht erleben

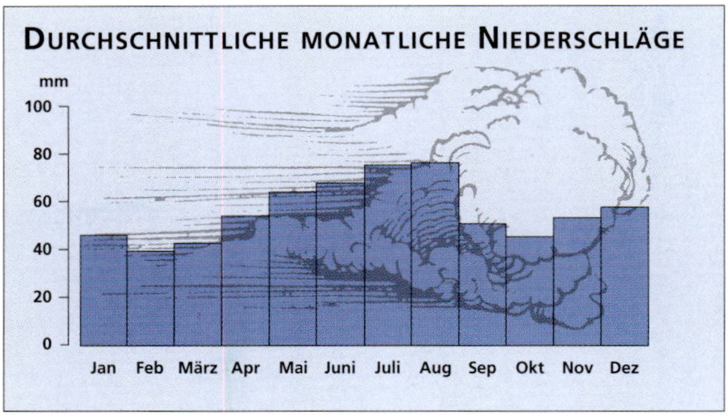

Niederschläge
Dresden verzeichnet zu allen Jahreszeiten Niederschläge. Am feuchtesten sind die Sommermonate, in denen es auch öfter zu heftigen Schauern kommen kann. Der trockenste Monat ist der Februar, die Mitnahme von Schirm und Regenkleidung kann aber auch in diesem Monat nicht schaden.

Im Landgestüt Moritzburg finden im September Hengstparaden statt

Herbst

In dieser Jahreszeit finden noch viele Veranstaltungen im Freien statt, auch wenn die Saison sportlicher Outdoor-Events allmählich endet. Der Herbst ist die Zeit der Weinfeste und Kunsthandwerksmärkte. Die lange Tradition Dresdens als Metropole der darstellenden Kunst wird in Musik- und Tanzfestivals aufrechterhalten.

Herbstblatt

September

Dresdner Töpfermarkt *(erstes Wochenende im Sep).* Bunter Markt in der Neustadt rund um den Goldenen Reiter. Keramiker präsentieren ihre neuen Arbeiten: Geschirr, Gartenkeramik, Kunstobjekte und Schmuck.
Moritzburger Hengstparade *(mehrere Wochenenden im Sep).* Herbstschau des Sächsischen Landgestüts auf Schloss Moritzburg mit Veranstaltungen wie Fanfarenzügen, Kosakenreiterei, Quadrillen, Springprüfungen und Paraden, u.a mit einer 16-spännigen Kutsche.

Herbst- und Weinfest Radebeul *(drittes Wochenende im Sep).* Im Mittelpunkt stehen edle Tropfen von Weinkellereien, die an der Sächsischen Weinstraße liegen. Alle Winzer bauen auf dem Festgelände ihre Stände auf. Dazu gibt es Umzüge und eine Reihe von Darbietungen im Rahmen des Wandertheaterfestivals, bei dem spannende Geschichten von internationalen Truppen erzählt werden.

Oktober

TonLagen – Dresdner Festival der zeitgenössischen Musik *(1.–10. Okt).* Bei diesem Festival werden alle Facetten moderner Musik präsentiert – von Orchestermusik bis zum Musiktheater, von Jazz bis zur multimedialen Performance, von Filmmusik bis zu musikalisch-literarischen Collagen. Höchst reizvoll ist der Kontrast zwischen so unterschiedlichen Spielstätten wie dem Festspielhaus Hellerau, der Semperoper, der Kreuzkirche sowie kleinen Ateliers und Galerien.

Heinrich Schütz Musikfest *(Wochenende Ende Okt/Anfang Nov).* Festival mit Musik des 17. Jahrhunderts zum Gedenken an den Komponisten des Frühbarock und Kapellmeister der sächsischen Hofkapelle. Konzerte im Schloss und in einigen Kirchen.

November

Unity Dresden Night *(erstes Wochenende im Nov).* Sachsens größte Party. DJs, Performance Acts und Bands machen in der Altstadt rund um Postplatz, Neumarkt, Altmarkt, Prager Straße und Wiener Platz die Nacht zum Tage.
Jazztage Dresden *(zehn Tage Anfang Nov).* Internationales Festival mit vielen Spielstätten und einem Programm von Latin Jazz bis Modern Jazz.
TANZherbst *(fünf Tage im Nov).* Choreografien in der Tradition des Ausdruckstanzes, wie er von Mary Wigman verkörpert wurde. Aufführungen u.a. im Societaetstheater und in der kleinen szene.
CYNETart *(zwei Wochen im Nov).* Das internationale Festival für computergestützte Kunst zieht Kreative aus aller Welt an.

Herbst- und Weinfest Radebeul *(Sep)* mit Umzügen und Theater

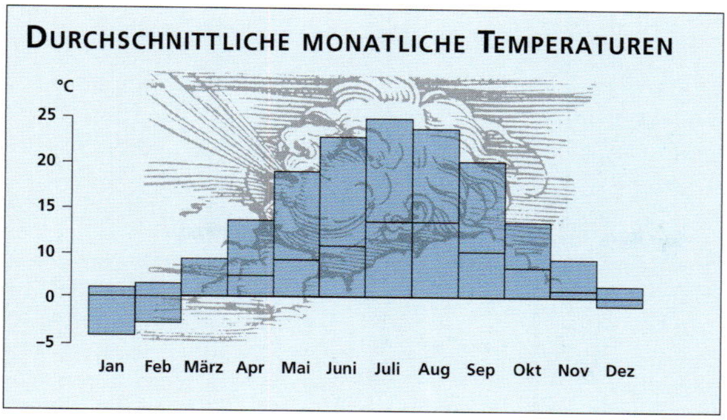

Temperaturen
Die Grafik zeigt die mittleren Höchst- und Tiefsttemperaturen für jeden Monat. Spitzenwerte im Hochsommer können leicht 30 °C und mehr erreichen. In den Wintermonaten Dezember bis Februar liegen die mittleren Tiefsttemperaturen unter dem Gefrierpunkt. Mehrwöchig andauernder Frost ist aber eher die Ausnahme.

Winter

Auch die kalte Jahreszeit bietet eine Reihe stimmungsvoller Ereignisse. Mit einem verführerischen Angebot an Kunsthandwerk (u. a. aus dem Erzgebirge) sowie winterlichen Spezialitäten wie Dresdner Christstollen, Pfefferkuchen und Glühwein locken die Weihnachtsmärkte in der Altstadt, der Neustadt und in Loschwitz. Ein gesellschaftliches Ereignis ist der SemperOpernball in einem der schönsten Opernhäuser der Welt.

Dresdner Stollen

Dezember

Weihnachtsmärkte *(Adventszeit)*. Der traditionsreichste unter den Weihnachtsmärkten in Dresden ist der Striezelmarkt *(siehe S. 103)*, der zum ersten Mal 1434 stattfand und international bekannt ist. Stimmungsvolle kleinere Märkte gibt es u. a. in der Prager Straße und in der Hauptstraße. Besonders anheimelnd ist der Weihnachtsmarkt im alten Dorfkern von Loschwitz *(siehe S. 144)*.

Stallhöfisches Adventsspektakel *(Adventszeit)*. Ein Stück Mittelalter innerhalb der Schlossmauern. Im Licht von Fackeln und Ölfunzeln bieten Künstler und Handwerker wie Laternenbauer, Kerzenzieher, Silberschmiede und Ikonenmaler ihre Produkte an. Komödianten preisen alte Bräuche und Lebensweisheiten. Für wohlige Wärme von innen sorgen Met und heißer Apfelsaft.

Januar

SemperOpernball *(ein Abend Mitte Jan)*. Hochkarätige Solisten und Ensembles geben sich ein Stelldichein bei diesem Highlight im europäischen Ballkalender. 2006 fand das gesellschaftliche Ereignis erstmals seit 67 Jahren wieder statt. Seither wird es jährlich veranstaltet und hat inzwischen fast schon so etwas wie Tradition wiedererlangt. Integraler Bestandteil ist für viele Dresdner und Besucher der SemperOpenairball: Tausende folgen jedes Jahr dem Aufruf zu einem Fest auf dem Theaterplatz. Über eine Großleinwand kann man dabei an dem rauschenden Ball innen teilhaben, die Promis bei der Ankunft auf dem roten Teppich erleben, unterm Sternenhimmel tanzen und sich von einer Licht- und Feuerwerkshow mitreißen lassen.

Beim SemperOpernball *(Jan)* trifft sich die Society

Februar

Gedenkveranstaltungen *(13./14. Feb)*. Konzerte und andere Veranstaltungen zum Gedenken an die Zerstörung weiter Teile der Stadt in der Nacht vom 13. auf den 14. Februar 1945. Schauplätze sind u. a. die Semperoper, die Frauenkirche und die Kreuzkirche.

Erlebnis Modellbahn *(ein Wochenende im Feb)*. Messe, bei der man sich über die neuesten Trends bei Modelleisenbahnen informieren kann.

Der Striezelmarkt ist Dresdens bekanntester Weihnachtsmarkt

Feiertage

Neujahr *(1. Jan)*
Karfreitag *(variabel)*
Ostermontag *(variabel)*
Tag der Arbeit *(1. Mai)*
Christi Himmelfahrt *(variabel)*
Pfingstmontag *(variabel)*
Tag der Deutschen Einheit *(3. Okt)*
Reformationstag *(31. Okt)*
Buß- und Bettag *(variabel)*
Weihnachten *(25./26. Dez)*

Flusspanorama

Kultur und Natur gehen in Dresden eine geradezu zauberhafte Verbindung ein. Stadtbild und Atmosphäre werden nicht nur durch die faszinierende Architektur, sondern auch maßgeblich durch die Elbe geprägt. Eine Fahrt mit einem Schiff ist eine entspannte Möglichkeit, Dresden und das Elbtal kennenzulernen. Mit einem der Raddampfer, Salonschiffe oder Katamarane, die auf der Elbe kreuzen, kann man sich auf einen ganztägigen Ausflug begeben und dabei etwa eine Schlossbesichtigung oder eine Wanderung integrieren. Wer sich auf die Stadt beschränken will, macht einfach eine Stadtrundfahrt zu Wasser, bei der man allerhand über die vorbeiziehenden Sehenswürdigkeiten erfährt. Neben den »klassischen« Touren werden auch Sonderfahrten zu bestimmten Anlässen oder Themen angeboten *(siehe Kasten)*. Die Elbfähren *(siehe S. 246f)* verbinden Nord- und Südufer, sogar auf solch einer kurzen Fahrt bieten sich hübsche Panoramen.

Den perfekten Überblick über Dresden und das Elbtal kann man sich bei einem Rundflug verschaffen, den mehrere Gesellschaften anbieten. Der Elberadweg verläuft entlang der Elbe von der Quelle bis zur Mündung. Der Abschnitt durch das Dresdner Stadtgebiet und die angrenzende Region elbaufwärts gehört zu den schönsten.

Spiegel der Fluten Andernorts **(2002) auf der Augustusbrücke**

Raddampfer
Neun historische Raddampfer der Sächsischen Dampfschiffahrt verkehren auf der Elbe. Das älteste Schiff lief 1879 vom Stapel.

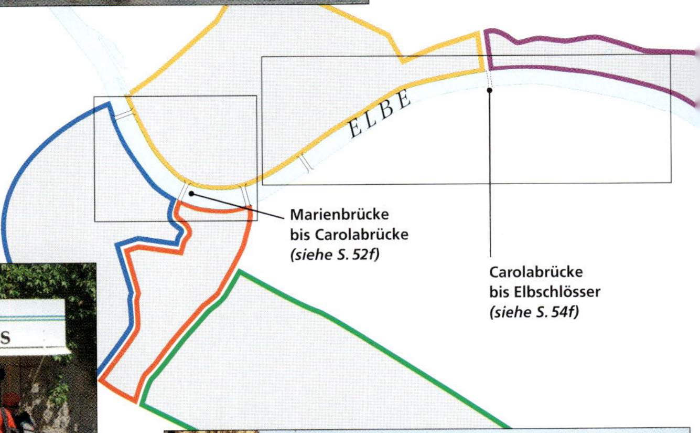

Ticketschalter
Fahrkarten für einzelne Touren oder Rundfahrten werden an den Anlegestellen der Anbieter verkauft.

Theaterkahn – Bühne und Restaurant am Terrassenufer *(siehe S. 83)*

Altstadtkulisse
Vom Wasser erschließen sich besondere Ansichten der Stadt. Viele Passagierschiffe gleiten am Terrassenufer der Dresdner Altstadt entlang und passieren dabei zahlreiche architektonische Sehenswürdigkeiten.

Elbfähren
Der Fährbetrieb liegt in der Hand der Dresdner Verkehrsbetriebe. Regelmäßige Fähren verkehren an drei Stellen zwischen den beiden Elbufern.

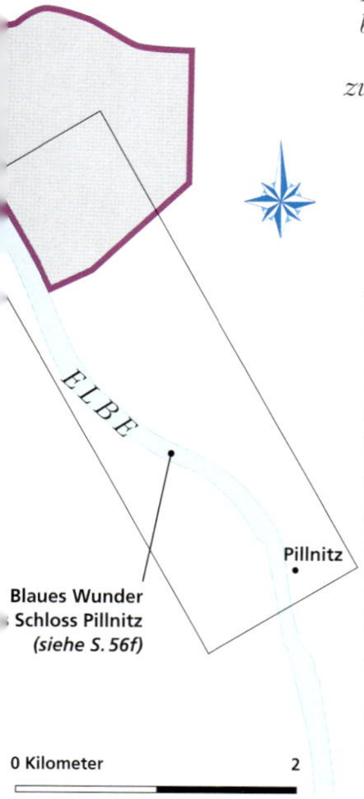

Elbe-Touren

ElbeTaxi
Anlegestelle: Fährgarten Johannstadt.
☎ *0351-417 242 440.*
www.elbe-taxi.de

Elbetours
Anlegestelle: Neustädter Hafen.
☎ *0351-849 8111.*
www.elbetours-dresden.de

Sächsische Dampfschiffahrt
Anlegestelle: Terrassenufer unterhalb der Brühlschen Terrasse.
☎ *0351-866 090.*
www.saechsische-dampfschiffahrt.de

Elbfähren

Dresdner Verkehrsbetriebe
☎ *0351-857 1011.*
www.dvb.de

Rundflüge

Air Service Berlin
Start: Flughafen Dresden *(Apr–Okt: jeden 3. Sonntag im Monat).* ☎ *030-5321 5321.*
www.air-service-berlin.de

Fliegerservice August der Starke
Start: Flughafen Dresden.
☎ *0351-881 5555.*
www.flieger-august.de

Rundflug Dresden-Leipzig
Start: Flugplatz Riesa.
☎ *0800-000 5634.*
www.rundflug-dresden-leipzig.de

Touren

ElbeTaxi: Altstadt Ahoi!
Bei der Rundfahrt (30 Min.) kann man bei einem Gläschen Sekt die Dresdner Altstadt vom Wasser aus bewundern.

Elbetours: Lichter-Tour
Den »Canaletto-Blick« auf die beleuchtete Silhouette der Altstadt genießt man bei dieser nächtlichen Tour (2,5 Std.) ebenso wie die Aussicht auf die prachtvoll illuminierten Elbschlösser.

Sächsische Dampfschiffahrt: Sächsische Schweiz
Ein Tagesausflug an Bord eines historischen Raddampfers führt in das Elbsandsteingebirge. Unterbrechung ist möglich.

Dampferparade
Neun Raddampfer fahren in Formation bis Schloss Pillnitz und zurück (4 Std.).

Jazz- und Dixielandfahrt
Mit einer Band geht es swingend vom Terrassenufer bis Schloss Pillnitz und zurück (3 Std.).

Marienbrücke bis Carolabrücke

An den Ufern dieses Flussabschnitts befinden sich viele der beeindruckendsten Sehenswürdigkeiten Dresdens – sowohl in der Altstadt am südlichen Ufer als auch in der Neustadt im Norden. Hier im Stadtzentrum entfaltet sich die barocke Pracht der Elbmetropole. Neben all den erhabenen Kulturstätten von Weltrang ziehen besonders im Sommer Events wie die Filmnächte am Elbufer Dresdner und Besucher in Scharen an.

Japanisches Palais
Der stattliche Bau zeigt asiatischen Figurenschmuck (siehe S. 114f).

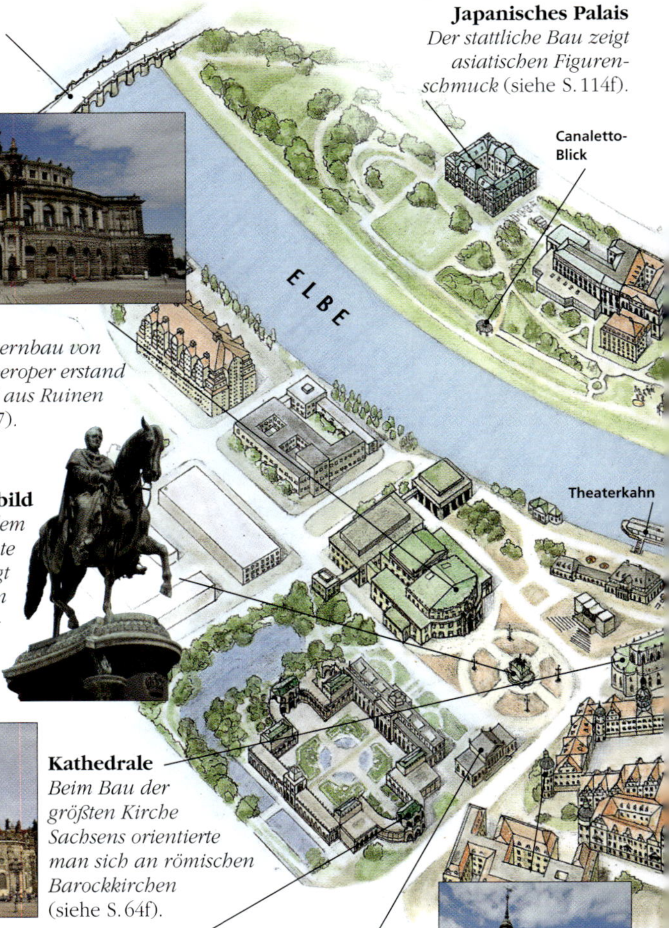

Semperoper
Ein glanzvoller Opernbau von Weltruf – die Semperoper erstand insgesamt dreimal aus Ruinen auf (siehe S. 84–87).

Reiterstandbild
Das 1889 auf dem Theaterplatz erbaute Denkmal zeigt König Johann von Sachsen (1801–1873), der von 1854 bis zu seinem Tod regierte.

Kathedrale
Beim Bau der größten Kirche Sachsens orientierte man sich an römischen Barockkirchen (siehe S. 64f).

Die Schinkelwache
erinnert an einen griechischen Tempel *(siehe S. 82).*

Zwinger
Das Meisterwerk barocker Baukunst entstand als Prestigeobjekt Augusts des Starken (siehe S. 76–79).

Schloss
Das Residenzschloss birgt Kostbarkeiten wie Historisches und Neues Grünes Gewölbe (siehe S. 68–71).

Blockhaus
Der Bau diente früher der Sicherung der Augustusbrücke. Heute haben hier mehrere Akademien ihren Sitz (siehe S. 112).

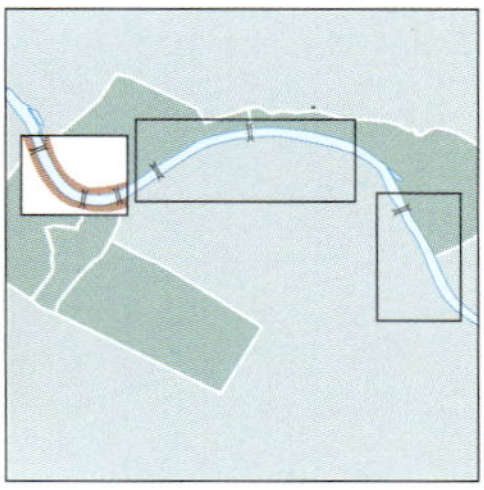

ZUR ORIENTIERUNG
Siehe Stadtplan, Karten 3–4

Goldener Reiter
August der Starke ist hier hoch zu Ross in typischer Herrscherpose dargestellt (siehe S. 112).

Synagoge
Die 24 Meter hohe Synagoge steht an der Stelle des 1938 zerstörten Gotteshauses (siehe S. 102).

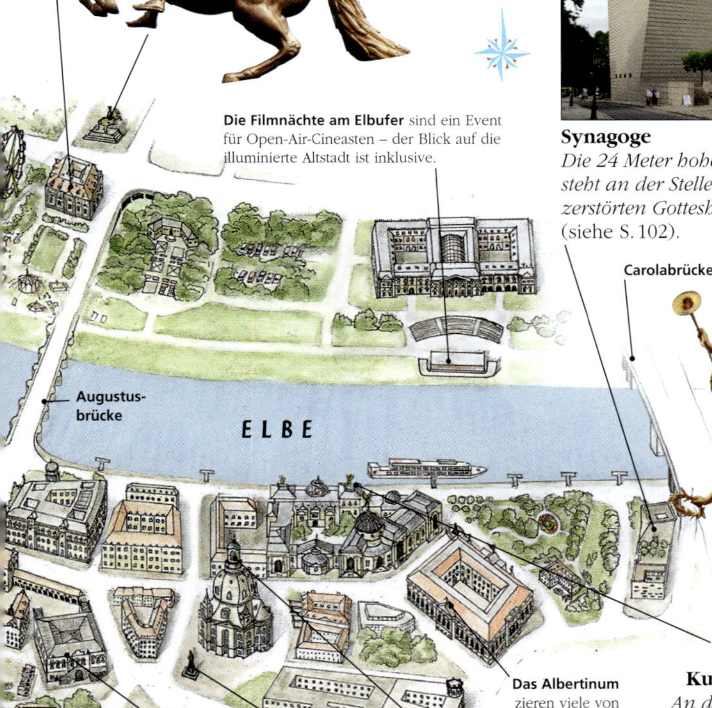

Die Filmnächte am Elbufer sind ein Event für Open-Air-Cineasten – der Blick auf die illuminierte Altstadt ist inklusive.

Das Albertinum zieren viele von Dresdner Bildhauern geschaffene Reliefs *(siehe S. 96f).*

Kunstakademie
An der Hochschule lehrten namhafte Künstler wie Gottfried Semper (siehe S. 94f).

Johanneum (Verkehrsmuseum)
In dem Renaissance-Gebäude erfährt man vielerlei über die Welt der Mobile (siehe S. 72f).

0 Meter 200

Martin-Luther-Denkmal
Die Bronzestatue stellt den Reformator dar.

Frauenkirche
Als Symbol der Versöhnung wurde die Kirche 2005 wieder geweiht (siehe S. 98–101).

Carolabrücke bis Elbschlösser

Ausgedehnte Grünanlagen wie der Rosengarten und liebliche Weingärten tragen ebenso zum Charme dieses Flussabschnitts bei wie die drei Mitte des 19. Jahrhunderts erbauten Schlösser am Nordufer der Elbe. Mehrere Aussichtspunkte bieten einen fantastischen Blick über das Dresdner Elbtal. Von einem Rundpavillon kann man den weltberühmten »Waldschlösschenblick« genießen. An beiden Flussufern entlang führt der Elberadweg, auf dem man natürlich auch gut spazieren kann.

Skulptur *Genesung*
Die 1936 entstandene Bronzefigur des Bildhauers Felix Pfeifer (1871–1945) steht an der Hauptachse des Rosengartens.

Albertbrücke
Die 320 Meter lange Brücke ist der östlichste der vier Elbübergänge im Bereich der Innenstadt.

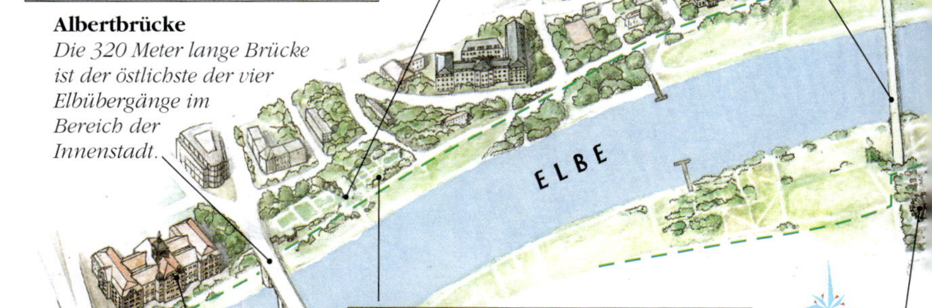

Die Waldschlösschenbrücke soll im Juni 2011 für den Verkehr freigegeben werden *(siehe S. 153).*

Am Johannstädter Ufer wurde bis 2003 das traditionsreiche Volksfest »Dresdner Vogelwiese« veranstaltet.

LEGENDE

– – Elberadweg

0 Meter 500

Rosengarten
Der vor allem zur Rosenblüte prachtvolle Landschaftsgarten am Neustädter Elbufer wurde 1935/36 angelegt und steht unter Denkmalschutz (siehe S. 121).

Staatskanzlei
In diesem Bauwerk werden die Geschicke des Freistaats Sachsen gelenkt (siehe S. 121).

UNESCO-Welterbe
Das Ensemble aus Stadtarchitektur und Elblandschaft wurde 2004 zum Welterbe erklärt. Wegen der Waldschlösschenbrücke wurde der Welterbestatus 2009 aberkannt (siehe S. 153).

Brauhaus am Waldschlösschen
Das traditionsreiche Restaurant ist in einem Jagdhaus aus dem 18. Jahrhundert untergebracht (siehe S. 153).

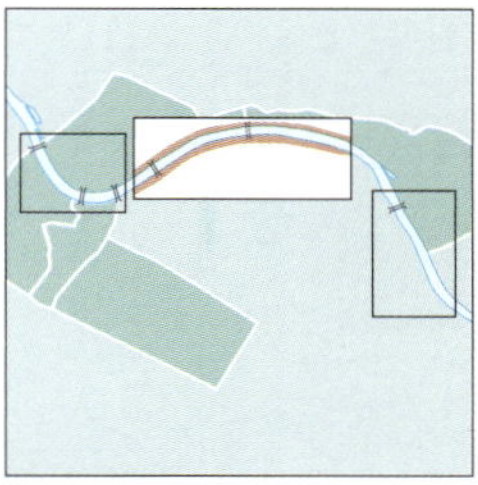

Zur Orientierung
Siehe Stadtplan, Karten 4, 5

Schloss Albrechtsberg
Das spätklassizistische Bauwerk umfasst rund 100 Räume (siehe S. 150).

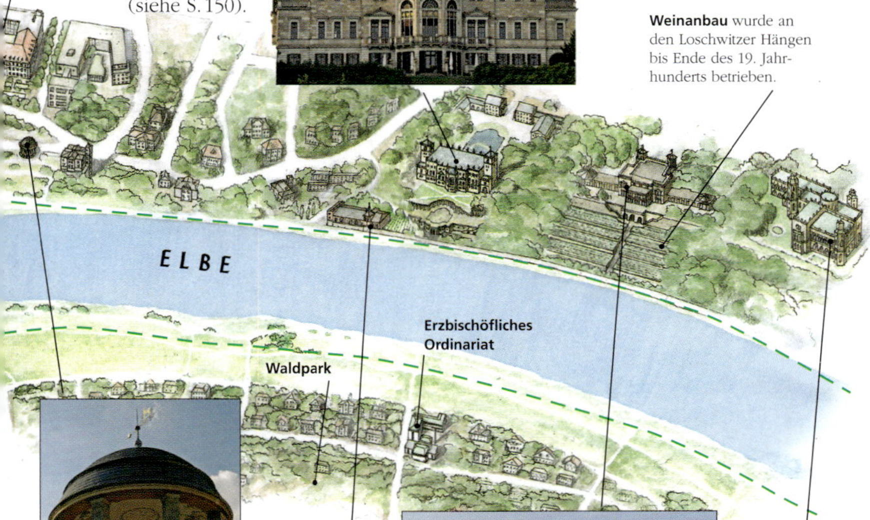

Weinanbau wurde an den Loschwitzer Hängen bis Ende des 19. Jahrhunderts betrieben.

Pavillon
An einer exponierten Stelle am Elbhang wurde 1939 dieser Aussichtspavillon errichtet.

Lingnerschloss
Das Anwesen war zeitweise in Besitz des Erfinders Karl August Lingner (siehe S. 150f).

Wasserwerk Saloppe
Das technische Denkmal ist architektonisch bemerkenswert – manche Dresdner bezeichnen es als »viertes Elbschloss« (siehe S. 152).

Schloss Eckberg
Das östlichste (und jüngste) der drei Loschwitzer Elbschlösser ist mittlerweile ein nobles Hotel (siehe S. 151).

Blaues Wunder bis Schloss Pillnitz

An der Löwenkopfbastei, Schloss Pillnitz

Dieser Flussabschnitt fernab des lebhaften Stadtzentrums führt durch ausgedehnte Grünanlagen und vorbei an architektonischen Wahrzeichen bis nach Schloss Pillnitz. Zu beiden Seiten der Elbe – in Loschwitz und Wachwitz am Ostufer sowie in Blasewitz am Westufer – faszinieren Villen aus der Gründerzeit. Schloss Pillnitz besticht durch architektonische Vielfalt und barocke Gartenpracht.

Luisenhof
Die Terrasse des Restaurants wird »Balkon von Dresden« genannt (siehe S. 147).

Villa Marie
In dem um 1860 errichteten Gebäude mit Fachwerkdachgeschoss und Balkonen empfängt heute ein Restaurant seine Gäste (siehe S. 208).

Die Welle
Die Sandsteinskulptur des Dresdner Künstlers Klaus-Dieter Köhler erinnert an die Jahrhundertflut vom August 2002.

Schwebebahn
Von der Talstation an der Pillnitzer Straße erreicht man Oberloschwitz mit der Schwebebahn in nur fünf Minuten. Allein schon die Fahrt ist ein Erlebnis, die Aussicht oben gibt es kostenlos dazu (siehe S. 148).

Blaues Wunder
1893 wurde die Loschwitzer Brücke, der fünfte und wohl bekannteste feste Elbübergang im Stadtgebiet, für den Verkehr freigegeben. Die Auslegerfachwerkbrücke erhielt ihren Namen nach der Farbe des Anstrichs (siehe S. 144).

0 Meter 500

Fernsehturm
Zu den markantesten Bauwerken von Dresden zählt der 1969 fertiggestellte, 252 Meter hohe Fernsehturm. Zwei Aufzüge bringen Besucher zur Aussichtsplattform in 148 Metern Höhe.

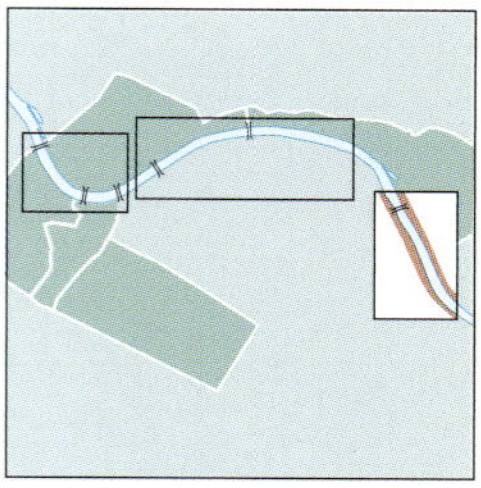

ZUR ORIENTIERUNG
Siehe Stadtplan, Karte 5

Schloss Pillnitz
Die repräsentative Sommerresidenz wettinischer Regenten gehört zweifellos zu den Highlights sächsischer Schlossbaukunst (siehe S. 164f).

Die Parkanlage von Pillnitz umfasst u. a. einen Englischen Garten und Heckenquartiere.

Wappen am Wasserpalais
Das mit Krone und floralen Elementen verzierte Wappen unterhalb der von schmiedeeisernen Gittern gefassten Terrasse zeigt die Initialen von August dem Starken (AR = Augustus Rex).

Wasserpalais
Die Fassade zeigt einen Mix aus sächsischer Barockarchitektur und ostasiatischen Anklängen. Solche Chinoiserien waren in der Barockzeit sehr in Mode.

Figuren an der Freitreppe
Zwei steinerne Sphingen (1724) bewachen die vom Wasserpalais zur Elbe hinunterführende Treppe, an der die Gondeln des sächsischen Hofs anlegten.

Kunstakademie an der Brühlschen Terrasse *(siehe S. 94f)* ▷

SÄCHSISCHE
DAMPFSCHIFFAHRT
AUGUST
DER STARKE

Die Stadtteile Dresdens

ENIDZE • YENIDZE

Westliche Altstadt

Am beeindruckendsten präsentiert sich Dresden in der Altstadt, die in einen westlichen und einen östlichen Teil gegliedert wird. Eine Vielzahl prachtvoller, architektonisch wie kunsthistorisch interessanter und aufwendig restaurierter Bauwerke ist hier auf engstem Raum versammelt – sei es der Zwinger, das Schloss, die Semperoper oder die Kathedrale. Museen von Weltruf wie die Sammlungen im Zwinger und im Schloss begründen die kulturelle Bedeutung der Stadt. Mit dem Fürstenzug kann die westliche Altstadt das größte Porzellanbild der Welt aufweisen. Doch nicht nur Bauten aus Renaissance und vor allem Barock prägen den Charakter des Stadtviertels: Die im Stil einer Moschee errichtete ehemalige Tabakfabrik Yenidze zählt zu den markantesten Elementen der Stadt, für das moderne Dresden steht das International Congress Center (ICC). Eine außergewöhnliche Bühne in der westlichen Altstadt ist der Theaterkahn auf der Elbe.

Skulpturenschmuck am Zwinger

Sehenswürdigkeiten auf einen Blick

Museen und Sammlungen
Gemäldegalerie Alte Meister S. 80f 11
Johanneum (Verkehrsmuseum) S. 72f 7

Kirchen
Annenkirche 22
Kathedrale Sanctissimae Trinitatis S. 64f 1

Historische Gebäude und Denkmäler
Georgenbau 4
Hausmannsturm 3
Italienisches Dörfchen 14
Schinkelwache 13
Schloss S. 68–71 2
Taschenbergpalais 9
Zwinger S. 76–79 10

Theater
Kulturpalast 8
Schauspielhaus 12
Semperoper S. 84–87 18
Theaterkahn 17

Weitere Sehenswürdigkeiten
Augustusbrücke 16
Fürstenzug 5
ICC Dresden 20
Sächsischer Landtag 19
Stallhof 6
Theaterplatz 15
WTC Dresden 23
Yenidze 21

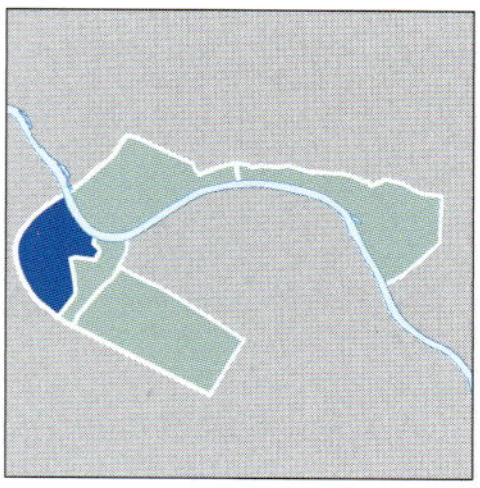

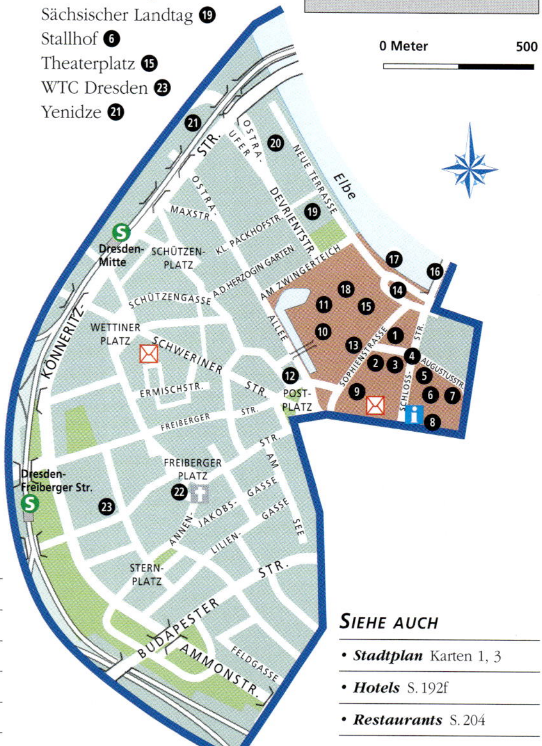

Anfahrt

In das Stadtviertel fahren die Straßenbahnlinien 1, 2, 4, 6, 7, 8, 9, 10, 11 und 12 sowie die Buslinien 75 und 94. Der Knotenpunkt des öffentlichen Verkehrsnetzes der westlichen Altstadt ist der Postplatz. Hier halten sieben Straßenbahn- und zwei Buslinien.

Legende

- Detailkarte *siehe S. 62f*
- S-Bahn-Station
- Information
- Post
- Kirche

Siehe auch

- ***Stadtplan*** Karten 1, 3
- ***Hotels*** S. 192f
- ***Restaurants*** S. 204

◁ **Yenidze – ein Bauwerk wie aus Tausendundeiner Nacht am Rand der westlichen Altstadt *(siehe S. 88f)***

Im Detail: Westliche Altstadt

Detail am Zwinger

Der sich zur Elbe hin öffnende Theaterplatz wird von einem Ensemble einzigartiger Prachtbauten umrahmt. Das Schloss symbolisiert die Geschichte Sachsens, die Semperoper dokumentiert die kulturelle Tradition Dresdens, der Zwinger verkörpert mit seinen vielfältigen Sammlungen die Rolle der Stadt als eine über Jahrhunderte gewachsene Metropole der Kunst. Einen architektonischen und durchaus bemerkenswerten Kontrast markiert der im funktionalen Stil der 1960er Jahre erbaute Kulturpalast.

★ Semperoper
Deutschlands bekanntestes Opernhaus wurde nach seinem Baumeister benannt. ⓲

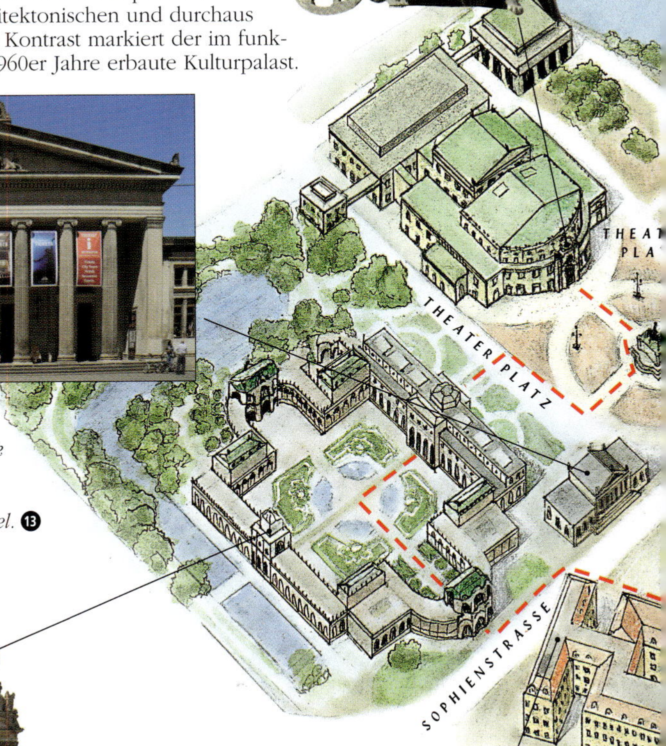

Schinkelwache
Das einzige klassizistische Bauwerk am Theaterplatz erinnert an einen griechischen Tempel. ⓭

★ Zwinger
Barocke Baukunst in Vollendung – eine Grünanlage mit Wasserspielen wird umrahmt von Palais und Pavillons, die erlesene Sammlungen bergen. ❿

NICHT VERSÄUMEN

- ★ Fürstenzug
- ★ Kathedrale
- ★ Semperoper
- ★ Zwinger

Taschenbergpalais
Das Palais war ein »Geschenk« Augusts des Starken an seine Mätresse. Heute kann man hier im Luxushotel übernachten. ❾

Hotels und Restaurants in der westlichen Altstadt *siehe Seiten 192f und 204*

★ Kathedrale
Die katholische ehemalige Hofkirche entstand 1739–54, also fast zeitgleich mit der evangelischen Frauenkirche. ❶

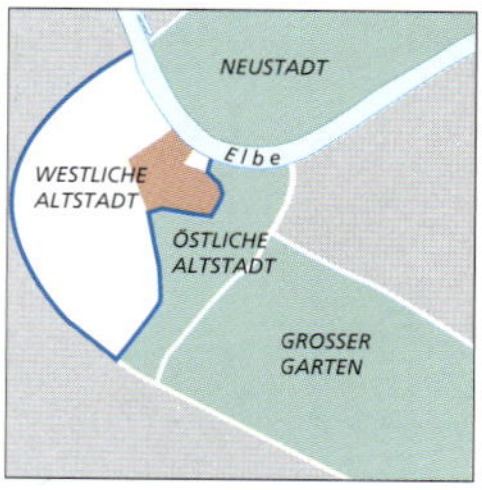

Zur Orientierung
Siehe Stadtplan, Karte 1

Der Theaterkahn dient als – wenn auch fest vertäutes – schwimmendes Theater und Restaurant. ⓱

Das Schloss birgt außerordentlich beeindruckende Sammlungen, etwa im Grünen Gewölbe und in der Türckischen Cammer. ❷

★ Fürstenzug
Das größte Porzellanbild der Welt zeigt die Ahnenreihe der Wettiner, die mehr als 800 Jahre in Sachsen herrschten. ❺

Türkenbrunnen
Der Brunnen mit der Figur der Siegesgöttin Victoria (1683) erinnert an den Sieg gegen die Türken vor Wien.

Kulturpalast
Der funktionale Bau ist Spielstätte der Dresdner Philharmonie und Bühne für populäre Shows. Außerdem findet man hier die Tourist-Information. ❽

Georgenbau
Die prunkvolle Fassade mit dem hohen Giebel wird von Erkern eingefasst und von zahlreichen Skulpturen geschmückt, darunter einem vier Meter hohen Reiterstandbild. ❹

0 Meter 100

Legende

– – – Routenempfehlung

Stadtplan *siehe Seiten 248–257*

Kathedrale Sanctissimae Trinitatis ❶

Figur in der Kathedrale

Die 1980 zur Kathedrale des Bistums Dresden-Meißen erhobene Hofkirche wurde 1739–54 unter der Leitung von Gaetano Chiaveri errichtet. Den Bau einer katholischen Kirche im protestantischen Sachsen initiierte August der Starke. Er war 1697 zum katholischen Glauben übergetreten, um polnischer König werden zu können. Realisiert wurde das Projekt unter seinem Sohn und Nachfolger Kurfürst Friedrich August II. Mit einer Grundfläche von rund 4800 Quadratmetern ist der Barockbau die größte Kirche in Sachsen. Die Fassade wurde reich mit plastischem Schmuck verziert. In der Gruft stehen 49 Sarkophage der Wettiner, ein Gefäß birgt das Herz Augusts des Starken.

Altarbild

Der Hofmaler Anton Raphael Mengs schuf das auch in seinen Ausmaßen (10x4,50 m) beeindruckende Gemälde Die Himmelfahrt Christi.

★ Hochaltar

Das Werk der italienischen Brüder Aglio besteht aus Marmor und Ornamenten aus vergoldeter Bronze. Das 4,20 Meter hohe Kreuz wird von sechs silbernen Leuchtern flankiert.

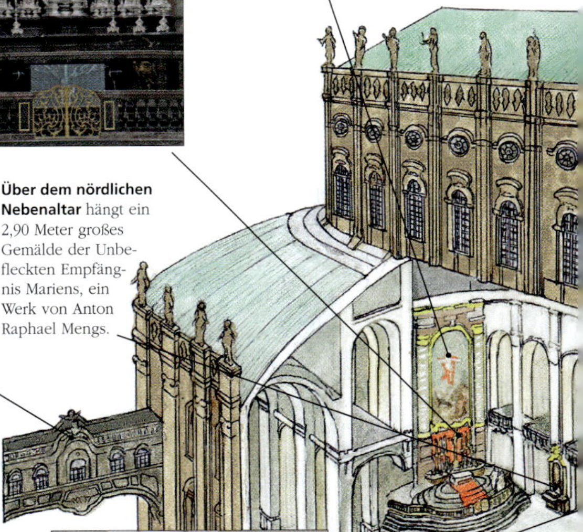

Über dem nördlichen Nebenaltar hängt ein 2,90 Meter großes Gemälde der Unbefleckten Empfängnis Mariens, ein Werk von Anton Raphael Mengs.

Übergang

Durch den 1899 erbauten kunstvollen Brückenübergang gelangten Mitglieder der königlichen Familie ungesehen zu ihren Logen in der Kathedrale.

★ Kanzel

Das 1722 vollendete plastische Kunstwerk in Weiß und Gold schuf Balthasar Permoser. Der Hofbildhauer hinterließ in der Stadt viele andere Beispiele seiner Schaffenskunst.

Kirchturmspitze
Ein markantes Element der Dresdner Silhouette ist der 86 Meter hohe Turm.

Die 78 Sandsteinfiguren an der Fassade wurden vom italienischen Bildhauer Lorenzo Mattielli gefertigt. Neben Aposteln und Heiligen sind auch Schutzpatrone dargestellt.

Haupteingang

Inschrift
Die Inschrift am Turm würdigt Kurfürst Friedrich August II. (als August III. König von Polen), der den Bau der Kathedrale realisierte, und gibt Auskunft über das Jahr der Fertigstellung des Kirchenbaus (1754).

INFOBOX

Schlossplatz. **Stadtplan** 1 C3. *4, 8, 9.* *75, 82.* *0351-484 4712.* *Mo, Di 9–18, Mi, Do 9–17, Fr 13–17, Sa 10–17, So 12–16 Uhr.* *Mo–Fr 8.30, 18, Sa 18, So 7.30, 9, 10.30, 16.30 (polnisch), 18 Uhr.* **Kirche und Gruft** *Mo–Do 14, Fr 13, Sa 13, 14, So 13 Uhr.* ***Orgelvorführungen*** *Mi, Sa 11.30–12 Uhr.* ***Orgelkonzerte*** *Feb–Nov: jeden 3. Mi 20 Uhr.* **www**.kathedrale-dresden.de

Figuren
Unter Mattiellis Statuen am Turm sind u. a. Allegorien der Tugenden Glaube, Liebe, Hoffnung und Gerechtigkeit.

★ Orgel
Der bedeutende sächsische Orgelbauer Gottfried Silbermann (1683–1753) erlebte die Fertigstellung seiner letzten und größten Orgel im Jahr 1755 nicht mehr.

NICHT VERSÄUMEN

- ★ Hochaltar
- ★ Kanzel
- ★ Orgel

Der Fürstenzug kann wie ein »Who's who« der Wettiner betrachtet werden

Schloss ❷

Siehe S. 68–71.

Hausmannsturm ❸

Schlossplatz 1. **Stadtplan** 1 C3.
4, 8, 9. 0351-4914 2000.
Apr–Okt: Mi–Mo 10–18 Uhr.
www.skd.museum

Der von einer barocken Haube bekrönte Turm des Dresdner Residenzschlosses ist mit 100,27 Metern Höhe eines der markantesten Bauwerke der Stadt. Der erste Turmbau an dieser Stelle erfolgte vermutlich vor 1400. Wolf Caspar von Klengel erhöhte ihn 1674–76 durch Aufsetzen einer barocken Haube mit langer Spitze, die 1991 wiederhergestellt wurde. Im Vergleich mit den übrigen Bauten des Schlosses scheint der Hausmannsturm ein wenig überproportioniert.

Von der Aussichtsplattform in 38 Metern Höhe bietet sich ein eindrucksvolles Panorama über Dresden. Im Hausmannsturm finden Sonderausstellungen des Münzkabinetts der Staatlichen Kunstsammlungen Dresden statt.

Georgenbau ❹

Schlossplatz 1. **Stadtplan** 1 C3.
4, 8, 9. 0351-4914 2000.
Mi–Mo 10–18 Uhr.

Das früheste Bauwerk der Renaissance in Dresden ging aus dem ehemaligen Stadttor zur Elbbrücke hervor. 1530–35 erfolgte der Umbau zum Georgentor, dem ersten Renaissance-Bau Dresdens. Das mit reichem Figurenschmuck und Erkern versehene Tor wurde Mitte des 16. Jahrhunderts zugemauert und 1701 bei einem Schlossbrand zerstört. Nach dem Wiederaufbau wurden hier 1718/19 die königlichen Prunkgemächer eingerichtet. Die Umgestaltung im Stil der Neorenaissance erfolgte 1889–1901, der letzte sächsische König, Friedrich August III., bewohnte die Räume bis 1918. Mitte der 1960er Jahre wurde der Georgenbau wiederhergestellt.

Das 12,5 Meter lange Relief *Dresdner Totentanz* (1534–36) des Bildhauers Christoph Walther, Teil des einstigen Fassadenschmucks, ist seit 1990 in der Dreikönigskirche *(siehe S. 116)* zu bewundern.

Der Stallhof war früher Schauplatz für Reiterspiele

Fürstenzug ❺

Augustusstraße. **Stadtplan** 1 C4.
4, 8, 9. Siehe auch S. 26f.

Die 102 Meter lange und 9,5 Meter hohe Darstellung an der Fassade des Langen Ganges gilt als größtes Porzellanbild der Welt. Der Wandfries zeigt 94 überlebensgroße Figuren. Auf ihm vereint sind 35 Regenten aus dem Geschlecht der Wettiner, die zwischen 1089 und 1918 in Sachsen herrschten – angeordnet in chronologischer Reihenfolge und angeführt von Markgraf Konrad dem Großen (reg. 1127–1156).

Neben dem »Who's who« der Wettiner Könige, Kurfürsten, Herzöge und Markgrafen sind 59 weitere Personen dargestellt. Unter ihnen befinden sich hochrangige Vertreter aus Kunst und Wissenschaft, darunter auch – am Ende des Zugs – Wilhelm Walther (1826–1913), der Erschaffer des Werks. Für das gigantische, in Sgraffito-Technik erstellte Wandbild benötigte der Historienmaler fünf Jahre. Doch schon bald nach Fertigstellung 1876 erlitt es witterungsbedingte Schäden und wurde deshalb 1904–07 von den besten Porzellanmalern auf ca. 24000 fugenlos gesetzte Keramikfliesen aus der Meissener Porzellan-Manufaktur übertragen.

1978/79 erfuhr der Fürstenzug eine umfassende Renovierung, mehrere Hundert beschädigte Fliesen wurden dabei detailgenau rekonstruiert.

Stallhof ❻

Augustusstraße 1. **Stadtplan** 1 C4.
1, 2, 4, 8, 9. *tägl. 7–20 Uhr.*

Das Areal zwischen Georgenbau und Johanneum diente nach seiner Fertigstellung 1591 als Schauplatz für Ritterturniere und Hetzjagden der höfischen Belustigung. Zu den beliebtesten Reiterspielen gehörte das Ringelstechen, bei dem die Reiter mit einer Lanze einen an Bronzesäulen hängenden Ring durchstechen mussten. Von diesen beiden 6,10 Meter hohen Säulen mussten nur die Spitzen rekonstruiert werden, von den 34 jeweils 1,46 Meter hohen Pilaren entlang der Turnierkampfbahn sind 13 als Originalstücke erhalten.

An einer Seite wird der Stallhof vom Langen Gang begrenzt, der bei Hetzjagden und Turnieren als Zuschauerraum diente. Er wird zum Hof hin von Arkaden mit toskanischen Säulen, zur äußeren Seite vom Fürstenzug geschmückt. Die in Silikatmalerei erstellten Bildwerke an der Innenfassade des Langen Ganges zeigen Ornamente, Waffen und Szenen aus der Herkulessage. In der Mitte ist eine Sonnenuhr zu sehen, die 1568 entstand.

Heute wird der Stallhof für kulturelle Veranstaltungen genutzt, darunter für historische Ritterspiele und in der Adventszeit für einen mittelalterlichen Weihnachtsmarkt. Gelegentlich finden hier auch Theaterveranstaltungen statt.

Johanneum ❼

Siehe S. 72f.

Kulturpalast ❽

Schlossstraße 2. **Stadtplan** 1 C4.
1, 2, 4. *0351-486 6666.*
www.kulturpalast-dresden.de

Das Gebäude an der Nordseite des Altmarkts wurde nach dreijähriger Bauzeit 1969 in Betrieb genommen. Damit erhielt der Altmarkt *(siehe S. 103)* seinen Platzcharakter zurück. Der im Stil funktionaler öffentlicher Architektur der 1960er Jahre errichtete Kulturpalast (103 x 72 m) ist das größte Veranstaltungszentrum der Stadt und Stammhaus der Dresdner Philharmonie. Darüber hinaus sind hier auch Gastspiele, Stars aus Rock, Pop, Jazz und Swing sowie Shows und Musicals zu sehen. Höhepunkte sind die Dresdner Musikfestspiele *(siehe S. 46)* und das Dixieland Festival.

Herzstück des Baus ist der multifunktionale Festsaal mit 2435 Plätzen, der auch als Kongress- oder Bankettsaal genutzt wird. Die fünf zweiflügeligen Bronzetüren zeigen Szenen der Stadtgeschichte.

Im Kulturpalast ist auch die Tourist-Information *(siehe S. 226f)* sowie das Besucherzentrum der Frauenkirche *(siehe S. 98–101)* zu finden.

Taschenbergpalais ❾

Taschenberg 3. **Stadtplan** 1 C4.
1, 2, 4, 8, 9, 11, 12. *75, 94.*

Nach Plänen von Johann Friedrich Karcher wurde das barocke Palais 1705–08 für Anna Constanze von Hoym (ab 1707 Gräfin von Cosel), die Mätresse von August dem Starken, erbaut.

Das Taschenbergpalais ist Sitz des luxuriösen Kempinski-Hotels

Nachdem die machtbesessene »sächsische Pompadour« auch beim Kurfürsten in Ungnade gefallen und aus dem Haus hinauskomplimentiert worden war, verlor das Anwesen seine Bedeutung als Liebesnest und diente fortan als Residenz sächsischer Kronprinzen.

Erweiterungen vollzog der Baumeister Matthäus Daniel Pöppelmann 1718–20. Im 18. Jahrhundert wurde der zentrale Bau um West- und Ostflügel erweitert, Mitte des 19. Jahrhunderts kam der Südosttrakt hinzu. Nach der Zerstörung 1945 baute man das Palais 1992–95 nach Originalplänen im barocken Stil wieder auf. Noch im Jahr der Fertigstellung eröffnete das Hotel Taschenbergpalais Kempinski Dresden *(siehe S. 193)*, das sich schnell zu einer der besten Adressen der Stadt entwickelte. Zu den Prunkstücken der Ausstattung gehören die Säulenhalle und die barocke Treppenanlage. Vor der zum Zwinger weisenden Seite steht der nach Plänen von Gottfried Semper angelegte neogotische Cholerabrunnen (1846) mit seinem 18 Meter hohen Turm.

Wandbild *Der Weg der roten Fahne* (1969 von Gerhard Bondzin) an der Westseite des Kulturpalasts

Schloss ❷

Türklopfer am Schloss

Das aus einer 1289 erstmals erwähnten Burg hervorgegangene Anwesen gehört zu den bedeutendsten Schlossanlagen der Renaissance in Deutschland. Von 1485 bis 1918 residierten hier die wettinischen Kurfürsten und Könige. Mit den wertvollen Sammlungen realisierten die Regenten ihre Vision von der Präsentation höfischen Stolzes und absolutistischer Macht. Im Rahmen des – mit Ausnahme des Georgenbaus – erst 1986 einsetzenden Wiederaufbaus wurden alte Grundrisse rekonstruiert, der Große Schlosshof erhielt Teile seiner eindrucksvollen Sgraffito-Gestaltung wieder. Zur 800-Jahr-Feier der Stadt präsentierte sich das Schloss 2006 weitestgehend wieder in altem Glanz. Vor allem das Historische Grüne Gewölbe zieht Besucherscharen an. 2010 konnte die Türckische Cammer eröffnet werden.

Hausmannsturm
Der 100 Meter hohe Turm, der 1991 seine Spitze zurückbekam, ist eines der markantesten Bauwerke der Stadt (siehe S. 66).

Krönungsmedaille
Die Medaille erinnert an die Proklamation von Kurfürst Friedrich August III. zum ersten König von Sachsen (1806).

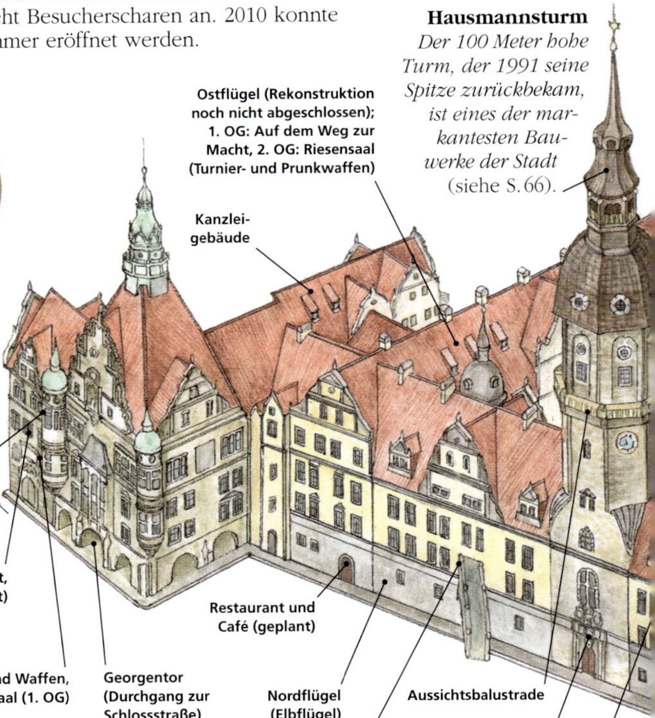

Nicht versäumen

★ Historisches Grünes Gewölbe

★ Kupferstich-Kabinett

★ Neues Grünes Gewölbe

★ Türckische Cammer

Übergang
Zwischen dem Nordflügel des Schlosses und der Kathedrale (siehe S. 64f) *wurde um 1900 dieser neobarocke Übergang errichtet.*

Kleiner Schlosshof
Ein transparentes Membrandach mit einer Kuppelhöhe von neun Metern bedeckt das 2009 eröffnete Eingangsfoyer im Kleinen Schlosshof. Hier befinden sich die Kassen, die Information und die Durchgänge zu den einzelnen Museen.

INFOBOX

Taschenberg 2. **Stadtplan** 1 C3–4. 4, 8, 9. *0351-4914 2000.* **Residenzschloss** *Mi–Mo 10–18 Uhr.* **Historisches Grünes Gewölbe** *Mi–Mo 10–19 Uhr.* **Hausmannsturm** *Apr–Okt: Mi–Mo 10–18 Uhr.* eingeschränkt. **www**.skd.museum

★ Türckische Cammer
In dem 2010 eröffneten Bereich sind osmanische Kunstwerke und Gebrauchsgegenstände wie Waffen und Gewänder zu sehen.

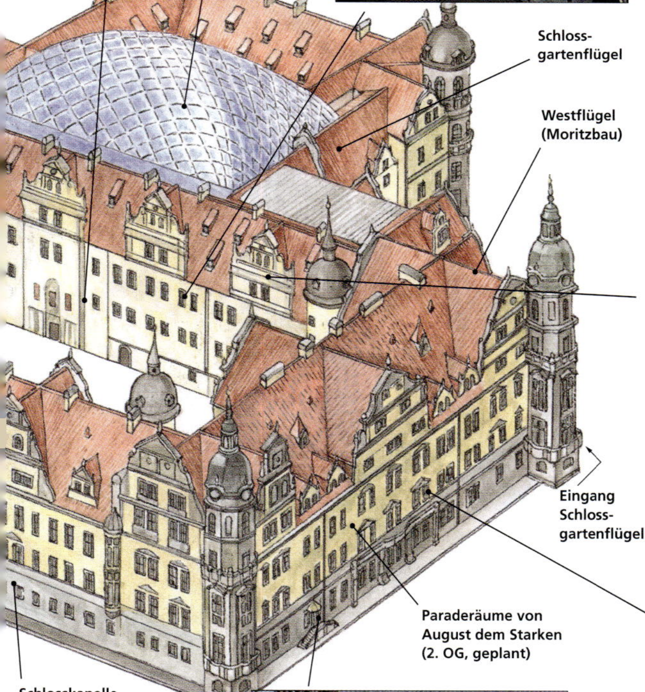

★ Kupferstich-Kabinett
Der Bestand der Sammlung umfasst rund eine halbe Million Blätter (u.a. Zeichnungen und Holzschnitte).

★ Neues Grünes Gewölbe
Seit 2004 befindet sich das Schatzkammermuseum mit Exponaten von der Renaissance bis zum Klassizismus wieder im Residenzschloss.

★ Historisches Grünes Gewölbe
Mit der Wiedereröffnung 2006 kehrte auch der zweite Teil der legendären Sammlung der Wettiner in das Schloss zurück.

Schloss: Räume und Sammlungen

Als Zentrum für Kunst und Wissenschaft birgt das Dresdner Schloss eine Reihe von Sammlungen, die Weltruhm genießen. 1945 wurden große Teile des Schlosses weitgehend zerstört, seit Jahrzehnten ist man dabei, den Komplex zu rekonstruieren. Nach und nach bekommen berühmte Museen hier wieder ihren Platz. Die Schätze des Grünen Gewölbes verteilen sich inzwischen auf zwei Ausstellungsbereiche und sind fast vollständig zu sehen. Auch die anderen Museen sind einzigartig. Die Restaurierungsarbeiten im Schloss sollen bis 2013 abgeschlossen sein.

Kirschkern mit geschnitzten Gesichtern, Neues Grünes Gewölbe

Historisches Grünes Gewölbe

August der Starke ließ in diesen Räumen 1723–30 ein barockes Gesamtkunstwerk verwirklichen, das die Strahlkraft absolutistischer Macht symbolisieren sollte. 2006 erfolgte am Originalstandort – im Erdgeschoss des Westflügels – die Wiedereröffnung der prachtvollen Schatzkammer, in der mehr als 2000 Pretiosen des ehemaligen Wettiner Herrscherhauses gezeigt werden. Schon beim Betreten der Räume fasziniert die Präsentation der Kunstwerke vor Spiegelwänden und auf prunkvollen Tischen.

Der Rundgang durch die zehn Räume beginnt im Bernsteinkabinett. Danach führt er durch das Elfenbeinzimmer und das Weißsilberzimmer in das silbervergoldete Zimmer, das durch seine vielfältigen Goldschmiedearbeiten (16.–18. Jh.) besticht. Der Pretiosensaal (Raum 5) umfasst u. a. Gefäße aus Bergkristall sowie Edelsteinschalen und gewährt einen Blick in das aufwendig gestaltete Eckkabinett. Dem Wappenzimmer folgt das Juwelenzimmer, dessen Edelsteingarnituren aus dem 18. Jahrhundert ein Highlight der Sammlung bilden. Ihm schließen sich das Bronzenzimmer und der Raum der Renaissancebronzen an.

Weil das Historische Grüne Gewölbe jede Stunde nur für etwa 120 Besucher zugänglich ist, sollte man die Eintrittskarten unbedingt frühzeitig reservieren. Bei der Buchung wird das jeweilige Zeitfenster des Besuchs festgelegt.

Neues Grünes Gewölbe

Das erste Obergeschoss des Westflügels nimmt seit 2004 das Neue Grüne Gewölbe ein, in dem mehr als 1000 Meisterwerke der Schatzkunst von der Renaissance bis zum Klassizismus gezeigt werden. Während das Historische Grüne Gewölbe Besucher durch den überwältigenden barocken Gesamteindruck in Staunen versetzt, steht im Neuen Grünen Gewölbe das Erleben einzelner Kunstobjekte im Vordergrund. Die Exponate werden hier eher zurückhaltend hinter doppelt entspiegeltem Vitrinenglas präsentiert.

Im Saal der Kunststücke (Raum 101) mit dem Mikrokabinett findet man außergewöhnliche Werke aus der 1560 gegründeten Dresdner Kunstkammer. Besonders beeindruckt sind viele Besucher von der silbervergoldeten Daphne mit den leuchtend roten Strauchkorallen auf Kopf und Armen sowie von dem Kirschkern mit 185 geschnitzten Gesichtern im Mikrokabinett (um 1589).

Über das Kristallkabinett sowie den Ersten Raum der Kurfürsten mit der Großen Elfenbeinfregatte von Jakob Zeller (1620) und den Zweiten Raum der Kurfürsten gelangt man in den Raum der königlichen Pretiosen. Im Dinglinger-Saal (Raum 107) mit dem Emailkabinett dominiert der Thron des Hofmoguls Aurang-Zeb (1701–08) – ein Werk des Hofjuweliers Johann Melchior Dinglinger.

Dem Raum der reisenden Pretiosen folgen der Neuber-Raum mit einem Prunkkamin (1782), der für Sonderausstellungen genutzte Sponsel-Raum und das Watzdorf-Kabinett (Raum 112) mit dem legendären Dresdner Grünen Diamanten von 41 Karat.

Der Besuch des Neuen Grünen Gewölbes ist ohne Zeitticket möglich.

Historisches Grünes Gewölbe – die pure Verkörperung barocker Pracht

Kupferstich-Kabinett

Mit rund einer halben Million Werken aus acht Jahrhunderten gehört das Kupferstich-Kabinett zu den drei größten grafischen Sammlungen Deutschlands. Es wurde 1720 als Museum für Grafik und Zeichnungen gegründet und ist seit 2004 wieder im Schloss eingerichtet. Neben der hohen Qualität der Exponate besticht hier auch die Einzigartigkeit vieler Objekte.

Das Sammelgebiet umfasst grafische Blätter aller, auch moderner Drucktechniken, Zeichnungen, Aquarelle und Fotografien. Zu sehen sind Werke von Künstlern wie Martin Schongauer, Albrecht Dürer, van Eyck, Rembrandt, Goya, Caspar David Friedrich, Toulouse-Lautrec, Picasso, Baselitz, Havekost sowie Fotografien u.a. von Hill, Erfurth, Kesting, Borchert oder Candida Höfer. Sondersammlungen mit Bildnissen und topografischen Ansichten besonders Sachsens gehören ebenso zum Bestand wie illustrierte Bücher und Plakate.

In wechselnden Ausstellungen werden die Schätze des Museums präsentiert, da aus konservatorischen Gründen keine dauerhafte Präsentation der empfindlichen Stücke möglich ist. Im öffentlich zugänglichen Studiensaal können sich Interessierte die Bestände vorlegen lassen.

Restaurierte Sgraffito-Malereien im Großen Schlosshof

Münzkabinett

Vom antiken Griechenland und antiken Rom bis in die Gegenwart reicht das Spektrum der rund 300 000 numismatischen Objekte, die in dieser Sammlung verwahrt werden. Darunter sind neben Münzen auch Medaillen, Banknoten, historische Wertpapiere sowie Orden und Ehrenabzeichen.

Bemerkenswert ist vor allem die vollständige Kollektion der rund 30 000 sächsischen Münzen und Medaillen, die wichtige Epochen der sächsischen Geschichte dokumentiert. Zu den Prunkstücken gehören u.a. die Sonderprägung zur Erhöhung des Hausmannsturms *(siehe S. 66)* im Jahr 1676 und die Goldmedaille von 2006 zum 800-jährigen Jubiläum der Stadt Dresden. Darüber hinaus umfasst das Münzkabinett, das zu den beeindruckendsten Universalsammlungen Europas gehört, auch Medaillen- und Münzstempel sowie Geräte zur Münzprägung.

Krönungsmedaille (1806), Münzkabinett

Sonderausstellungen im Hausmannsturm zeigen jeweils einen Teil des Gesamtbestands, die Einrichtung einer umfassenden Dauerausstellung ist in Planung. Vorträge rund um die Numismatik bringen Besuchern die Welt der Münz- und Währungsgeschichte näher.

Türckische Cammer

Mit der 2010 im zweiten Obergeschoss eröffneten Türckischen Cammer, der jüngsten Abteilung der derzeit im Dresdner Zwinger untergebrachten Rüstkammer *(siehe S. 78)*, weht im Dresdner Schloss ein Hauch von Orient. Die Exponate aus dem 16. bis 19. Jahrhundert wurden von sächsischen Kurfürsten zusammengetragen. Sie dienten als Requisiten für orientalische Feste am Hofe. Der überwiegende Teil der Sammlung basiert nicht auf Beutestücken aus Kriegen, sondern auf Schenkungen und gezielten Ankäufen.

Prunkstück der Türckischen Cammer ist ein sechs Meter hohes osmanisches Zelt aus dem 17. Jahrhundert. Unter der Außenhaut aus grüner Baumwolle verbergen sich Applikationen aus farbigen Seidenstoffen und vergoldetem Leder. Mit seinen gewaltigen Ausmaßen von 20 Metern Länge und acht Metern Breite spannt sich das Zelt wie ein zweiter Himmel über den Betrachter. Außerdem sind u.a. reich mit Gold und Edelsteinen verzierte Kunstwerke sowie Fahnen und Prunkwaffen zu sehen. Auch die in Lebensgröße kunstvoll geschnitzten und bemalten Pferdefiguren mit wertvollem Reitzeug (Sattel, Decken und Zaumzeug) tragen zur unvergleichlichen Pracht der Türckischen Cammer bei.

Osmanische Dolche mit Elfenbeingriffen, Türckische Cammer

Johanneum (Verkehrsmuseum) ❼

Skulpturenschmuck am Giebel

Das Johanneum wurde 1586–91 unter Kurfürst Christian I. als Stallgebäude und Rüstkammer errichtet, später zog hier die Gemäldegalerie ein. Unter dem kunstsinnigen König Johann (1801–73) erfolgten Erweiterungen. Das 1956 hier eingerichtete Verkehrsmuseum umfasste zunächst nur die Bestände des Sächsischen Eisenbahnmuseums. Heute dokumentiert das Museum auf einer Fläche von 5000 Quadratmetern rund 200 Jahre Verkehrsgeschichte in Deutschland.

Ausstellung Automobile
Untrennbar mit der Geschichte des Automobilbaus in Ostdeutschland verbunden ist die Marke Wartburg, die in Eisenach produziert wurde.

★ Ausstellung Zweiräder
Im Fokus der Ausstellung mit Exponaten ab 1885 stehen in Sachsen produzierte Motorräder der Marke MZ. Spannend ist die im Stil der 1930er Jahre nachgebaute Zweiradwerkstatt.

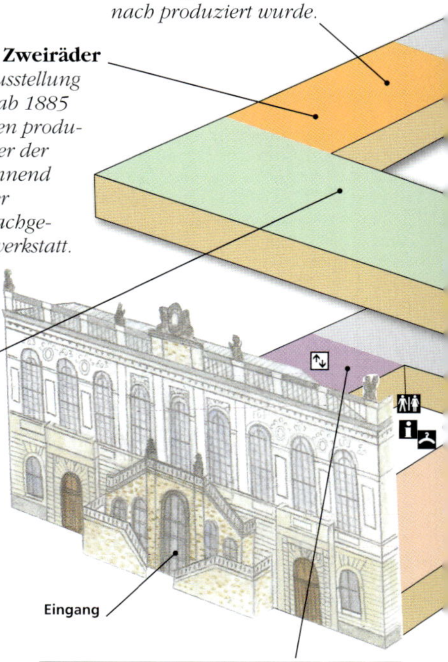

★ Ausstellung Luftfahrt
Neben Nachbauten von Fluggeräten aus den frühen Jahren der Fliegerei (darunter auch einem Ballon) faszinieren originale Exponate der DDR-Luftfahrt. Neueste Attraktion ist der Flugsimulator – akrobatische Flugmanöver per Joystick.

Ausstellung Nahverkehr
Die Entwicklung des Dresdner Stadtverkehrs dokumentieren u.a. eine Sänfte (um 1705), ein elektrischer Straßenbahnwagen (1880er Jahre, oben), ein Standseilbahnwagen (1934) und ein Taxi (1952).

LEGENDE

- Schifffahrt
- Nahverkehr
- Eisenbahn
- Luftverkehr
- Straßenverkehr
- Keine Ausstellungsfläche

Ein Dokumentarfilm ergänzt das Angebot des Museums. Er schildert die Historie von Dresden zwischen 1913 und 2007 anhand von einzigartigen Originalaufnahmen (Di–So 11–16 Uhr, Beginn: jede volle Stunde).

Infobox

Augustusstraße 1. **Stadtplan** 1 C4. *1, 2, 4, 8, 9.* *0351-864 40.* *Di–So 10–17 Uhr (auch Oster- und Pfingstmontag).* *(telefonische Anmeldung unter 0351-86 44-131, -132 oder -133).* *gegen Gebühr.* **www.** verkehrsmuseum-dresden.de

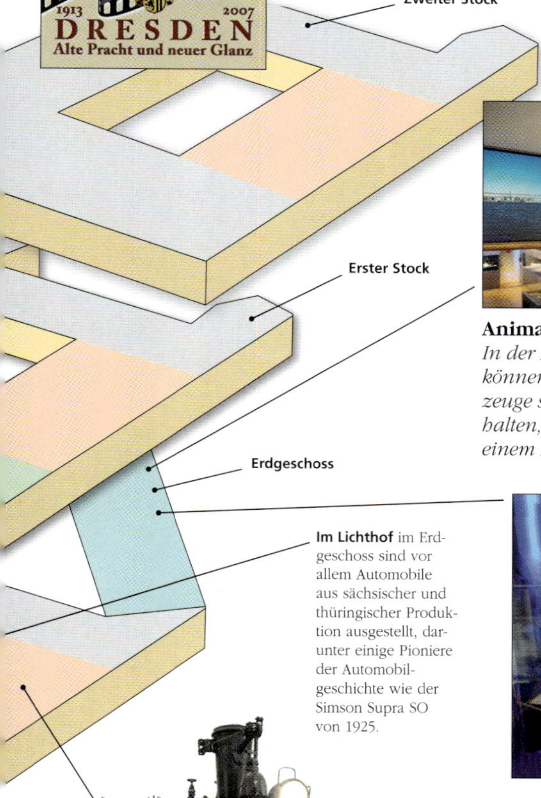

Animationen für Kinder
In der Erlebniswelt Verkehrsmuseum können Kinder am Bildschirm Flugzeuge starten lassen, ein Schiff auf Kurs halten, Lokführer spielen oder auf einem Hochrad fahren.

Im Lichthof im Erdgeschoss sind vor allem Automobile aus sächsischer und thüringischer Produktion ausgestellt, darunter einige Pioniere der Automobilgeschichte wie der Simson Supra SO von 1925.

★ Ausstellung Schifffahrt
Die Abteilung zeigt Modelle aus der Zeit der Segelschifffahrt sowie reichhaltiges Schiffsinterieur (u. a. eine wirkliche Schatztruhe) und stellt die über 1000-jährige Elbschifffahrt vor.

Ausstellung Eisenbahn
In Dresden wurde die erste Dampflokomotive produziert (siehe S. 40). *Zu den Schmuckstücken der Abteilung gehört diese Schmalspurlokomotive von 1899.*

Kurzführer

Einige Abteilungen des Museums verteilen sich auf mehrere Stockwerke, darunter die Ausstellung Automobile auf den Lichthof und die erste Etage. Über alle drei Stockwerke spannt sich der Bereich Eisenbahn, in der zweiten Etage befindet sich die Modelleisenbahnanlage Spur 0. Die Ausstellung Schifffahrt wurde im Langen Gang eingerichtet.

Nicht versäumen

- ★ Luftfahrt
- ★ Schifffahrt
- ★ Zweiräder

Zwinger ❿

Das berühmteste Bauwerk Dresdens ist der Zwinger. Der barocke Gebäudekomplex wurde in der Regierungszeit Augusts des Starken errichtet. Er beauftragte den Baumeister Matthäus Daniel Pöppelmann, der den Prunkbau 1707 entwarf, und den Bildhauer Balthasar Permoser zur Ausgestaltung. Die Bauarbeiten dauerten von 1709 bis 1732. Den Abschluss zur Elbe bildete erst ab 1855 die Gemäldegalerie. Der Schlossgarten, in dem Feste und Feuerwerke stattfanden, wird von Galerien und Pavillons umrahmt, in denen Museen sind.

★ Kronentor
Das Tor verdankt seinen Namen der Kuppel, die auf den Eingang aufgesetzt wurde.

Zwingerhof
Prachtvoll gestaltete Gartenanlagen und Wasserspiele prägen den Zwingerhof, in dem im Sommer die »Zwinger-Serenaden« stattfinden.

Porzellanpavillon
Auch die Fassade des Porzellanpavillons präsentiert eindrucksvolle Beispiele barocker Bildhauerkunst. Die durch den Glockenspielpavillon erreichbare Sammlung zählt zu den umfangreichsten und bedeutendsten der Welt.

Glockenspielpavillon
Das Glockenspiel erhielt dieser Pavillon, eine spiegelgleiche Wiederholung des Wallpavillons, erst 1930. Die Porzellanglocken aus Meißen lassen 24 Melodien erklingen.

◁ Skulpturen an der Kathedrale Sanctissimae Trinitatis *(siehe S. 64f)*

★ Wallpavillon
Bekrönt wird dieses Meisterwerk barocker Architektur von einer Statue des Herkules, der die Weltkugel trägt. Die Figur ist eine Reverenz an August den Starken.

INFOBOX

Sophienstraße/Ostra-Allee/ Theaterplatz. **Stadtplan** 1 B3–4. **Gemäldegalerie Alte Meister, Porzellansammlung, Mathematisch-Physikalischer Salon, Rüstkammer**
0351-4914 2000. *Di–So 10–18 Uhr.*
www.skd.museum

★ Nymphenbad
Die barocke Brunnenanlage – ebenfalls ein Entwurf von Pöppelmann – wurde mit Skulpturen von Nymphen geschmückt.

Gemäldegalerie Alte Meister
Gottfried Semper entwarf den Seitenflügel, der die Gemäldegalerie Alte Meister (siehe S. 80f) *beherbergt.*

Relief
Zum vielfältigen plastischen Schmuck an der Fassade gehören auch Reliefs wie dieses am Durchgang zum Theaterplatz, an der südöstlichen Seite des Komplexes.

NICHT VERSÄUMEN

- ★ Kronentor
- ★ Nymphenbad
- ★ Wallpavillon

Zwinger: Sammlungen

Im Zwinger sind mehrere Museen und Sammlungen der Staatlichen Kunstsammlungen Dresden untergebracht. Die wichtigsten sind die Porzellansammlung, die Rüstkammer, der Mathematisch-Physikalische Salon und die in einem nach Entwürfen von Gottfried Semper errichteten Seitenflügel untergebrachte Gemäldegalerie Alte Meister *(siehe S. 80f)*. Die Sammlungen zeichnen sich durch die Qualität und Bedeutung der ausgestellten Objekte aus. Der Umzug der Rüstkammer ins Residenzschloss *(siehe S. 68–71)* ist geplant. Dafür wird die Antikensammlung aus dem Albertinum *(siehe S. 96f)* in den Zwinger verlegt.

Prunkharnisch für Mann und Ross (1563/64) von Eliseus Libaerts

Porzellansammlung

Die mit rund 20 000 Objekten umfangreichste und kostbarste Porzellansammlung der Welt im südlichen Teil des Zwingers verdankt Dresden der Sammelleidenschaft von Kurfürst Friedrich August I. von Sachsen (August der Starke; *siehe S. 45*). Seine Lust am »weißen Gold« beschränkte sich jedoch nicht auf Produkte der eigenen Manufaktur, sondern umfasste auch eine große Anzahl kostspieliger Importe aus ostasiatischen Ländern. Die besondere Liebe des Kurfürsten galt dabei den rund einen Meter hohen, blau bemalten Dragonervasen. Friedrich Wilhelm I. von Preußen hatte diese Vasen, die zuvor in preußischen Schlössern standen, August dem Starken überlassen – im Tausch gegen sächsische Reitersoldaten (Dragoner).

Eine Vielzahl wahrer Meisterstücke steuerte die Porzellan-Manufaktur in Meißen bei. Die Objekte reichen aus der Zeit ab 1708 (unmittelbar nach Erfindung des europäischen Hartporzellans; *siehe S. 36f*) bis zum Ende des 18. Jahrhunderts. Sie bestechen durch ausnahmslos hohe Qualität in Form und Bemalung. Zu den berühmtesten gehören einige mit chinesischen Motiven oder floralem Dekor bemalte Einzelstücke von Johann Gregorius Höroldt (1696–1775), einem Porzellanmaler, der Direktor der Manufaktur wurde. Glanzlichter der Sammlung setzen auch Werke von Johann Joachim Kändler. Neben einer Reihe lebensgroßer Porzellantiere ragen insbesondere seine Porzellanservice heraus, die die höfische Tafelkultur jener Zeit nachhaltig beeinflussten.

Teil des Schwanenservice (1738) von J. J. Kändler

Die opulente Ostasien-Galerie wurde 2006 eröffnet. Diese Sammlung mit rund 2000 erlesenen Ausstellungsstücken umfasst u. a. chinesisches Porzellan aus einer Zeitspanne von nahezu 2000 Jahren sowie Keramik aus Japan und Korea (jeweils 16.–18. Jh.).

Die Präsentation der fernöstlichen Objekte in teils historisierenden Arrangements ist nicht weniger glanzvoll als die der Meissener Porzellane. So strahlt barocker Glanz auch auf die ostasiatischen Ausstellungsstücke: Viele Exponate stehen auf vergoldeten Konsolen, Kaminsimsen oder prachtvoll gestalteten Tischen, die Wände einiger Räume sind mit kostbarer Seide bespannt – ganz im Sinne des ausgeprägten Repräsentationsbedürfnisses Augusts des Starken, der sich für sein »Porzellanschloss« eine gleichmäßige Akzentuierung von ostasiatischem und sächsischem Porzellan wünschte.

Rüstkammer

Wie die Porzellansammlung ist auch die Rüstkammer im Semperbau eine der weltweit bedeutendsten ihrer Art. Zwischen prachtvollen Rüstungen, Prunkwaffen, Reitzeug, historischen Gewändern und Turnierbildern aus dem 16. bis 18. Jahrhundert – angefertigt von den besten Gold- und Klingenschmieden, Kostümschneidern und Malern jener Zeit – wandeln Besucher hier auf den Spuren höfischer Feste, Reiterturniere und Jagden. Gleichzeitig erhält man in der Rüstkammer ein umfassendes Bild von der militärischen Realität in Sachsen zur Zeit von Renaissance und Barock.

Die erlesene Kunstfertigkeit der Handwerker jener Epochen wird anhand mehrerer Tausend Objekte eindrucksvoll dokumentiert. Die größte Kostbarkeit der Rüstkammer ist der reich verzierte Prunkharnisch für Mann und Ross (1563/64) des Antwerpener Goldschmieds Eliseus Libaerts

Musiker als Atlanten tragen im Zwinger einen Großteil der Last

für den schwedischen König Erik XIV. Das Ausstellungsstück symbolisiert eindrucksvoll die frühere Bedeutung der Ausrüstungen: Man sah in ihnen seinerzeit nicht nur nützliche Gebrauchsgegenstände, sondern auch Objekte höfischer Repräsentation, was sich im üppig gestalteten Dekor widerspiegelt.

Zu den bekanntesten Ausstellungsstücken zählt außerdem das Schwert des 1547–53 regierenden Kurfürsten Moritz von Sachsen, der Dresden zur kurfürstlichen Residenz machte. Darüber hinaus umfasst die Sammlung auch Objekte aus dem Orient, darunter einige reich verzierte osmanische Säbel. Viele dieser in der Rüstkammer präsentierten orientalischen Waffen sind Beutestücke aus der Schlacht gegen die Türken vor Wien im Jahr 1683.

Die Rüstkammer ging aus dem Besitz sächsischer Herzöge und Kurfürsten hervor, die ab dem 15. Jahrhundert im Residenzschloss Prunk- und Turnierwaffen des Hofes zu Repräsentationszwecken aufbewahrten. Im 18. Jahrhundert – vor allem während der Regentschaft des kunstsinnigen Kurfürsten August des Starken – fand der Repräsentationswille der Wettiner eher Ausdruck und Vollendung in der Förderung von Malerei und Herstellung von Porzellan und Münzen. Dennoch ließen sie im Langen Gang des Stallhofs *(siehe S. 67)* eine Feuerwaffensammlung einrichten, die noch heute die größte Abteilung in der Rüstkammer bildet.

Eingang zum Zwinger vom Theaterplatz aus

Mathematisch-Physikalischer Salon

Die weltberühmte Sammlung wissenschaftlicher Instrumente und historischer Zeitmessgeräte ist im Pavillon an der Nordwestecke des Zwingers zu finden. Sie wurde schon 1728 im Zwinger untergebracht und »Königliches Cabinet der mathematischen und physikalischen Instrumente« genannt. Seit 1746 trägt sie den Namen Mathematisch-Physikalischer Salon.

Die Schatzkammer des Wissens bietet einen geradezu unvergleichlichen Überblick über die Entwicklung von wissenschaftlichen Instrumenten, u.a. in den Bereichen Mathematik und Physik, Geodäsie und Kartografie, Astronomie und Meteorologie. Zu den absoluten Highlights der Sammlung gehören ein arabischer Himmelsglobus (13. Jh.), der die Sternenkonstellationen darstellt, eine Planetenlaufuhr (um 1560) von Eberhard Baldewein, die den der jeweiligen Uhrzeit entsprechenden Stand einiger Planeten anzeigt, sowie die älteste Rechenmaschine der Welt (um 1650) von Blaise Pascal. Von sehr großer Bedeutung für die Entwicklung der Optik waren Linsen und Hohlspiegel, von denen eine ganze Reihe im Mathematisch-Physikalischen Salon ausgestellt sind.

Arabischer Himmelsglobus (13. Jh.)

Neben ihrer wissenschaftlichen Bedeutung zeichnen sich viele der rund 2000 Ausstellungsstücke aus annähernd 800 Jahren Technikgeschichte auch durch ihre bestechende künstlerische Gestaltung aus.

Die faszinierende Sammlung ging aus der um 1560 von Kurfürst August gegründeten Dresdner Kunstkammer hervor. Im 16./17. Jahrhundert wurden viele Werkzeuge und wissenschaftliche Instrumente aus den Reichsstädten Augsburg und Nürnberg erworben, die auf dem neuesten Stand der Technik waren und zugleich den repräsentativen Ansprüchen einer höfischen Sammlung genügten. Während der Regentschaft Augusts des Starken wurden Geräte aus allen Teilen Europas zusammengetragen.

Darüber hinaus förderte der kunstsinnige Kurfürst auch das einheimische Gewerbe. So beauftragte er sächsische Handwerker mit der Herstellung von Messgeräten und leitete damit die Entwicklung der Instrumentenbaukunst ein, für die Sachsen später berühmt wurde.

Gemäldegalerie Alte Meister ⓫

Diese Gemäldesammlung enthält Werke der berühmtesten Maler der Welt. Die Alten Meister sind heute von unschätzbarem Wert. Das Herzstück bilden Werke, die von August dem Starken und seinem Sohn August III. zusammengetragen wurden. Die 1722 gegründete Gemäldegalerie war zunächst im heutigen Johanneum untergebracht, erst später brachte man die Bilder in den Zwinger-Komplex, wo die Sammlung 1855 in der von Gottfried Semper erbauten Gemäldegalerie ihren passenden Platz erhielt.

Das Liebesfest (um 1717) *Das Sujet der* fête galante *ist typisch für das Werk Antoine Watteaus. Das Gemälde zeigt eine Gruppe flirtender Paare im Park.*

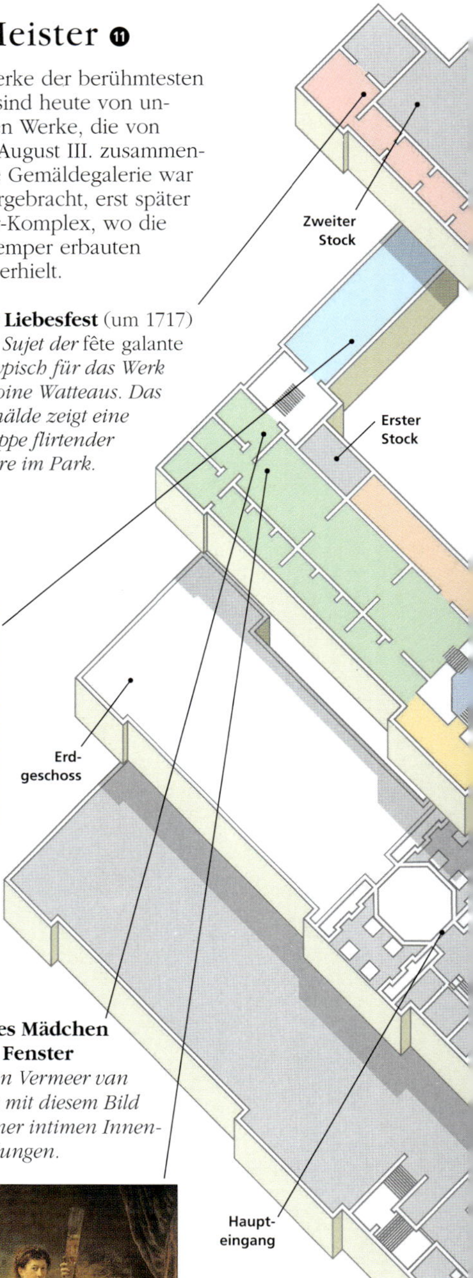

Maria mit dem Kind (1437) *Der kostbare kleine Flügelaltar zeigt neben der Madonna auch die heilige Katharina und den Erzengel Michael. Das Werk ist eines der wenigen, das Jan van Eyck signiert hat.*

Brieflesendes Mädchen am offenen Fenster (um 1659) *Jan Vermeer van Delft begann mit diesem Bild die Reihe seiner intimen Innenraumdarstellungen.*

★ Rembrandt und Saskia (um 1635) *Rembrandt malte sich hier zusammen mit seiner Ehefrau Saskia. Kunsthistoriker entdeckten in dem Bild übermalte Motive des Gleichnisses vom verlorenen Sohn.*

KURZFÜHRER

Im Erdgeschoss hängen Canalettos, im ersten Stock europäische Werke aus dem 15. bis 18. Jahrhundert, im zweiten Stock Gemälde des 18. Jahrhunderts sowie Pastelle und Miniaturen.

Bildnis eines Herrn (um 1633) *Das höchst bemerkenswerte Porträt des spanischen Malers Velázquez ist unvollendet. Es beeindruckt durch die realistische Darstellung.*

Der Zinsgroschen (um 1516) *Der Maler Tizian stellt die biblische Parabel als Gespräch zwischen Christus und dem Pharisäer dar. Das Geldstück wird kaum sichtbar, was ungewöhnlich war.*

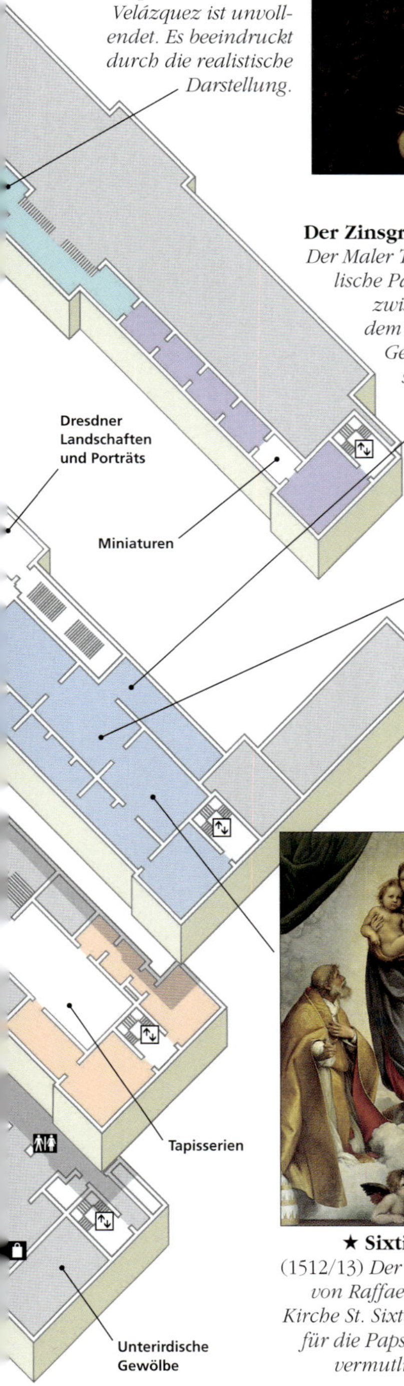

Schlummernde Venus (um 1508–10) *Der berühmte Akt wurde lange Giorgione zugeschrieben. Doch als dieser 1510 an der Pest starb, stellte ihn sein Freund Tizian fertig.*

★ Sixtinische Madonna (1512/13) *Der Titel des Gemäldes von Raffael leitet sich von der Kirche St. Sixtus in Piacenza ab, für die Papst Julius II. das Bild vermutlich in Auftrag gab.*

INFOBOX

Theaterplatz 1. **Stadtplan** 1 C3. *0351-4914 2000.* *Di–So 10–18 Uhr.* **www**.skd.museum

LEGENDE

- Italienische Malerei 15.–17. Jh.
- Deutsche Malerei 15.–16. Jh.
- Canaletto und Dresdner Szenen
- Niederländische und flämische Malerei 17. Jh.
- Französische Malerei 17. Jh.
- Spanische Malerei
- Französische und italienische Malerei 18. Jh.
- Deutsche, böhmische, österr., englische und Schweizer Malerei
- Keine Ausstellungsfläche

NICHT VERSÄUMEN

- ★ *Rembrandt und Saskia*
- ★ *Sixtinische Madonna*

Stadtplan *siehe Seiten 248–257*

Schauspielhaus ⓬

Theaterstraße 2. **Stadtplan** 1 B4. *1, 2, 4, 8, 9, 11, 12.* *75, 94.* *0351-491 35 55.* **www.** staatsschauspiel-dresden.de

Im Vergleich zu Bauwerken der Umgebung wirkt das 1913 eröffnete Schauspielhaus wegen seiner großen Bauhöhe und seiner bewegten Dachlandschaft wuchtig. Als dies offensichtlich wurde, ergänzten die Architekten William Lossow und Max Hans Kühne die Jugendstilfassade um barocke Elemente, die den Kontrast zum Zwinger etwas ausgleichen. Nach den Kriegsschäden konnte der Spielbetrieb bereits 1948 wiederaufgenommen werden. Als »Großes Haus des Staatstheaters Dresden« war die Bühne Spielstätte für Oper und Schauspiel, bis die Staatsoper 1985 das Haus verließ und in der Semperoper eine neue Heimat fand.

In den 1990er Jahren wurde der nun 799 Plätze umfassende Zuschauerraum aufwendig restauriert. Zum Repertoire des Hauses gehören neben deutschen und internationalen Klassikern auch Uraufführungen moderner Stücke und experimentelle Inszenierungen. Im 1995 eingeweihten »theater oben« finden Lesungen und Matineen statt.

Jugendstil prägt das Schauspielhaus, barocke Elemente kamen später dazu

Schinkelwache ⓭

Stadtplan 1 C3. *4, 8, 9.*

Nach dem Vorbild eines ionischen Tempels wurde das klassizistische Bauwerk 1830–32 an der Ostseite des Theaterplatzes errichtet. Die »Altstädter Wache« diente als Hauptwache der Dresdner Altstadt. Trotz ihrer strengen Linienführung harmoniert sie gut mit den überwiegend im Stil von Renaissance und Barock angelegten Gebäuden am Theaterplatz. Im Vergleich zur Neuen Wache in Berlin, die ebenfalls nach Plänen des preußischen Baumeisters Karl Friedrich Schinkel entstand, ist die Erscheinung schlichter, die Giebelfelder über den Säulen sind weniger auffallend geschmückt. Zum Skulpturenschmuck gehören der *Mars* von Franz Pettrich zum Theaterplatz hin und die *Saxonia* von Joseph Herrmann an der Schlossseite. Letztere befindet sich am Flachgiebel über dem Portikus, der von sechs Säulen getragen wird.

Der originalgetreue Wiederaufbau der Schinkelwache nach den Kriegszerstörungen erfolgte in den Jahren 1956/57. Bereits seit 1985 ist hier die zentrale Information und Vorverkaufskasse für alle Veranstaltungen in der Semperoper untergebracht.

Schinkelwache: Tickets für die Semperoper

Bronzestatue Carl Maria von Webers

Italienisches Dörfchen ⓮

Theaterplatz 3. **Stadtplan** 1 C3. *4, 8, 9.*

Beim Italienischen Dörfchen an der Elbseite des Theaterplatzes handelt es sich um ein einziges Bauwerk – der Name erinnert lediglich an die Wohnquartiere der italienischen Künstler und Handwerker, die am Bau der Kathdrale *(siehe S. 64f)* 1739–55 beteiligt waren. Im Zuge des Baus der Semperoper wurden fast alle diese Häuser abgerissen.

Das neoklassizistische, 1911–13 nach Entwürfen von Hans Erlwein errichtete Gebäude entsprach der Forderung nach einem harmonischen Abschluss des Platzes zur Elbe hin. Der Dreiecksgiebel zeigt Figuren von Georg Wrba, der an der Außengestaltung maßgeblich beteiligt war. Der Wiederaufbau erfolgte 1957, bei Restaurierungsarbeiten 1994 wurde auch die prachtvolle historische Ausmalung der Innenräume wiederhergestellt.

Das Restaurant Bellotto *(siehe S. 204)* im Italienischen Dörfchen ist vor allem wegen des Flussblicks beliebt.

Hotels und Restaurants in der westlichen Altstadt *siehe Seiten 192f und 204*

Theaterplatz ⓯

Stadtplan 1 C3. 🚋 *4, 8, 9.*

Seit seiner Anlage schwärmen Einheimische und Besucher vom Ambiente – für viele ist der Theaterplatz einer der schönsten Plätze Deutschlands, auf jeden Fall ist er der architekturhistorisch bedeutendste Platz Dresdens. Bauwerke aus Renaissance, Barock und Klassizismus bilden hier ein eindrucksvolles Ensemble. Benannt ist der Theaterplatz nach dem Hoftheater, dem Vorgänger der Semperoper *(siehe S. 84–87)*, die sich an der Westseite befindet. Im Norden wird er vom Italienischen Dörfchen, im Osten von der Kathedrale *(siehe S. 64f)* und dem Schloss *(siehe S. 68–71)* umrahmt. Südlich des Platzes erstreckt sich neben der Schinkelwache der Zwinger *(siehe S. 76–79)* mit der Sempergalerie.

In der Mitte des Platzes steht das 1889 errichtete Reiterstandbild des Königs Johann von Sachsen (1801–73), der von 1854 bis zu seinem Tod regierte. Den Sockel zieren schöne Reliefs. Ein weiteres, 1860 enthülltes Denkmal in der Ecke zwischen Semperoper und Sempergalerie zeigt Carl Maria von Weber (1786–1826), der in Dresden einige Opern, darunter *Der Freischütz* und *Oberon*, komponierte.

Am Theaterplatz beginnen und enden viele Stadtrundfahrten *(siehe S. 228f)*.

Jeder Bogen der Augustusbrücke hat eine Spannweite von ca. 39 Metern

Augustusbrücke ⓰

Stadtplan 1 C3. 🚋 *4, 8, 9.*

Der seit dem 13. Jahrhundert belegte Elbübergang ist nicht nur ältester Brückenstandort Dresdens, sondern war auch eine der ältesten Steinbrücken Europas. Nach Entwürfen von Matthäus Daniel Pöppelmann entstand 1727–31 ein stabileres Brückenbauwerk, das nach seinem Bauherrn August dem Starken *(siehe S. 45)* fortan Augustusbrücke hieß.

Wegen des regen Verkehrs zwischen linkselbischer Altstadt und rechtselbischer Neustadt und der zu geringen Höhe der Brücke für den Schiffsverkehr wurde 1907–10 ein kompletter Neubau erforderlich. Nachdem 1945 einige Brückenbogen gesprengt worden waren, rekonstruierte man die Brücke bis 1949. Die 355 Meter lange und 17 Meter breite Verbindung zwischen Schlossplatz und Neustädter Markt hieß 1949–90 Georgij-Dimitroff-Brücke.

Von der Augustusbrücke hat man in alle Richtungen eine wunderschöne Aussicht – auf Altstadt, Neustadt sowie die Elbe flussauf- und -abwärts.

Theaterkahn ⓱

Terrassenufer. **Stadtplan** 1 C3. 🚋 *4, 8, 9.* ☎ *0351-496 94 50.* 🍴
www.theaterkahn-dresden.de

Am Elbufer neben der Augustusbrücke können Gäste Unterhaltung und kulinarischen Genuss miteinander verbinden, denn der Theaterkahn ist Theater- und Restaurantschiff in einem. Das sanft schaukelnde, aber fest vertäute Schiff ging 1994 aus einem schrottreifen Elbkahn hervor, der aufwendig umgebaut wurde. Hier unterhält das Dresdner Brettl mit musikalischem Kabarett und Komödien von Erich Kästner bis Neil Simon. Jährlich findet das Musikfest auf dem Theaterkahn statt. Das Restaurant Kahnaletto *(siehe S. 204)* serviert italienische Küche.

Der Theaterkahn bietet Unterhaltung und Kulinarisches mit Bühne und Restaurant

Semperoper ⓲

Skulptur an einer Säule der Semperoper

Die Semperoper bildete den glanzvollen architektonischen Rahmen für bedeutende Epochen der Musikgeschichte. Die Hauptspielstätte der Sächsischen Staatsoper Dresden und der Sächsischen Staatskapelle ist nicht nur eines der wichtigsten historischen Bauwerke der Elbmetropole, sondern auch eines der schönsten Opernhäuser der Welt. Kunst und Musikkultur entfalten sich hier in einzigartigem Ambiente. Lang ist die Liste höchst klangvoller Namen international renommierter Sänger und Tänzer, Dirigenten und Instrumentalisten, die hier wirkten und damit den Weltruf der Semperoper begründeten.

Die bronzene Panther-Quadriga über dem Portal ist ein Werk von Johannes Schilling.

Fassade
Die zweigeschossige Bogenarchitektur mit dem vortretenden Portal verzaubert zu jeder Tageszeit – vor allem aber bei Dunkelheit, wenn die Fassade festlich beleuchtet wird.

Die Ausmalung der Exedra schuf Paul Kießling mit den Werken *Drei Grazien*, *Apollon* und *Marsyas*.

Goethe
Die Skulptur Goethes zählt zu den markanten Plastiken, die den Eingangsbereich schmücken. Sie erinnert an die Zeit, als die Semperoper auch als Schauspielhaus diente.

Ränge
Der 1300 Besucher fassende Zuschauerraum wird für seine hervorragende Akustik gerühmt.

★ **Zuschauerraum**
Ob im Parkett oder im Rang – Kulturgenuss ist garantiert.

INFOBOX

Theaterplatz 2. **Stadtplan** 1 B–C3. 4, 8, 9. *0351-491 1705 (Karten), 0351-796 6305 (Führungen).* *tägl. mehrmals nachm. (außer bei Proben).* **www**.semperoper.de; **www**.semperoper-erleben.de

★ **Schmuckvorhang**
Der von dekorativen Friesen umrahmte Bühnenvorhang zeigt eine detailreiche figürliche Komposition mit Allegorien der Künste.

★ **Oberes Vestibül**
Zur überbordenden Pracht des oberen Vestibüls gehören Säulen, die marmorn wirken, jedoch aus Gips sind. Die Restauratoren schufen täuschend echt wirkende Imitationen.

Oberes Rundfoyer
Kassettendecken, Kronleuchter und Rundbogenfenster prägen das Ambiente der Rundfoyers. Beim Gang durch das obere Foyer bieten sich ständig wechselnde Ausblicke auf Zwinger, Theaterplatz und Elbe.

NICHT VERSÄUMEN

- ★ Oberes Vestibül
- ★ Schmuckvorhang
- ★ Zuschauerraum

Semperoper: Geschichte und Bedeutung

Statue von Gottfried Semper

Das nach dem Baumeister Gottfried Semper (1803–1879) benannte Opernhaus verkörpert wie kein anderes Bauwerk die Tradition Dresdens als Musikstadt, die untrennbar mit Namen wie Carl Maria von Weber, Richard Wagner und Richard Strauss verbunden ist. Nach der Zerstörung der ersten Semperoper (Bauzeit: 1838–41) durch einen Brand im Jahr 1869 konzipierte der Architekt ein zweites Opernhaus (Bauzeit: 1871–78), das in der Bombennacht vom 13./14. Februar 1945 weitgehend vernichtet wurde. Mit der originalgetreuen Rekonstruktion der zerstörten Oper entstand in den Jahren 1977–85 die »dritte« Semperoper.

Anfänge der Dresdner Operntradition

Opernaufführungen haben in Dresden eine lange Tradition. Sie nahm ihren Anfang 1627 mit der Aufführung des von Heinrich Schütz komponierten Werks *Daphne* im Torgauer Schloss Hartenfels. Auch Palais, Pavillons und Gärten des königlichen Hofes waren Aufführungsorte für Musikwerke, die meist von Schütz – von 1617 bis 1672 Hofkapellmeister – dirigiert wurden. Ein festes Opernhaus entstand 1664–67 am Taschenberg. Es war eines der frühesten, die nördlich der Alpen gebaut wurden.

1754/55 erfolgte auf dem Gelände des heutigen Theaterplatzes der Bau eines weiteren Opernhauses, das den Namen Kleines Hoftheater erhielt. Auf dem Programm standen Mozart-Opern in italienischer Sprache oder etwa *Der Freischütz* von Carl Maria von Weber, der in Dresden von 1817 bis zu seinem Tod 1826 als Königlicher Kapellmeister wirkte.

Erste Semperoper

Der Baumeister Gottfried Semper gestaltete 1838–41 das Erste Königliche Hoftheater als Rundbau in den Formen der italienischen Frührenaissance. Die Eröffnung erfolgte am 12. April 1841 mit dem Schauspiel *Torquato Tasso* von Johann Wolfgang von Goethe.

Zu den Orchesterleitern an der ersten Semperoper zählte Richard Wagner. Die Aufführung der von ihm dirigierten 9. Symphonie von Ludwig van Beethoven im Jahr 1846 war einer der künstlerischen Höhepunkte in der Geschichte des Theaters. Mit eigenen Opern hatte der Komponist zu jener Zeit weniger Erfolg: Die meisten seiner hier uraufgeführten Werke, darunter *Der Fliegende Holländer* (1843) oder *Tannhäuser* (1845), wurden früh abgesetzt. Ein Brand im Jahr 1869 zerstörte das Theatergebäude, das die Fachwelt seinerzeit zu den schönsten in Europa zählte, bis auf die Umfassungsmauern.

Richard Wagner lebte 1842–49 in Dresden

Nach dem Brand 1869 blieben von der ersten Semperoper nur noch die Grundmauern stehen

Zweite Semperoper

Pläne für den Bau des zweiten Königlichen Hoftheaters wurden umgehend bei Gottfried Semper in Auftrag gegeben. Wegen seiner Beteiligung am Dresdner Maiaufstand *(siehe S. 23)* war Semper zwar in Ungnade gefallen und hatte die Stadt verlassen müssen, doch die hartnäckigen Rufe der Dresdner nach »ihrem« Baumeister wurden von den Stadtvätern erhört. Da Semper immer noch nicht nach Sachsen zurückkehren durfte, betraute er seinen Sohn Matthias mit der Ausführung der Pläne. Die im Stil der Hochrenaissance errichtete Oper unterschied sich wesentlich von der weitaus kleineren ersten Semperoper – mit vorspringendem Portal und zweigeschossiger Bogenarchitektur hatte sie einen würdevollen Charakter, was das Dresdner Bildungsbürgertum als Mangel an Eleganz kritisierte. Der Skulpturenschmuck an der Fassade umfasste neben der auf dem Portal thronenden Panther-Quadriga mit Dionysos und Ariadne auch Skulpturen von Goethe und Schiller (beide neben dem Eingang) sowie von Sophokles, Euripides, Shakespeare und Molière (alle in Seitennischen).

Mit einer Aufführung von Goethes *Iphigenie auf Tauris* wurde das neue Haus am 2. Februar 1878 eingeweiht. War das erste Königliche Hoftheater noch Schauspielhaus und Oper unter einem Dach, so war der Nachfolgebau in Größe und Gestaltung auf die Ansprüche der Oper zugeschnitten. Das Schauspiel wurde nach und nach auf andere Bühnen der Stadt verlegt.

Die zweite Semperoper erlebte zahlreiche Uraufführungen, darunter neun Opern von Richard Strauss – u. a.

Salome (1905), *Elektra* (1909), *Der Rosenkavalier* (1911) und *Arabella* (1933). Zu Beginn des 20. Jahrhunderts erfolgten durchgreifende Veränderungen der Bühnentechnik, um den neuen Anforderungen der Bühnenbilder zu genügen.

Wiederaufbau

Bei den Bombenangriffen in der Nacht vom 13. auf den 14. Februar 1945 erlitt auch die Semperoper schwere Schäden. Die Dresdner wollten sich nicht mit dem Verlust ihres Opernhauses abfinden und initiierten Spendenaktionen, die in den 1950er Jahren eine Rekonstruktion der Sandsteinfassade und eine Überdachung des gesamten Gebäudes ermöglichten. Nach Wiederherstellung der Bauhülle blieb die Frage der Innengestaltung weiter offen. Neuen dramaturgischen Forderungen – u.a. Ensemblespiel anstelle von Startheater sowie raschere Verwandlungsmöglichkeit der Bühne – musste entsprochen werden. Dies erforderte eine bauliche Erweiterung des historischen Gebäudes. Nach langen Diskussionen entschied man sich in den 1970er Jahren für einen originalgetreuen, wenn auch großzügiger dimensionierten Wiederaufbau nach der Konzeption von Gottfried Semper. Der Zuschauerraum wurde vergrößert, die Zahl der Plätze dabei von mehr als 1700 auf rund 1300 reduziert. Zugunsten besserer Sichtverhältnisse verzichtete man auf den fünften Rang. Zudem wurde das Bühnenhaus um zwölf Meter verbreitert.

Premierenankündigung über dem Portal

Die Grundsteinlegung für den vom Architekten Wolfgang Hänsch geleiteten Wiederaufbau erfolgte am 25. Juni 1977. Auf den Tag genau 40 Jahre nach der Zerstörung wurde die Semperoper am 13. Februar 1985 mit Carl Maria von Webers *Der Freischütz* wiedereröffnet. Schon die ersten Aufführungen bewiesen, dass die ursprüngliche, als perfekt beschriebene Akustik wieder erreicht war.

Der SemperOpernball ruft den »Zauber einer ganz besonderen Nacht« hervor

Die Semperoper heute

Die Semperoper ist das Opernhaus der Sächsischen Staatsoper Dresden und Hauptspielstätte der Sächsischen Staatskapelle. Das musikalische Spektrum ist breit gefächert und besticht durch höchstes künstlerisches Niveau. Neben der Pflege der großen italienischen Oper steht bei der Gestaltung des Repertoires auch zeitgenössische Musik im Vordergrund. Seit der Spielzeit 2004/05 werden jedes Jahr Richard-Strauss-Festtage veranstaltet.

Gelegentlich ist die Semperoper auch Bühne für Liederabende und Jazzkonzerte. Anlässlich der 800-Jahr-Feier Dresdens rief man 2006 den SemperOpernball *(siehe S. 49)* wieder ins Leben. Seither findet dieses gesellschaftliche Ereignis jedes Jahr im Januar statt und hat sich als feste Größe im internationalen Ballkalender etabliert.

Sächsische Staatskapelle, eines der traditionsreichsten Orchester der Welt

Sächsische Staatskapelle

Die 1548 von Kurfürst Moritz von Sachsen gegründete Sächsische Staatskapelle ist wohl das älteste kontinuierlich bestehende Orchester der Welt. Zu den Leitern der früheren Hofkapelle gehörten Heinrich Schütz, Carl Maria von Weber und Richard Wagner. Bedeutende Dirigenten des 20. Jahrhunderts waren Fritz Reiner, Fritz Busch, Joseph Keilberth und Giuseppe Sinopoli. Ab 2012 wird Christian Thielemann als Chefdirigent das Orchester leiten.

Über 250 Opern- und Ballettaufführungen stehen pro Jahr auf dem Programm. Konzertreisen führen das Orchester regelmäßig in die Musikmetropolen Europas, Amerikas und Asiens. 2007 wurde die Sächsische Staatskapelle als erstes Orchester von der Europäischen Kulturstiftung mit dem »Preis für die Bewahrung des musikalischen Welterbes« ausgezeichnet.

Das 2004 eröffnete Internationale Congress Center Dresden, die Yenidze links im Hintergrund

Sächsischer Landtag ⓳

Bernhard-von-Lindenau-Platz 1. **Stadtplan** 1 B2–3. *4, 8, 9.* *0351-493 5342.* **www**.landtag.sachsen.de

Wenige Tage nach der Neugründung des Freistaats Sachsen *(siehe S. 25)* am 3. Oktober 1990 mit Dresden als Landeshauptstadt wurden Landtagswahlen abgehalten, nach denen der Sächsische Landtag erstmals als Landesparlament der Bundesrepublik Deutschland zusammentrat. Die konstituierende Sitzung fand in der Dreikönigskirche *(siehe S. 116)* statt. Pläne eines Umzugs in das Ständehaus *(siehe S. 94)*, das 1907–33 Sitz des Sächsischen Landtags war, verwarf man. So wurde das alte Landesfinanzamt zwischen Elbe und Devrientstraße (1928–31) als Landtagssitz gewählt, da an diesem Standort die Voraussetzungen für vorgesehene Erweiterungsbauten günstig waren. Das im Stil der Neuen Sachlichkeit nach funktionalen Aspekten errichtete ehemalige Landesfinanzamt war 1953–89 als Zentrale des SED-Bezirks Dresden genutzt worden.

1992–94 erfolgte an der Elbseite des Komplexes der Neubau eines Plenarsaals. Das alte Gebäude wurde unter Bewahrung seiner Struktur umgestaltet. In ihm sind Fraktionssäle, die Verwaltung des Landtags und die Landesbibliothek untergebracht. Beide Bauten sind durch Glas- und Stahlkonstruktionen miteinander verbunden, sodass sie als ein einziger Komplex erscheinen.

ICC Dresden ⓴

Ostra-Ufer 2. **Stadtplan** 1 B2. *6, 11.* *0351-21 60.* **www**.dresden-congresscenter.de

Das Internationale Congress Center Dresden (ICC) ist eines der modernsten Kongresszentren in Europa und steht architektonisch für das »neue« Dresden. Der von Glasfassaden, einer ansteigenden Terrasse und geschwungenen Linien geprägte Gebäudekomplex komplettiert seit 2004 das Panorama am linken Elbufer im Bereich der Altstadt, grenzt sich aber durch seine leicht wirkende Erscheinung und seine asymmetrische Gestaltung von den historischen Bauwerken ab.

Der Große Kongresssaal bietet bis zu 4150 Personen Platz. Darüber hinaus gibt es weitere Konferenz- und Gruppenräume. Zur Ausstattung des ICC gehören Dolmetscherkabinen und eine Foyerfläche von etwa 5000 Quadratmetern, die gelegentlich auch für Ausstellungen genutzt wird. Das Restaurant des Kongresszentrums bietet Platz für bis zu 650 Gäste.

Zwischen dem Internationalen Congress Center und dem Sächsischen Landtag befindet sich der Erlweinspeicher, ein 1913/14 nach Plänen von Hans Erlwein erbautes Speichergebäude. Der stattliche Bau ist seit 2006 das Maritim Hotel Dresden *(siehe S. 192)*, ein nicht nur bei Teilnehmern von Kongressen im ICC beliebtes Business-Hotel.

Yenidze ㉑

Weißeritzstraße 3. **Stadtplan** 1 A2. *6, 11. Infos zu Veranstaltungen in der Yenidze:* *0351-495 1001.* **www**.1001maerchen.de

Aus einer Erzählung aus Tausendundeiner Nacht scheint dieses an eine Moschee erinnernde prachtvolle Gebäude zu stammen, das einen Hauch von Orient in die sächsische Metropole bringt. Sein schlanker, einem Minarett gleichender Turm und die mit Mosaiken verzierte, etwa 20 Meter hohe Glaskuppel bilden einen spannungsreichen Kontrast zu den überwiegend barocken Bauwerken der Dresdner Silhouette und regen schon von Weitem die Fantasie des Betrachters an.

Mosaikenverzierte Fassade der Yenidze

Was wie ein muslimisches Gotteshaus wirkt, entstand 1907–12 als Tabakfabrik, deren Schornstein als Minarett getarnt wurde. Auftraggeber für den Bau war der Fabrikant Hugo Zietz, der sich auf seinen häufigen Reisen in den Orient zur Gestaltung des Gebäudes inspirieren ließ. Benannt wurde es schließlich nach einem Anbaugebiet in der Türkei, aus dem große Tabakmengen nach Mitteleuropa gelangten. Dresden produzierte zu jener Zeit mehr als die Hälfte aller in Deutschland hergestellten Zigaretten, die Yenidze war die größte Produktionsstätte der Stadt. Die bekannteste von Zietz vertriebene Marke war »Salem«, andere trugen Namen wie »Mogul« oder »Fatima«.

Der Architekt Hermann Martin Hammitzsch schuf mit dem Bauwerk Deutschlands erste Konstruktion mit Stahlbetonskelett. Interessant an der Fassade ist das effektvolle Zusammenspiel von orientalischem Dekor und Jugendstilelementen. Ab 1953 diente die Yenidze als zentrales Tabakkontor der DDR, das die Zigarettenfabriken des Landes mit Tabak versorgte.

Logo des »lustigsten Theaters der Stadt«

Nach umfassender Sanierung wurde sie 1996 als Bürogebäude wiedereröffnet. Unter der Glaskuppel entstand ein Restaurant, von dem man einen wunderbaren Blick auf die Stadt hat. Das orientalische Ambiente unter der Kuppel wird auch für Veranstaltungen wie Märchenlesungen und Darbietungen mit Bauchtanz genutzt. Die bunt verglaste, spitzbogige Kuppel ist nachts von innen angestrahlt – ein im Dresdner Stadtbild einzigartiger Lichteffekt.

Das ehemalige Produktionsgebäude der Zigarettenfabrik Yenidze

Annenkirche ㉒

Annenstraße. **Stadtplan** 1 A5. *12.* *0351-439 3920.* *nur zu Gottesdiensten und Konzerten.* **www**.annenkirche-dresden.de

Die Annenkirche wurde 1578 als erster Kirchenbau in Dresden nach Einführung der Reformation errichtet und nach Kurfürstin Anna, der Gattin von Kurfürst August von Sachsen, benannt. Nach Zerstörungen im Siebenjährigen Krieg *(siehe S. 22)* wurde der heute noch erhaltene Bau 1764–69 nach Entwürfen von Johann George Schmidt im spätbarocken Stil neu errichtet. Der 57 Meter hohe Turm wurde 1823 im klassizistischen Stil angefügt, 1909 gestaltete man den Innenraum mit Elementen des Jugendstils um.

Beim Bombenhagel im Februar 1945 erlitt die Kirche zwar Schäden, war aber das einzige Gotteshaus in der Innenstadt, das nicht ausbrannte. Etwa 1000 Menschen, die sich in die Kirche geflüchtet hatten, überlebten das Inferno. Ab 1992 erfolgte eine Generalsanierung vor allem von Dach und Außenmauern. Die Restaurierungsarbeiten waren 1997 mit der Vollendung des Turms abgeschlossen.

Nur der Turm lässt erkennen, dass die Annenkirche ein Gotteshaus ist

WTC Dresden ㉓

Freiberger Straße 39. **Stadtplan** 1 A4. *7, 10, 12.* *Freiberger Straße.* *0351-866 410.* **www**.komoedie-dresden.de

Leichte Muse im Welthandelszentrum – auf den ersten Blick mag dies ein wenig widersprüchlich wirken. Doch das 1996 eröffnete World Trade Center (WTC) mit dem 53 Meter hohen, zylinderförmigen Glasturm und der 113 Meter langen, glasüberdachten Mall ist nicht nur Sitz vieler Unternehmen, Tagungszentrum und Ausstellungsgelände, sondern auch ein kulturell wichtiger Standort. So ist in dem Komplex mit sieben Gebäuden auch Dresdens Haupt- und Musikbibliothek untergebracht, außerdem hat die Komödie Dresden im WTC ihre Spielstätte.

Dieses größte sächsische Privattheater mit 643 Plätzen arbeitet nach eigener Darstellung als einziges der Stadt ohne jegliche Subventionen, kann sich aber auf ein treues Publikum verlassen. Auch wenn der Name des Boulevardtheaters etwas anderes vermuten lässt, beschränkt sich das Repertoire nicht nur auf Komödie. Die Bühne ist über die Stadtgrenzen hinaus für ihre Experimentierfreudigkeit bekannt, auch Freunde von Kabarett, Comedy und Musik-Shows kommen bei den Gastspielen nicht nur regional bekannter Künstler auf ihre Kosten. Im Sommer tritt das Ensemble auch auf der Freilichtbühne im Großen Garten *(siehe S. 134–136)* auf.

Östliche Altstadt

Wie die westliche Altstadt ist auch die östliche in Bezug auf Architektur und Kultur ein wahres Schmuckkästchen. Mit den Überresten der Festung bietet dieses Stadtviertel sogar unter der Erdoberfläche eine Attraktion. In der östlichen Altstadt erstreckt sich die Brühlsche Terrasse, als »Balkon Dresdens« sicher der beeindruckendste Abschnitt des Elbufers im Stadtgebiet. Hauptplatz des Viertels ist der Altmarkt, das historische Zentrum der Stadt. Die Kreuzkirche zählt zu den größten Kirchenbauten Sachsens. An Bedeutung übertroffen wird sie von der Frauenkirche, die nicht erst seit Vollendung des Wiederaufbaus 2005 als eines der wichtigsten Wahrzeichen der Stadt gilt. Die Prager Straße ist eine stets belebte Shopping-Adresse. Architektonische Akzente setzen auch jüngere Bauwerke wie die Synagoge und das futuristisch anmutende Glaskugelhaus am Wiener Platz. Mit dem Albertinum kann die östliche Altstadt eines der großen, renommierten Kunstmuseen Dresdens aufweisen.

Gänsediebbrunnen von Robert Diez

Sehenswürdigkeiten auf einen Blick

Museen und Sammlungen

Albertinum S. 96f 6
Festung Dresden 4
Landhaus 11

Gotteshäuser

Frauenkirche S. 98–101 7
Kreuzkirche 14
Synagoge 8

Historische Gebäude und Denkmäler

Coselpalais 9
Kunstakademie 3
Rathaus 13
Sekundogenitur 2

Straßen und Plätze

Altmarkt 12
Neumarkt 10
Prager Straße 15
Wiener Platz 17

Theater

Puppentheater 16

Weitere Sehenswürdigkeiten

Brühlsche Terrasse 1
Brühlscher Garten 5
Hauptbahnhof 18

Anfahrt

Die Straßenbahnlinien 1, 2, 3, 4, 7, 8, 9, 10, 11 und 12 sowie die Buslinien 72, 75, 76 und 82 fahren durch die östliche Altstadt. Wichtigster Verkehrsknotenpunkt ist der auch mit der S-Bahn erreichbare Hauptbahnhof am südlichen Rand des Stadtviertels.

Siehe auch

- ***Stadtplan*** Karten 1–2, 3
- ***Hotels*** S. 193
- ***Restaurants*** S. 205f

◁ **Die Kuppel der Frauenkirche *(siehe S. 98–101)* ist das bekannteste Element der Stadtsilhouette**

Im Detail: Östliche Altstadt

Detail am Polizeipräsidium

Die Brühlsche Terrasse ist *die* Flanier-Esplanade Dresdens. Sie verläuft oberhalb des Elbufers fast schnurgerade vom Ständehaus bis zur Synagoge – vorbei an erhabenen Prachtbauten, Kunsttempeln und einer mit Skulpturen geschmückten Grünanlage. Jeden Besucher der Stadt zieht es einmal hierher, viele kommen jeden Tag vorbei. Kein Wunder, ist doch der Weg zu weiteren faszinierenden Sehenswürdigkeiten wie dem Albertinum oder der Frauenkirche angenehm kurz. Mit diesem Kirchenbau und der Synagoge besitzt die östliche Altstadt Bauwerke, die nicht nur architektonisch beeindrucken, sondern auch Monumente der Versöhnung sind.

★ Kunstakademie
Reicher Figurenschmuck ziert die Hochschule für Bildende Künste. ❸

Ständehaus
Zur Zeit der Weimarer Republik tagte hier der Sächsische Landtag, seit 2001 ist das Ständehaus Sitz des Oberlandesgerichts Dresden.

Sekundogenitur
Ein geschwungener Giebel krönt den Eingang des historischen Gebäudes, in dem sich ein Café des Hilton Dresden befindet. ❷

★ Frauenkirche
Von der Aussichtsplattform der 2005 erneut geweihten Kirche bietet sich ein eindrucksvolles Panorama über Dresden und das Elbtal. ❼

Legende

– – – Routenempfehlung

Nicht versäumen

- ★ Albertinum
- ★ Frauenkirche
- ★ Kunstakademie

Coselpalais
Reicher Figurenschmuck ziert die Fassade des schmucken, mit zwei Seitenflügeln versehenen Adelspalasts. Das Grand Café & Restaurant zählt viele Besucher der Stadt zu seinen Gästen. ❾

Hotels und Restaurants in der östlichen Altstadt *siehe Seiten 193 und 205f*

Kunsthalle im Lipsius-Bau
In dem nach dem Baumeister Constantin Lipsius benannten Anbau der Kunstakademie werden Werke zeitgenössischer Maler gezeigt.

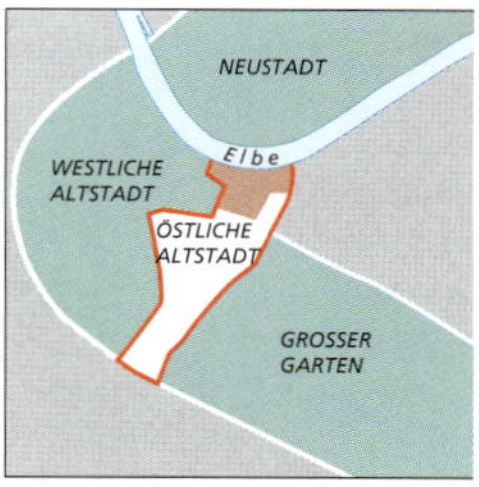

ZUR ORIENTIERUNG
Siehe Stadtplan, Karten 1–2

Festung Dresden
Hier wird der Besucher auf eine unterirdische Zeitreise ins Mittelalter mitgenommen. ❹

Die Brühlsche Terrasse erstreckt sich etwa 500 Meter am Elbufer entlang. ❶

Semper-Denkmal
Johannes Schilling setzte dem Baumeister 1892 ein Denkmal.

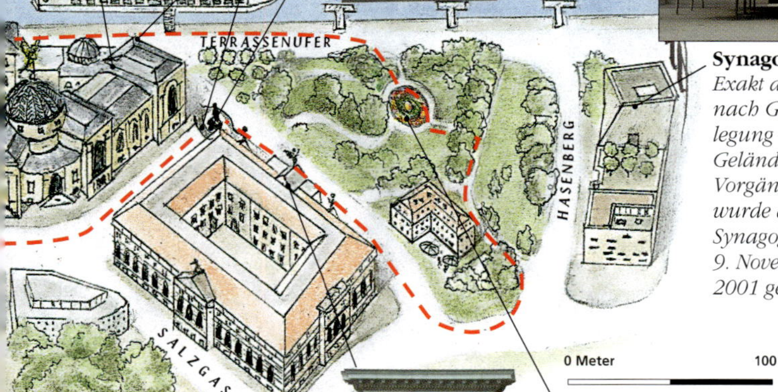

Synagoge
Exakt drei Jahre nach Grundsteinlegung auf dem Gelände des Vorgängerbaus wurde die Neue Synagoge am 9. November 2001 geweiht. ❽

★ Albertinum
Die vierflügelige Anlage mit dem üppigen Fassadenschmuck zählt zu den eindrucksvollsten Museumsgebäuden. ❻

Brühlscher Garten
Neben der Blütenpracht faszinieren in der Grünanlage am östlichen Abschluss der Brühlschen Terrasse aufwendig gestaltete Brunnen. ❺

Polizeipräsidium
Das Gebäude repräsentiert den Stil des Historismus, die Rundtürme verleihen dem Bau Festungscharakter.

Stadtplan *siehe Seiten 248–257*

Brühlsche Terrasse ❶

Stadtplan 1 C3–2 D3.
3, 4, 7, 8, 9.

Der etwa 500 Meter lange Abschnitt über dem Elbufer zwischen Schlossplatz und Brühlschem Garten wird wegen seiner fantastischen Aussicht auch als »Balkon Dresdens«, ja sogar als »Balkon Europas« bezeichnet. Wer auf der Brühlschen Terrasse flaniert, erfasst die einzigartige Harmonie zwischen dem Fluss und der ihn begleitenden Architektur am besten. Die prachtvolle Promenade entstand durch barocke Umgestaltung der Festungsanlagen am Elbufer der Altstadt durch Graf Heinrich von Brühl. Der Vertraute von Kurfürst Friedrich August II. *(siehe S. 22)* hatte das Areal von diesem als Geschenk erhalten. 1739–48 ließ er für die adlige Gesellschaft u.a. einen Lustgarten und mehrere Repräsentationsbauten wie eine Gemäldegalerie, eine Bibliothek und ein Palais anlegen. Die Brühlschen Bauten mussten im 19. Jahrhundert anderen Platz machen – darunter Albertinum, Kunstakademie und Sekundogenitur.

Seit 1814 ist das Gelände für die Öffentlichkeit zugänglich. Auch wenn von der ursprünglichen Bebauung nichts mehr erhalten ist, bleibt ein Spaziergang ein Streifzug durch Teile der Stadthistorie. Auf der westlichen Seite betritt man die Brühlsche Terrasse vom Schlossplatz über die 41 Stufen der 1868 vollendeten Freitreppe vor dem Ständehaus (1907–33 Sitz des Sächsischen Landtags, heute Sitz des Sächsischen Oberlandesgerichts). Die vier Ecken dieser großzügigen Treppenanlage werden von Skulpturen geschmückt, die gemeinsam die allegorische Figurengruppe *Vier Tageszeiten* bilden. Unterhalb der Brühlschen Terrasse befindet sich die Hauptanlegestelle der Dresdner Flotte *(siehe S. 246f)*.

Auf der Brühlschen Terrasse reihen sich Cafés und Restaurants

Figurengruppe *Abend* an der Brühlschen Terrasse

Sekundogenitur ❷

Stadtplan 2 D3. *4, 8, 9.*

An der Stelle der Brühlschen Bibliothek errichtete Hofbaumeister Gustav Fröhlich 1896/97 die Sekundogenitur. Wegen ihrer verspielten Architektur gilt sie als gelungenster neobarocker Bau in Dresden. Besonders hübsch ist der geschwungene Giebel im Eingangsbereich zur Brühlschen Terrasse hin.

Das Bauwerk beherbergte bis 1931 die Bibliothek und die Kupferstichsammlung von Johann Georg, dem zweitgeborenen Prinzen. Der lateinische Name des Gebäudes (»dem Zweitgeborenen«) leitet sich davon ab. Nach der Auslagerung der Sammlungen war hier bis 1945 die Galerie Neue Meister untergebracht. Der Wiederaufbau des Bauwerks erfolgte 1963/64.

Mittlerweile ist in der Sekundogenitur das hübsche Café Vis à Vis zu finden, das dem Hilton Dresden *(siehe S. 193)* angegliedert ist.

Kunstakademie ❸

Brühlsche Terrasse 1. **Stadtplan** 2 D3–4. *3, 7.* *0351-492 670.* **Ausstellungsräume** *Di–So 11–18 Uhr.* **www**.kunstakademie-dresden.de

Mit dem Bau der Kunstakademie 1887–94 durch Constantin Lipsius erhielt die Bedeutung Dresdens als eine der führenden Kunst- und Kulturstädte Europas einen architektonischen Ausdruck. Das im Stil des Historismus errichtete Gebäude ist das monumentalste an der Brühlschen Terrasse. Seine von der vergoldeten Engelsfigur *Fama* bekrönte Glaskuppel prägt das Bild des Altstädter Elbufers – und ist für den respektlosen Spitznamen »Zitronenpresse« verantwortlich, den ihr der Volksmund verliehen hat.

Der Skulpturenschmuck der Fassade zeigt höchste künstlerische Qualität, das Portal ist ornamental gestaltet. An der Gestaltung der Kunstakademie und des angegliederten Ausstellungsgebäudes waren zahlreiche namhafte Bildhauer beteiligt.

Hotels und Restaurants in der östlichen Altstadt *siehe Seiten 193 und 205f*

Die Kunstakademie ist Sitz der Hochschule für Bildende Künste, einer traditionsreichen und höchst angesehenen Lehrstätte für Malerei, Bildhauerei und Baukunst. Namhafte Künstler wie Bernardo Bellotto (Canaletto), Gottfried Semper oder Oskar Kokoschka lehrten hier.

Die bei Bombenangriffen zerstörten Gebäudeflügel wurden bis 1965 wiederaufgebaut. Ab 1991 erfolgten umfangreiche Sanierungsarbeiten, bei denen man den noch fehlenden Fassadenschmuck rekonstruierte. In den Ausstellungsräumen der Staatlichen Kunstsammlungen werden von Zeit zu Zeit Wechselausstellungen vor allem zeitgenössischer Kunst präsentiert.

Die prächtige Kunstakdemie an der Brühlschen Terrasse

Festung Dresden ❹

Georg-Treu-Platz. **Stadtplan** 2 D3–4. *3, 7.* *0351-438 370 320.* *Apr–Okt: tägl. 10–18 Uhr; Nov–März: tägl. 10–17 Uhr.* *drei Wochen ab Mitte Jan.*
www.schloesser-dresden.de

Geschichtsträchtige Bauwerke bietet Dresden sogar unter der Erdoberfläche. Auf eine Zeitreise in das 16. Jahrhundert begeben sich Besucher der ehemaligen Festungsanlage. In den Gewölben, Wehrgängen und Geschützhöfen unter der Brühlschen Terrasse verbergen sich Dokumente einer Zeit, die neben den Glanzlichtern des Dresdner Barock häufig übersehen wird.

Die 1546–55 errichtete Festung war von einem Erdwall umgeben, der auf beiden Seiten von Mauern befestigt war, um ausreichend Schutz vor gegnerischen Kanonenkugeln zu bieten. Ein Wassergraben, dessen Wasserstand unabhängig vom Pegel der Elbe reguliert werden konnte, umgab die Anlage. Der Zugang zur Festung erfolgte durch tunnelartig angelegte Stadttore wie das Ziegeltor (um 1550), das älteste noch erhaltene dieser Tore.

In der Folgezeit wurde die Bastion mehrfach verstärkt. Im Lauf des 18. Jahrhunderts verlagerte sich der Schwerpunkt der Abwehr feindlicher Angriffe an die Grenzen Sachsens. Dadurch ging die Bedeutung der Dresdner Festung zurück, Teile der Anlage wurden mit Schutt aufgefüllt. Ab 1990 begann man, weite Teile der unterirdischen Anlage freizulegen, 1992 konnte das Museum Festung Dresden eröffnet werden. Beim Rundgang sieht man Reste einer mächtigen Festung in historischer Atmosphäre.

Brühlscher Garten ❺

Stadtplan 2 D3–4. *3, 7.*

Die Gartenanlage am östlichen Ende der Brühlschen Terrasse entstand am Standort des früheren Belvedere. Dieses Lusthaus im Stil der Renaissance wurde um 1590 erbaut und 1747 durch die Explosion des Pulvermagazins darunter zerstört. Mehrfach errichtete man das Belvedere neu, der vierte Bau wurde 1945 zerstört.

Graf Heinrich von Brühl hatte 1748/49 auf dem Gelände um das zweite Belvedere einen prachtvollen Garten anlegen lassen. 1814 wurde der Park der Öffentlichkeit zugänglich gemacht.

In der nordöstlichen Ecke befindet sich heute das sechs Meter hohe Moritzmonument für Kurfürst Moritz von Sachsen. Das Sandsteindenkmal ist eine im Jahr 2000 aufgestellte Kopie des Originals von Hans Walther, das 1555 entstand und somit das älteste erhaltene Monument Dresdens ist.

Zum Skulpturenschmuck des Brühlschen Gartens zählen der Delphinbrunnen (um 1750), zwei Sphinxfiguren (1715–79) von Johann Gottfried Knöffler sowie die Gedenkstele für Johann Friedrich Böttger *(siehe S. 36)*. Peter Makolies schuf die 1,90 Meter hohe Sandsteinstele 1982, ein Medaillon aus Meissener Porzellan zeigt Böttger, der parallel zu Ehrenfried Walther von Tschirnhaus das Verfahren zur Herstellung von Porzellan in Europa erfand.

Den Delphinbrunnen im Brühlschen Garten schuf Pierre Coudray um 1750

Albertinum ❻

Eingangsportal

Die vierflügelige Anlage ging aus dem Zeughaus (1559–63) hervor, das 1884–87 zum Museum umgestaltet und nach dem Sachsenkönig Albert (1873–1902) benannt wurde. Nach mehrjähriger Sanierung ist das Albertinum seit 2010 wieder Heimat von zwei der bedeutendsten Kunstmuseen Dresdens – der Galerie Neue Meister und der Skulpturensammlung, die zwischenzeitlich im Zwinger untergebracht waren. Beide bieten Einblick in die Entwicklung der bildenden Künste, präsentiert werden Gemälde und Skulpturen vom 19. Jahrhundert bis zur Gegenwart. Ältere Skulpturen sind in Schaudepots ausgestellt.

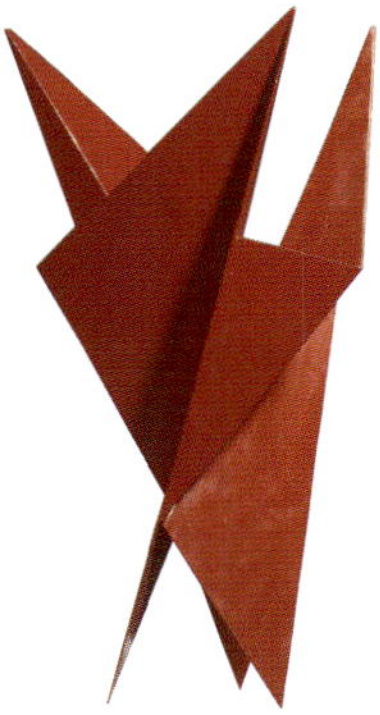

Untere Faltungszone vom Mast *(1975)*
Die Metallplastik von Hermann Glöckner zählt zu den Spätwerken des Dresdner Künstlers.

Fassade
Die symmetrische Sandsteinfassade mit reichem plastischem Schmuck wurde im Stil der italienischen Hochrenaissance gestaltet.

★ Zwei Männer in Betrachtung des Mondes *(um 1819)*
Caspar David Friedrich, einer der bedeutendsten Künstler der Romantik, thematisierte häufig Naturschauspiele.

Legende

- Skulpturenhalle
- Schaudepots
- Kunst der Gegenwart
- Klingersaal
- Mosaiksaal
- Galerie Neue Meister
- Keine Ausstellungsfläche

Kurzführer

Die beiden Museen umfassen eine Vielzahl international beachteter Werke, die sich auf drei Stockwerke verteilen: Die Skulpturenhalle (Werke von Auguste Rodin bis heute) ist im Erdgeschoss; Kunst der Gegenwart, Klingersaal (Fin de Siècle) und Mosaiksaal (vom Klassizismus bis Ernst Rietschel) befinden sich im ersten Stock; der zweite Stock ist der Galerie Neue Meister vorbehalten. Die Schaudepots findet man im Erdgeschoss (direkt neben dem Eingang vom Georg-Treu-Platz) und in den Seitenflügeln des ersten Stocks.

Das Albertinum fasziniert nicht nur durch die Qualität seiner Sammlungen, sondern auch durch seine Architektur. Zu den Highlights gehört neben der reich verzierten Fassade auch die Arche. Diese über dem Innenhof »schwebende« Stahlkonstruktion für Depots und Restaurierungswerkstätten gilt als Meisterwerk moderner Baukunst.

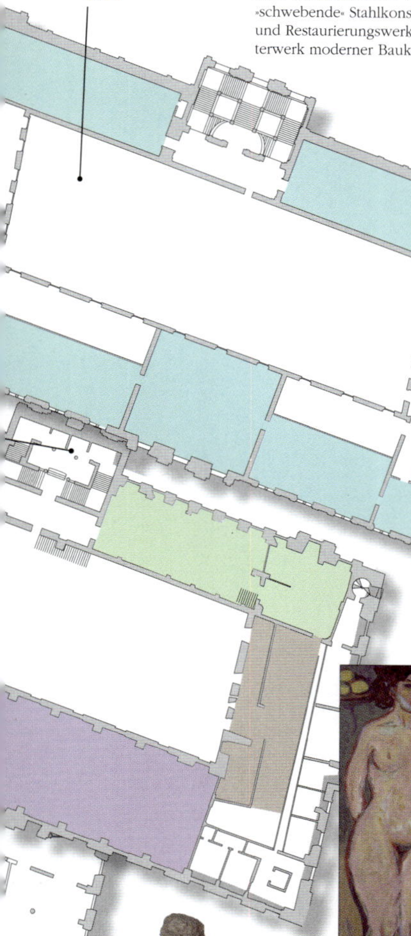

Infobox

Brühlscher Garten und Georg-Treu-Platz 2. **Stadtplan** 2 D4.
3, 7. *0351-4914 2000.*
tägl. 10–18 Uhr.
Zeiten bitte telefonisch erfragen.
www.skd.museum

★ Vierzehnjährige Tänzerin *(1878–81)*
Die bemalte Bronzeplastik von Edgar Degas besticht durch ihre hyperrealistische Darstellung. So besteht das Tutu aus mehreren Schichten Tüll. Als die Plastik zu Degas' Lebzeiten ausgestellt wurde, erregte das Werk Aufsehen und rief viel Kritik hervor.

Stehende nackte Mädchen am Ofen *(1908)*
Ernst Ludwig Kirchner, Gründungsmitglied der Künstlergruppe Brücke (siehe S. 33), *schuf dieses Gemälde als wahren Farbenrausch. Bemerkenswert ist insbesondere die malerische Modellierung der Gesichter der beiden Akte.*

★ Kniende *(1911)*
Die berühmte Skulptur des Bildhauers Wilhelm Lehmbruck zählt zu den Highlights der Skulpturensammlung im Albertinum. Das Werk war wegweisend für die Entwicklung der expressionistischen Plastik in Deutschland.

Nicht versäumen

- ★ *Kniende* von Lehmbruck
- ★ *Vierzehnjährige Tänzerin* von Degas
- ★ *Zwei Männer in Betrachtung des Mondes* von C. D. Friedrich

Frauenkirche ❼

Luther-Denkmal vor der Frauenkirche

Die 1726–43 nach Plänen von George Bähr errichtete Frauenkirche galt als bedeutendster Steinkuppelbau nördlich der Alpen und verkörperte die Schönheit und das Selbstbewusstsein Dresdens. Nach schwersten Schäden in der Bombennacht vom 13./14. Februar 1945 stürzte der Kirchenbau ein. Als Symbol der Versöhnung stellten auch Großbritannien und die USA finanzielle Mittel für den Wiederaufbau zur Verfügung. Am 30. Oktober 2005 wurde die protestantische Kirche erneut geweiht, der 91 Meter hohe Kuppelbau komplettiert seither wieder die Stadtsilhouette.

Die Aussichtsplattform in 67 Metern Höhe bietet einen beeindruckenden Blick auf das Elbpanorama. Der oberste Abschnitt des Aufstiegs verläuft spiralförmig zwischen Innen- und Außenkuppel.

★ Kuppel

Die 24 Meter hohe Innenkuppel ist mit Darstellungen der vier Evangelisten sowie vier Allegorien christlicher Tugenden bemalt. Über die Innenkuppel wölbt sich die auch als »Steinerne Glocke« bezeichnete gewaltige Außenkuppel.

Für den Wiederaufbau wurden auch Elemente des originalen Kirchenbaus verwendet. Besonders auffällig sind die dunklen Sandsteinquader, die der zerstörten Frauenkirche entstammen.

Emporen

Die geschwungene Form der fünf Emporen trägt maßgeblich zur freundlichen Atmosphäre des Kirchenraums bei. Die hölzernen Emporen gelten als Meisterwerke der Zimmermannskunst.

Haupteingang

★ Turmkreuz
Das acht Meter hohe Turmkreuz ist ein Werk des britischen Kunstschmieds Alan Smith, dessen Vater in der Bombennacht als Pilot über Dresden eingesetzt war. Das vom Dresden Trust, einer britischen Fördergemeinschaft, gestiftete Kreuz ist ein besonderes Zeichen der Versöhnung.

Infobox

Neumarkt. **Stadtplan** 2 D4.
1, 2, 3, 4, 7, 12. 75, 82.
0351-6560 6100 (Besucherdienst), 6560 6701 (Veranstaltungen). **Kirche** *Mo–Fr 10–12, 13–18 Uhr, Sa, So kürzere Zeiten.* **Turm** *März–Okt: Mo–Sa 10–18, So 12.30–18 Uhr; Nov–Feb: Mo–Sa 10–16, So 12.30–16 Uhr. So 11, 18 Uhr (Orgelandachten Mo–Sa 12, Mo–Mi, Fr auch 18 Uhr). Turm.*
www.frauenkirche-dresden.de

★ Orgel
Die Straßburger Orgelmanufaktur Daniel Kern fertigte das gewaltige Instrument nicht als Nachbau, sondern nur in Anlehnung an die ursprüngliche Silbermann-Orgel. Die größte der 4876 Pfeifen misst über fünf Meter, die kleinste weniger als einen Zentimeter.

★ Altar
Der üppig mit Ornamenten und Figurenschmuck (u. a. der Szene Christus im Garten Gethsemane*) verzierte Altar entstand überwiegend aus den ca. 2000 erhaltenen Einzelstücken des Originals.*

Kanzel
Im Einklang mit der protestantischen Glaubensauffassung steht die Kanzel in gebotenem Abstand zum Altar.

Nicht versäumen

★ Altar

★ Kuppel

★ Orgel

★ Turmkreuz

Frauenkirche: Geschichte und Bedeutung

FRAUEN
KIRCHE
DRESDEN

Logo der Frauenkirche

Die Frauenkirche am Dresdner Neumarkt gehört zu den einzigartigen Leistungen der Baukunst in Deutschland. Die »Steinerne Glocke« dieses markanten Kirchenbaus scheint über den Dächern von Dresden zu schweben – ein Anblick, dessen Faszination sich kein Betrachter entziehen kann. Doch die 91 Meter hohe Frauenkirche mit der mächtig aufragenden Kuppel ist mehr als ein architektonisches Kunstwerk, das als Besuchermagnet wirkt. Aufgrund ihrer Bedeutung und Geschichte wurde sie zum Stolz der Dresdner Bevölkerung, zum Wahrzeichen der Stadt, zum Mahnmal gegen den Krieg und zum Symbol der Versöhnung.

Aus den Trümmern geborgener Teil der zerstörten Fassade

Bau durch George Bähr

Der im 11. Jahrhundert errichtete und danach mehrfach erweiterte Vorgängerbau war für die wachsende protestantische Gemeinde zu klein und Anfang des 18. Jahrhunderts zudem baufällig geworden. Der Rat der Stadt Dresden erteilte 1722 George Bähr den Auftrag zum Bau einer neuen Frauenkirche.

Die Grundsteinlegung erfolgte am 26. August 1726. Bährs Pläne sahen eine Kirche mit quadratischem Grundriss, den Abschluss des unteren Teils durch vier Ecktürme und eine von einer steinernen Laterne bekrönte Kuppel mit rundem Querschnitt vor. Der konkav geschwungene Kuppelanlauf sollte den Eindruck einer Glocke entstehen lassen – eine architektonische Leistung, der der Aufbau seinen Beinamen »Steinerne Glocke« verdankt. Für seinen kühnen Plan ließ sich Bähr von Kuppelbauten in Rom, Venedig und Florenz inspirieren und schuf mit der 91 Meter hohen Frauenkirche eine der monumentalsten protestantischen Kirchen jener Zeit.

Kuppel, markantes Element der Stadtsilhouette

Noch während der Bauarbeiten wurde die Frauenkirche 1734 vorzeitig geweiht. Mit dem Aufsetzen der steinernen Laterne am 27. Mai 1743 war der Kirchenbau vollendet. Der Baumeister erlebte die Fertigstellung nicht mehr. Er war 1738 verstorben, fünf Jahre bevor sein Schüler Johann George Schmidt die Arbeit nach insgesamt 17 Jahren Bauzeit abschloss. In den folgenden Jahrhunderten wurden größere und kleinere Renovierungen vorgenommen, die an der grundlegenden Struktur aber nichts veränderten.

Zerstörung im Zweiten Weltkrieg

In der Nacht vom 13. auf den 14. Februar 1945 war Dresden das Ziel von Bombenangriffen der Alliierten *(siehe S. 24)*, bei denen u. a. das Stadtzentrum zerstört wurde. Anders als die allermeisten Gebäude in der Dresdner Innenstadt schien die Frauenkirche dem Bombenhagel und dem anschließenden Feuersturm standzuhalten. Nachdem die Brände jedoch die hölzernen Emporen und das Gestühl zerstört hatten und wegen der extremen Hitze immer mehr Sandstein von den Pfeilern abgebrochen war, konnten diese die Last der gewaltigen Gewölbekonstruktion mit der rund 12 000 Tonnen schweren Kuppel nicht mehr tragen. Am Vormittag des 15. Februar 1945 stürzte die ausgebrannte Frauenkirche, die einen Tag lang aus den Trümmern aufgeragt war, in sich zusammen. Mit der gigantischen Rauchwolke schwand auch die Hoffnung der Bevölkerung, ein Stück altes Dresden erhalten zu können.

Mahnmal gegen den Krieg

Nach dem Krieg sollte die Kirche wiederhergestellt werden, symbolisierte doch kein anderes Bauwerk den Glanz des alten Dresden. Doch ein architektonisches Meisterwerk dieser Größe und Qualität quasi aus dem Nichts wiederauferstehen zu lassen blieb eine Illusion. Der Wiederaufbau wurde auf unbestimmte Zeit verschoben. Für die Bebauung des Stadtzentrums im Sinne des sozialistischen Städtebaus waren die Ruine und der Trümmerberg ein Hindernis, allerdings beharrten einflussreiche Denkmalschützer erfolgreich auf deren Erhaltung.

Schließlich wurden die Überreste des Kirchenbaus zum Mahnmal gegen Krieg und Zerstörung erklärt und eine Gedenktafel angebracht. Am 13. Februar 1982 versammelten sich vor der Kirche erstmals Menschen zum stillen Gedenken. Daraus erwuchs eine Tradition gewaltfreier Demonstrationen von Bürgerrechtlern und Anhängern der Friedensbewegung – die Ruine der Frauenkirche wurde zum Symbol des Widerstands gegen das SED-Regime.

Wiederaufbau

Am 13. Februar 1990 ertönte der »Ruf aus Dresden«. In einem offenen Brief wandte sich eine Bürgerinitiative engagierter Dresdner an die Weltöffentlichkeit mit der Bitte um finanzielle Hilfe für den Wiederaufbau. Das Echo war überwältigend: Im In- und Ausland entstanden Förderkreise, die das Projekt materiell unterstützten. Leitgedanke war der Wiederaufbau der Frauenkirche nach den Entwürfen von George Bähr bei weitgehender Verwendung historischer Bausubstanz.

Im Januar 1993 begann die Enttrümmerung. Nach 17 Monaten war der 22 000 Kubikmeter große Trümmerberg abgetragen. Der Wiederaufbau begann am 27. Mai 1994, die Weihe der Unterkirche erfolgte 1996. Am 13. Februar 2000, dem 55. Jahrestag der Zerstörung Dresdens, wurde ein neues, durch britische Spenden finanziertes und von Briten gefertigtes acht Meter hohes Turmkreuz übergeben, das 2004 der Kuppel aufgesetzt wurde.

Einer der vier Ecktürme, die die Kuppel umrahmen

Die Weihe der wiedererrichteten Frauenkirche erfolgte am 30. Oktober 2005. Diesem bedeutenden Ereignis wohnten rund 60 000 Menschen auf dem Neumarkt bei.

Die Kosten des Wiederaufbaus beliefen sich auf rund 180 Millionen Euro. Knapp zwei Drittel davon wurden durch Spenden aus aller Welt finanziert, den Rest stellten die Stadt Dresden, der Freistaat Sachsen und der Bund zur Verfügung. Der neue Kirchenbau ist nicht eine bloße Kopie, vielmehr wurden mehr als 8000 Steinquader des Originalbaus verwendet. Insgesamt besteht der Kirchenbau zu rund 45 Prozent aus Material der 1945 zerstörten Kirche. Die dunkle Farbe der alten Steine kontrastiert mit der ansonsten hellen Farbe

Frauenkirche am Neumarkt – eine Hauptattraktion der Elbmetropole

des Sandsteins. Jedes Originalelement steht für das Schicksal der Kirche, ist aber gleichzeitig ein Dokument internationaler Versöhnung.

Bedeutung der Frauenkirche

Nach Abschluss des Wiederaufbaus fügt sich die barocke Kuppel der 91 Meter hohen Frauenkirche wieder harmonisch wie eh und je in die Stadtsilhouette ein.

Der zentrale Sakralbau ist Sinnbild für den protestantischen Kirchenbau in Deutschland. Der runde Kirchenraum zeigt eine bemerkenswerte architektonische Geschlossenheit – ein Eindruck, der auch durch die klare Ausrichtung auf Altar, Kanzel und Orgel verstärkt wird. Die Position der Orgel direkt über dem Altar dokumentiert das protestantische Verständnis von Kirchenmusik als Verkündigung und Anbetung gleichermaßen. Auch die große Distanz zwischen Altar und Kanzel entspricht protestantischer Glaubensauffassung.

Wesentlicher Bestandteil des kulturellen Lebens in der Frauenkirche ist die Pflege der Kirchenmusik. Jedes Jahr finden hier mehr als 100 musikalische Veranstaltungen statt, darunter Auftritte der Sächsischen Staatskapelle Dresden und der Dresdner Philharmonie sowie Gastspiele international renommierter Ensembles. Ereignisse sind die Konzerte im Rahmen der Internationalen Dresdner Orgelwochen.

Alljährlich werden rund 170 Gottesdienste, 550 Andachten sowie etwa 40 Vorträge und Lesungen gehalten. Die Veranstaltungen werden von der Stiftung Frauenkirche Dresden getragen, die sich für Frieden und Versöhnung einsetzt. Große Beachtung verdienen in diesem Zusammenhang auch Vorträge von Vertretern nichtchristlicher religiöser Institutionen, darunter auch des Zentralrats der Juden in Deutschland.

Die Frauenkirche wird seit 2005 jedes Jahr von rund zwei Millionen Menschen besichtigt. Im Kulturpalast auf der gegenüberliegenden Seite des Neumarkts ist das Besucherzentrum (Mo–Sa 9.30–18 Uhr) untergebracht. Hier erhält man anhand von Filmen und Objekten Informationen über Geschichte und Wiederaufbau des Gotteshauses sowie über das kulturelle Leben in der Gemeinde. Außerdem werden Tickets für Konzerte und andere Veranstaltungen verkauft.

Hinweis auf das Besucherzentrum gegenüber der Frauenkirche

Synagoge 8

Am Hasenberg 1. **Stadtplan** 2 E4. *3, 7.* *0351-656 8825.* *obligatorisch (Mo–Do 10–16 Uhr; Anmeldung nur Di 10–12, 13–15 Uhr).* *So–Do 12–18 Uhr.* **www**.hatikva.de

Die nach Entwürfen von Gottfried Semper 1838–40 erbaute Synagoge wurde in der Reichspogromnacht (9./10. November 1938) zerstört. Nur der vergoldete Davidstern konnte gerettet werden. Am gleichen Standort wurde am 9. November 2001 die Neue Synagoge geweiht. Die Enge des zur Verfügung stehenden Grundstücks verhinderte die bei Synagogen übliche Ausrichtung nach Osten. Man löste das Problem, indem man die 34 Steinlagen stufenweise nach oben drehen ließ. Über den Türflügeln am Eingang wurde der gerettete Davidstern angebracht.

Von der Decke der Synagoge hängt ein baldachinartiges Zelt aus durchscheinendem Metallgeflecht. Als golden flirrender Vorhang umschließt es den Versammlungsraum und bildet einen starken Kontrast zur massiven Fassade.

Im angrenzenden Innenhof zeichnen Glasscherben den Umriss der alten Synagoge nach. Führungen durch die Synagoge organisiert HATiKVA (Bildungs- und Begegnungsstätte für jüdische Geschichte und Kultur Sachsen e.V.). Nach Süden schließt das jüdische Gemeindezentrum an. Im Café Schoschana werden Köstlichkeiten der jüdischen Küche serviert.

Das Coselpalais, eine typische barocke Adelsresidenz

Coselpalais 9

An der Frauenkirche 12. **Stadtplan** 2 D4. *1, 2, 4.*

Das Bauwerk neben der Frauenkirche ist ein Beispiel für die zahlreichen barocken Palais des Dresdner Hofadels. Der erste Bau (1744–46) wurde – wie viele andere Gebäude Dresdens – im Siebenjährigen Krieg *(siehe S. 22)* durch die Kanonen preußischer Truppen zerstört. Der 1762 durch Julius Heinrich Schwarze fertiggestellte Neubau erfolgte im Auftrag von Graf Friedrich August von Cosel, einem Sohn von August dem Starken und der Gräfin Cosel. Nach ihm wurde das stattliche Palais benannt. Im Zweiten Weltkrieg wurde das Gebäude bis auf die beiden Flügelbauten vernichtet, die in die bis 1999 originalgetreu restaurierte Fassade integriert werden konnten.

Im Coselpalais befindet sich heute das Grand Café & Restaurant *(siehe S. 206)*, eines der meistfrequentierten Lokale der Altstadt. Vor allem Besucher Dresdens stärken sich hier während ihres Bummels durch die Altstadt und genießen dabei den Blick auf den Neumarkt.

Neumarkt 10

Stadtplan 2 D4. *1, 2, 4.*

Bei der Erweiterung der Dresdner Stadtfestung nach Osten ab 1525 entstand ein weiterer Markt, der Neumarkt. Der bereits bestehende Stadtmarkt wurde von da an Altmarkt genannt. In den Gassen um den Neumarkt errichtete man Wohnhäuser, Hotels und Palais mit ornamental gestalteten Barock- und Rokokofassaden. Mit ihren Erkern und prächtigen Portalen bildeten sie eine der schönsten Ansichten Dresdens. Eindrucksvoll dokumentiert wurde dies von Canaletto, der die Harmonie des Platzes in seinen Gemälden festhielt.

Kurfürst Friedrich August II.

Im Februar 1945 versank der Neumarkt in Schutt und Asche. Nach dem Krieg wurden die Ruinen abgerissen, lediglich die der Frauenkirche blieb bestehen. Anschließend fristete der Platz über mehrere Jahrzehnte ein Schattendasein, obwohl einige an den Neumarkt angrenzende Gebäude wie der Kulturpalast, das Johanneum, das Landhaus und der Stallhof im Lauf der Zeit rekonstruiert wurden. Erst der Wiederaufbau der Frauenkirche hauchte dem Neumarkt neues Leben ein. Seit 2005 entstehen um den Neumarkt Bauten, deren Fassadengestaltung sich an den früheren Häusern orientiert. So wurde etwa das Hotel de Saxe originalgetreu aufgebaut und 2006 als Steigenberger Hotel de Saxe *(siehe S. 193)* eröffnet.

Nach außen abweisend, aber innen kostbar ist die Gestaltung der Synagoge

Hotels und Restaurants in der östlichen Altstadt *siehe Seiten 193 und 205f*

Das Landhaus ist Sitz des Stadtmuseums und der Städtischen Galerie

Bei der Rekonstruktion einiger Barockbauten – vor allem der Einkaufspassagen – verwendete man auch zeitgemäße Stilelemente wie Glasüberdachungen. In jüngerer Zeit kehrten mit dem Martin-Luther-Denkmal (2004) und dem Standbild des Kurfürsten Friedrich August II. (2006) zwei Monumente aus der zweiten Hälfte des 19. Jahrhunderts an ihren Platz zurück.

Landhaus ⓫

Wilsdruffer Straße 2. **Stadtplan** 2 D4. *1, 2, 3, 4, 7, 12.* *75, 82.* **Stadtmuseum und Städtische Galerie Dresden** *0351-488 7301.* *Di–So 10–18 Uhr (Fr bis 19 Uhr).* **www**.museen-dresden.de

Bei seiner Fertigstellung 1775 war das Landhaus, das Stilformen von Spätbarock, Rokoko und Klassizismus vereint, das erste bedeutende Verwaltungsgebäude in Dresden. Bis 1907 tagten in diesem Haus die sächsischen Landstände, dann zogen sie in das Ständehaus am Schlossplatz um. 1965 war der Wiederaufbau des Landhauses nach Originalentwürfen beendet, 1966 bezog das Stadtmuseum die Räume des Gebäudes. Es zeigt hier eine Dauerausstellung zur Geschichte der Stadt von der Gründung bis in die Gegenwart. Seit 2005 ist in dem Gebäude auch die Städtische Galerie Dresden zu finden.

Die klassizistische Fassade an der Landhausstraße wird von einem hohen Portal mit sechs dorischen Säulen geprägt, die Fassade an der Wilsdruffer Straße ist barock. Im Inneren beeindruckt vor allem das dreigeschossige Rokoko-Treppenhaus mit der doppelläufigen geschwungenen Treppe und den zwischen ionischen Pilastern platzierten Kolossalvasen.

Gedenktafel für den Maiaufstand 1849

Altmarkt ⓬

Stadtplan 1 C4. *1, 2, 4.*

Dresdens größter und ältester Platz ist das historische Zentrum der Stadt. Auf dem 1370 erstmals erwähnten Altmarkt, dessen Name erst mit Entstehung des Neumarkts gebräuchlich wurde, herrschte das ganze Jahr über Markttreiben. Bis zum Bau des Zwingers zu Beginn des 18. Jahrhunderts fanden hier auch Turniere, Tierhatzen und andere Vergnügungen des kurfürstlichen und später des königlichen Hofes statt. 1849 war der Platz Zentrum des Dresdner Maiaufstands *(siehe S. 23)*. Anschließend blieb er bis 1918 für politische Kundgebungen gesperrt. Vielmehr tummelte sich hier die feine Gesellschaft – man residierte am Altmarkt oder flanierte unter den Arkaden.

Nach der Zerstörung des Areals 1945 erfolgte Mitte der 1950er Jahre die Bebauung der West- und der Ostseite in traditioneller Ziegelbauweise unter Einbeziehung barocker Elemente wie Erker, Schmuckgitter und Arkaden. An der Nordseite entstand 1966–69 der Kulturpalast *(siehe S. 67)*. Durch die Bebauung der Südseite erfährt der Altmarkt seit 1997 eine Verkleinerung. Die Fassaden der neuen Büro- und Geschäftshäuser zeigen keinen Bezug mehr zur Bautradition der Stadt.

Striezelmarkt

Der Dresdner Altmarkt ist Schauplatz des ältesten Weihnachtsmarkts (in der Adventszeit tägl. 10–20 Uhr, Fr, Sa bis 21 Uhr) in Deutschland. Der nach dem Gebäck »Striezel«, einem Vorläufer des Dresdner Stollens *(siehe S. 201)*, benannte Markt fand erstmals 1434 statt. Rund um einen 24 Meter hohen Weihnachtsbaum mit gigantischer Beleuchtung locken Verkaufsstände mit Kunsthandwerk (u. a. Räuchermänner, Keramik, Korbwaren, Plauener Spitzen), Glühweinbuden, Märchenwald, Bastelstände und Imbissbuden. Wahrzeichen des Markts ist die 14,61 Meter hohe Stufenpyramide mit 42 Holzfiguren.

Der Striezelmarkt ist der älteste Weihnachtsmarkt Deutschlands und einer der bekanntesten

Rathaus mit Walter Reinholds *Trümmerfrau* (1952; Bronze-Abguss 1967)

Rathaus ⑬

Dr.-Külz-Ring 19. **Stadtplan** 2 D5. *1, 2, 3, 4, 7, 12.* *75, 82.* **Aussichtsplattform** *Mai–Okt: tägl. 10–18 Uhr (letzte Auffahrt 17.30 Uhr).*

Der Neubau des Rathauses gehörte zu Beginn des 20. Jahrhunderts zu den größten Bauvorhaben der Stadt. Trotz der Stilmischung aus Neorenaissance, Neobarock und Jugendstil wirkt das monumentale, 1905–10 errichtete Bauwerk mit seinen fünf Innenhöfen harmonisch. Der exakt 100 Meter hohe achteckige Turm prägt gemeinsam mit dem einen Meter höheren Hausmannsturm *(siehe S. 66)* die Silhouette der Stadt. Auf der Spitze steht die fünf Meter hohe, mit Blattgold überzogene Figur des Rathausmanns.

Nach den Zerstörungen 1945 wurde das Rathaus in vereinfachter Form wiederaufgebaut. Mit einem Fahrstuhl erreicht man die Aussichtsplattform in 68 Metern Höhe, deren Balustrade mit 16 Sandsteinfiguren verziert ist, Symbole menschlicher Tugenden. Vor dem Ostflügel des Rathauses steht die Statue *Trümmerfrau*, errichtet zu Ehren der Frauen, die nach 1945 die Innenstadt von Trümmern befreiten. Ursprünglich war es ein Eisenguss, den Walter Reinhold 1952 schuf, 1967 wurde er in Bronze nachgegossen.

Kreuzkirche ⑭

An der Kreuzkirche 6. **Stadtplan** 1 C5. *1, 2, 4.* **Kirche** *0351-439 3920.* *Apr–Okt: tägl. 10–18 Uhr; Nov–März: tägl. 10–16 Uhr.* **Kirchturm** *Apr: tägl. 10–16.30 Uhr; Mai–Okt: tägl. 10–17.30 Uhr; Nov–März: tägl. 10–15.30 Uhr (So jeweils ab 12 Uhr).* **www**.dresdner-kreuzkirche.de

Der neben der Frauenkirche *(siehe S. 98–101)* bedeutendste protestantische Kirchenbau Sachsens wurde fünfmal durch Brände oder Kriegseinwirkungen zerstört, genauso oft aber wiedererrichtet. Der erste Kirchenbau an dieser Stelle ist im 13. Jahrhundert erwähnt. 1539 fand hier der erste evangelische Gottesdienst in Dresden statt.

Das heutige Erscheinungsbild der Kreuzkirche geht auf den Bau zurück, der 1897–1900 im neobarocken Stil mit Elementen des Jugendstils errichtet wurde. Nur die Außenmauern und der 92 Meter hohe Turm überstanden die Luftangriffe 1945, das Innere brannte völlig aus. Beim Wiederaufbau 1946–55 stand die Rekonstruktion des Baukörpers im Vordergrund, auf den reichen Innenschmuck musste man verzichten.

Die Kirche ist mit mehr als 3000 Plätzen die größte in Sachsen. Über 256 Stufen gelangt man zur Aussichtsplattform in 54 Metern Höhe.

Kreuzchor

Turm der Kreuzkirche, der größten Kirche Sachsens

Seit mehr als 700 Jahren ist die Kreuzkirche Heimstatt des Dresdner Kreuzchores, der ältesten Musikinstitution der Stadt. Um das Jahr 1300 entstand die Kreuzschule, in der Knaben aus allen Schichten der Bevölkerung in Latein und Gesang unterrichtet wurden. Hier wurden die Chorknaben ausgebildet, aus denen der Kreuzchor hervorging. Neben der Gestaltung von Gottesdiensten standen u.a. Auftritte bei Opernaufführungen des Hofes auf dem Programm. Internationale Tourneen machten den Chor in den letzten Jahrzehnten weltberühmt. Heute hat der Kreuzchor etwa 80 »Kruzianer« genannte Mitglieder, Auftritte finden an manchen Samstagen zur Kreuzchorvesper sowie in der Karwoche zu Konzerten statt (Tel. 0351-315 3560; www.kreuzchor.de).

◁ **Prunkvolle Treppenhausgestaltung im Rathaus von Otto Gussmann (1910–14)**

Kristallpalast, ein Multiplex-Kino in der Prager Straße

Prager Straße ⓯

Stadtplan 3 C4. *3, 7, 8, 9, 10, 11, 12.* *72, 75, 76, 82.* *Hauptbahnhof.*

Die zwischen Böhmischem Bahnhof (heute Hauptbahnhof) und Altmarkt verlaufende Prager Straße wurde 1851 angelegt. Mit Geschäften und Galerien, Luxushotels und Lokalen, Kinos und Kaffeehäusern, Theatern und Tanzpalästen war sie bis 1945 die vornehmste Straße Dresdens. Nach ihrer Zerstörung entstand als neue Nord-Süd-Achse für den Straßenverkehr durch das Zentrum die Sankt Petersburger Straße (zur Zeit der DDR: Leningrader Straße).

Die neue Prager Straße wurde 1965–74 als Fußgängerzone angelegt, gesäumt u.a. von einer mehr als 200 Meter langen Wohnzeile, dem Centrum Warenhaus und drei zwölfgeschossigen Hotels. Nach der Wende hielten neue Einkaufszentren an der Prager Straße Einzug. Auf dem Platz des 2007 abgerissenen Centrum Warenhauses eröffnete 2009 die Centrum Galerie.

Zu den markanten Bauten an der Prager Straße gehören das Rundkino (1970–72, heute 3-D-Kino und Sitz des Puppentheaters) und der Kristallpalast (1998, heute Multiplex-Kino).

Puppentheater ⓰

Prager Straße 6. **Stadtplan** 3 C4. *3, 7, 8, 9, 10, 11, 12.* *72, 75, 76, 82.* *Hauptbahnhof.* *0351-496 5370.* **www**.tjg-dresden.de

Von *Dornröschen* bis *Zauberflöte* reicht das Repertoire des Dresdener Puppentheaters, das 1952 als Tourneetheater der Landesbühnen Sachsen gegründet wurde. Auf dem Spielplan stehen Stücke für Kinder aller Altersklassen, doch auch Erwachsene haben hier ihren Spaß. Die Vorstellungen finden seit 1997 in dem markanten Rundkino an der Prager Straße statt, das in Form eines 20 Meter hohen Zylinders mit einem Durchmesser von 50 Metern erbaut ist.

Wiener Platz ⓱

Stadtplan 3 C4. *3, 7, 8, 10.* *72, 76.* *Hauptbahnhof.*

Der nördliche Vorplatz des Hauptbahnhofs hieß zu DDR-Zeiten Leninplatz und war weitgehend ungenutzt. Nach der Wende gab es ambitionierte Pläne zur Umgestaltung des nun als Wiener Platz bezeichneten Areals – man sprach von der deutschlandweit zweitgrößten (nach dem Potsdamer Platz in Berlin) innerstädtischen Baustelle. Der markanteste neue Bau ist das extravagante Glaskugelhaus (2005) zwischen zwei würfelförmigen Gebäuden. Ursprünglich war es als Wissenschaftszentrum geplant, doch man entschied sich für eine kommerzielle Nutzung als Shopping Area mit Gastronomie auf vier Ebenen. An der Ostseite des Wiener Platzes wurde 2006 ein weiteres Shopping-Center eröffnet. Das tortenstückförmige Gebäude mit der langen Glasfassade heißt Prager Spitze.

Hauptbahnhof ⓲

Stadtplan 3 B4. *3, 7, 8, 10.* *72, 76.* *Hauptbahnhof.*

Der Hauptbahnhof ist der wichtigste Bahnhof der Stadt für den nationalen und internationalen Fernverkehr sowie für den Nahverkehr. Das Mittelschiff wurde ebenerdig als Kopfbahnhof angelegt, die beiden Seitenschiffe für den Durchgangsverkehr.

In den letzten Jahren gestaltete man den 1892–95 im Stil von Neorenaissance und Neobarock erbauten Bahnhof um – u.a. nach Plänen des britischen Stararchitekten Sir Norman Foster. Dabei erhielt er ein lichtdurchlässiges Dach aus Glasfasermembran mit Teflongewebe. Der Eingangshalle wurde eine Glaskuppel aufgesetzt.

Das markante Glaskugelhaus, ein Shopping-Center mit Gastronomie

NEUSTADT

Die Siedlung am rechten Elbufer erhielt 1403 Stadtrecht, stand aber im Schatten der Residenz auf der anderen Seite des Flusses. Nach dem Stadtbrand von 1685 ließ August der Starke die »Neue Königsstadt« wiederaufbauen, ein Name, der sich zu Neustadt verkürzte. Die Innere Neustadt erstreckt sich zwischen Albertplatz im Norden, Glacisstraße im Osten, Elbe im Süden und Antonstraße im Westen. Beim barocken Wiederaufbau entstanden prachtvolle Straßenzüge wie die Hauptstraße und die Königstraße. Die nördlich anschließende Äußere Neustadt ist mit ihren Kneipen, Ateliers, Kleinkunstbühnen und kleinen Läden *das* Szeneviertel Dresdens. Dieses Gründerzeitquartier erlitt weniger Kriegsschäden als andere Stadtteile und verströmt heute typisches »Altstadtflair« – trotz nicht zu übersehender Tendenzen zur Modernisierung. In vielen Seitenstraßen und Hinterhöfen bieten sich Überraschungen, etwa die Höfe der Kunsthofpassage.

Erich-Kästner-Denkmal von Mathyas Varga am Albertplatz

SEHENSWÜRDIGKEITEN AUF EINEN BLICK

Museen und Sammlungen
Erich Kästner Museum ⓬
Jägerhof ⓲
Japanisches Palais S. 114f ❸
Kraszewski-Museum ㉓
Kügelgenhaus ❻
Kunsthaus Dresden ❼
Militärhistorisches Museum der Bundeswehr ㉒

Kirchen
Dreikönigskirche ❾
Garnisonkirche ㉑

Historische Gebäude und Denkmäler
Blockhaus (Neustädter Wache) ❶
Goldener Reiter ❹
Hotel Bellevue ❷
Pfunds Molkerei ⓯

Sächsische Staatskanzlei und Finanzministerium ⓱

Straßen und Plätze
Albertplatz ⓫
Königstraße ❽
Neustädter Markt ❺

Theater
kleine szene ⓮
Societaetstheater ❿

Weitere Sehenswürdigkeiten
Citybeach und Purobeach ⓴
Elbpromenaden ⓳
Kunsthofpassage ⓭
Rosengarten ⓰

ANFAHRT

Die Neustadt erreicht man mit den Bussen der Linien 3, 4, 6, 7, 8, 9, 11 und 13. Am Albertplatz, dem zentralen Platz der Neustadt, halten die Linien 3, 6, 7, 8 und 11. Im Südwesten des Stadtviertels besteht am Bahnhof Neustadt Anschluss zur S-Bahn.

LEGENDE

- Detailkarte *siehe S. 110f*
- S-Bahn-Station
- Polizei
- Krankenhaus
- Post
- Kirche

SIEHE AUCH

• ***Stadtplan*** Karten 1–2, 3–4

• ***Hotels*** S. 194f

• ***Restaurants*** S. 206f

0 Meter 500

◁ **Installation an einer Fassade des Hofs der Elemente, Kunsthofpassage *(siehe S. 120)***

Im Detail: Neustadt

Plakette am Kügelgenhaus

Die Innere Neustadt zwischen der Elbe und dem Albertplatz umfasst einige der letzten verbliebenen barocken Bürgerbauten, sehenswerte Kirchen, Museen, Denkmäler und Brunnenanlagen. Die Hauptstraße ist ein baumbestandener Fußgängerboulevard, die Königstraße eine prachtvolle und lebhafte Einkaufsstraße. Als Wohnviertel ist der Stadtteil überaus beliebt – die fast ausnahmslos schön renovierten Altbauten zählen zu den gefragtesten Adressen der Stadt. Zum Flair des Viertels tragen neben Kunstgalerien und Boutiquen, Restaurants und Bars auch die Neustädter Markthalle und die vielen kleinen Läden bei.

★ Dreikönigskirche
Der Turm der Kirche ragt 87,5 Meter in die Höhe. ❾

Barockgarten
Juwele des Barock finden sich nicht nur in der Dresdner Altstadt.

Im Kügelgenhaus wohnte der Maler Gerhard von Kügelgen (1772–1802). ❻

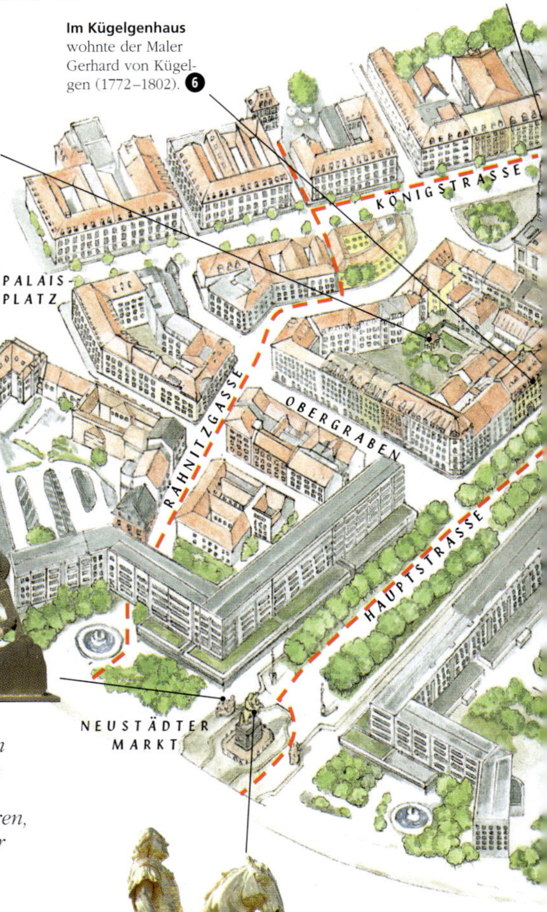

Nymphenbrunnen
Die beiden 1739–42 von Johann Benjamin Thomae geschaffenen spätbarocken Brunnen wurden 1938, als sie stark verwittert waren, durch Kopien aus Kirchleithener Sandstein ersetzt.

Nicht versäumen

- ★ Dreikönigskirche
- ★ Goldener Reiter
- ★ Neustädter Markthalle

★ Goldener Reiter
In typisch absolutistischer Pose präsentiert sich August der Starke in diesem Reiterstandbild am Neustädter Markt. ❹

Hotels und Restaurants in der Neustadt *siehe Seiten 194f und 206f*

Schillerdenkmal
Die Figur (1913) aus weißem Marmor zählt zu den Hauptwerken des Bildhauers Selmar Werner.

Brunnen am Albertplatz
Zwei markante Brunnenanlagen zieren den Platz. ⓫

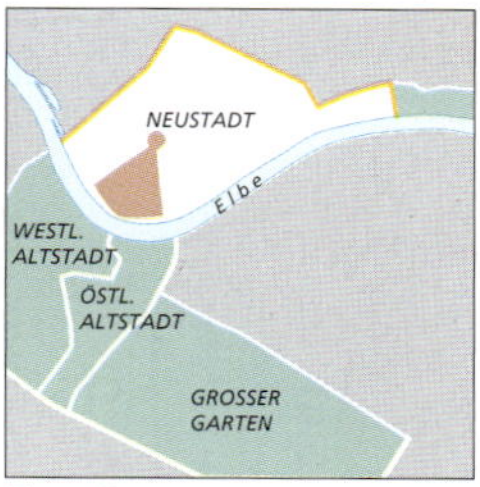

Zur Orientierung
Siehe Stadtplan, Karten 1–2

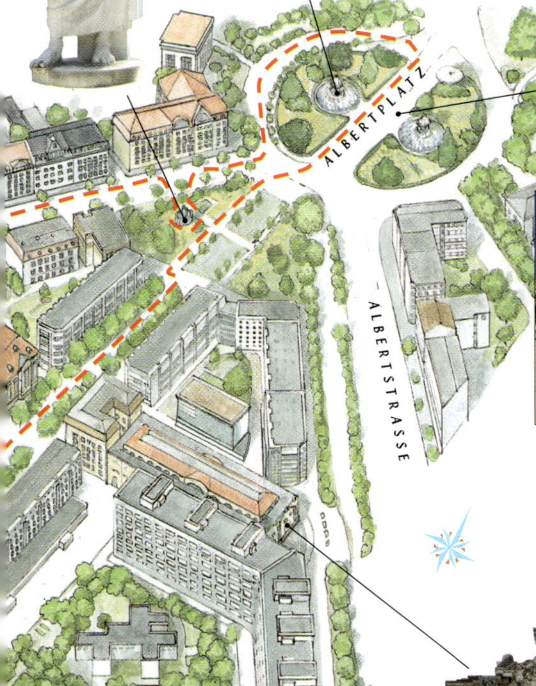

Der Albertplatz ist ein wichtiger Verkehrsknotenpunkt. Von ihm gehen sternförmig zehn Straßen ab.

Villa Eschebach (Volksbank)
Bei der Umgestaltung zu einem Bankhaus wurde das Dach der 1901 errichteten Villa originalgetreu restauriert.

★ Neustädter Markthalle
In dem schön restaurierten, 86 Meter langen Gründerzeitbau von 1899 wird ein Einkaufsbummel zum faszinierenden Erlebnis.

Jägerhof
Das in Teilen noch vorbarocke Gebäude beherbergt das Museum für Sächsische Volkskunst. ⓲

Legende

- - - Routenempfehlung

0 Meter 100

Das würfelförmige Blockhaus war ursprünglich Zoll- und Wachstation

Blockhaus (Neustädter Wache) ❶

Neustädter Markt 19. **Stadtplan** 2 D2. *4, 8, 9.* *0351-8141 6751.*

Das würfelförmige Gebäude am rechtselbischen Kopf der Augustusbrücke markiert den Eingang zur Inneren Neustadt. Erbaut wurde es 1732–55 nach Plänen von Zacharias Longuelune. Zunächst diente es der Unterbringung der Neustädter Wache, später als Truppenquartier und Behördensitz. Nach der Zerstörung im Zweiten Weltkrieg verfiel das Blockhaus. In den 1970er Jahren wurde es in seiner originalen barocken Form restauriert, 1980 eröffnete das Haus der Deutsch-Sowjetischen Freundschaft. Seit 1990 finden hier Veranstaltungen der Landesregierung statt, zudem ist das Haus Sitz der Sächsischen Akademie der Künste, der Sächsischen Akademie der Wissenschaften und der Sächsischen Landesstiftung Natur und Umwelt.

Hotel Bellevue ❷

Große Meißner Straße 15. **Stadtplan** 1 C2. *4, 8, 9.* *0351-8050.* **www**.westin-dresden.de

Der Standort des Hotels, das sich seit 2000 The Westin Bellevue Dresden *(siehe S. 195)* nennt, wurde durch den Canaletto-Blick berühmt. Von hier malte der italienische Künstler 1748 die berühmte Stadtansicht des barocken Dresden *(siehe S. 17)*. Beim Bau des Hotels 1982–85 wurde ein original erhaltenes barockes Bürgerhaus von 1724 einbezogen, das Kriegszerstörungen und Abrissprojekte überstanden hatte. Nach Plänen des japanischen Architekten Takeshi Inoue entstand unter Berücksichtigung dieses Barockgebäudes ein Hotel von internationalem Standard, in dem vorwiegend Gäste aus dem westlichen Ausland abstiegen. Nach der Wende war das Bellevue 1989 Schauplatz politischer Begegnungen, bei denen auf höchster Ebene Details der Wiedervereinigung ausgehandelt wurden. 2007 tagten hier die Arbeitsminister der G8-Staaten. Von einigen Suiten und von der Terrasse des Restaurants Canaletto *(siehe S. 207)* bietet sich ein Blick, wie ihn der Maler im 18. Jahrhundert so kunstvoll auf die Leinwand brachte.

Japanisches Palais ❸

Siehe S. 114f.

Goldener Reiter ❹

Neustädter Markt. **Stadtplan** 2 D2. *4, 8, 9.*

Das Reiterstandbild bildet das Zentrum des Neustädter Markts. Es zeigt den sächsischen Kurfürsten und polnischen König August den Starken *(siehe S. 45)* überlebensgroß in Herrscherpose, bekleidet mit einem römischen Schuppenpanzer, auf einem sich aufbäumenden Pferd. Das wohl berühmteste Standbild Dresdens wurde vermutlich von dem Hofbildhauer Jean Joseph Vinache entworfen, vom Kanonenschmied Ludwig Wiedemann in Kupfer gegossen und feuervergoldet und schließlich 1736 auf dem Neustädter Markt enthüllt. Anfangs sollte es die Augustusbrücke zieren, dafür erwies es sich jedoch als zu schwer. 1943/44 zerlegte man das Denkmal und lagerte es aus.

Nachdem der Bildhauer Walter Flemming es ab 1953 wieder zusammengesetzt und restauriert hatte, wurde das Denkmal 1956 an seinem ursprünglichen Standort aufgestellt. 1965 erfolgte die Blattvergoldung mit knapp 200 Gramm Gold, 2003 erneut eine umfassende Restaurierung des Wahrzeichens.

Reiterstandbild Augusts des Starken in römischer Rüstung

Das Hotel Bellevue ist von stilvollen Gartenanlagen umgeben

Hotels und Restaurants in der Neustadt *siehe Seiten 194f und 206f*

Modernes Innenleben der Neustädter Markthalle

schön restaurierte, lichtdurchflutete Neustädter Markthalle *(siehe S. 111)*. Der Gründerzeitbau mit den vielen verlockenden Ständen wurde im November 2000 wiedereröffnet.

Neustädter Markt ❺

Stadtplan 2 D2. *4, 8, 9.*
Neustädter Markthalle *Metzer Straße 1.* *0351-810 5445.* *Mo–Fr 8–20, Sa 8–18 Uhr.*

Ab dem Augusteischen Zeitalter *(siehe S. 22)* nahm der Marktplatz eine bedeutende Stellung ein – als Handelsplatz und als Ausgangspunkt der Hauptstraße, eines barocken Prachtboulevards. Das städtebauliche Ensemble des Neustädter Markts mit seinen barocken Häuserzeilen wurde im Februar 1945 nahezu komplett zerstört, erhalten blieben im Wesentlichen nur der ausgelagerte Goldene Reiter und die Nymphenbrunnen (1742/Kopien 1938) vor dem ehemaligen Neustädter Rathaus.

Beim Wiederaufbau in den 1970er Jahren erhielt der Neustädter Markt seine ursprüngliche Struktur und damit seinen alten Charme nicht wieder zurück. Die Stadtplaner legten seinerzeit höheren Wert auf die Restaurierung der Altstadt. Künstlerisch wie historisch interessant sind die aus Sandstein gefertigten Reliefs der Neustadt am Eingang des Fußgängertunnels.

Durch all die Jahre unverändert blieb die Bedeutung des Neustädter Markts als Tor zur Hauptstraße. Am Eingang zu dieser befinden sich zwei 25 Meter hohe, mit Reliefs verzierte Fahnenmasten aus Bronze (1893) von Heinrich Epler. Der über 500 Meter lange, von Platanen gesäumte Fußgängerboulevard führt bis zum Albertplatz *(siehe S. 117)*.

Etwa auf halber Strecke zwischen Albertplatz und Neustädter Markt steht die

Kügelgenhaus ❻

Hauptstraße 13. **Stadtplan** 2 D2. *3, 4, 6, 7, 8, 9, 11.* *0351-804 4760.* *Mi–So 10–18 Uhr.* *nach Voranmeldung.*
www.museen-dresden.de

Der Porträt- und Historienmaler Gerhard von Kügelgen (1772–1820) wohnte mit seiner Familie von 1808 bis zu seinem Tod im zweiten Stock des 1765–70 errichteten Gebäudes. Zu seiner illustren Gästeschar zählten viele bedeutende Künstler, darunter auch Johann Wolfgang von Goethe, Heinrich von Kleist und Caspar David Friedrich.

1981 wurde hier das Museum der Dresdner Romantik eingerichtet. Die neun Räume widmen sich anhand zahlreicher Kunstwerke und Dokumente dieser bedeutenden Epoche der Kunst- und Kulturgeschichte Dresdens, die weit über die Grenzen der Elbmetropole ausstrahlte. Das Museum behandelt ein weites Themengebiet von Philosophie und Literatur über die Malerei bis hin zur Musik. Zudem wird hier die Entwicklung der Inneren Neustadt Dresdens bis zur Gegenwart dokumentiert. Im früheren Salon der Familie Kügelgen finden Kammerkonzerte, musikalisch-literarische Programme und Vorträge statt.

Kunsthaus Dresden ❼

Rähnitzgasse 8. **Stadtplan** 1–2 C–D2. *3, 4, 6, 7, 8, 9, 11.* *0351-804 1456.* *Di–Fr 14–19, Sa, So 12–20 Uhr.*
www.kunsthausdresden.de

Als städtisches Zentrum für zeitgenössische Kunst wurde das Kunsthaus Dresden 1981 in einem ehemaligen barocken Wohngebäude (um 1730) eingerichtet. Zunächst zeigte man hier ausschließlich Werke Dresdner Künstler, später entwickelte sich das Kunsthaus zu einem der wichtigsten Ausstellungszentren der DDR.

Mit der politischen Wende änderte sich auch das Konzept des Hauses, das mit verschiedenen thematischen Schwerpunkten nun auch internationale Strömungen der zeitgenössischen Kunst reflektiert. Auf mehr als 600 Quadratmetern finden jährlich sechs bis sieben Ausstellungen statt, die durch Workshops und Vorträge ergänzt werden.

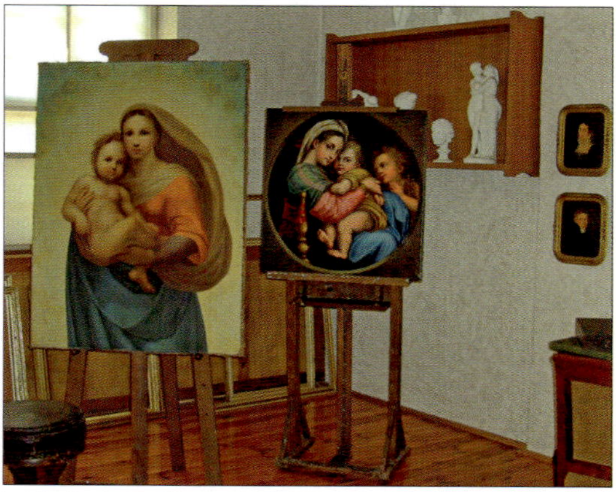

Im Kügelgenhaus widmet man sich der Dresdner Romantik

Japanisches Palais ❸

Japanische Karyatide im Innenhof

August der Starke erwarb das 1715 erbaute Holländische Palais und ließ es 1728–37 u.a. von Matthäus Daniel Pöppelmann umbauen, um hier seine Porzellansammlung aus Fernost unterzubringen. Der ursprünglich französische Barockgarten wurde später im englischen Stil umgestaltet. Als ostasiatische Kunst aus der Mode gekommen war, richtete man im Palais eine Skulpturensammlung ein. Das Landesmuseum für Vorgeschichte wurde 2009 geschlossen, dafür haben die Senckenberg Naturhistorischen Sammlungen Dresden hier Räume. Eine Ausstellung mit dem Thema Archäologie ist in Planung.

★ Portal
Die vierflügelige Anlage wurde im spätbarock-klassizistischen Stil erbaut. Der Fries im Dreiecksgiebel zeigt, wie Porzellanhersteller aus Sachsen und Ostasien der Saxonia huldigen.

Blütenzauber
Rhododendren und andere Pflanzen lassen den Palaisgarten zur Blütezeit in vielen Farben leuchten.

Marmorskulptur
Am Rand des Palaisgartens steht die Skulptur Sich befreien *(1987), ein Werk der Bildhauerin Charlotte Sommer-Landgraf.*

★ Gartenfront
Zu den markantesten architektonischen Elementen gehören die fernöstlich anmutenden geschwungenen Dächer, denen das Bauwerk neben seiner Einzigartigkeit im Stadtbild auch seinen Namen verdankt.

Japanischer Pavillon
Der kleine Bau am Uferweg weist ostasiatische Formen auf.

★ Canaletto-Blick
Diese Ansicht entspricht bis heute fast exakt dem, was Canaletto 1748 vor Augen hatte.

0 Meter 100

★ Palaisplatz
Hinter dem Platz mit dem markanten Brunnen beginnt die Königstraße, die Sichtachse zwischen Japanischem Palais und Albertplatz.

INFOBOX

Palaisplatz 11. **Stadtplan** 1 C2. 🚋 *4, 9.* **Staatliches Museum für Völkerkunde** ☎ *0351-814 4860.* 🕒 *Di–So 10–18 Uhr.* **www**.voelkerkunde-dresden.de **Senckenberg Naturhistorische Sammlungen Dresden** ☎ *0351-7958 414 326.* 🕒 *Di–So 10–18 Uhr (aktuelle Ausstellungen tel. erfragen).* **www**.snsd.de

Nymphenbrunnen
Die beiden Brunnen stellen jeweils eine Nymphe dar, die von Fabelwesen umspielt wird.

Goldener Reiter
Das blattvergoldete Reiterstandbild Augusts des Starken am Neustädter Markt zeigt den Herrscher in absolutistischer Pose.

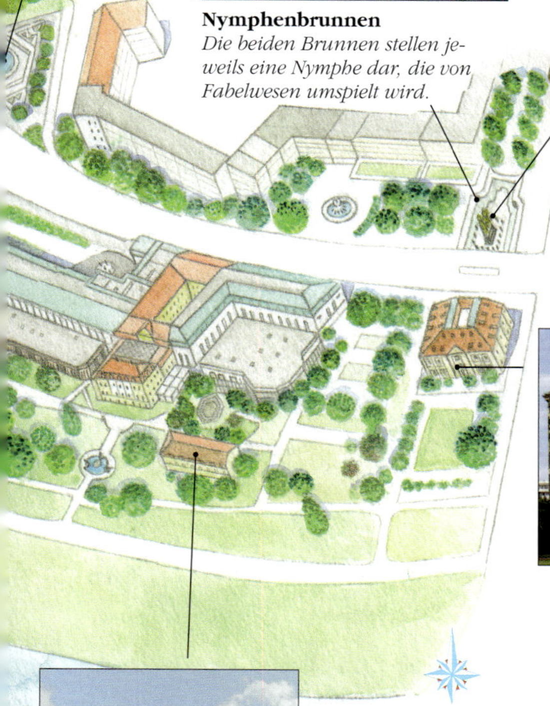

Blockhaus
Das 1732–55 errichtete Gebäude mit der klar strukturierten Fassade diente zunächst als Neustädter Wache, heute ist es Sitz mehrerer Akademien.

Hotel Bellevue
The Westin Bellevue Dresden ist eine der ersten Adressen der Elbmetropole. Hochrangige Politiker aus aller Welt steigen in diesem Hotel ab und nutzen es auch als Tagungsstätte.

NICHT VERSÄUMEN

- ★ Canaletto-Blick
- ★ Gartenfront
- ★ Palaisplatz
- ★ Portal

Stadtplan *siehe Seiten 248–257*

Königstraße ❽

Stadtplan 1–2 C2–D1. 🚇 *3, 4, 6, 7, 8, 9, 11.* **www**.barockviertel.de

Zu den prachtvollsten Barockstraßen Dresdens gehört die Königstraße. Mit ihren Designerboutiquen und Delikatessenläden, Galerien und Kunsthandwerkerhöfen ist sie eine bevorzugte Shopping- und Flaniermeile für Einheimische wie Besucher der Stadt. Zudem verkörpert sie eine eindrucksvolle Verbindung zwischen Geschichte und Gegenwart und bildet eine attraktive Sichtachse zwischen Japanischem Palais *(siehe S. 114f)* und Albertplatz *(siehe S. 117)*.

Die Königstraße entstand nach dem Abriss der bestehenden Bebauung 1722–33 unter August dem Starken *(siehe S. 22)* als barocke Prachtstraße. Mit dem Entwurf der 340 Meter langen und 30 Meter breiten Straße wurde Matthäus Daniel Pöppelmann, der Schöpfer des Dresdner Zwingers, beauftragt.

Den Zweiten Weltkrieg überstanden viele Gebäude des Boulevards sowie der angrenzenden Straßen (u. a. Obergraben und Rähnitzgasse) relativ unbeschadet. Ein geschlossenes Ensemble bürgerlicher Barockarchitektur blieb erhalten, wurde allerdings in den folgenden Jahrzehnten stark vernachlässigt. Ab 1990 erfolgte die Restaurierung nahezu sämtlicher Gebäude an der Königstraße nach Originalplänen. Mit der Sanierung und einer neuen Bepflanzung bekam das ganze Viertel wieder sein altes »königliches« Flair. Die Königstraße konnte als Hauptachse des Dresdner Barockviertels erneut aufblühen.

Besonders wertvolle Zeugnisse des Barock stellen die Häuser Nr. 10 und 12 dar. Die Gebäude Nr. 3 und 5 stammen aus einer noch älteren Epoche und haben vermutlich sogar den Stadtbrand des Jahres 1685 *(siehe S. 21)* unbeschadet überstanden. Dies gilt auch für einige Häuser in der Rähnitzgasse.

Der Turm der Dreikönigskirche ist weithin sichtbar

Uhrenladen im Barockviertel

Brunnen am Palaisplatz am Eingang zur Königstraße

Dreikönigskirche ❾

Hauptstraße 23. **Stadtplan** 2 D1. 🚇 *3, 4, 6, 7, 8, 9, 11.* ☎ *0351-812 4101.* 🕒 *Mo–Fr 9–18, Sa 10–18, So 10–16 Uhr.* **Turm** 🕒 *März–Okt: Di 11.30–16, Mi–Sa 11–17, So 11.30–17 Uhr; Nov–Feb: Mi 12–16, Do, Fr 10–16, So 11.30–16.30 Uhr.* **www**.hdk-dkk.de

Die protestantische Dreikönigskirche blickt auf eine bewegte Geschichte zurück. Nach der Zerstörung dreier Vorgängerbauten (1429 durch die Hussiten, 1685 durch den Stadtbrand und 1731 durch Abriss im Rahmen der Neugestaltung des Stadtviertels) entstand der heutige Kirchenbau 1732–39 nach Entwürfen von George Bähr und Matthäus Daniel Pöppelmann. Der 87,5 Meter hohe Turm an der Westseite wurde 1854–58 hinzugefügt. 1945 brannte die Kirche aus, der 1984 begonnene Wiederaufbau war 1990 vollendet. Er umfasste auch die Einrichtung des Bildungs-, Tagungs- und Begegnungszentrums »Haus der Kirche«. Unter diesem Namen wird die Dreikönigskirche heute auch als Veranstaltungsort genutzt.

Die Einweihung erfolgte im Oktober 1990 mit der konstituierenden Sitzung des neuen Sächsischen Landtags *(siehe S. 88)*. Dieser tagte hier bis zur Fertigstellung des neuen Landtagsgebäudes 1993. Unter der Orgelempore wurde 1990 das ursprünglich farbige, 12,5 Meter lange Relief *Dresdner Totentanz* (1534–36) von Christoph Walther angebracht. Es zeigt 27 Figuren in vier Gruppen und mahnt an die Vergänglichkeit des Seins. Der Fries, der zuvor die Fassade des Georgenbaus *(siehe S. 66)* geschmückt hatte, zählt zu den bedeutendsten Plastiken der Renaissance in Dresden.

Der Turm der Dreikönigskirche prägt die Silhouette der Neustadt. Drei Glocken, die beim Brand 1945 geschmolzen waren, wurden 1977 ersetzt. Einen grandiosen Blick über die Neustadt und über die Elbe zur Altstadt hat man von der in 45 Metern Höhe gelegenen Aussichtsplattform.

Hotels und Restaurants in der Neustadt *siehe Seiten 194f und 206f*

Das Societaetstheater ist ein modernes Kammertheater

Societaetstheater ⑩

An der Dreikönigskirche 1a.
Stadtplan 2 D2. 🚋 *3, 4, 6, 7, 8, 9, 11.* ☎ *0351-803 6810 (Karten).*
www.societaetstheater.de

Das 1779 gegründete Societaetstheater war die erste bürgerliche Bühne der Stadt, seit der Wiedereröffnung 1999 zählt es zu den renommiertesten Theatern Dresdens. Im 18. Jahrhundert war es eine Laienbühne, die bald über ein breites Repertoire verfügte und Komödien, Tragödien, Schauspiele, Kammerkonzerte sowie Singspiele zur Aufführung brachte. Mit seinem vielfältigen, engagierten Programm hatte sich das Societaetstheater eine zentrale Rolle im Kulturleben der Stadt erarbeitet. Anfang des 19. Jahrhunderts jedoch übernahmen, wie überall in Deutschland, Hof- und Nationaltheater führende Rollen, das Societaetstheater musste 1832 schließen. Das Haus verfiel und konnte nur durch das Engagement kulturinteressierter Bürger vor dem Abriss bewahrt werden. In den 1990er Jahren wurde es nach historischen Vorlagen wiederaufgebaut, am 19. Februar 1999 erfolgte die feierliche Wiedereröffnung als städtische Kammerbühne.

Hofnarr Joseph Fröhlich (1694–1757), Statue (1978) von Heinrich Apel

Innovative Inszenierungen aus den Bereichen Sprech-, Musik-, Tanz und Figurentheater finden hier Raum. Zu den modern interpretierten Klassikern zählen Werke von Franz Kafka, Jean-Paul Sartre oder Richard Wagner. Das Societaetstheater verfügt über zwei Bühnen und einen Spielraum im Foyer. Im Sommer finden auch im Barockgarten Aufführungen statt. Festivals, Werkstattveranstaltungen, Diskussionsforen und themenorientierte Salons werden dem experimentellen Ansatz des Theaters gerecht.

Kästner-Denkmal am Albertplatz

Das Theaterrestaurant L'art de vie mit seiner Terrasse (tägl. 10–24 Uhr, 0351-802 7300) ist nicht nur bei Besuchern einer Theatervorstellung, sondern auch bei Passanten beliebt.

Albertplatz ⑪

Stadtplan 2 D–E1. 🚋 *3, 6, 7, 8, 11.*

Der nahezu kreisrunde Platz, dessen Name auf König Albert von Sachsen (reg. 1873–1902) zurückgeht, ist ein Verkehrsknotenpunkt am Übergang zwischen Innerer und Äußerer Neustadt. Von ihm gehen zehn Straßen sternförmig ab, u. a. die Hauptstraße *(siehe S. 169)* und die Königstraße *(siehe S. 116)*. Angelegt wurde der Platz 1812, im Jahr 1875 gestaltete ihn Johann Carl Friedrich Bouché gartenarchitektonisch, sodass er im 19. Jahrhundert zu den schönsten Rundplätzen Deutschlands gezählt wurde. Mit dichter werdendem Verkehr verlor der Albertplatz zwar den Reiz einer Flanierstätte, doch weil der Straßenverkehr kreisförmig um den großen Platz geführt wird, bleibt dieser in der Mitte überaus attraktiv.

Zwei monumentale, geradezu überreich mit Skulpturen verzierte Bronzebrunnen des Bildhauers Robert Diez dominieren den Platz – an der Ostseite *Stille Wasser* (1887), an der Westseite *Stürmische Wogen* (1894). Gemeinsam bilden sie die wohl schönste Brunnenanlage der Stadt.

Der Platz wird von Bauwerken verschiedener Epochen umrahmt: An der Nordseite befindet sich der von einem Rundtempel (1906–12) überdachte Artesische Brunnen von Hans Erlwein. Gegenüber ragt das erste Hochhaus (1929) der Stadt 40 Meter hoch auf. An der Ostseite steht die 1901 erbaute, im Zweiten Weltkrieg zerstörte und 1997 wieder aufgebaute neobarocke Villa Eschebach. In dem früheren Wohnsitz des Dresdner Küchenfabrikanten Carl Eschebach ist heute ein Bankinstitut untergebracht.

Hauptstraße mit Blick nach Süden zum Goldenen Reiter

Zum Skulpturenschmuck des Albertplatzes gehören Denkmäler zu Ehren der Literaten Friedrich Schiller und Erich Kästner.

Am Übergang zur Hauptstraße steht ein Gedenkstein für den hier 1991 von einer Gruppe fremdenfeindlicher Jugendlicher ermordeten Mosambikaner Jorge Gomondai (1962–1991). Der Tatort des Überfalls wurde 2006 zum Gedenken an das Opfer in Jorge-Gomondai-Platz umbenannt.

Der Brunnen *Stille Wasser* (1887) am Albertplatz ▷

Erich Kästner Museum ⓬

Antonstraße 1. **Stadtplan** 2 D1. *3, 6, 7, 8, 11.* *0351-804 5086.* *So–Di 10–18, Mi 10–20 Uhr.* **www**.erich-kaestner-museum.de

Das 1999 eröffnete Museum in der Villa Augustin gehört zu den außergewöhnlichsten in Dresden, denn hier ist Mitmachen angesagt. Das Leben und Wirken des Literaten Erich Kästner *(siehe S. 33)* wird anhand modernster Medientechnik und sinnlich erfahrbarer Exponate dokumentiert. Die interaktive, wegen ihres geringen Platzbedarfs als »micromuseum« bezeichnete Kulturstätte besteht im Kern aus einem Quader (im geschlossenen Zustand 2 m hoch, 3 m lang, 1,20 m breit), aus dem bausteinartig einzelne Teile gelöst werden können. Sie geben Bücherregale, Ausstellungsvitrinen und vieles mehr frei. So begeben sich die Besucher etwa durch das Stöbern in Schatzkisten und Öffnen von Schubladen auf eine spannende Entdeckungsreise, bei der sie viel über den Dichter erfahren, der nach eigenem Bekenntnis nie erwachsen werden wollte.

Exponat im Erich Kästner Museum

Kunsthofpassage ⓭

Zwischen Görlitzer Straße und Alaunstraße. **Stadtplan** 4 D1. *7, 8, 13.* **www**.kunsthof-dresden.de

Zu den schönsten Ecken der Äußeren Neustadt gehört die Kunsthofpassage zwischen Alaunstraße und Görlitzer Straße. In den fünf thematisch gestalteten Höfen der Passage findet man einen bunten Mix aus Läden, Werkstätten und Kneipen. Faszinierend ist vor allem die farbenprächtige und künstlerisch eigenwillige Fassadengestaltung. Die kleinen Läden verkaufen u.a. Wein, Accessoires, Antiquitäten, Bücher und Papierwaren.

Beim Betreten der Passage sieht man im Hof ein Fabelwesen, dessen exotischer Figurenschmuck aus zerbrochenen Fliesen besteht. Spiegel leiten Tageslicht in den nicht von der Sonne verwöhnten Hof des Lichts – Bühne für Veranstaltungen wie Multimedia-Performances und Filmprojektionen.

Im »Hof der Metamorphosen« sind 24 Papiere verschiedenster Art auf Rahmen gespannt und verändern sich witterungsbedingt völlig unterschiedlich – eine Art Langzeitexperiment. Metall und Wasser prägen den »Hof der Elemente«. Er besteht aus einer meerblauen Fassade mit verschlungenen Regenrinnen und einer sonnengelben Fassade, an der Metallstreifen angebracht sind – Stoff für Lichtreflexionen. An regnerischen Sommertagen erweckt zu jeder halben Stunde Wasser die Installation zum Leben. Der »Hof der Tiere« steht im Zeichen von Holz und Stein. Man entdeckt verschiedene Tierfiguren aus Sandstein, besonders auffallende Elemente sind Balkone aus pflanzlichem Flechtwerk, die wie Baumhäuser wirken und Holzstämme als Säulen haben.

Kunsthofpassage – ein Komplex aus fantasievoll gestalteten Höfen

kleine szene ⓮

Bautzner Straße 107. **Stadtplan** 4 E2. *11.* *0351-491 1705.* **www**.semperoper.de/de/kleine_szene

Experimentelles Musiktheater, Kammeropern, Tanztheater – die kleine szene deckt ein breites Spektrum darstellender Kunst ab. Die Kammerbühne der Sächsischen Staatsoper ist seit 1988 im ehemaligen Haus der Dresdner Tänzerin und Choreografin Mary Wigman (1886–1973) untergebracht, die hier 1920–42 wohnte und arbeitete. Ziel der Bühne ist die Kreation neuer Formen für Musiktheater und Tanz. Das eigene Repertoire wird durch Gastspiele ergänzt, und das Publikum ist immer wieder von der Innovationskraft und den genreübergreifenden Spielweisen begeistert.

Die schöne Villa südlich des Theaters heißt Marcolinis Vorwerk und wurde 1856 auf dem Grundstück des Grafen Camillo Marcolini erbaut.

Pfunds Molkerei ⓯

Bautzner Straße 79. **Stadtplan** 4 D2. *11.* *0351-808 080.* *Mo–Sa 10–18, So 10–15 Uhr.* **Restaurant** *0351-810 5948.* *tägl. 10–20 Uhr.* **www**.pfunds.de

Laut Guinnessbuch ist dies der »schönste Milchladen der Welt«. Jugendstilambiente und fantasievoll gestaltete, handbemalte Majolikafliesen mit Fabeltieren, Motiven aus der Milchwirtschaft und floralem Dekor machen einen Besuch des Ladens zum Erlebnis. Über 100 Käsesorten in unterschiedlichen Reifegraden werden hier auch zum Verzehr offeriert. Die Verköstigung wird abgerundet mit einem Glas Wein – oder Milch.

Neben kulinarischen Köstlichkeiten umfasst das Sortiment u.a. Brotzeitbretter, Porzellan, Besteck, Wandfliesen und Nostalgisches wie alte Werbeschilder aus Blech. Auch ungewöhnliche Produkte wie Milchgrappa, Milchkonfitüre und Milchseife gehen über die Ladentheke.

Hotels und Restaurants in der Neustadt *siehe Seiten 194f und 206f*

Das Restaurant über dem Laden hat ein vielfältiges Angebot von Speisen, bei denen Milch verarbeitet wird, darunter Käsesuppe, Quarkkeulchen, Milchreis, Raclette oder Ostdeutsche Käseplatte.

Gegründet wurde Pfunds Molkerei vom Landwirt Paul Pfund. Seine Frau und er kamen 1879 mit sechs Kühen nach Dresden, um die Stadtbewohner mit frischer und hygienisch einwandfreier Milch zu versorgen. Ein Jahr später entstand die Molkerei, 1891 eröffnete der Milchladen in der Bautzener Straße.

Pfunds Molkerei – der »schönste Milchladen der Welt«

Rosengarten ⓰

Stadtplan 2 F2. *6, 13.*
www.rosengarten-dresden.de

Im 1935/36 angelegten Dresdner Rosengarten gedeihen auf einer Fläche von annähernd 30 000 Quadratmetern mehr als 100 Rosenarten. Die unter Denkmalschutz stehende Gartenanlage am Neustädter Elbufer bildet einen gelungenen grünen Kontrast zum gegenüberliegenden Ufer der Altstadt, das bis an den Fluss bebaut ist. Zur Blütezeit fasziniert ein Rosenmeer in unterschiedlichsten Farbtönen. Ergänzt wird die Bepflanzung u.a. durch Fliederbüsche und Magnoliensträucher sowie verschiedene Baumarten.

Blüte im Rosengarten

Ein wesentliches Gestaltungselement im Rosengarten ist die Wechselbeziehung zwischen Natur und Kunst, also zwischen den Pflanzen und den Plastiken und Skulpturen, die in der Anlage stehen.

Sächsische Staatskanzlei und Finanzministerium ⓱

Archivstraße 1 bzw. Carolaplatz 1.
Stadtplan 2 D–E 2–3. *3, 7, 8.*
beide: 0351-5640.
www.sk.sachsen.de;
www.sfm.sachsen.de

Die monumentalen Gebäude zu beiden Seiten der Carolabrücke wirken vor allem beim Blick von der Brühlschen Terrasse *(siehe S. 94)* am gegenüberliegenden Elbufer sehr eindrucksvoll. Östlich der Brücke liegt die Sächsische Staatskanzlei, die 1900–04 von Edmund Waldow und Heinrich Tscharmann im Stil des Neobarock mit klassizistischen Elementen errichtet wurde. Hier waren einige königlich-sächsische Ministerien untergebracht. Seit 1990 ist das Gebäude Sitz der sächsischen Regierung, des Ministerpräsidenten sowie des Justiz- und Innenministeriums. Wegen der Nutzung durch mehrere Ressorts ist das Gebäude auch als Gesamtministerium bekannt. Den Turm des Bauwerks ziert eine von Weitem sichtbare Darstellung der sächsischen Königskrone, ein Symbol für die von der Staatskanzlei ausgehende Regierungsgewalt.

Das Gebäude westlich der Carolabrücke wurde 1890–1896 von Otto Wanckel und Ottomar Reichelt erbaut und beherbergt das Sächsische Staatsministerium der Finanzen. Das von Anton Dietrich 1896 geschaffene allegorische Giebelbild aus Majolikaplatten an der Elbseite zeigt Saxonia beim Einnehmen (links) und Ausgeben (rechts) von Geld.

Vom linken (südlichen) Elbufer hat man den besten Blick auf die Sächsische Staatskanzlei

Jägerhof ⓲

Köpckestraße 1. **Stadtplan** 2 D2. *3, 4, 7, 8, 9.* *0351-4914 2000.* **Museum für Sächsische Volkskunst** *0351-4914 2000.* *Di–So 10–18 Uhr.* **www**.skd.museum

Nur wenige Gebäude aus vorbarocker Zeit sind in Dresden erhalten. Vom einst vierflügeligen Jägerhof (1569–1617), dem ältesten Baudenkmal der Neustadt, ist noch der Westflügel mit den drei Treppentürmen und dem Renaissance-Giebel verblieben. Erbaut wurde der Jägerhof an der Stelle des Augustinerklosters (1404), das mit Beginn der Reformation bis 1546 abgetragen wurde. Den mit Gemälden und Skulpturen geschmückten Jägersaal im Obergeschoss nutzte der kurfürstliche Hof für Empfänge. Mit dem Bau der Jagdschlösser verlor die Anlage an Bedeutung. 1830–77 wurde sie als Kaserne der Kavallerie genutzt, anschließend riss man den Jägerhof bis auf den Westflügel ab.

In Letzterem wurde 1913 das Museum für Sächsische Volkskunst eingerichtet, das nach Beseitigung der Kriegsschäden 1950 wiedereröffnete. Hier wird die gesamte Bandbreite sächsischen Kunsthandwerks präsentiert. Zu den Exponaten gehören Lichterpyramiden, Leinenwebereien, Trachten, Möbel und Keramik. Seit 1968 ist das Museum Bestandteil der Staatlichen Kunstsammlungen, 2005 wurde es im Obergeschoss um eine Puppentheatersammlung mit mehr als 50 000 Puppen erweitert. Das Museum ist überregional bekannt für seine Oster- und Weihnachtsausstellungen. Dann faszinieren Ostereierbemaler oder Krippenschnitzer nicht nur kleine Besucher.

Der Jägerhof ist das älteste Baudenkmal in der Neustadt

Elbpromenaden ⓳

Stadtplan 1 C2–2 D3. **Filmnächte am Elbufer** Carolinenstr. 1a. *3, 4, 7, 8, 9.* *0351-899 320.* **www**.filmnaechte.de

Überaus reizvoll ist ein Bummel am Neustädter Elbufer – immer mit Blick auf die prachtvollen Bauwerke der Altstadt an der gegenüberliegenden Seite der Elbe. Ob Sie den Canaletto-Blick *(siehe S. 112)* nachempfinden oder – am besten zur Blütezeit – durch den Rosengarten *(siehe S. 121)* schlendern wollen, die Elbpromenaden bieten Entspannung und Inspiration zugleich.

Nicht nur Spaziergänger zieht es an das Elbufer, auch kulturell ist hier einiges geboten, u. a. Konzerte und Theateraufführungen. Ein Highlight im Veranstaltungskalender der Stadt sind seit 1991 die Filmnächte am Elbufer *(siehe S. 47)*, die zwei Sommermonate lang nahe der Carolabrücke stattfinden. Unter Cineasten gilt das Festival als stimmungsvollstes seiner Art in Deutschland, denn zusätzlich zum Kinoerlebnis unter freiem Himmel genießt man als Besucher den Blick auf die wundervoll illuminierte Altstadt. Das Spektrum der Filme reicht von Hollywood-Mainstream bis zu Klassikern der Filmgeschichte.

Citybeach und Purobeach ⓴

Leipziger Straße 31 bzw. 15b. **Stadtplan** 1 B1. *4, 9.* *0152-2439 4304 bzw. 0351-795 2902.* *Sommer: tägl. ab 10 bzw. 11 Uhr.* **www**.citybeachdresden.de; **www**.puro.de

Ein Hauch von Mittelmeer am Elbufer: Die beiden Stadtstrände Citybeach und Purobeach bringen im Sommer mediterranes Flair in die Stadt. Musik zum Chillen, Palmen, Cocktails und Sonnenliegen lassen die Gäste den Stress des Alltags vergessen. Sehr beliebt sind die After-Work-Partys. Doch auch sportlich Aktive kommen auf ihre Kosten, z. B. beim Beachvolleyball. Wer es leger mag, bevorzugt den etwas weiter elbabwärts gelegenen City-

Von den Elbpromenaden in der Neustadt kann man den klassischen Canaletto-Blick genießen

Hotels und Restaurants in der Neustadt *siehe Seiten 194f und 206f*

Garnisonkirche St. Martin

beach. Nobleres Ambiente bietet der Purobeach – nicht nur wegen seiner ganz in Weiß gehaltenen Ausstattung. Hier gibt es auch eine Reihe von Wellness-Angeboten und einen WLAN-Hotspot.

Garnisonkirche ㉑

Stauffenbergallee 9. **Stadtplan** 4 D1. *7, 8. 91. tägl. 8 Uhr–Einbruch der Dunkelheit.*

Die Garnisonkirche wurde 1893–1900 von William Lossow und Ernst Viehweger im Stil des Historismus errichtet. Das Gotteshaus war für die 10 000 in der Albertstadt stationierten sächsischen Soldaten gedacht. Das Thema der Konfessionen wurde so verblüffend wie einfach gelöst: Der linke (kleinere) Kirchenraum war den Katholiken, der rechte den Protestanten vorbehalten. Die Doppelfunktion ist an der Südfassade noch deutlich zu erkennen: Rechts betonen mächtige Strebepfeiler nach gotischem Vorbild die Vertikale, links springt der neoromanische evangelische Chor mit drei großen Fensterrosen hervor. Seit Ende des Zweiten Weltkriegs wird unter dem Namen St. Martin nur noch der katholische Bereich sakral genutzt.

Der 90 Meter hohe Kirchturm erinnert in seiner schlanken Form an einen Campanile. Eine vergoldete Turmkugel mit einem Kreuz ziert die Spitze. Im katholischen Teil des Kirchenraums sind einige Wandgemälde erhalten, die Restaurierung der Deckengemälde wurde 2007 abgeschlossen. Sehenswert sind auch die Mosaiken am Hauptaltar sowie die Plastiken der Apostel Paulus und Petrus.

Militärhistorisches Museum der Bundeswehr ㉒

Olbrichtplatz 2. **Stadtplan** 4 D1. *7, 8. 91. 0351-823 2803. Di–So 9–17 Uhr.* **www**.militaerhistorisches-museum.bundeswehr.de

Anhand der sieben Bereiche Militärtechnik, Handwaffen, Uniformen/Feldzeichen, Orden/Varia, Kunst, Schriftgut und Bildgut dokumentiert das Museum deutsche Militärgeschichte vom Mittelalter bis zur Gegenwart. Der Standort in der Albertstadt wurde bewusst gewählt, war doch im 19. Jahrhundert auf diesem Militärgelände eine der größten deutschen Garnisonen stationiert. Die Bandbreite der ausgestellten Objekte reicht vom Uniformknopf bis zum U-Boot. Die Kulturstätte mit dem Namenszusatz »Leitmuseum der Bundeswehr« wird bis 2011 nach Plänen von Daniel Libeskind erweitert. Symbolisiert die Fassade des Altbaus die autoritäre Strenge vergangener Zeiten, repräsentiert die transparente Fassade des Neubaus die Offenheit einer demokratischen Gesellschaft. Auch im Inneren wird sich der Übergang widerspiegeln. Standen vorher überwiegend Kriegswerkzeuge im Vordergrund, beleuchtet das neue Konzept verstärkt die Rolle des Menschen im Krieg. Für die Ausstellungsgestaltung zeichnet HG Merz verantwortlich.

Kraszewski-Museum ㉓

Nordstraße 28. **Stadtplan** 4 E1. *11, 13. 0351-804 4450. Mi–So 13–18 Uhr.* **www**.stmd.de

Der Autor Józef Ignacy Kraszewski (1812–1887) zählt zu den herausragenden Persönlichkeiten Polens im 19. Jahrhundert. Wegen Teilnahme am polnischen Aufstand 1863 wurde er des Landes verwiesen und emigrierte nach Dresden. In vielen seiner Werke (u. a. der *Sachsentrilogie*) widmete er sich den sächsisch-polnischen Beziehungen. Das Museum ist im ehemaligen Wohnhaus des Schriftstellers untergebracht. Es widmet sich dem Leben und Werk Kraszewskis und veranstaltet Vorträge, Lesungen und Konzerte.

Militärhistorisches Museum mit Erweiterung nach Daniel Libeskind

Stadtplan *siehe Seiten 248–257*

Grosser Garten

Diese schönste und mit einer Fläche von zwei Quadratkilometern auch größte zusammenhängende Parkanlage ist die »grüne Lunge« der Stadt. Spaziergänger, Jogger und Radfahrer nutzen das etwa 39 Kilometer lange Wegenetz des Großen Gartens. Seine Geschichte begann 1676 mit der Anlage eines kurfürstlichen Jagdgartens und dem Gartenpalais, einem Schauplatz für kurfürstliche Repräsentation. Darum herum entstand ein Lustgarten im Stil des französischen Barock. Seit 1814 ist das Areal der Öffentlichkeit zugänglich.

Skulptur am barocken Palais im Großen Garten

Längst ist der Große Garten, in dem auch kulturelle Veranstaltungen stattfinden, das beliebteste Naherholungsgebiet der Dresdner.

Auf dem Gelände befinden sich mit dem Deutschen Hygiene-Museum und der Gläsernen Manufaktur zwei vollkommen unterschiedliche, aber gleichermaßen hochinteressante Erlebniswelten. Weitere Anziehungspunkte sind der Zoo und der Botanische Garten mit Tieren und Pflanzen aus allen Klimazonen. Auf eine Zeitreise in das barocke Dresden von 1756 begeben sich Besucher des Panometer.

Sehenswürdigkeiten auf einen Blick

Museum
Deutsches Hygiene-Museum S. 128–131 ❶

Parks und Gärten
Botanischer Garten ❺
Bürgerwiese und Blüherpark ❻
Großer Garten S. 134–136 ❸
Zoo S. 137 ❹

Kirche
Christuskirche ❼

Weitere Sehenswürdigkeiten
Gläserne Manufaktur S. 132f ❷
Panometer S. 139 ❽

Anfahrt

In dem Stadtviertel verkehren die Straßenbahnlinien 1, 2, 4, 8, 9, 10, 11, 12 und 13 sowie die Buslinien 61, 72, 75, 76, 82, 85, 86 und 89. Südlich des Großen Gartens verläuft die S-Bahn von Nordwesten nach Südosten.

Legende

Detailkarte *siehe S. 126f*
Post

Siehe auch

- ***Stadtplan*** Karten 3–4
- ***Hotels*** S. 195
- ***Restaurants*** S. 208

◁ ***Üppigkeitsvase*** **(1723) im Großen Garten, ein Werk des Bildhauers Antonio Corradini (1668–1752)**

Im Detail: Großer Garten

Theodor-Körner-Denkmal

Der Große Garten ist ein großartiges Beispiel urbaner Landschaftsarchitektur. Von kunsthistorischem Wert sind einige barocke Bauwerke und der Skulpturenschmuck – über die ganze Anlage sind Statuen und Riesenvasen verteilt. Das rund zwei Quadratkilometer große Gelände bietet kilometerlange Spazierwege, die meist schnurgeraden Alleen folgen. Bei aller Beschaulichkeit kann es im Großen Garten auch sehr lebhaft zugehen, z.B. rund um das Rudolf-Harbig-Stadion bei Heimspielen von Dynamo Dresden oder nebenan im Georg-Arnold-Erlebnisbad.

★ Deutsches Hygiene-Museum

In diesem weltweit einmaligen Museum wird der Mensch in all seinen Facetten »durchleuchtet«. Die Kupferstatue Ballwerfer *vor dem Museum wurde 1983 aufgestellt.* (siehe S. 128–131). ❶

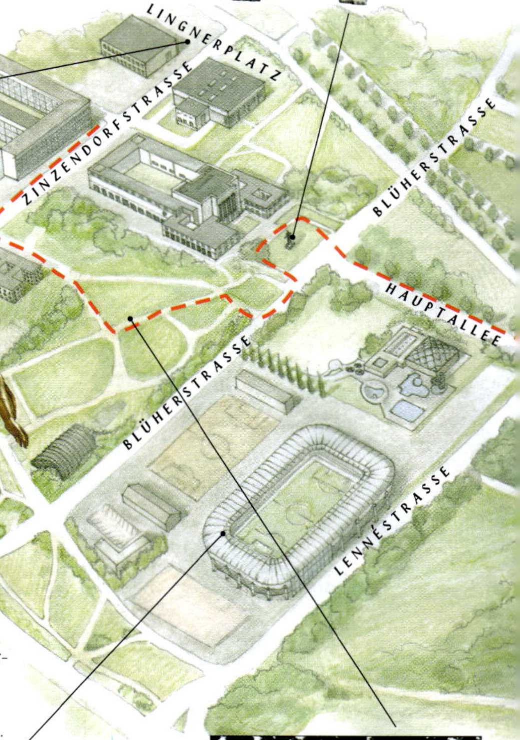

Der Lingnerplatz ist nach dem Unternehmer und Philanthropen Karl August Lingner *(siehe S. 41)* benannt.

★ Mozartbrunnen

Das 1907 von Hermann Hosaeus geschaffene Denkmal gilt als schönstes im Großen Garten. Es zeigt drei um einen Mozart-Gedenkstein tanzende vergoldete Bronzegrazien.

Das Rudolf-Harbig-Stadion (im Volksmund Dynamo-Stadion) ist Spielstätte der Fußballmannschaft von Dynamo Dresden.

Nicht versäumen

- ★ Deutsches Hygiene-Museum
- ★ Gläserne Manufaktur
- ★ Mozartbrunnen

Blüherpark

Kurfürst Johann Georg III. von Sachsen ließ hier 1683 einen Barockgarten anlegen, der mehrfach umgestaltet wurde. 1927 erfolgte die Anlage des Blüherparks (siehe S. 138). ❻

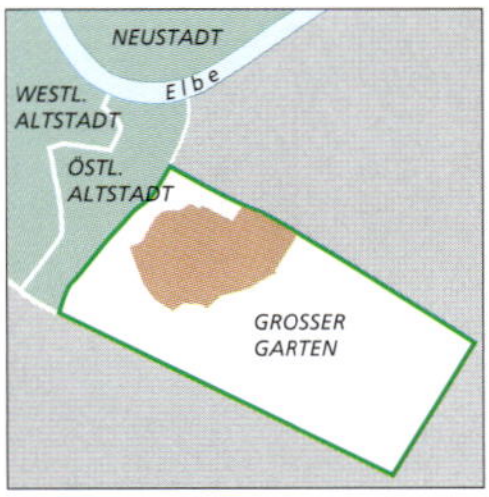

Zur Orientierung
Siehe Stadtplan, Karten 3–4

★ Gläserne Manufaktur
Produktionsstätte und Erlebniswelt in einem: In dem auffälligen Glas-Metall-Bau lässt VW seit 2000 in Handarbeit die Luxuslimousine Phaeton fertigen. Die Montage wird für Besucher virtuos inszeniert (siehe S. 132f). ❷

Der Botanische Garten bietet einen Überblick über die Flora der Erde *(siehe S. 138)*. ❺

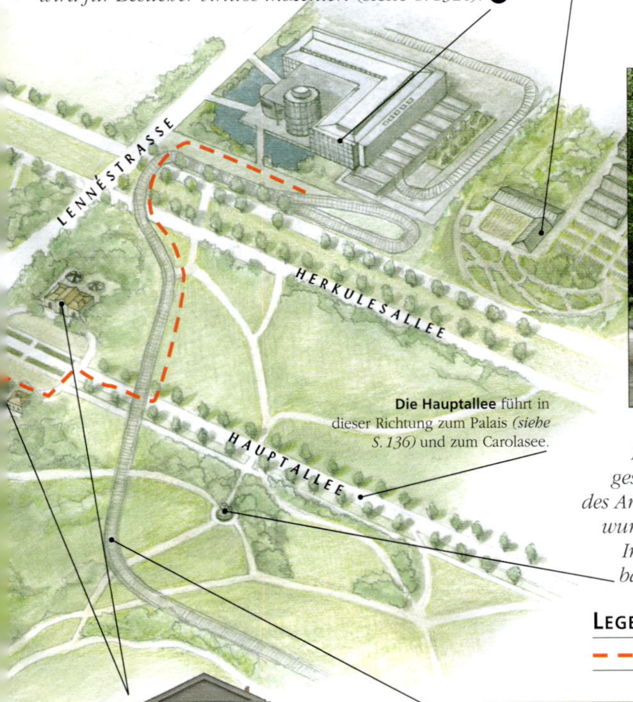

Die Hauptallee führt in dieser Richtung zum Palais *(siehe S. 136)* und zum Carolasee.

Mosaikbrunnen
Der in floralen Formen gestaltete Mosaikbrunnen des Architekten Hans Poelzig wurde 1926 anlässlich der Internationalen Gartenbauausstellung platziert.

Legende

- - - Routenempfehlung

Torhäuser
Zwei nahezu identische klassizistische Bauwerke am Eingang des Großen Gartens umrahmen rechts und links die Hauptallee, eine der großen Sichtachsen des Parks.

Parkeisenbahn
Eine Strecke von 5,6 Kilometern befährt dieses wegen seiner Spurweite (15 Zoll = 381 mm) auch Liliputbahn genannte Verkehrsmittel. Ein Spaß für Jung und Alt.

Deutsches Hygiene-Museum ❶

Sumerische Schminkpalette (um 3000 v. Chr.)

Mit dieser Einrichtung verfügt Dresden über eines der renommiertesten Wissenschaftsmuseen Europas. Initiator war Karl August Lingner *(siehe S. 41)*, der 1911 in Dresden die erste Internationale Hygiene-Ausstellung ins Leben rief. Aus ihr ging die Idee für das Museum hervor, das als Schauplatz der Nachfolgeausstellung nach zweijähriger Bauzeit 1930 eröffnet wurde. Es widmet sich einem Thema, das so naheliegend wie komplex ist: der Mensch in seinen kulturellen, sozialen und biologischen Dimensionen. Wissen rund um den hier »durchsichtig« gemachten Menschen wird auf unterhaltsame und informative Art vermittelt.

Schönheit, Haut und Haar
Perückenköpfe wie dieser (um 1700) ermöglichten passgenaues Anfertigen und Aufbewahren der Haarpracht.

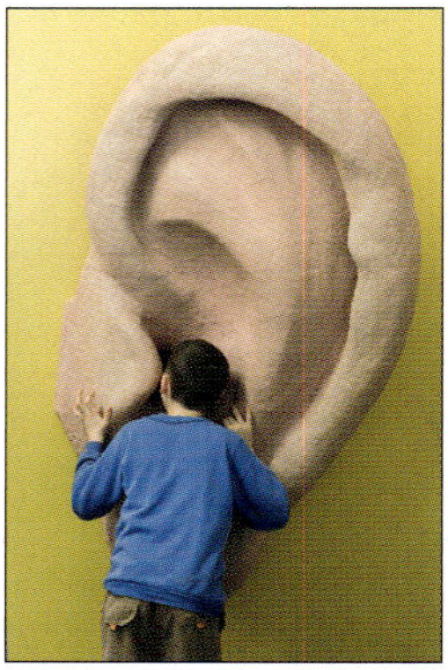

★ Kindermuseum
Mit vielen Lernstationen wie diesem überdimensionalen Ohr steht den jüngsten Besuchern viel Platz zum Ausleben ihrer Entdeckerlust zur Verfügung.

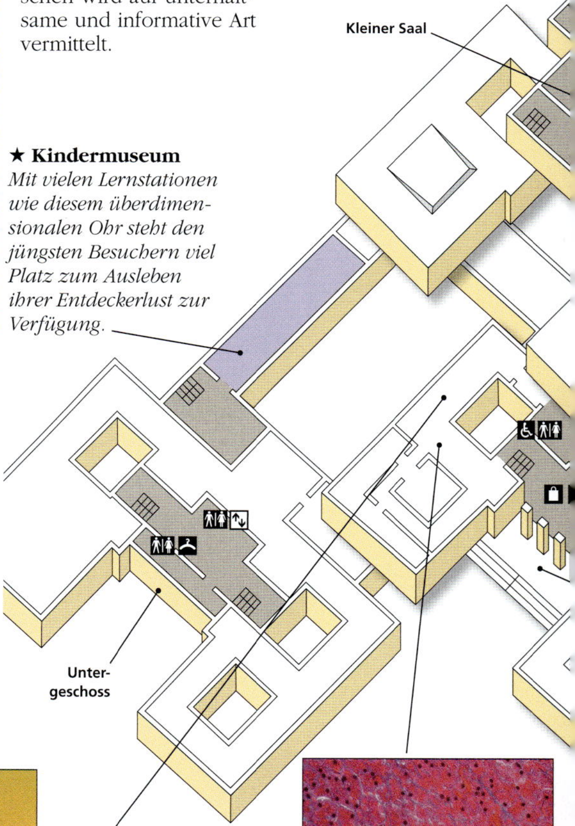

Legende

- Der Gläserne Mensch
- Leben und Sterben
- Essen und Trinken
- Sexualität
- Erinnern, Denken, Lernen
- Bewegung
- Schönheit, Haut, Haar
- Kindermuseum
- Sonderausstellung
- Keine Ausstellungsfläche

Das Kindermuseum vermittelt auf spielerische Weise Kenntnisse über die fünf Sinne. Kinder können hier sehen, hören, riechen, schmecken und tasten.

Die Bibliothek umfasst rund 30 000 Medieneinheiten – darunter Bücher, Zeitschriften, Videos und CDs.

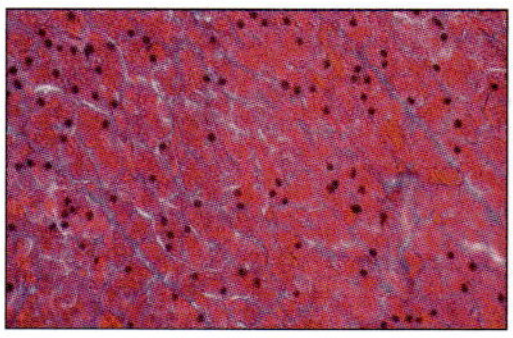

Gläsernes Labor
Besucher dürfen hier selbstständig zu spannenden Themen experimentieren. Das Bild zeigt einen Ausschnitt der Bauchspeicheldrüse.

Hotels und Restaurants Großer Garten *siehe Seiten 195 und 208*

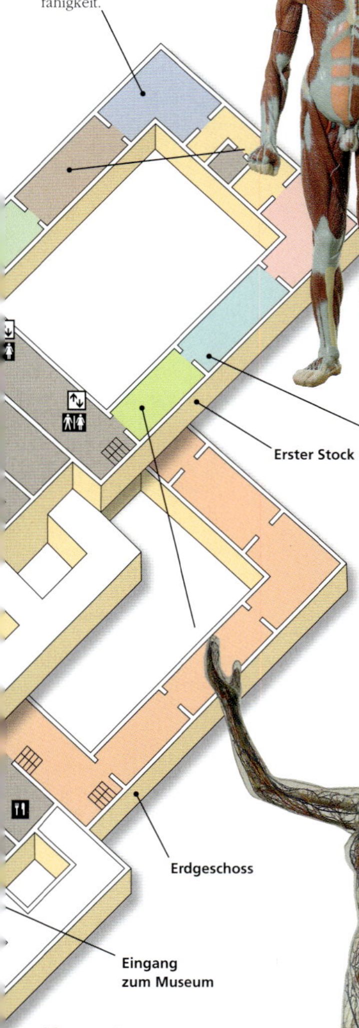

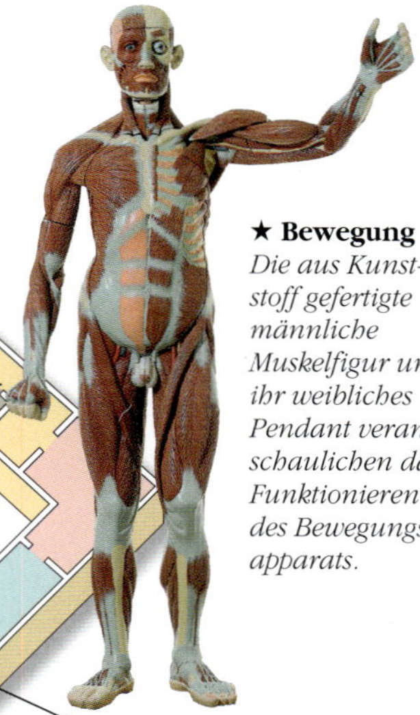

★ Bewegung
Die aus Kunststoff gefertigte männliche Muskelfigur und ihr weibliches Pendant veranschaulichen das Funktionieren des Bewegungsapparats.

Infobox

Lingnerplatz 1. **Stadtplan** 3 C4. *1, 2, 4, 10, 12, 13. 0351-48 460. Di–So 10–18 Uhr. Tickets berechtigen zum Besuch an zwei aufeinanderfolgenden Tagen. nach Anmeldung (Sa, So 14 Uhr kostenlos).* **www**.dhmd.de

Leben und Sterben
Die Geburt gehört zu den zentralen Themen dieser Abteilung. Lange Zeit war der Gebärstuhl in Europa ein probates Hilfsmittel. Das ausgestellte Stück stammt aus dem 19. Jahrhundert.

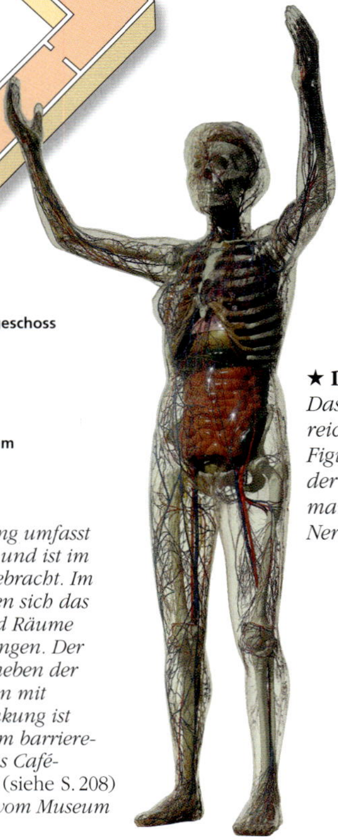

★ Der Gläserne Mensch
Das bekannteste Objekt dieses Bereichs (und des Museums) ist die Figur einer gläsernen Frau. Hinter der transparenten Hülle erkennt man Skelett, Organe, Blut- und Nervenbahnen.

Kurzführer

Die Dauerausstellung umfasst sieben Abteilungen und ist im ersten Stock untergebracht. Im Erdgeschoss befinden sich das Kindermuseum und Räume für Sonderausstellungen. Der Museumsladen ist neben der Kasse. Für Menschen mit Mobilitätseinschränkung ist das gesamte Museum barrierefrei zugänglich. Das Café-Restaurant Lingner (siehe S. 208) *kann unabhängig vom Museum besucht werden.*

Nicht versäumen

- ★ Bewegung
- ★ Der Gläserne Mensch
- ★ Kindermuseum

Deutsches Hygiene-Museum: Sammlungen

Borghesischer Fechter (nach 1926)

Unter dem Motto Staunen – Lernen – Ausprobieren präsentiert das Museum im Rahmen einer Erlebnisreise den Menschen in zahlreichen Facetten. Die Dauerausstellung mit einer Gesamtfläche von rund 2500 Quadratmetern ist über sieben Themenräume verteilt, die einzelne Aspekte menschlichen Lebens veranschaulichen. Die einzelnen Abteilungen geben dabei nicht nur den aktuellen Stand naturwissenschaftlicher Forschungen wider, sondern behandeln auch Fragen der Alltagskultur. Mit dem Kindermuseum wurde 2005 ein eigener Erlebnisbereich geschaffen. Sonderausstellungen setzen sich mit den Themen Kultur und Gesellschaft, Wissenschaft und Kunst auseinander.

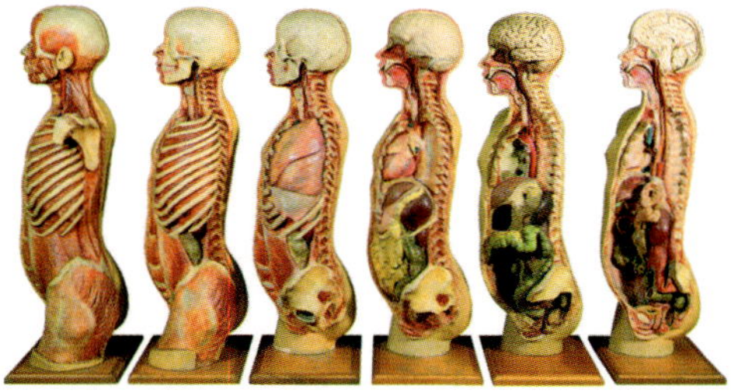

***Der Körper des Kindes* (um 1890), eine Folge von Körperschnitten, zeigt fortlaufende Entwicklungsstadien im Körper**

Der Gläserne Mensch

Diese Abteilung ist nach ihrem bekanntesten, 1930 angefertigten Objekt *(siehe S. 129)* bezeichnet, das gleichzeitig symbolhaft für das Deutsche Hygiene-Museum steht. Unter der transparenten Haut der Figur kommen die Tiefen des menschlichen Körpers zum Vorschein, das Skelett sowie Blut- und Nervenbahnen. Auch andere eindrucksvolle anatomische Modelle sowie Schaubilder geben die verborgenen Bereiche des Körpers preis. Die Funktionsweise einzelner Organe wird anhand von Originalpräparaten und Modellen aus Gips oder Wachs erläutert. Ein Schaukasten enthält aus Wachs geformte Nachbildungen krankhaft veränderter Körperpartien, darunter ein von Lepra entstelltes Gesicht. Faszination löst auch der Muskelkopf »Der Schreiende« aus, dessen Mund weit aufgerissen ist.

Leben und Sterben

Geburt, Krankheit, Alterung und Tod – die großen Einschnitte im Leben des Menschen – werden in diesem Raum behandelt. Modelle demonstrieren die einzelnen Entwicklungsstadien von der Befruchtung der Eizelle bis zur Geburt. Utensilien für die Entbindung (u.a. Hörrohr und Nabelschere) enthüllt ein Hebammenkoffer, auch ein Gebärstuhl *(siehe S. 129)* zählt zum Inventar der Sammlung. Aus verschiedenen Kulturkreisen werden zeremonielle Handlungen vorgestellt, die Geburt oder Tod begleiten. Eine Medieninstallation veranschaulicht, wie Körperfunktionen einem vorgegebenen inneren Rhythmus folgen. Die Rolle der Gesundheitsvorsorge wird durch eine Sammlung von Plakaten mit Aufrufen zur Krebsvorsorge dokumentiert. Zu den dargestellten Symptomen des Alterns zählt ein an grauem Star erkranktes Auge.

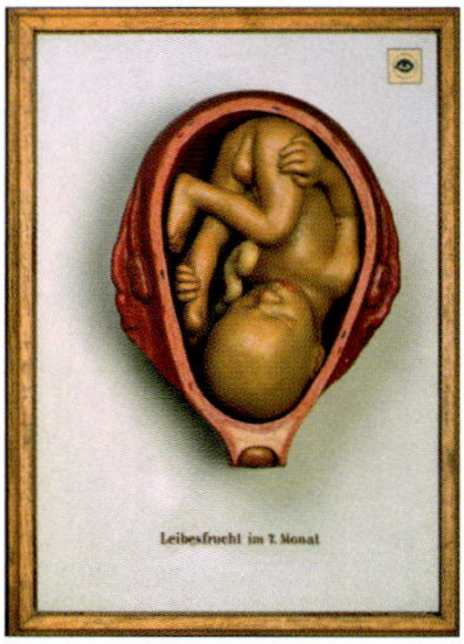

Modell eines Embryos im siebten Monat der Schwangerschaft

Essen und Trinken

Im Fokus steht der Vorgang des Essens – vom Reiz, den Aussehen und Aroma der Speisen auslösen, bis zur Verdauung. Ein überdimensionales Holzmodell einer Zunge erläutert die Sensibilität des Geschmacksorgans, ein aufgeschnittenes Gipsmodell des Nase-Rachen-Raums führt zum Geruchssinn, Präparate von Bauchspeicheldrüse, Magen und Darm veranschaulichen die Struktur des Verdauungstrakts. Auch die Beziehung zwischen Ernährung und Gesundheit wird untersucht. Stand früher die Überwindung von Mangelkrankheiten wie Rachitis im Mittelpunkt, stellen nun Folgen des Überflusses (z.B. Fettleibigkeit und Karies) zentrale Probleme dar – beide Phänomene werden hier unter die Lupe genommen. Zudem werden kulinarische Spezialitäten verschiedenster Regionen der Erde auch im Rahmen interaktiver Ratespiele vorgestellt.

Sexualität

Die Auseinandersetzung mit Liebe und Lust, Freizügigkeit und Tabus, Attraktivität und Suggestion in verschiedenen Epochen und Kulturen wird hier thematisiert. Unterschiedliche Schönheitsideale (aus männlicher

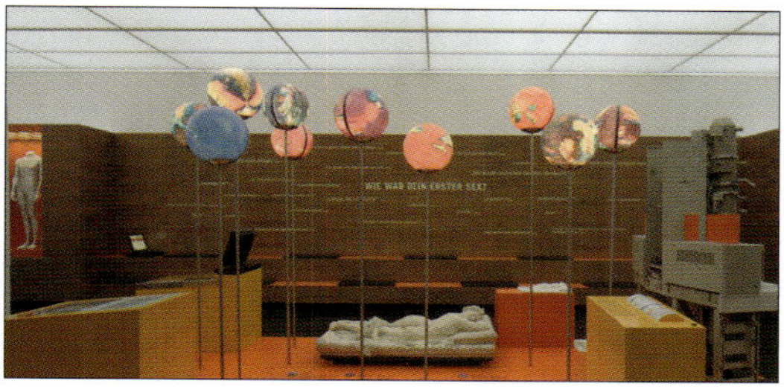
Ein Themenbereich widmet sich dem spannenden Thema Sexualität

Sicht) belegen drei computersimulierte Aktporträts mit den Idealmaßen von Frauen, deren Körpermaße aus deutschen, amerikanischen und japanischen Männermagazinen digital ermittelt wurden. Einen Kontrast dazu bildet eine Fotowand mit »Durchschnittsgesichtern«, die durch Morphing mehrerer Porträts entstanden. Medieninstallationen dokumentieren die Bedeutung von Gerüchen, Stimmen und Körpersignalen für die Partnerwahl. Die aphrodisierende Wirkung bestimmter Duftstoffe wird ebenso behandelt wie die Macht der Hormone und der Versuch, durch chirurgische Eingriffe seine Attraktivität zu steigern. Auch die Sexualaufklärung hat im Hygiene-Museum ihren Platz. Ein besonderer Schwerpunkt liegt auf der Immunschwächekrankheit Aids und anderen sexuell übertragbaren Krankheiten. Überraschendes zeigt die Sammlung von Kondomen. Den Schlusspunkt der Abteilung setzt eine Zusammenstellung geradezu ornamental gestalteter Liebesbriefe aus dem 18. Jahrhundert.

Erinnern, Denken, Lernen

Das Museum widmet sich auch der Hirnforschung, die sich zu einer Schlüsseldisziplin der Wissenschaften entwickelt hat. Einzelne Stationen bieten geradezu fantastische Einblicke in die Leistung unseres Denkorgans. Den Bauplan des Gehirns dokumentiert der Gallsche Schädel. Gedächtnis und Konzentration können anhand von Tests geprüft werden. Museumsbesucher erleben darüber hinaus verschiedenste Phänomene der Wahrnehmung: An Hörbeispielen wird nachvollziehbar, was an Tinnitus leidende Menschen mitmachen. Die Vielfalt der Sinneszellen in der Haut – darunter auch der Rezeptoren für Temperaturen – wird an einer Heiß-Kalt-Spirale demonstriert. Umkehrbrillen sorgen sichtlich für Verwirrung. Ein weiteres Thema ist die Bewusstseinsveränderung durch Drogenkonsum. Eine Sammlung umfasst halluzinogene Pflanzen und aus ihnen gewonnene Rauschmittel.

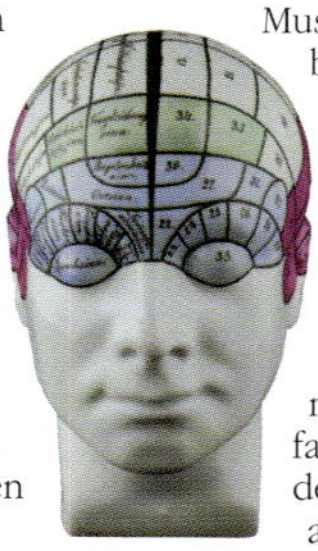
Gallscher Schädel (1840)

Bewegung

Neben gezielten Bewegungen wie etwa beim Sport laufen andere wie Herzschlag oder Wimpernschlag »automatisch« ab. Dies wird anhand zahlreicher Exponate veranschaulicht. Ein Modell informiert über die Funktionsweise des Herzens, unterschiedliche Herztöne sowie Herzrhythmusstörungen. Einblick in das weite Feld der Körpersprache gewähren Porträts, die Basisemotionen wie Angst, Freude oder Ekel ausdrücken. Abgüsse aus Holz, Gips oder Wachs stellen Deformierungen der Füße dar, z. B. Klumpfuß und Hammerzehen. Besucher dieser Abteilung können auch ihre Fitness testen, u. a. Lungenleistung und Beweglichkeit.

Schönheit, Haare, Haut

Dieser Komplex steht im Zeichen der Schönheit und des menschlichen Strebens, sich den wechselnden Idealen anzupassen. Haut und Haar wird dabei die größte Aufmerksamkeit geschenkt. Großen Raum nimmt die kosmetikhistorische Sammlung Schwarzkopf zur Schönheits- und Körperpflege ein, die seit 1995 hier untergebracht ist. Ihr Spektrum reicht von einer sumerischen Schminkpalette *(siehe S. 128)* über ein Badefläschchen aus der Römerzeit bis zu neuzeitlichen Parfümflakons und Perückenköpfen *(siehe S. 128)*. Wohlriechende Öle, Salben und Puder werden entsprechend gewürdigt. Demgegenüber wirken die Hauterkrankungen wie Akne oder Schuppenflechte darstellenden Modelle deprimierend.

Kindermuseum

Die Dauerausstellung wird durch diesen Bereich für Kinder zwischen vier und zwölf Jahren ergänzt. Auf rund 500 Quadratmetern erschließt sich den jüngsten Besuchern auf einem faszinierenden Spielplatz des Wissens das Reich der menschlichen Sinne. Deren Funktionsweise und Bedeutung erfahren Kinder bei vielen interaktiven Stationen – u. a. im Spiegelkabinett, an Geschmacksstationen, an Riechsäulen, beim Geräuscheraten und an der Körperabdruckwand.

Auseinandersetzung mit den einzelnen Sinnen im Kindermuseum

Gläserne Manufaktur ❷

Logo des VW-Konzerns

Hinter der Glasfassade verbirgt sich seit 2001 nicht nur die Produktionsstätte des Oberklassemodells von Volkswagen (Phaeton), sondern auch eine Welt, in der Hightech für Besucher zum Erlebnis wird. Einer Manufaktur entsprechend werden die Automobile überwiegend von Hand zusammengefügt. Bei einem Rundgang erlebt man die einzelnen Phasen des Automobilbaus hautnah – ganz ohne störenden Lärm und Ölgeruch.

Fassade
Die gläserne Fassade symbolisiert das Gesamtkonzept – Transparenz und Offenheit.

★ Cargo-Tram
Mit dieser Spezialbahn werden Einzelteile vom Materiallager in die Manufaktur geliefert.

Lichttunnel
Jedes fertige Automobil durchfährt diesen 25 Meter langen Lichttunnel. Im grellen Neonlicht kann man dabei auch kleinste Material- oder Lackierungsfehler erkennen.

Die Aussichtsplattform ist per Lift erreichbar. Oben bietet sich ein Blick auf das Besucherforum.

Vom Gläsernen Studio kann man die Produktion der Luxuslimousinen genau verfolgen.

Lesage
Der Gastro-Bereich umfasst die Bar und das Restaurant Lesage. Hier wie dort genießt man ausgezeichnete Küche in einem etwas anderen Ambiente.

NICHT VERSÄUMEN

- ★ Besucherforum
- ★ Cargo-Tram
- ★ Horch

Hotels und Restaurants Großer Garten *siehe Seiten 195 und 208*

★ Horch
Ein Horch 851 (Baujahr 1936, 100 PS, 125 km/h) zum Anfassen, Einsteigen und Staunen.

Infobox

Lennéstraße 1. **Stadtplan** 4 D4. *1, 2, 4, 10, 12, 13.* *01805-896 268.* *tägl. 8–20 Uhr.* *nach Anmeldung.* **Bar Lesage** *Di–Sa 9–23, So, Mo 9–19 Uhr.* **Restaurant Lesage** *Di–Sa 12–15, 18–22, So, Mo 12–15 Uhr.* *0351-420 4250.* **www**.glaesernemanufaktur.de

Schuppenband
Kernelement der Produktion ist das mit Parkett ausgelegte Schuppenband, auf dem die Autos alle Fertigungstakte durchlaufen.

Elektrohängebahn
Die Montage der Fahrzeuge erfolgt auf zwei Ebenen. Die Karosserien werden mit der Elektrohängebahn zwischen beiden Etagen transportiert und können dabei in jede Position gehoben und gedreht werden.

★ Besucherforum
Dieser öffentlich zugängliche Erlebnisbereich erstreckt sich über zwei Ebenen. Im begehbaren Kugelhaus werden Besucher mit einem Werbefilm auf ihren Rundgang durch die Produktionsstätte eingestimmt.

Großer Garten ❸

Sandsteinlöwe an der Querallee

Das grüne Areal südöstlich der Altstadt ist eine vielfältig genutzte Parkanlage – ideal für einen Spaziergang, ein Picknick, einen Biergartenbesuch, eine Ruderpartie auf dem Carolasee oder eine Runde mit der Parkeisenbahn. An die Vergangenheit als Barockgarten erinnern noch das Palais, einige Statuen und die als Sichtachsen konzipierten Alleen. Neben Natur und Entspannung findet man im Großen Garten kulturelle Attraktionen, die auch architektonisch bemerkenswert sind, und eine öffentlich zugängliche Autofabrik. Nicht umsonst ist der Park das beliebteste Naherholungsgebiet der Dresdner – mitten in der Stadt.

★ Botanischer Garten
Rund 10 000 Pflanzenarten aus allen Klimazonen werden hier präsentiert (siehe S. 138).

Gläserne Manufaktur
Hinter der gläsernen Fassade entstehen vor den Augen der Besucher Luxuslimousinen (siehe S. 132f).

Die klassizistischen Torhäuser am westlichen Ende der Hauptallee wurden 1814 von Gottlob Friedrich Thormeyer erbaut.

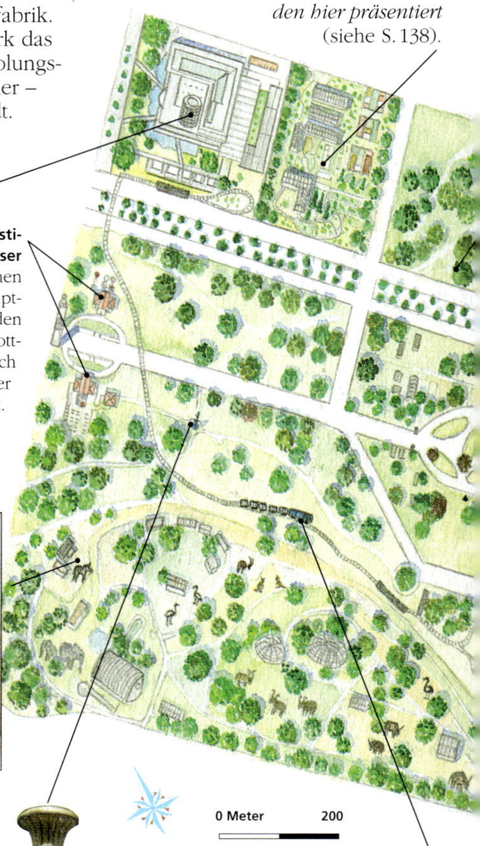

★ Zoo
Die Anlagen – darunter Freigehege, Afrikahaus (u. a. mit Elefanten) und Aquarien – sind den natürlichen Lebensräumen der Tiere nachempfunden (siehe S. 137).

Die Parkeisenbahn ermöglicht es, die Strecken zwischen den einzelnen Attraktionen bequem zurückzulegen.

★ Mosaikbrunnen
Seinen Anspruch nach Verwendung organischer Formen setzte Architekt Hans Poelzig bei diesem Brunnen (1926) durch die Konstruktion kelchartig gestaffelter Aufbauten eindrucksvoll um.

NICHT VERSÄUMEN

- ★ Botanischer Garten
- ★ Mosaikbrunnen
- ★ Palais im Großen Garten
- ★ Zoo

Puppentheater Sonnenhäusel
Neben der Freilichtbühne und dem kleineren Parktheater in der Nähe des Palaisteichs ist dies die dritte Bühne im Großen Garten. Die Heiterkeit der Spielstätte spiegelt sich in der unkonventionell gestalteten Fassade wider.

INFOBOX

Stadtplan 4 D–E4–5.
1, 2, 4, 9, 10, 11, 12, 13.
61, 72, 75, 76, 82, 85, 86, 89. *Strehlen.* *ganzjährig, Park tägl. 24 Std.* **Geschäftsstelle Großer Garten**
Kavaliershaus G, Hauptallee 5.
0351-445 6600.
www.schloesser-dresden.de

★ Palais im Großen Garten
Das 1678–83 errichtete Palais war Dresdens erster barocker Palastbau. Sehenswert ist die Skulpturenausstellung (u.a. Werke von Balthasar Permoser).

Das östliche Haupttor am Schnittpunkt von Hauptallee und Karcherallee bietet Zugang von der cityfernen Seite des Großen Gartens. Es wird von den Skulpturengruppen *Venus und Adonis* sowie *Meleager und Atalante* flankiert, die Johann Christian Kirchner 1719 schuf.

Eichhörnchen sind im Großen Garten ein gewohnter Anblick.

Kavaliershäuser
In diesen 1684–94 um das Palais erbauten Pavillons mit Mansardendächern hielten sich die Frauen der höfischen Gesellschaft während der Jagden auf.

Carolaschlösschen am Carolasee
Schlösschen und See sind beliebte Treffpunkte im Großen Garten.

Großer Garten: Sehenswürdigkeiten

Das heute als Freizeitgelände genutzte Areal diente jahrhundertelang repräsentativen Zwecken. Dafür wurden eindrucksvolle Bauten errichtet, die geradezu überbordend verziert wurden. Das im Zentrum der ausgedehnten Grünanlage errichtete Palais im Großen Garten (auch Gartenpalais genannt) lässt deutlich Einflüsse französischer Baukunst sowie Stilelemente italienischer Renaissance-Villen erkennen. Es markiert als Dresdens erster barocker Profanbau den Auftakt der sächsischen Barockarchitektur. Das Ensemble komplettieren einige als Kavaliershäuser bezeichnete Pavillons, die das Palais umrahmen.

Die Zeit entführt die Schönheit, **Skulptur von Pietro Balestra**

Fontäne im Teich, der 1715 hinter dem Palais angelegt wurde

Palais im Großen Garten

Hauptallee/Am Palaisteich. **Stadtplan** 4 E5. *9, 13.* *75.* *0351-445 660.* **Skulpturenausstellung** *nur im Rahmen von Sonderausstellungen und bei der Führung: So 14.30 Uhr.*
www.palais-grosser-garten.de

Das weithin sichtbare Palais wurde 1678–83 unter der Leitung des sächsischen Baumeisters Johann Georg Starcke für Kurfürst Johann Georg III. erbaut. Es war zu keiner Zeit bewohnt, sondern diente einzig höfischen Vergnügungen.

Die Anlage zeigt eine auffallend klare Gliederung und wirkt strenger als viele andere barocke Bauwerke. Der Skulpturenschmuck zählt zu den herausragenden Leistungen der Bildhauerkunst Ende des 17. Jahrhunderts. Im Erdgeschoss wird eine Ausstellung mit Skulpturen (u.a. von Balthasar Permoser) gezeigt. Den Festsaal im Obergeschoss zieren Marmorarbeiten und reich vergoldete Stukkaturen.

Kavaliershäuser

Stadtplan 4 E5. *9, 13.* *75.*
Um das Palais wurden 1684–94 acht quadratische Pavillons errichtet, in denen sich die höfische Gesellschaft aufhielt. Ein für Dresden neues architektonisches Element sind die Mansardendächer nach französischem Vorbild. 1730 war in vier Pavillons die Antikensammlung untergebracht, die 1786 ins Japanische Palais verlegt wurde. Drei Pavillons wurden 1945 völlig zerstört, die übrigen 1954/55 restauriert.

Carolaschlösschen

Querallee 7. **Stadtplan** 4 E5. *9, 13.* *75.* *0351-250 6000.*
www.carolaschloesschen.de
Am Ufer des 1881/82 angelegten Carolasees entstand 1895 das Carolaschlösschen. In dem schmucken Neorenaissance-Bau wurde eine Gastwirtschaft eingerichtet, die sich rasch zum beliebten Ausflugsziel entwickelte. Jahrzehntelang lag das im Krieg weitgehend zerstörte Gebäude brach. Nach dem Wiederaufbau ist hier seit 1999 ein Restaurant *(siehe S. 208)* mit Seeterrasse zu finden.

Freilichtbühne

Karcherallee 8. **Stadtplan** 4 E5. *9, 13* *75.* *0351–445 660.*
Als »sozialistisches Theater« war die 1953–55 erbaute Freilichtbühne konzipiert – diesem Geiste entsprachen auch der Name »Junge Garde« und das Programm. Dahinter stand die Idee, den Großen Garten verstärkt zum Kulturpark umzugestalten. Die Freilichtbühne bietet Platz für bis zu 5000 Zuschauer. Auf dem Programm stehen heute Musicals, Konzerte und Theater.

Fassade des Palais im Großen Garten mit Kavaliershäusern zu beiden Seiten

Hotels und Restaurants Großer Garten *siehe Seiten 195 und 208*

Zoo ❹

Plastik am Zooeingang

Bei seiner Gründung 1861 war der Dresdner Zoo einer der ersten Tierparks in Deutschland. Er präsentiert auf 13 Hektar einen Bestand von etwa 2500 Tieren aus fast 350 Arten. Ein Schwerpunkt liegt auf der asiatischen Fauna. International bekannt ist der Zoo vor allem für seine Erfolge bei der Zucht von Menschenaffen. Im »Zoo unter der Erde« besucht man unterirdische Lebensräume. Besuchermagneten sind u.a. auch das Afrikahaus, das Aquarium und die 2007 eröffnete Löwen- und Karakalanlage.

Infobox

Tiergartenstraße 1. **Stadtplan** 4 D5. *9, 13.* *75.* *0351-47 80 60.* *Apr–Sep: 8.30–18.30 Uhr; Okt: 8.30–17.30 Uhr; Nov–März: 8.30–16.30 Uhr (letzter Einlass 45 Min. vor Schließung).*
www.zoo-dresden.de

★ Zoo unter der Erde
Der über eine Treppe oder Rutsche erreichbare unterirdische Schauraum präsentiert »verborgene« Kleintiere.

★ Orang-Utan-Haus
In dem von Holz und Bambus geprägten Haus leben Orang-Utans, deren Zucht ein Hauptanliegen des Zoos ist.

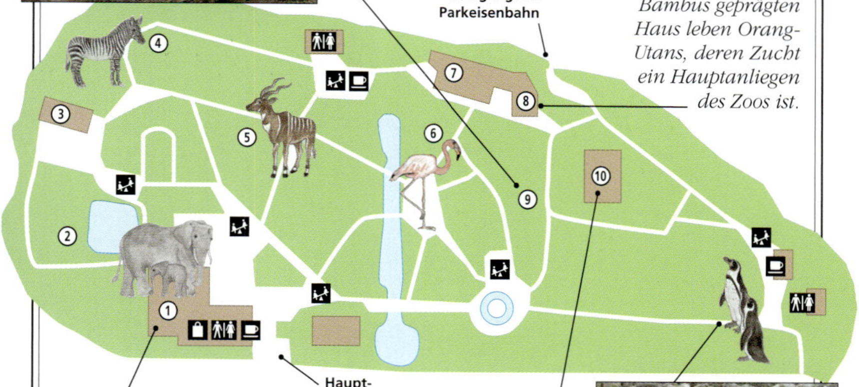

Afrikahaus
Das Areal umfasst neben dem Elefantengehege auch Bereiche für andere Tiere des Kontinents, u.a. Mandrills.

Humboldt-Pinguine
Diese gesellige südamerikanische Pinguinart steht auf der Roten Liste der gefährdeten Tiere.

Das Prof.-Brandes-Haus, benannt nach Gustav Brandes, dem früheren Zoodirektor und Initiator diverser Zuchtprogramme, wurde 2010 eröffnet.

Legende

- Affen ⑦
- Afrikahaus ①
- Afrikasteppe ⑤
- Aquarium & Terrarium ③
- Giraffen & Zebras ④
- Löwen- und Karakalanlage ②
- Orang-Utan-Haus ⑧
- Prof.-Brandes-Haus ⑩
- Vögel ⑥
- Zoo unter der Erde ⑨

0 Meter 100

Nicht versäumen

- ★ Orang-Utan-Haus
- ★ Zoo unter der Erde

Statue *Venus schneidet Amor die Flügel* im Blüherpark

Botanischer Garten 5

Stübelallee 2. **Stadtplan** 4 D4. *1, 2, 4, 10, 12, 13.* *0351-459 3185.* *Apr–Sep: tägl. 8–18 Uhr (Gewächshäuser ab 10 Uhr); März, Okt: tägl. 10–17 Uhr; Feb, Nov: tägl. 10–16 Uhr; Jan, Dez: tägl. 10–15.30 Uhr.*
www.tu-dresden.de/bot-garten

Auf 3,25 Hektar Fläche zeigt der Botanische Garten der Technischen Universität Dresden rund 10 000 Pflanzenarten aus allen Regionen der Welt. Im Freigelände sind die zahlreichen Bäume, Sträucher und Kräuter übersichtlich nach Kontinenten gegliedert. Ein gesonderter Bereich widmet sich den Heil- und Arzneipflanzen. Im Alpinum gedeihen europäische Hochgebirgspflanzen.

Sammlungen tropischer und subtropischer Pflanzen sind in den drei Schaugewächshäusern untergebracht. Viele Besucher zieht es in das Sukkulentenhaus, in dessen Vorraum auch Orchideen und fleischfressende Pflanzen zu sehen sind. Das Große Tropenhaus präsentiert neben der Flora Asiens und Afrikas auch eine Aquarienabteilung mit Unterwasserpflanzen.

Die Gründung des Botanischen Gartens erfolgte 1823, seit 1890 ist er an diesem Standort am Rand des Großen Gartens untergebracht. 1949 wurde das Areal eine Einrichtung der TU Dresden.

Bürgerwiese und Blüherpark 6

Stadtplan 3 C4. *8, 9, 10, 11, 12, 13.* *75, 82.*

Die beiden gemeinsam etwa 16 Hektar großen Grünanlagen begrenzen den Großen Garten im Nordwesten zur Altstadt hin. Die 1469 erstmals erwähnte Bürgerwiese ist die älteste Grünanlage Dresdens. Lange Zeit nutzte man sie als Weideland. Mitte des 19. Jahrhunderts wurde das Gelände nach Plänen des Landschaftsarchitekten Peter Joseph Lenné zu einer öffentlichen Parkanlage umgestaltet. Skulpturenschmuck ziert die Bürgerwiese, darunter der Mozartbrunnen mit drei vergoldeten Bronzefiguren (1907) von Hermann Hosaeus, die Plastik *Zwei Mütter* (1902) von Heinrich Epler und der Nymphenbrunnen (1908) von Bruno Fischer.

Der nordöstlich anschließende Blüherpark wurde auf Veranlassung von Kurfürst Johann Georg III. von Sachsen 1683 unter dem Namen Zinzendorfgarten als Bühne für höfische Festlichkeiten angelegt. Nach 1763 erfolgte die Umgestaltung des Barockgartens in einen englischen Landschaftspark. Nach Ende der Monarchie erwarb die Stadt das Gelände und ließ 1927 den nach dem damaligen Oberbürgermeister Bernhard Blüher benannten Park anlegen.

Christuskirche 7

Elsa-Brändström-Straße 1. *9, 13.* *61, 72, 75, 76, 89.* *Strehlen.* *0351-471 0330.* *Ostern–Sep: tägl. 17–18 Uhr.*
www.christuskirche-dresden.de

Schon von Weitem werden die 66 Meter hohen Doppeltürme der Christuskirche in Dresden-Strehlen sichtbar. Rudolf Schilling und Julius Graebner erbauten das Gotteshaus 1902–05, es gilt als eines der bedeutendsten Werke des späten Jugendstils in Deutschland und als erster moderner Kirchenbau in Dresden. Die Fassade wurde nach den Schäden im Zweiten Weltkrieg bis 1951 originalgetreu restauriert.

Ornament an der Tür der Christuskirche

Eindrucksvoll ist das zweiflügelige Bronzeportal, das von Medaillonbildern Christi geprägt und von floralen Ornamenten eingefasst wird. Darüber thront in einer mit Goldmosaik verzierten Nische der segnende Christus. Bei der Innenausstattung verzichtete man auf eine detailgenaue Rekonstruktion, allerdings wurde die Orgel (1905) im neobarocken Stil wiederaufgebaut und in den 1980er Jahren vergrößert. Zu den sehenswerten Elementen gehören die beiden Reliefs von Richard König an der östlichen Stirnseite des Mittelschiffs und die beiden idealisierten Apostelgestalten von August Hudler vor dem Altarkreuz.

Exotische Pflanzen kann man im Botanischen Garten außen und innen sehen

Hotels und Restaurants Großer Garten *siehe Seiten 195 und 208*

Panometer 8

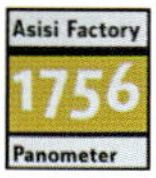

Schild am Panometer

Eine bezaubernde Zeitreise in das barocke Dresden des Augusteischen Zeitalters unternehmen Besucher des Panometer »1756 Dresden«. Ein 38 Meter hoher ehemaliger Gasometer dient seit 2006 als Ausstellungsgebäude für ein 105 Meter langes und 27 Meter hohes Panoramabild, das der Architekt und Künstler Yadegar Asisi schuf. Das gigantische 360°-Panorama – entstanden aus einem Mix aus klassischer Malerei und modernster Computertechnik – erzeugt eine geradezu magische Raumwirkung.

Infobox

Gasanstaltstraße 8b. 1, 2. 89. Reick. 0351-860 3940. Di–Fr 9–19, Sa, So 10–20 Uhr (letzter Einlass eine Stunde vor Schließung). Di–So 11, 14, 15 Uhr. **www.**asisi-factory.de

Panoramaplattform
Damit sich die Illusion der Räumlichkeit erschließt, betrachten die Besucher das Bild von einer etwa zwölf Meter hohen Plattform.

★ Frauenkirche
Die Frauenkirche war auch im Jahr 1756 schon Dresdens Wahrzeichen und architektonischer Ausdruck der Pracht des Augusteischen Zeitalters.

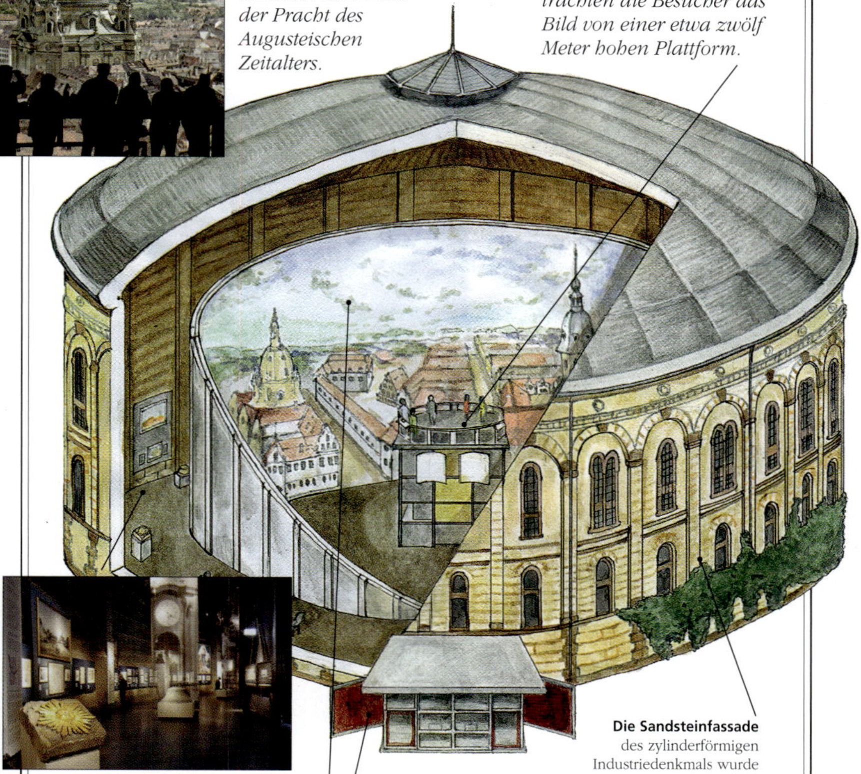

★ Ausstellung
Hier zeigt das Panometer Reproduktionen u.a. von Gemälden und Architekturfragmenten wie der »Goldenen Sonne«, die einst eine Fassade schmückte.

Eingang

Wechselnde Beleuchtung und entsprechende akustische Begleitung simulieren den Ablauf eines Tages im Elbflorenz des Jahres 1756.

Die Sandsteinfassade des zylinderförmigen Industriedenkmals wurde umfassend saniert.

Nicht versäumen

★ Ausstellung

★ Frauenkirche

Stadtplan *siehe Seiten 248–257*

Loschwitz

Herrschaftliche Villen, idyllische Parkanlagen, malerische Weinberge und eindrucksvolle Panoramen – in Loschwitz zeigt sich Dresden von seiner romantischsten Seite. Das Stadtviertel fasziniert weniger durch barocke Pracht als vielmehr durch seine landschaftliche Schönheit und durch die hübschen Wohnbauten.

Flutdenkmal (2006) im Loschwitzer Dorfkern

Schon ab dem 18. Jahrhundert zog die reizvolle Landschaft Adlige und Künstler an, die sich hier Sommerresidenzen errichteten und Weingüter erwarben. Ende des 19. Jahrhunderts setzte eine Reblausplage dem Weinbau ein Ende. Auf dem begehrten Bauland an den Weinbergen entstanden Villen, Loschwitz entwickelte sich schnell zum teuersten Viertel der Elbmetropole.

Das Tor zu Loschwitz ist die als Blaues Wunder bekannte Loschwitzer Brücke. Zwei Bergbahnen bringen Fahrgäste in die höher gelegenen Stadtteile. Von dort blickt man über das Elbtal, das wegen seiner Schönheit von der UNESCO zur Welterbestätte erklärt wurde, den Titel aber wieder aberkannt bekam.

Sehenswürdigkeiten auf einen Blick

Museen und Sammlungen

Josef-Hegenbarth-Archiv ⑩
Leonhardi-Museum ⑧
Schillerhäuschen ④

Weitere Sehenswürdigkeiten

Künstlerhaus ⑪
Luisenhof ⑥
Weißer Hirsch ⑦

Historische Gebäude und Denkmäler

Lingnerschloss ⑮
Schloss Albrechtsberg ⑭
Schloss Eckberg ⑯

Straßen und Plätze

Friedrich-Wieck-Straße ③
Körnerplatz ②

Parks und Gärten

Albertpark ⑰
Loschwitzer Friedhof ⑫
Rhododendronpark ⑬
Waldschlösschen-Areal ⑲

Technische Bauwerke

Blaues Wunder ①
Schwebebahn ⑨
Standseilbahn S. 146 ⑤
Wasserwerk Saloppe ⑱

Anfahrt

Nach Loschwitz fahren die Straßenbahnlinie 11 und die Buslinien 61, 83, 84 und 85. Die linkselbische Seite des Blauen Wunders erreicht man auch mit den Straßenbahnlinien 6 und 12, den äußersten Westen des Viertels mit der Buslinie 91.

Legende

- Detailkarte *siehe S. 142f*
- Krankenhaus
- Post
- Kirche

Siehe auch

• ***Stadtplan*** Karten 4, 5
• ***Hotels*** S. 196
• ***Restaurants*** S. 208f

◁ **Schloss Albrechtsberg *(siehe S. 150)* ist eines der drei Elbschlösser am rechten Elbufer**

Im Detail: Loschwitz

Schild des Feldschlösschens

Das frühere Weinbaugebiet inspirierte jahrhundertelang Künstler und Literaten. Heute zählt Loschwitz zu den begehrtesten Wohnvierteln Dresdens. Durch den Bau des Blauen Wunders Ende des 19. Jahrhunderts rückte das Viertel näher an die Altstadt heran, bewahrte aber trotz der offiziellen Eingemeindung 1921 seinen eigenen Charakter. Weitere Zeugnisse technischer Baukunst sind die Schwebebahn und die Standseilbahn, die am Körnerplatz startet. Die von diesem Platz abgehenden Straßen bergen noch einige der ältesten Häuser Dresdens.

Körnerhaus
Das Anwesen von Schillers Förderer C. G. Körner war eine Keimzelle der »Künstlerkolonie Loschwitz« (siehe S. 145).

★ Blaues Wunder
Der 260 Meter lange Elbübergang ist die berühmteste Brücke in Dresden. Bei ihrer Fertigstellung 1893 galt sie als Wunderwerk der Technik. ❶

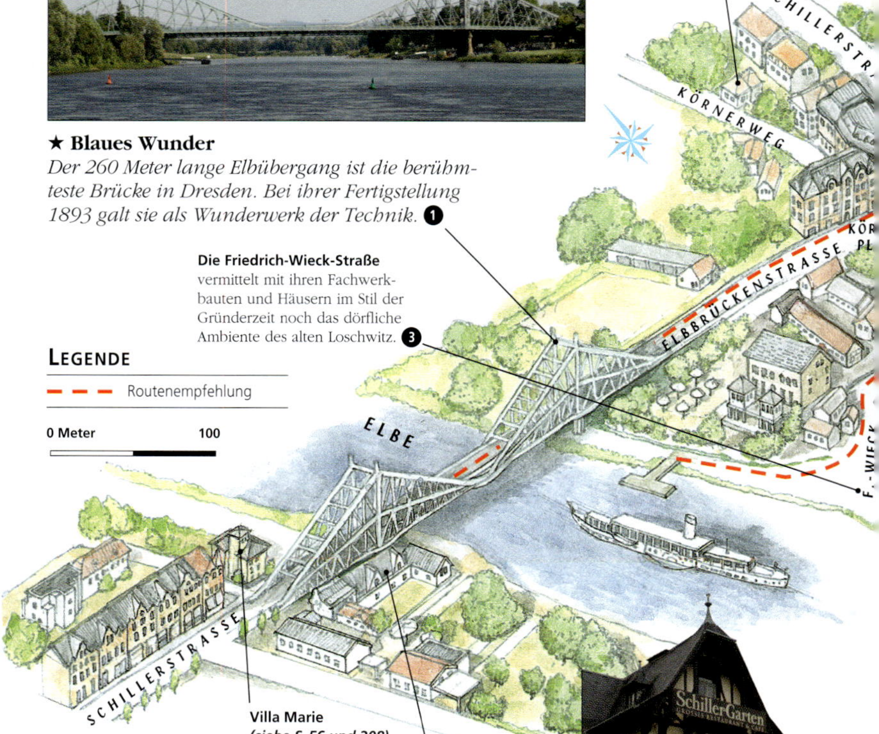

Die Friedrich-Wieck-Straße vermittelt mit ihren Fachwerkbauten und Häusern im Stil der Gründerzeit noch das dörfliche Ambiente des alten Loschwitz. ❸

LEGENDE

– – – Routenempfehlung

0 Meter 100

Villa Marie
(siehe S. 56 und 208)

SchillerGarten
Angeblich machte Friedrich Schiller in dieser Gaststätte der Wirtstochter Avancen und setzte ihr in seinem Wallenstein *ein literarisches Denkmal als Marketenderin Gustel von Blasewitz* (siehe S. 162).

NICHT VERSÄUMEN

- ★ Blaues Wunder
- ★ Schwebebahn
- ★ Standseilbahn

Im Restaurant Luisenhof bietet sich von der Terrasse die beste Aussicht auf die Silhouette von Dresden und die Landschaft des Elbtals. ❻

Zur Orientierung
Siehe Stadtplan, Karte 5

★ Standseilbahn

Die wohl schönste Standseilbahn in Deutschland legt die 547 Meter lange Strecke zwischen Loschwitz und dem Stadtteil Weißer Hirsch in rund fünf Minuten zurück. ❺

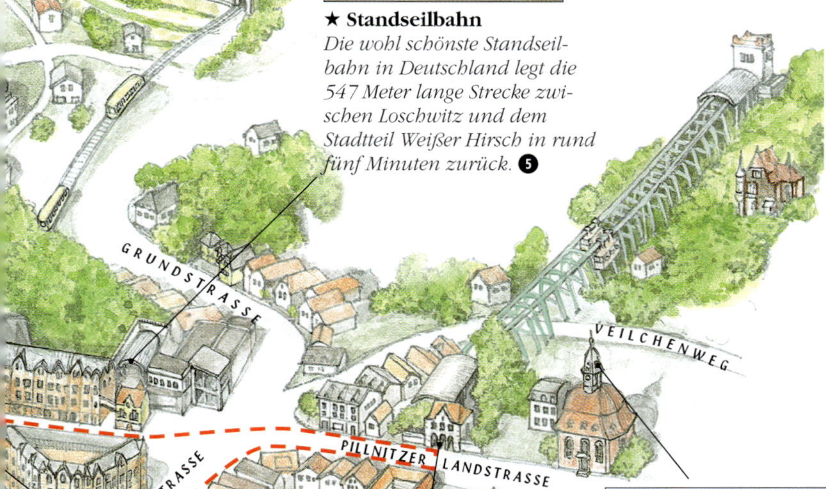

Der Körnerplatz ist der zentrale Platz von Loschwitz, ein Verkehrsknotenpunkt und beliebter Treffpunkt. ❷

Loschwitzer Kirche

Das 1705–08 erbaute achteckige Gotteshaus ist ein Werk von George Bähr, dem Baumeister der Frauenkirche.

KulturHaus

Literatur und Film, Schauspiel und Musik, Ausstellung und Diskussion – alles unter einem Dach bietet das KulturHaus, ein Magnet für Kulturfreunde.

★ Schwebebahn

Seit 1901 ist zwischen Loschwitz und Oberloschwitz die älteste Schwebebahn der Welt in Betrieb. ❾

Blaues Wunder ❶

Stadtplan 5 B3.
6, 12. *61, 83, 85.*
www.dresden-blaues-wunder.de

Einheimische kennen das Bauwerk unter dem profan klingenden, aber offiziellen Namen Loschwitzer Brücke, überregional bekannter ist es freilich unter der volkstümlichen Bezeichnung Blaues Wunder. Diese denkmalgeschützte Elbbrücke – sicher die bekannteste der Stadt – verbindet die früheren Dörfer und heutigen Stadtteile Loschwitz im Osten und Blasewitz im Westen miteinander.

Seinen populären Namen erhielt das 1891–93 nach Plänen von Claus Köpcke und Hans Manfred Krüger errichtete Bauwerk wegen der Farbe seines Anstrichs und der außergewöhnlichen Bauweise. Die Hängebrücke war seinerzeit eine der ersten ihrer Art in Europa und zählt damit zu den Meisterwerken der Ingenieurbaukunst jener Zeit. Für die 260 Meter lange Stahlkonstruktion wurde kein einziger Pfeiler im Fluss benötigt, die Spannweite zwischen den beiden Uferpfeilern beträgt stolze 141 Meter.

Die 1945 vom Nazi-Regime geplante Sprengung der Brücke konnte durch beherztes Eingreifen einiger Dresdner Bürger verhindert werden, die die Zündkabel durchtrennten. Dass die Brücke ursprünglich einen grünen Anstrich trug und erst durch Ausbleichen der gelben Farbpigmente ihre blaue Farbe erhielt, ist eine Legende, basierend auf einer 1935 verfassten Zeitungsente.

Die Verkehrsbelastung des Blauen Wunders ist auch nach Einstellung des Straßenbahnverkehrs 1985 hoch. Beim Überqueren der Brücke genießt man einen wunderbaren Blick über den Fluss und auf die drei Elbschlösser *(siehe S. 150f)*.

In der Friedrich-Wieck-Straße stehen noch viele Fachwerkhäuser

Körnerplatz ❷

Stadtplan 5 B3. *61, 83.*

Der Platz nahe dem rechtselbischen Brückenkopf des Blauen Wunders wurde in der Gründerzeit mit mehrgeschossigen Stadthäusern bebaut, die die frühere ländliche Bebauung ablösten. In einigen Läden am Körnerplatz und in den abgehenden Seitenstraßen wird traditionelles Kunsthandwerk aus Sachsen verkauft. In der Adventszeit findet hier ein Weihnachtsmarkt statt, der wesentlich beschaulicher ist als etwa der lebhafte Striezelmarkt *(siehe S. 103)*.

Am Körnerplatz befinden sich die Talstationen von zwei Bergbahnen, die nicht nur als Verkehrsmittel dienen, sondern darüber hinaus bemerkenswerte technische Denkmäler sind: Die Standseilbahn *(siehe S. 146)* bringt Fahrgäste zum 95 Meter höher gelegenen Stadtteil Weißer Hirsch mit dem Restaurant Luisenhof *(siehe S. 147)*, die Schwebebahn *(siehe S. 148)*, deren Talstation sich in der Pillnitzer Landstraße befindet, bewältigt bei der Fahrt zu einer Aussichtsterrasse in Oberloschwitz einen Höhenunterschied von 84 Metern. Schon während der Fahrt bietet sich ein herrlicher Blick über Dresden und das Elbtal.

Friedrich-Wieck-Straße ❸

Stadtplan 5 B3. *61, 83.*
KulturHaus *0351-266 6655.*
www.kulturhaus-loschwitz.de

Die Bewohner der vom Körnerplatz nach Südwesten führenden Straße litten wiederholt unter Elbehochwasser, bei dem – wie etwa bei der Elbeflut im August 2002 – der gesamte untere Teil von Loschwitz überflutet wurde. Durch tatkräftiges Engagement der Bevölkerung konnten die Schäden jedes Mal verhältnismäßig rasch behoben werden, und noch heute verströmt die Friedrich-

Das Blaue Wunder verdankt seinen Namen der Farbe des Anstrichs

Hotels und Restaurants in Loschwitz *siehe Seiten 196 und 208f*

Künstlerkolonie Loschwitz

Erinnerungsplakette am Körnerhaus

Der Stadtteil Loschwitz ist bekannt als Wirkungsstätte zahlreicher Künstler – Maler und Musiker, Dichter und Denker lebten und arbeiteten hier und ließen sich von der zauberhaften Umgebung zwischen Weinbergen und Elbe inspirieren. Nach einigen von ihnen wurden Straßen oder Gebäude benannt, Denkmäler erinnern an ihr Schaffen. Der Musiker und Musikpädagoge Friedrich Wieck (1785–1873) unterrichtete seine Tochter Clara (1819–1896) und deren späteren Ehemann Robert Schumann (1810–1856), die beide zu den großen Pianisten der Romantik zählen. Eine wichtige Rolle für die hier ansässigen Kulturschaffenden spielte der Mäzen und Schriftsteller Christian Gottfried Körner (1756–1831), Förderer und einer der engsten Vertrauten von Friedrich Schiller. Zum illustren Kreis von Gästen im Salon seines Körnerhauses gehörten neben Schiller und Johann Wolfgang von Goethe u.a. auch Heinrich von Kleist, Novalis, Caspar David Friedrich, Johann Gottfried von Herder sowie Wilhelm und Alexander von Humboldt.

Wieck-Straße mit ihren liebevoll restaurierten Fachwerkhäusern den Charme des alten Loschwitz. In manchen dieser betagten Häuser sind heute Lokale, Kunsthandwerksläden oder Galerien zu finden.

Am Beginn der Friedrich-Wieck-Straße steht ein Pavillon mit einem von Joseph Herrmann 1869 geschaffenen

Das Joseph-Herrmann-Denkmal wird auch »Senfbüchse« genannt

Marmorrelief, das an eine wahre Begebenheit erinnert. Es zeigt den Vater des Loschwitzer Bildhauers, wie er bei einem Unwetter zwei Fischer aus der Elbe rettet. Kultureller Anziehungspunkt in der Straße ist das KulturHaus in der Nr. 6. Hier finden regelmäßig Konzerte, Filmabende, Ausstellungen, Autorenlesungen oder Vorträge statt. Dem KulturHaus angegliedert ist die BuchHaus genannte Buchhandlung. In der Friedrich-Wieck-Straße Nr. 10 lebte der Musikpädagoge Friedrich Wieck *(siehe Kasten)*, nach dem die Straße benannt ist.

Das Fährgut (Friedrich-Wieck-Str. 45) in einem 1697 erbauten Fachwerkhaus ist eines der wenigen erhaltenen Altloschwitzer Gebäude. Bis 1839 wurde es als Weinpresse genutzt, später wohnte hier die Fährmannsfamilie. Zum Anwesen gehört auch das Fährhaus an der Elbe, in dessen Untergeschoss man bei Hochwasser Boote ziehen konnte. Im ehemaligen Fährgut ist heute das italienische Restaurant Il Camino *(siehe S. 208)* zu finden.

Schillerhäuschen ❹

Schillerstraße 19. **Stadtplan** 5 B3.
61, 83. *0351-656 480.*
Ostern–Okt: Sa, So 10–17 Uhr.

Der Dramatiker Friedrich Schiller (1759–1805) lebte 1785–87 in Dresden, wo er von dem Juristen und Kunstmäzen Christian Gottfried Körner *(siehe Kasten)* großzügig finanziell unterstützt wurde. Nach einem zwischenzeitlichen Aufenthalt in Weimar kehrte Schiller 1801 für einige Monate nach Dresden zurück. Im Schillerhäuschen, einem kleinen Gartenhaus, das die Familie Körner erworben hatte, soll der Literat an seinem Drama *Don Carlos* und an seiner Ode *An die Freude* gearbeitet haben.

Eine 1855 – zum 50. Todestag des bedeutenden Vertreters der Weimarer Klassik – angebrachte Gedenktafel auf dem Grundstück erinnert an den Aufenthalt Friedrich Schillers in Dresden.

Das Körnerhaus (Körnerweg 6) nebenan war nicht nur Sommerwohnsitz der Familie Körner, sondern auch Treffpunkt wichtiger Geistesgrößen *(siehe Kasten)*, die sich hier quasi die Klinke in die Hand gaben. Das rege gesellschaftliche Leben inspirierte auch Theodor Körner (1791–1813), den Sohn des Hauses, der sich ebenfalls als Dichter einen Namen machte.

Zu Ehren Schillers errichtete der Bildhauer Oskar Rassau 1912/13 an der Weinbergmauer gegenüber dem Schillerhäuschen den Schiller-Körner-Brunnen. Das Denkmal zeigt zwei Szenen – Schillers Abschied von der Familie Körner nach seinem zweiten Besuch 1801 und den Abschied Theodor Körners, der 1813 in den Krieg gegen die Truppen Napoléons einberufen wurde, aus dem er nicht mehr zurückkehrte.

Friedrich Schiller arbeitete hier zwei Jahre lang

Standseilbahn ❺

Schild zum Jubiläum

Eine reizvolle Art, die Gegend zu erkunden, ist eine Fahrt mit der Standseilbahn von der Talstation am Körnerplatz in Loschwitz hinauf zum Stadtteil Weißer Hirsch. Die Fahrzeit für die 547 Meter lange Strecke, auf der man 95 Meter Höhenunterschied bewältigt und zwei Tunnel durchfährt, beträgt etwa fünf Minuten. Die Bahn wurde 1895 eröffnet und zählt zu den ältesten in Europa.

INFOBOX

Talstation am Körnerplatz.
Stadtplan 5 B3. 🚌 *61, 83.*
Fahrbetrieb *Apr–Okt: Mo–Fr 6.30–23.20, Sa, So 9–23.20 Uhr; Nov–März: 6.30–20.20 Uhr, Sa, So 9–20.20 Uhr.*

Bergstation
Von Loschwitz kommend endet die etwa fünf Minuten lange Fahrt an der Bergstation im noblen Stadtteil Weißer Hirsch.

Der Luisenhof ist »Spitzenreiter« unter den Restaurants mit Aussicht.

Waggon
Die Umstellung der 1895 eröffneten dampfbetriebenen Bahn auf elektrischen Betrieb erfolgte 1910. Die Wagenkapazität liegt bei 59 Personen.

An der Ausweichstelle etwa in der Mitte der Strecke können entgegenkommende Wagen aneinander vorbeifahren.

Talstation
An der Nordseite des Körnerplatzes befindet sich der Zustieg. Pro Stunde können bis zu 630 Fahrgäste befördert werden.

Bräustübel
Vor oder nach einer Fahrt kann man hier einkehren. Das Wandbild an der Fassade zeigt einen Bier trinkenden Ritter.

0 Meter 100

Luisenhof 6

Bergbahnstraße 8. **Stadtplan** 5 B2. *11 oder Standseilbahn.* *0351-214 9960.* *Mo–Sa 11–24, So 10–24 Uhr.* **www**.luisenhof.org

Direkt neben der Bergstation der Standseilbahn, die von Loschwitz heraufführt, liegt das Restaurant Luisenhof *(siehe S. 209)*. Das Lokal hat eine Terrasse, die einen fantastischen Blick über Dresden und das Elbtal ermöglicht und deshalb auch den Beinamen »Balkon von Dresden« trägt. Hier liegen einem die Elbe und das Blaue Wunder *(siehe S. 144)* förmlich zu Füßen.

Ob internationale Gerichte, sächsische Küche, Brunch oder Kaffee und Kuchen – der Luisenhof ist nicht nur Spitzenreiter unter den Restaurants mit schöner Aussicht, sondern auch eine angesagte Adresse für gutes Essen.

Die Terrasse des Luisenhofs ist auch als »Balkon von Dresden« bekannt

Weißer Hirsch 7

Stadtplan 5 B–C2. *11 oder Standseilbahn.* *84.* **Sternwarte** *0351-263 7120.* *tel. erfragen.* **www**.sternwarte-dresden.de

Weniger durch spektakuläre Sehenswürdigkeiten als vielmehr durch seine von eleganten Villen gesäumten Straßen besticht dieser Stadtteil. Er verdankt seinen Namen dem 1688 errichteten Winzerhaus »Zum Weißen Hirschen«, um das eine Siedlung entstand. Mit fortschreitendem Ausbau der Straßen wurde das Gelände im 19. Jahrhundert ein bevorzugtes Ausflugsziel, das man auch für seine Kureinrichtungen schätzte. 1875 wurde der Weiße Hirsch zum klimatischen Kurort erklärt. Wegweisend für die weitere Entwicklung war der Arzt Heinrich Lahmann, der hier 1888 ein Sanatorium errichten ließ. Doch der Weiße Hirsch blieb kein Ort für Kurgäste, immer mehr wohlhabende Sachsen bauten sich hier Villen.

1921 wurde der Weiße Hirsch gegen den Willen seiner Bewohner durch Eingemeindung ein Stadtteil Dresdens. Nach dem Zweiten Weltkrieg gestaltete man die Kureinrichtungen zu Wohnheimen um, viele Villen verfielen. Dennoch gehörte das Gebiet weiterhin zu den bevorzugten Wohnadressen der Stadt. In den 1990er Jahren wurden die zur DDR-Zeit vernachlässigten Villen saniert und verhalfen dem Stadtteil wieder zu altem Glanz.

Bei einem Bummel durch die Straßen entdeckt man repräsentative Bauwerke aus den vergangenen 150 Jahren – von Art nouveau bis zur Neuen Sachlichkeit. Figuren oder schöne Schilder mit einem Hirsch als Motiv zieren viele Fassaden.

2007 wurde in der Plattleite 27 die Sternwarte Manfred von Ardenne nach kompletter Instandsetzung wiedereröffnet. Der Zeiss-Refraktor gilt in Fachkreisen als Rarität.

Leonhardi-Museum 8

Grundstraße 26. **Stadtplan** 5 B3. *61, 83.* *0351-268 3513.* *Di–Fr 14–18, Sa, So 10–18 Uhr.* **www**.leonhardi-museum.de

Detail am Leonhardi-Museum

Das Leonhardi-Museum ist nach seinem Stifter, dem spätromantischen Landschaftsmaler Eduard Leonhardi (1828–1905), benannt und in der ehemaligen Hentschelmühle untergebracht. Das Museum wurde 1885 eröffnet und schreibt seit 1963 mit seinen Ausstellungen vorwiegend junger Künstler ein Stück progressiver Dresdner Kunstgeschichte. Schwerpunkt der Wechselausstellungen, die auf zwei Ebenen des auffällig bemalten Fachwerkhauses präsentiert werden, ist sächsische Kunst, vor allem Werke von Dresdner Künstlern. Das Leonhardi-Atelier zeigt eine Dauerausstellung mit spätromantischen Gemälden von Eduard Leonhardi.

Im Garten steht ein Denkmal für Ludwig Richter (1803–1884), einen Maler der deutschen Romantik und des Biedermeier. Richter war an der Dresdner Kunstakademie *(siehe S. 94f)* ein Lehrer von Leonhardi.

Leonhardi-Museum – eine Förderstätte für junge Kunst

Schwebebahn ❾

Talstation an der Pillnitzer Landstraße. **Stadtplan** 5 B3. 🚌 *61, 83.* **Fahrbetrieb** *Apr–Sep: 9.30–19.50 Uhr; Okt–März: 10–17.50 Uhr.*

Etwas östlich vom Körnerplatz *(siehe S. 144)* befindet sich die Talstation der Schwebebahn, die sich wie die Standseilbahn *(siehe S. 146)* harmonisch in das landschaftlich höchst reizvolle Umfeld einfügt. Die Schwebebahn ging nach dreijähriger Bauzeit 1901 in Betrieb und ist damit weltweit die älteste ihrer Art. Die beiden Wagen werden auf Rädern entlang einer Schiene bewegt, die auf Stahlträgern ruht. Fahrgäste gelangen mit ihr von Loschwitz nach Oberloschwitz. Auf der 274 Meter langen Strecke bewältigt die Bahn einen Höhenunterschied von 84 Metern, bei einer maximalen Steigung von 40 Prozent. Nach einer Fahrzeit von etwa fünf Minuten erreicht man die Bergstation, auf deren Dach sich eine Aussichtsplattform befindet. Pro Fahrt können 40 Personen befördert werden, eine Fahrt mit der Schwebebahn (wie auch mit der Standseilbahn) zählt zu den Höhepunkten eines Aufenthalts in Loschwitz. Von oben bietet sich ein eindrucksvolles Panorama über die Stadt und die Elbe.

Die Schwebebahn verbindet Loschwitz und Oberloschwitz

Josef-Hegenbarth-Archiv ❿

Calberlastraße 2. **Stadtplan** 5 B3. 🚌 *83.* ☎ *0351-268 3335.* 🕐 *Do 10–12, 14–16 Uhr (Di nach Voranmeldung).*

Der Maler, Grafiker und Illustrator Josef Hegenbarth (1884–1962) lebte von 1921 bis zu seinem Tod in diesem Haus. Der ehemalige Schüler der Dresdner Kunstakademie *(siehe S. 94f)* wurde vor allem durch seine zeichnerischen Interpretationen von Märchen und anderen literarischen Vorlagen bekannt. Sein besonderes Interesse galt der Darstellung von Menschen und Tieren – das Spektrum an Themen reicht von Zirkusclowns bis zu Szenen im Zoo. Seine Ehefrau Johanna stiftete das Gebäude und den umfangreichen Nachlass Hegenbarths 1988 dem Dresdner Kupferstich-Kabinett, verbunden mit der Auflage, das Werk ihres Gatten der Öffentlichkeit zugänglich zu machen.
Zu diesem Zweck wurde das Haus umgestaltet und in den Zustand der 1920er Jahre zurückversetzt. Der Bestand des Josef-Hegenbarth-Archivs umfasst u. a. mehr als 5000 Buchillustrationen in Tusche, rund 500 farbige Zeichnungen und ungefähr 400 illustrierte Bücher, aber auch Zeichengeräte, Erinnerungsstücke und Briefe.

Das Künstlerhaus in Loschwitz ist einer der ersten Jugendstilbauten in Dresden

Künstlerhaus ⓫

Pillnitzer Landstraße 59. **Stadtplan** 5 B4. 🚌 *83.* **www**.kuenstlerhaus-dresden.de

Das idyllische Loschwitz blickt auf eine lange Geschichte als Künstlerviertel zurück. Einen wichtigen Beitrag dazu leistete auch das Künstlerhaus. Die als Wohn- und Atelierhaus für Maler und Bildhauer konzipierte Villa wurde nach Plänen des Loschwitzer Architekten Martin Pietzsch (1866–1961) 1897/98 errichtet und zählt damit zu den frühesten Bauten des Jugendstils in Dresden. In den großzügigen Räumlichkeiten wirkten zahlreiche namhafte bildende Künstler, darunter Wilhelm Lachnit, Sascha Schneider, Herrmann Glöckner, Hans Unger, Herbert Volwahsen, Josef Hegenbarth, Hans Jüchser und Max Uhlig. Das Künstlerhaus umfasst insgesamt 16 Ateliers und zwölf Wohnungen und wird immer noch von einheimischen Künstlern benutzt.

Loschwitzer Friedhof ⓬

Pillnitzer Landstraße 80. **Stadtplan** 5 B4. 🚌 *83.* 🕐 *tägl. 9–18 Uhr (im Winter bis Einbruch der Dunkelheit).*

Der Friedhof befand sich zunächst direkt an der Loschwitzer Kirche, wurde aber 1806 an seinen jetzigen Standort verlegt. 1893 erfolgte die Einweihung der vom Architekten Friedrich Reuter entworfenen Kapelle. Auf dem Loschwitzer Friedhof wurden

Hotels und Restaurants in Loschwitz *siehe Seiten 196 und 208f*

viele berühmte Dresdner Persönlichkeiten beigesetzt, unter ihnen auch einige, die im Künstlerhaus direkt gegenüber tätig waren. Der Friedhof steht seit 1985 unter Denkmalschutz.

Manche Grabstätten zieren eindrucksvolle Bildhauerarbeiten. Das Grabmal für den Maler und Grafiker Hans Unger etwa wird von der Kopie einer antiken Plastik aus Pompeji geschmückt, die den römischen Gott Apollo darstellt. Für den verstorbenen Maler Eduard Leonhardi *(siehe S. 147)* schuf Robert Henze das Grabmal *Der anklopfende Pilger*, das die Vollendung des Lebenswegs des Künstlers symbolisieren soll. Der 1990 verstorbene Maler und Kirchenraumgestalter Friedrich Press, dessen sakrale Kunstwerke mehrere Kirchen in Deutschland schmücken, gestaltete das auf seinem Grab stehende Denkmal sowie Grabmäler für andere Künstler (u. a. für Hans Jüchser). Die Grabplastik *Tod mit Bombe*, die Friedrich Press 1945 für den Uhrmacher Paul Pleißner entworfen hat, zeigt den Tod mit Bombe und Fackel in der Hand und gilt heute auch als Mahnmal für die Dresdner Luftkriegsopfer.

Auf dem Loschwitzer Friedhof gibt es auch einige Familiengrabstätten, etwa die der Fährmeisterfamilie Modes oder der Familie von Stockhausen, in deren Besitz sich zeitweise das Lingnerschloss *(siehe S. 150f)* befand.

Das Elbhangfest versteht sich als Bürger- und Kunstfest

Elbhangfest

Seit 1991 zählt dieses Kunst- und Kulturfest an der Elbe zu den wichtigsten Festlichkeiten im Veranstaltungskalender von Dresden. Alljährlich am letzten Wochenende im Juni herrscht auf einer Strecke von etwa sieben Kilometern zwischen Blauem Wunder *(siehe S. 144)* und Schloss Pillnitz *(siehe S. 164f)* ein buntes Treiben. Zum Programm zählen Märkte, Straßenkunst, Konzerte, Ausstellungen und Festgottesdienste. Darüber hinaus locken kulinarische Köstlichkeiten sowie Attraktionen für Kinder. Höhepunkt ist der Festumzug von Loschwitz nach Pillnitz, der jedes Jahr unter einem anderen Thema steht, das auf historische Ereignisse anspielt (z. B. 1993: »100 Jahre Blaues Wunder«) oder einem Slogan folgt (z. B. 2004: »Wenn die Böhmen mit den Sachsen«). 2010, zum 20-jährigen Jubiläum, war das Motto »Der Elbhang träumt«.

Seinen Ursprung hat das Elbhangfest in einer Initiative zur Rettung zweier bedeutender Kirchen am Elbhang: der Loschwitzer Kirche und der Pillnitzer Weinbergkirche. 1991 begann der Wiederaufbau bzw. die Restaurierung beider Gotteshäuser – aus den Feierlichkeiten ging das Elbhangfest hervor. Krönender Abschluss ist das nächtliche Drachenbootrennen auf der Elbe. Das gesamte Gelände zwischen Loschwitz und Pillnitz ist während des Elbhangfests für den Autoverkehr gesperrt.

Rhododendronpark ⓭

Zugang von der Josef-Herrmann-Straße. **Stadtplan** 5 C4. 🚌 *83.*

Das dörflich geprägte Wachwitz im Südosten von Loschwitz eignet sich für ausgedehnte Spaziergänge abseits des lebhaften Treibens im Zentrum der Stadt. Eine ausgedehnte Grünanlage des Stadtteils birgt ein wahres botanisches Kleinod, das sich von Ende April bis Anfang Juni zu einem in allen Farben leuchtenden Blütenparadies entwickelt: Der Rhododendronpark im Wachwitzer Höhengarten bietet auf einer Fläche von gerade einmal einem Hektar nicht weniger als 1000 Rhododendronsträucher und mehr als 200 verschiedene Arten dieser Pflanzengattung. Damit gehört er zu den bedeutendsten Parks in ganz Europa.

Die idyllische Grünanlage wurde 1970 auf Betreiben des Gartenbauingenieurs Karl Scholz in Zusammenarbeit mit der Technischen Universität Dresden im früheren Königlichen Weinberg von Wachwitz angelegt, an dem sich die sächsische Königsfamilie ein als Sommerresidenz genutztes Schloss hatte bauen lassen.

Der Freistaat Sachsen verkaufte 2007 das gesamte Areal an einen privaten Investor. Der Rhododendrongarten wird jedoch weiterhin öffentlich zugänglich bleiben.

Blühende Pracht im Rhododendronpark von Schloss Wachwitz

Schloss Albrechtsberg erinnert an einen italienischen Renaissance-Palazzo

Schloss Albrechtsberg ⓮

Bautzner Straße 130. **Stadtplan** 5 A2. 11. 0351-811 5821. ***Ausstellung*** *tägl. 10–18 Uhr.* *nach tel. Vereinbarung.* **www**.schloss-albrechtsberg.de

Das herrschaftliche Anwesen ist das westliche der drei Elbschlösser im Dresdner Stadtgebiet. Das nach Plänen des preußischen Landbaumeisters Adolph Lohse 1850–54 für Prinz Albrecht von Preußen (1809–1872) errichtete Bauwerk zählt zu den schönsten des Spätklassizismus in Sachsen. Mit seinen quadratischen Seitentürmen und der verzierten Balustrade erinnert es an eine italienische Renaissance-Villa. 1925 erwarb die Stadt Dresden das Anwesen, das seit 1930 öffentlich zugänglich ist. Nach zwischenzeitlicher Nutzung als Hotel wurde Schloss Albrechtsberg 1951 zum »Pionierpalast Walter Ulbricht« umgestaltet und diente als Freizeitstätte für Kinder und Jugendliche. Heute sind hier die Jugend&KunstSchule sowie die Hotel- und Gaststättenschule untergebracht.

Schloss Albrechtsberg ist ein renommierter Veranstaltungsort für Empfänge, Bälle, Bankette und Konzerte. Eine prachtvolle Kulisse für viele dieser Veranstaltungen bietet der etwa 13 Hektar große Schlosspark, der einen ausgedehnten Baumbestand sowie künstlich angelegte Terrassen, Teiche und Wasserläufe umfasst.

Architektonisches Prunkstück der Außenanlage ist das am Südhang des Parks errichtete römische Bad mit Wasserbecken und halbkreisförmiger Wandelhalle.

Zu den Kleinoden des Schlosses gehört das auch als maurisches Kabinett bezeichnete türkische Bad. Das an entsprechende Räumlichkeiten in der spanischen Alhambra erinnernde Bad besticht durch Marmorausstattung, Stuckverzierungen und orientalische Mosaiken und findet bei den Führungen durch das Schloss den größten Anklang.

Skulptur auf Schloss Albrechtsberg

Lingnerschloss ⓯

Bautzner Straße 132. **Stadtplan** 5 A2. 11. *0351-646 5382.* *für die Öffentlichkeit.* **www**.lingnerschloss.de

Der mittlere der drei Schlossbauten auf den Loschwitzer Elbhöhen entstand 1850–53 – und damit annähernd zeitgleich mit Schloss Albrechtsberg – ebenfalls nach Entwürfen von Adolph Lohse, einem Schüler des Baumeisters Karl Friedrich Schinkel. Die zweitürmige Villa im Stil des Spätklassizismus wurde für Baron von Stockhausen, den Kammerherrn des in Schloss Albrechtsberg residierenden Prinzen Albrecht, erbaut und zunächst Villa Stockhausen genannt. 1891 erwarb der Nähmaschinenfabrikant Bruno Naumann das Gelände, 1906 ging es in den Besitz von Karl August

Die drei Elbschlösser

An den Loschwitzer Elbhang schmiegen sich drei wahre Perlen sächsischer Schlossarchitektur, die Mitte des 19. Jahrhunderts erbaut wurden und jede für sich eine Besichtigung wert ist. Während Schloss Albrechtsberg und das Lingnerschloss im Wesentlichen spätklassizistisch sind, wurde Schloss Eckberg im neogotischen Tudor-Stil erbaut. Neben ihrer Architektur faszinieren die erhabenen, auf eine wechselvolle Geschichte zurückblickenden Anwesen oberhalb der Elbe auch durch stimmungsvolle Grünanlagen, in denen die Besucher in aller Ruhe wandeln können. Ein besonders schöner Blick auf die Schloss- und Parkanlagen bietet sich vom gegenüberliegenden Elbufer.

Schloss Albrechtsberg liegt inmitten eines ausgedehnten Parks mit Terrassen und Teichen.

Hotels und Restaurants in Loschwitz *siehe Seiten 196 und 208f*

Lingner über, den Gründer des Deutschen Hygiene-Museums *(siehe S. 128–131)*. In seinem Testament vermachte der 1926 verstorbene Unternehmer, der durch sein Odol-Mundwasser zu großem Wohlstand gelangt war, das Schloss mit dem großzügig angelegten Park der Stadt Dresden. Das Mausoleum Lingners befindet sich am Fuße des zum Schlosspark gehörenden Elbhangs.

Zur DDR-Zeit nutzte man das Areal für kulturelle Veranstaltungen. Nach der politischen Wende wurde es vernachlässigt, ambitionierte Pläne für eine Restaurierung scheiterten. Durch das Engagement des Fördervereins Lingnerschloss konnte 2003 eine umfassende Sanierung begonnen werden, die bis 2011 abgeschlossen sein soll. Das Konzept sieht auch die Einrichtung von Ausstellungs- und Tagungsräumen, einer Bibliothek und eines Café-Restaurants vor.

Schloss Eckberg, heute ein Hotel, ist das jüngste der drei Elbschlösser

Das Lingnerschloss im Stil des Spätklassizismus

Schloss Eckberg ⓰

Bautzner Straße 134. **Stadtplan** 5 A2. *11.* *0351-80 990.*
www.schloss-eckberg.de
*Siehe auch **Hotels** S. 196 und **Restaurants** S. 209.*

Das östlichste der drei Schlösser am rechten Elbufer entstand 1859–61 und damit nach Fertigstellung von Schloss Albrechtsberg und dem Lingnerschloss. Das Gebäude wurde nach Plänen von Christian Friedrich Arnold, einem der prominentesten Schüler von Gottfried Semper, auf einem Felsvorsprung errichtet. Im Auftrag des Unternehmers und Mäzens Johann Daniel Souchay entstand ein Anwesen im Stil der altenglischen Tudor-Gotik des 16. Jahrhunderts. Zunächst hieß die Anlage mit dem 25 Meter hohen Aussichtsturm und zwei kleineren Nebentürmen Villa Souchay, später bürgerte sich wegen der Lage am Ende des Elbhangs der heutige Name ein.

Nach dem Zweiten Weltkrieg wurde das Schloss von verschiedenen Institutionen genutzt. Ab 1997 erfolgte eine grundlegende Renovierung von Schloss und Schlosspark. Nach Abschluss der Arbeiten wurde in Schloss Eckberg ein exklusives Hotel eingerichtet. Gästen steht dabei eine Unterbringung im Hauptgebäude oder im Kavaliershaus zur Auswahl. Eine Besichtigung der Gartenanlagen ist für jedermann möglich, zum Skulpturenschmuck gehört etwa die Bronzeplastik *Sonnenanbeter* des Dresdner Jugendstilkünstlers Sascha Schneider.

Das Lingnerschloss vermachte der Odol-Fabrikant Karl August Lingner der Stadt Dresden.

Schloss Eckberg im Stil altenglischer Tudor-Gotik ist das jüngste der Elbschlösser.

Das Wasserwerk Saloppe wird auch als »viertes Elbschloss« bezeichnet

Albertpark ⑰

Nördlich der Bautzner Straße. **Stadtplan** 5 A–C1–2. 🚋 *11.* 🚌 *91.*

Der 118 Hektar große Albertpark ist der südwestlichste Teil der Dresdner Heide *(siehe S. 159)*. Das Gelände wurde nach der König-Albert-Stiftung benannt, aus deren Mitteln es die Stadt Dresden 1899 erwarb. Grund für den Kauf war der Schutz des Quellgebiets einiger Bäche, die für die Trinkwasserversorgung der Neustadt genutzt wurden.

Der Park lädt zu Spaziergängen ein. Einen schönen Blick über die alten Laubwaldbestände hat man vom 211 Meter hohen Wolfshügel am östlichen Rand des Parks. Auf dem früheren Standort eines Wolfsgeheges für kurfürstliche Jagden befinden sich die Überreste eines 1912 nach Plänen von Hans Erlwein gestalteten, zehn Meter hohen Aussichtsturms, der 1945 gesprengt wurde. Ein Wiederaufbau scheiterte bisher aus Kostengründen. Erhalten blieb hingegen am Fuß des Wolfshügels die 1903 errichtete König-Albert-Säule mit einem Bronzerelief des Regenten, der 1873–1902 über Sachsen herrschte.

Das Fischhaus im Norden des Parks versorgte bereits im 16. Jahrhundert den Dresdner Adel mit Fisch. Das aus Wasserläufen wie dem Eisenbornbach hierher geleitete Wasser ermöglichte die Fischzucht. Der Teichwärter wohnte im Fischhaus, das bis heute diesen Namen behielt. Das Gebäude erhielt Mitte des 17. Jahrhunderts das Schankrecht und diente zeitweise als Waldgaststätte. Die Tradition als Schenke wird vom Restaurant Fischhaus *(siehe S. 209)* weitergeführt.

Der durch den Albertpark verlaufende Moritzburg-Pillnitzer Weg wurde um 1770 angelegt und war ein Teil der Straßenverbindung zwischen den Schlössern Moritzburg *(siehe S. 156f)* und Pillnitz *(siehe S. 164f)*. Im Südosten des Parks steht oberhalb der Mordgrundbrücke eine 1901/02 von Otto Petrenz geschaffene Sandsteinskulptur, die Cheiron zeigt. Der Zentaur aus der griechischen Mythologie galt als Meister der Jagd und der Heilkunst.

Eichhörnchen

Wasserwerk Saloppe ⑱

Körnerweg. **Stadtplan** 4 F2. 🚋 *11.*

Manche Dresdner sind derart stolz auf das erste Wasserwerk der Stadt, dass sie es als »viertes Elbschloss« bezeichnen. Im Unterschied zu den drei Elbschlössern *(siehe S. 150f)* war das 1871–75 nach Plänen des Ingenieurs Bernhard Salbach errichtete Wasserwerk jedoch als reiner Zweckbau konzipiert, mit dessen Inbetriebnahme die öffentliche Wasserversorgung Dresdens einsetzte. In dem Wasserwerk wurde das Wasser aus dem Uferfiltrat der Elbe aufgefangen und in einen Hochbehälter neben dem Fischhaus am Albertpark gepumpt, von wo aus es in die Trinkwasserleitungen der Neustadt gelangte. In den 1920er Jahren erfolgte die Umstellung von Dampfantrieb auf elektrischen Betrieb, die zunehmende Verschmutzung der Elbe machte den Einbau von Filtern erforderlich. Nach Beseitigung der Kriegsschäden nahm das Wasserwerk 1949 seinen Betrieb wieder auf. Mit der Anlage von Fernleitungen aus Talsperren im Erzgebirge wurde Saloppe nicht mehr für die Aufbereitung von Trinkwasser benötigt. Das Werk spielt jedoch immer noch für die Brauchwasserversorgung eines Industriestandorts an der Königsbrücker Straße im Norden der Stadt eine wichtige Rolle.

Neben seiner Funktion als Wasserwerk und technisches Denkmal ist die Anlage wegen ihrer neoromanischen Formen auch aus architektonischer Sicht interessant. Gleichzeitig mit dem Wasserwerk entstand in unmittelbarer Nähe eine Gastwirtschaft, die zu den beliebtesten Ausflugsgaststätten Dresdens zählte. Nach Zerstörungen und Umbauten erfolgte 1997 die Neueröffnung des Restaurants Saloppe, das auch über einen Biergarten verfügt und für seine After-Work-Partys bekannt ist.

Kreuzende Ausflugsboote auf der Elbe

Hotels und Restaurants in Loschwitz *siehe Seiten 196 und 208f*

Waldschlösschen-Areal ⓳

Zwischen Bautzner Straße und Radeberger Straße. **Stadtplan** 4 F2. *11.* *91.* **Brauerei** *0351-498 9812.* *tägl. nach tel. Vereinbarung.*

Relief eines stillgelegten Wandbrunnens an der Zufahrt zum Waldschlösschen

Das Gelände zwischen Bautzner und Radeberger Straße ist nach dem Waldschlösschen benannt, einem kleinen, aber für Dresden bedeutsamen Jagdschloss. Kein Geringerer als Graf Camillo Marcolini-Ferretti (1739–1814) ließ dieses Gebäude 1785–90 errichten – als Residenz für seine schottische Gemahlin. Nachdem er 1752 nach Dresden gekommen war, gelang es ihm rasch, das Vertrauen von Kurfürst Friedrich August III. zu gewinnen. Nach einigen Jahren wurde Marcolini-Ferretti Kammerherr und enger Vertrauter des Regenten, später auch königlich-sächsischer Kabinettsminister. Zusätzlich zu seinen politischen Funktionen bekleidete er weitere einflussreiche Ämter – unter anderem wurde er mit der Leitung der Meissener Porzellan-Manufaktur *(siehe S. 36f)* betraut.

Das von Johann Daniel Schade, der auch an der Umgestaltung des Japanischen Palais *(siehe S. 114f)* beteiligt war, geschaffene Schloss an der Radeberger Straße ist eines der frühesten Beispiele für die gelungene Übernahme architektonischer Elemente der englischen Frühgotik beim Bau von Repräsentationsbauten in Dresden. Seit einiger Zeit steht das Waldschlösschen leer. 2009 wurde es an einen Privatmann verkauft, über eine künftige Nutzung des Gebäudes ist derzeit nichts bekannt.

Seine Berühmtheit verdankt das Waldschlösschen-Areal heute jedoch vor allem dem Brauhaus am Waldschlösschen *(siehe S. 208)*. Das traditionsreiche Restaurant ist eine der bedeutendsten gastronomischen Einrichtungen in Dresden und verfügt über einen schönen Biergarten und eine eigene Brauerei, die im Rahmen einer Führung besichtigt werden kann. Blickfang im Biergarten ist der gewaltige, fünf Meter hohe Bronzebrunnen mit Darstellungen exotischer Vögel.

Von der Terrasse des Restaurants sowie von einem nahe gelegenen, 1935 angelegten Aussichtspavillon genießt man den weltberühmten Waldschlösschenblick. Hier, am Anstieg der Elbterrasse, bietet sich eine wundervolle Aussicht über das Elbtal und die Dresdner Altstadt am gegenüberliegenden Ufer. Neben dem Canaletto-Blick *(siehe S. 112)* gehört diese Aussicht zu den eindrucksvollsten Panoramen, die die Metropole an der Elbe zu bieten hat. Sie wurde in Kunst und Literatur wiederholt schwärmerisch dargestellt.

Das Areal unterhalb der Elbterrasse war lange Zeit unverbaut, derzeit sind hier jedoch die Arbeiten für die Waldschlösschenbrücke *(siehe Kasten)* im Gange.

Waldschlösschenbrücke

Der Brückenbau führte zum Entzug des Titels

Zur Entlastung des Straßenverkehrs zwischen beiden Elbufern wird eine weitere Elbbrücke gebaut. Wegen der Anbindung an wichtige Hauptstraßen entschied man sich für einen Standort am östlichen Rand der Innenstadt unterhalb des Waldschlösschens. Dieser befindet sich mitten im Dresdner Elbtal, das 2004 von der UNESCO zum Welterbe erklärt wurde. Mit dieser Auszeichnung wurde ein Ensemble aus kunstvoller Stadtarchitektur, reicher Kultur und weitgehend natürlicher Flusslandschaft gewürdigt.

Über den Brückenbau wurde von Anfang an kontrovers diskutiert – Befürworter setzen auf eine spürbare Entlastung benachbarter Elbbrücken, Gegner befürchten eine Beeinträchtigung des Naturraums. Bei einem Bürgerentscheid sprachen sich die Dresdner 2005 mehrheitlich für den Bau der Brücke aus. Im November 2007 begannen die Bauarbeiten, gleichzeitig setzte die UNESCO das Dresdner Elbtal auf die Liste bedrohter Welterbestätten. 2008 drohte die UNESCO beim Weiterbau der Brücke mit der Aberkennung des Welterbestatus, die 2009 auch vollzogen wurde. Die Fertigstellung der vierspurigen Brücke ist für 2011 vorgesehen.

Abstecher

Auch außerhalb des Zentrums bietet Dresden wundervolle Sehenswürdigkeiten, die einen Abstecher lohnen. Viele Einheimische behaupten, dass sich das »wahre« Dresden erst abseits der Touristenpfade erschließe – nicht zuletzt, weil diese Gebiete von schweren Zerstörungen verschont blieben. Am besten nachempfinden kann man dies bei einem Bummel durch das Villenviertel von Blasewitz. Doch auch andere – etwas abseits gelegene – Gebiete haben ihren eigenen Charme. Der Barockgarten Großsedlitz zählt zu den gelungensten Gartenschöpfungen in Sachsen. Barocke Pracht verströmt auch Schloss Pillnitz, ein besonders sehenswertes Ensemble. Museen widmen sich technischen Erfindungen, der Geschichte des Buchwesens, dem Wilden Westen oder kompositorischem Schaffen. Ein wichtiges Kulturzentrum ist das Festspielhaus Hellerau. Natur pur direkt neben der quirligen Neustadt bietet die Dresdner Heide.

Skulptur im Barockgarten Großsedlitz

Sehenswürdigkeiten auf einen Blick

Museen und Sammlungen

Buchmuseum der Sächsischen Landesbibliothek ⓫

Lichtdruck-Werkstatt ❿

Technische Sammlungen ❾

Schlösser

Schloss Moritzburg S. 156f ❶

Schloss Pillnitz S. 164f ⓭

Parks und Wälder

Barockgarten Großsedlitz S. 166f ⓮

Dresdner Heide ❻

Stadtteile und Vororte

Blasewitz ❽

Friedrichstadt ❺

Gartenstadt Hellerau ❷

Hosterwitz ⓬

Radebeul ❸

Übigau ❹

Weitere Sehenswürdigkeiten

Radeberger Exportbierbrauerei ❼

Legende

- Dresden Zentrum
- Internationaler Flughafen
- Bahnhof
- Autobahn
- Bundesstraße
- Eisenbahn
- Fluss

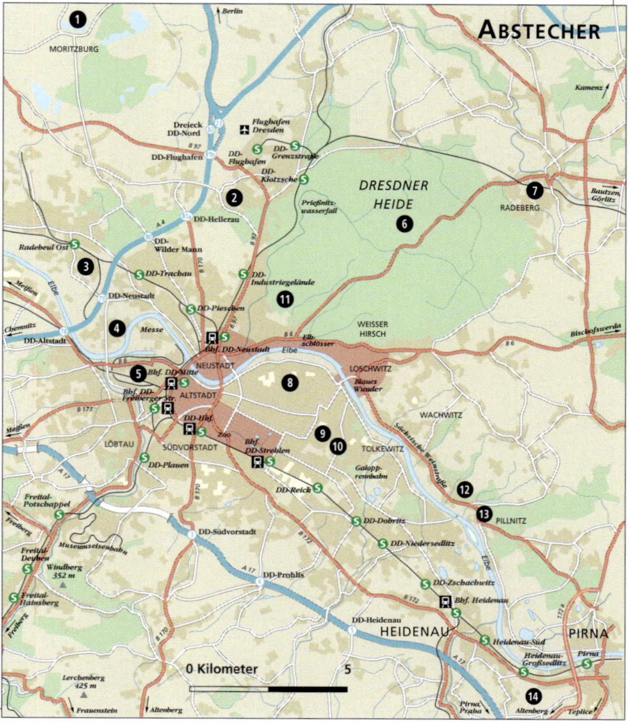

Ausserhalb des Zentrums unterwegs

Zu Sehenswürdigkeiten innerhalb Dresdens Stadtgrenzen fahren S-Bahnen, Trams oder Busse, man kann sie aber auch perfekt mit dem Fahrrad erkunden. Der Elberadweg führt bis nach Großsedlitz. Pillnitz erreicht man auch mit Ausflugsschiffen, Moritzburg mit S-Bahn und Zug oder Bussen, Radeberg mit dem Zug.

◁ **Das Bergpalais von Pillnitz *(siehe S. 164f)* ist mit ostasiatischen und orientalischen Elementen verziert**

Schloss Moritzburg ❶

Skulptur im Schlosspark

Das Barockschloss mit seinen vier imposanten Rundtürmen steht idyllisch auf einer Teichinsel. Der spätere Kurfürst Moritz ließ 1542–46 ein Jagdschloss erbauen, das August der Starke 1723–33 von seinem Lieblingsbaumeister Pöppelmann erweitern ließ. Nicht nur das Schloss, auch der Park spiegelt absolutistischen Stolz wider. Einblick in das höfische Leben bietet das Barockmuseum (u. a. mit Meissener Porzellan und wertvollen Ledertapeten) im Schloss.

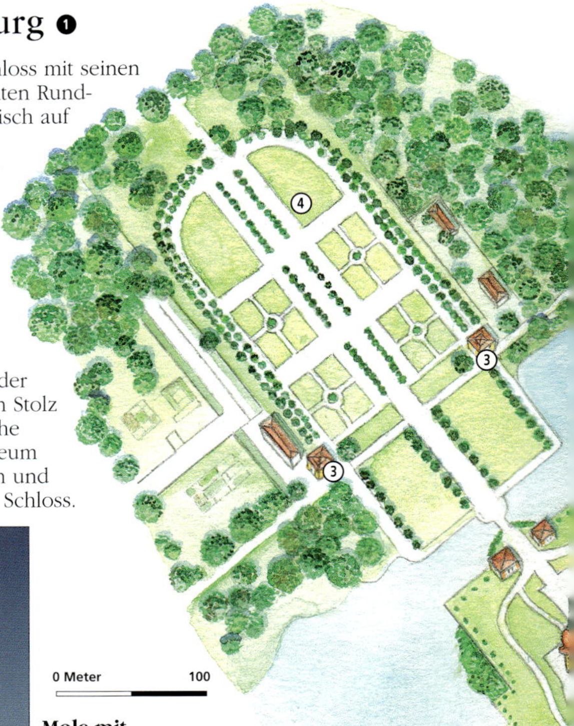

Mole mit Leuchtturm
Maritime Bauten waren beim Befahren des Großteichs mit Gondeln eine geschätzte Kulisse. Bei den höfischen Feierlichkeiten wurden hier auch Szenen von Seeschlachten nachgestellt.

★ Fasanenschlösschen
Das mit Chinoiserien verzierte Schlösschen (1770–76) ist ein Kleinod im Stil des Rokoko.

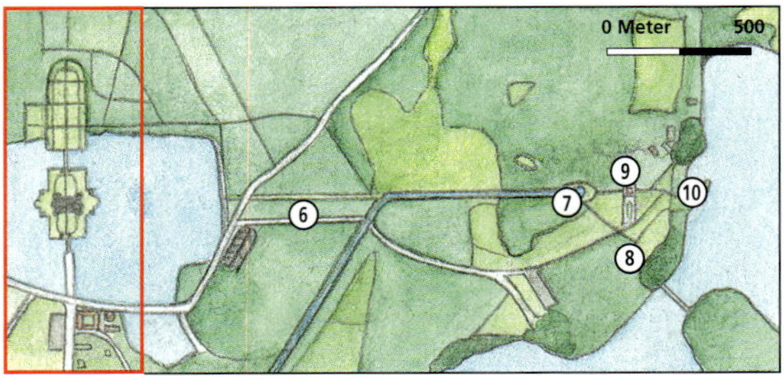

Kurzführer Parkanlage

Die weitläufige Parklandschaft mit ihren Prunkbauten ist ein barockes Gesamtkunstwerk. Der zentrale Bereich erstreckt sich zwischen dem Schlossteich im Westen und dem Großteich im Osten. Die zwei Kilometer lange Strecke zwischen Schloss und Fasanenschlösschen kann man in einer Pferdekutsche zurücklegen.

Legende

Fasanengehege ⑨
Fasanenschlösschen ⑧
Kavaliershäuser ③
Mole mit Leuchtturm ⑩
Sächsisches Landgestüt ⑤
Schloss Moritzburg ①
Schlosspark ④
Sichtachse ⑥
Teichhäuser ②
Venusbrunnen ⑦

★ Schloss Moritzburg
Fassade in Ocker und Weiß, tiefrote Kuppeldächer: Das Schloss ist nicht nur architektonisch ein Prachtstück.

Infobox

14 km nordwestl. von Dresden.
326, 457. *Radebeul Ost, dann Lößnitzdackel (Schmalspurbahn).* *035207-87 318.*
Schloss *1.–10. Jan, Nov, Dez: Di–So 10–16 Uhr; Feb, März: Sa, So 10–16 Uhr; Apr–Okt: tägl. 10–17.30 Uhr.* *11.–31. Jan, 24., 31. Dez.* *jede Stunde.* **Fasanenschlösschen** *Apr–Okt: tägl. 10–17 Uhr.* *jede halbe Stunde.*
www.schloss-moritzburg.de
Landgestüt www.smul.sachsen.de/sgv

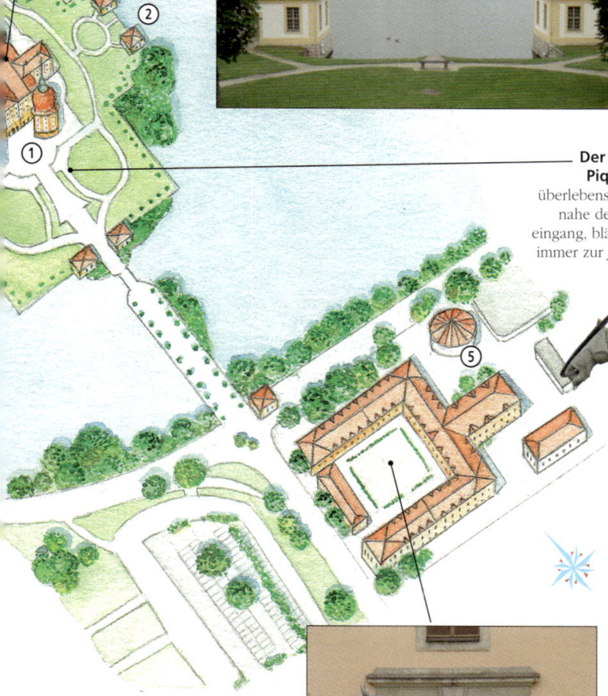

★ Schlossanlage
Die harmonische Wirkung der gesamten Anlage beruht vornehmlich auf der symmetrischen Gestaltung von Schloss, Teichhäusern und Wegen.

Der steinerne Piqueur, eine überlebensgroße Statue nahe dem Schlosseingang, bläst noch immer zur Jagd.

★ Sächsisches Landgestüt
Die früheren Stallungen des Schlosses beherbergen seit 1828 das Sächsische Landgestüt, das rund 100 Zuchthengste besitzt. Besonders die Hengstparade im September (siehe S. 48) *ist ein Besuchermagnet.*

Nicht versäumen

- ★ Fasanenschlösschen
- ★ Sächsisches Landgestüt
- ★ Schloss Moritzburg

Gartenstadt Hellerau ❷

7 km nördlich des Zentrums. 8.
www.dresden-hellerau.de

In Hellerau entstand ab 1909 die erste Gartenstadt Deutschlands. Als Vorbild dienten englische Wohnsiedlungen sozial engagierter Unternehmer, die ihren Arbeitern einen Gegenentwurf zur Beengtheit in den tristen Mietskasernen der Stadtzentren bieten wollten. Die Initiative ging vom Tischlermeister Karl Schmidt aus, der seine Deutschen Werkstätten für Handwerkskunst von Dresden-Laubegast nach Hellerau verlegte. Die Wohnhäuser konzipierte Richard Riemerschmid, das Festspielhaus *(siehe Kasten rechts)* Heinrich Tessenow. Beide nahmen in ihrer von Klarheit und Sachlichkeit geprägten Formensprache Elemente des Bauhaus-Stils vorweg.

1950 erfolgte die Eingemeindung Helleraus nach Dresden, 1970 ging aus den **Deutschen Werkstätten** der VEB Möbelkombinat Hellerau hervor. Auch nach der Privatisierung werden hier hochwertige Möbel, Holzspielzeug und Inneneinrichtungen gefertigt, u. a. für öffentliche Gebäude wie die Semperoper, das Rathaus und den Sächsischen Landtag.

Deutsche Werkstätten
Moritzburger Weg 68. *0351-215 900.* **www**.dwh.de

Radebeul ❸

8 km nordwestlich von Dresden.
33 000. *Radebeul Ost.* *4.*
www.radebeul.de

Der Name der Kreisstadt an der Sächsischen Weinstraße ist untrennbar mit Karl May *(siehe S. 33)* verbunden, der hier von 1895 bis zu seinem Tod 1912 lebte. Seinen Fans bietet sich im **Karl-May-Museum** ein faszinierender Einblick in Leben und Werk des Literaten. Das Museum ist in der »Villa Shatterhand« untergebracht, in der Karl May lebte und viele seiner Abenteuerromane schrieb. Besucher tauchen hier in die Welt von Helden wie Winnetou, Old Shatterhand, Hadschi Halef Omar und Kara Ben Nemsi ein. Das Blockhaus »Villa Bärenfett« im Garten zeigt eine der europaweit größten Sammlungen von Objekten aus dem Kulturkreis nordamerikanischer Indianer. Zu den alljährlich im Mai veranstalteten Karl-May-Festtagen reisen Fans aus aller Welt an. Hier kann man zu einem Pow Wow genannten Tanzfest zusammenkommen, Derwischtänze, Stuntshows und Lassowerfer sehen.

Wegen seiner Bedeutung als Villenstadt inmitten von Weinbergen wurde Radebeul der Beiname »Sächsisches Nizza« verliehen. Das kleine Schloss Hoflößnitz birgt einen für kulturelle Veranstaltungen genutzten Festsaal mit reicher Innenausstattung und ein **Weingutmuseum** (mit Laden) zur Geschichte des Weinbaus an diesem Abschnitt der Elbe.

Fans historischer Eisenbahnen lockt eine Fahrt mit der seit 1884 verkehrenden dampfbetriebenen Schmalspurbahn Lößnitzdackel von Radebeul über Moritzburg bis Radeburg (www.traditionsbahn-radebeul.de).

Rund 60 Kilometer führt diese Route durch das Weinbaugebiet *(siehe S. 184f)*

Lößnitzdackel – Schmalspurbahn zwischen Radebeul und Radeburg

Karl-May-Museum
Karl-May-Straße 5. *0351-837 3010.* *März–Okt: Di–So 9–18 Uhr; Nov–Feb: Di–So 10–16 Uhr.*
www.karl-may-stiftung.de/museum

Weingutmuseum
Knohllweg 37. *0351-839 8341.* *Apr–Okt: Di–So 10–17 Uhr; Nov–März: Di–So 12–15 Uhr.*
www.weingut-hofloessnitz.de

Übigau ❹

7 km nordwestlich des Zentrums.
9. *70, 79, 80.*
www.dresden-uebigau.de

Das rechtselbische Gebiet im Nordwesten Dresdens wurde 1324 erstmals erwähnt und ist seit 1903 eingemeindet. Das bekannteste Bauwerk ist das zweigeschossige Schloss Übigau, das 1724–26 nach Entwürfen des schwedischen Baumeisters Johann Friedrich Eosander von Göthe errichtet wurde. Im Schlossgarten ist nur noch ein Teil des früher reichen Skulpturenschmuckes erhalten.

Südlich des Schlosses steht mit der Schiffswerft ein eindrucksvolles Industriedenkmal. In den 1920er Jahren zählte sie zu den größten

In der Gartenstadt Hellerau wurden neue soziale Wohnformen verwirklicht

Hotels und Restaurants außerhalb des Zentrums *siehe Seiten 196f und 209*

Festspielhaus Hellerau

Festspielhaus Hellerau – ein Haus, das Kulturgeschichte schrieb

Als kulturelles Zentrum der Gartenstadt entstand 1911/12 nach Plänen von Heinrich Tessenow das Festspielhaus Hellerau. Die klare Formensprache des streng symmetrischen Komplexes war richtungweisend für die moderne Architektur. Nach Fertigstellung zog hier die Bildungsanstalt für Musik und Rhythmik ein. Zu deren bekanntesten Schülern gehörte Mary Wigman, die den Mythos des Standorts als Wiege des modernen Ausdruckstanzes mitbegründete. Mit der Machtergreifung der Nazis endete die künstlerische Entwicklung. 1939 wurde das Gelände zur Polizeikaserne, ab 1945 nutzte es das sowjetische Militär. Das 2004 hier eingerichtete Europäische Zentrum der Künste (www.hellerau.org) nimmt die ursprüngliche Funktion des Festspielhauses mit Tanz, Performances und Konzerten wieder auf.

Das Palais Marcolini von 1736, im Hof steht der Neptunbrunnen

Binnenschiffswerften Europas. Ab den 1930er Jahren bis 2001 wurden hier Dampfkessel hergestellt. Der 1891 produzierte Drehkran mit rund 30 Tonnen Tragkraft diente jahrzehntelang zum Einheben der Motoren in die neu gebauten Schiffe. Seit 1982 steht er als Zeugnis der Industriegeschichte unter Denkmalschutz.

Friedrichstadt ❺

2 km westlich des Zentrums.
10. 75, 94.

Kulturhistorisch interessant ist der westlich der Altstadt gelegene Stadtteil rund um die Friedrichstraße. Nach der 1835 erfolgten Eingemeindung zog es viele Künstler hierher, die Maler der 1905 gegründeten Künstlergruppe Brücke *(siehe S. 33)* richteten hier ihr erstes Atelier ein.

Einige barocke Stadthäuser und Palais an der Friedrichstraße zeugen noch von der Zeit, als sich hier Adlige und wohlhabende Bürger niederließen. Der 1736 erbaute Landsitz des Grafen Brühl, der später von Graf Camillo Marcolini erworben wurde (Palais Marcolini), wird seit 1849 als Krankenhaus genutzt. Im Hof steht mit dem 40 Meter breiten Neptunbrunnen (1744), einem Werk von Lorenzo Matielli, die großartigste barocke Brunnenanlage der Stadt.

Neben dem Palais ragt die von Matthäus Daniel Pöppelmann errichtete Matthäuskirche (1728–30) auf, deren Gruft das Grab des Baumeisters birgt. Weitere Berühmtheiten wie Balthasar Permoser oder Carl Maria von Weber wurden auf dem Alten Katholischen Friedhof (1720/21) gegenüber dem Palais bestattet. An der Grenze zur Altstadt steht die ehemalige Tabakfabrik Yenidze *(siehe S. 88f)*.

Dresdner Heide ❻

Nordöstlich des Zentrums.
Stadtplan 5 A–C1.

Welch ein Kontrast: Unmittelbar nordöstlich der umtriebigen Neustadt erstreckt sich die beschauliche Dresdner Heide. Das von zahlreichen Wasserläufen wie der Prießnitz durchzogene Waldgebiet ist mit mehr als 50 Quadratkilometern einer der größten Stadtwälder in Deutschland. Mit ihrem Netz an Rad- und Wanderwegen zählt die Dresdner Heide, die seit 1969 Landschaftsschutzgebiet ist, zu den wichtigsten Naherholungszielen der Dresdner. Ohne detaillierte Karte kann man hier leicht die Orientierung verlieren.

Zu den interessantesten Abschnitten der Dresdner Heide gehört der 118 Hektar große Albertpark *(siehe S. 152)*, der dem Stadtzentrum und der Elbe am nächsten gelegene Teil. Er weist große, zusammenhängende alte Laubwaldbestände auf. Das Fischhaus, ein ehemaliges Teichwärterhäuschen (16. Jh.), erhielt bereits 1650 das Schankrecht. Lange wurde das Gebäude vernachlässigt, seit 2000 ist das Fischhaus nach einer Sanierung wieder ein Restaurant mit Biergarten und Gästezimmern *(siehe S. 209)*.

Barocker Neptunbrunnen (1744)

In der Radeberger Exportbierbrauerei wird Bier mit Tradition gebraut

Radeberger Exportbierbrauerei 7

Radeberg, Dresdner Straße 2. 15 km nordöstlich von Dresden. *03528-454 880.* *nach tel. Anmeldung.* **www**.bierstadt-radeberg.de

Die 1872 gegründete Produktionsstätte nimmt für sich in Anspruch, die erste Brauerei zu sein, die in Deutschland Bier nach Pilsner Art braute und immer noch braut. Die Qualität des nach dem deutschen Reinheitsgebot gebrauten Gerstensafts sprach sich rasch herum. Wurde das Bier zunächst vornehmlich am königlich-sächsischen Hof verköstigt, ließ es sich bald auch Reichskanzler Otto von Bismarck munden. Zu Beginn des 20. Jahrhunderts wurde Radeberger Pilsner in weiten Teilen des Deutschen Reichs ausgeschenkt. Zur Zeit der DDR lief die Erfolgsgeschichte weiter, das Bier avancierte als begehrtes Exportprodukt zum wichtigen Devisenbringer. In den 1990er Jahren erfolgte eine Modernisierung der Anlage, die Kapazitäten von Sudhaus, Gärkeller und Flaschenabfüllanlage wurden erheblich erweitert.

Das Unternehmen setzt weiter auf die gehobene Gastronomie – viele renommierte Hotels und Restaurants haben sich für den Ausschank der sächsischen Traditionsmarke entschieden. Das Brauereigelände kann im Rahmen einer rund zweistündigen Führung besichtigt werden. Im Preis enthalten sind Kostproben wie ein Glas frisch gezapftes Radeberger Pilsner und ein Glas Zwickelbier (unfiltriertes Radeberger Pilsner).

Blasewitz 8

Stadtplan 5 A3. *6, 12.* *61, 83, 85.*

Vor der Eingemeindung 1921 zählte Blasewitz zu den Gemeinden Sachsens mit dem höchsten Steuereinkommen. Bis heute umfasst der Dresdner Stadtteil eines der größten zusammenhängenden historischen Villenviertel in Europa. Ob Landhaus oder ornamentaler Jugendstil, ob Schweizerhaus oder toskanische Villa – die Vielfalt an Stilen scheint keine Grenzen zu kennen.

Die meisten Villen wurden in der zweiten Hälfte des 19. Jahrhunderts entlang den vom Schillerplatz sternförmig ausgehenden Straßen errichtet. Hier wirkten berühmte Dresdner Architekten wie Martin Pietzsch (1866–1961) und Karl Emil Scherz (1860–1945), und offenbar war ihnen zur Auflage gemacht worden, dass jedes Haus in Form und Stil einzigartig sein sollte. Die Umsetzung gelang meisterhaft. Schnell wurde Blasewitz der bevorzugte Wohnort von wohlhabenden Dresdnern und Künstlern. Auch der Schriftsteller Gerhart Hauptmann und der Komponist Sergej Rachmaninov ließen sich hier nieder. Besonders stimmungsvoll ist ein Spaziergang durch die Goetheallee mit ihrer Vielzahl an herrschaftlichen Häusern wie der Villa Weigang (Nr. 55).

Jukebox im Technischen Museum

Technische Sammlungen 9

Junghansstraße 1–3. **Stadtplan** 5 B3. *4, 10.* *61.* *0351-488 7201.* *Di–Fr 9–17, Sa, So 10–18 Uhr.* **www**.tsd.de

Medientechnik, Zeitmessung, Fotografie, Rechentechnik, Mikroelektronik sowie Schreib- und Bürotechnik sind einige der Schwerpunkte des Museums. Es widmet sich der Erforschung und Präsentation der Technik- und Industriegeschichte der letzten rund 150 Jahre seit Beginn der industriellen Revolution. Untergebracht ist das 1966 eingerichtete Museum seit 1993 in einer ehemaligen Kamerafabrik. Neben der Präsentation von rund 25 000 Objekten bietet das Museum Besuchern auch die Möglichkeit, selbst aktiv zu werden. In der Dauerausstellung »Feuer!« kann man sich u. a. mit Brandgefahren vertraut machen.

Vor allem an jüngere Besucher richten sich die Workshops. Dabei kann man im Tonstudio mit alten und modernen Aufnahmetechniken eigene CDs erstellen oder seine eigene Camera obscura bauen und die Bilder in der Dunkelkammer entwickeln.

Ein Spaziergang durch Blasewitz erfreut Liebhaber individueller Häuser

◁ **Chinoiserie überall: Malerei am Bergpalais von Schloss Pillnitz** ***(siehe S. 164f)***

Die Technischen Sammlungen im Industriebau des 19. Jahrhunderts

Zum Museumsgebäude gehört auch der 48 Meter hohe Ernemannturm mit Turmcafé. Von der Aussichtsplattform bietet sich ein schöner Panoramablick über Dresden.

Lichtdruck-Werkstatt ⑩

Bärensteiner Straße 30. **Stadtplan** 5 A4. *4, 10.* *85, 86.* *0351-318 700.* *nur für Gruppen nach tel. Anmeldung.* *obligatorisch.* **www**.lichtdruckwerkstatt.de

Das Verfahren des Lichtdrucks gilt im Druckhandwerk als vollendetste Technik der Reproduktion. Es entstand aus der Bündelung von Techniken aus Fotografie und Lithografie. Im Zeitalter der digitalen Welt sind Lichtdrucke mittlerweile echte Raritäten.

In der Lichtdruck-Werkstatt im Souterrain des Druckhauses Dresden werden die einzelnen Arbeitsschritte anschaulich dokumentiert. Im Rahmen einer Führung werden auch andere Drucktechniken bis hin zum Offset-Druck vorgestellt. Für die Besucher interessant ist die Doppelfunktion des Hauses als Werkstatt und als privates Museum: Hier können Sie Retuscheuren und Druckern bei der Arbeit über die Schulter schauen. Eine Galerie zeigt im Lichtdruckverfahren reproduzierte Gemälde bekannter Künstler von Jan Vermeer van Delft über Canaletto bis zu Claude Monet.

Buchmuseum der Sächsischen Landesbibliothek ⑪

Zellescher Weg 18. *61, 72, 76.* *0351-467 7580.* *Mo–Fr 10–17 Uhr.* **www**.slub-dresden.de

Die Sächsische Landesbibliothek – Staats- und Universitätsbibliothek Dresden (SLUB) ist mit mehr als acht Millionen Medien eines der umfangreichsten Informationszentren in Deutschland. Sie ging aus der 1556 eingerichteten Privatsammlung von Kurfürst August von Sachsen hervor, die 1788 öffentlich zugänglich gemacht wurde. 1996 erfolgte die Fusion mit der Bibliothek der Technischen Universität Dresden zur SLUB.

Das 1835 eingerichtete traditionsreiche Buchmuseum dokumentiert mehr als 1000 Jahre Buchgeschichte. Zu den Highlights der in der sogenannten Schatzkammer untergebrachten Sammlung wertvoller Stücke gehören vor allem ein Skizzenbuch von Albrecht Dürer, Vorlesungsmanuskripte von Martin Luther sowie eigenhändige Notenschriften berühmter Komponisten wie Johann Sebastian Bach, Carl Maria von Weber, Richard Wagner, Robert Schumann und Antonio Vivaldi.

Aus wissenschaftlicher Sicht das bedeutendste Objekt ist eine auf Feigenbaumfasern verfasste 3,56 Meter lange Maya-Handschrift, der Codex Dresdensis. Es ist eine von weltweit nur vier erhaltenen Handschriften, die in dieser bis heute nicht ganz entzifferten Bilderschrift der Maya abgefasst sind. Das etwa auf das Jahr 1200 datierte Exemplar hatte Kurfürst Friedrich August II. 1739 für seine Sammlung erworben.

Hosterwitz ⑫

10 km südöstl. des Zentrums. *83.*

Bei einem Abstecher in den 1950 eingemeindeten Stadtteil Hosterwitz sollte man sich zwei Sehenswürdigkeiten nicht entgehen lassen: An der um 1500 erbauten, in ihrer Schlichtheit anmutig wirkenden Kirche **Maria am Wasser** legten Elbeschiffer an, um für ein Gelingen ihrer Fahrt zu beten. Ihr heutiges Aussehen erhielt die Kirche im Zuge einer Barockisierung in den 1770er Jahren, als auch der Zwiebelturm angefügt wurde. Im Innenraum fallen einige Glasfenster und Grabplatten besonders ins Auge.

Plakette am Carl-Maria-von-Weber-Museum

Das **Carl-Maria-von-Weber-Museum** erinnert an den Komponisten *(siehe S. 33)*, der hier in seinem ehemaligen Sommerwohnsitz wesentliche Teile seiner Opern *Der Freischütz*, *Oberon* und *Euryanthe* entwickelte. In dem typisch sächsischen Winzerhaus werden Webers Leben und Werk anhand von Bild- und Textdokumenten sowie von Notenschriften veranschaulicht.

Maria am Wasser
Kirchgasse 6. *0351-261 8330.* *Mo–Fr 10–16 Uhr, Sa, So auf Anfrage.* **www**.maria-am-wasser.de

Carl-Maria-von-Weber-Museum
Dresdner Straße 44. *0351-261 8234.* *Mi–So 13–18 Uhr.*

Die Kirche der Elbeschiffer: Maria am Wasser

Schloss Pillnitz ⓭

Unter stilvollem Dach: Tritonengondel von 1790

Unmittelbar vor den Weinbergen des Elbtals am südöstlichen Stadtrand präsentiert sich mit Schloss Pillnitz ein wunderschönes Ensemble aus Architektur und Gartenkunst. Ein älteres Schloss kam 1694 in kurfürstlichen Besitz und wurde ab 1720 in mehreren Etappen – zunächst unter August dem Starken – im Stil des Dresdner Barock umgestaltet. Optische Akzente setzen die Chinoiserien an den Fassaden von Wasser- und Bergpalais. Ideal ist die Anfahrt mit einem Elbedampfer, denn von der Wasserseite präsentiert sich Schloss Pillnitz am schönsten.

Kamelienhaus
Die 8,90 Meter hohe Kamelie wurde aus Japan hierher gebracht und 1801 eingepflanzt. Im Winter ist sie durch ein transportables Gewächshaus geschützt.

Die Orangerie diente einst höfischen Vergnügungen, heute überwintern hier Orangenbäume.

Englischer Pavillon
Der kleine Rundbau am Rand des Englischen Gartens birgt Wandmalereien mit Darstellungen von Tieren und Pflanzen.

Junokopf
Die klassizistische Büste befindet sich auf einer kleinen Insel im Englischen Teich, auf die man über eine Holzbrücke gelangt.

Buche
Im Schlosspark stehen einige über 200 Jahre alte Bäume, etwa diese Buche.

Gondelfigur
Der Adel erreichte Pillnitz mit Prunkgondeln, die kunstvoll verziert waren (hier Triton, in eine Muschel blasend *am Bug der Tritonengondel).*

LEGENDE

- Bergpalais ⑤
- Chinesischer Pavillon ⑬
- Chinesischer Teich ⑫
- Englischer Pavillon ⑧
- Englischer Teich mit Junokopf ⑦
- Kamelie mit Kamelienhaus ⑨
- Löwenkopfbastei ②
- Lustgarten ④
- Neues Palais ①
- Orangerie ⑩
- Palmenhaus ⑪
- Prunkgondel ⑥
- Wasserpalais ③

0 Meter 200

Chinesischer Pavillon
In diesem Pavillon, dem auffallendsten Bau des Chinesischen Gartens, kann man sich bei einer Tasse Tee entspannen.

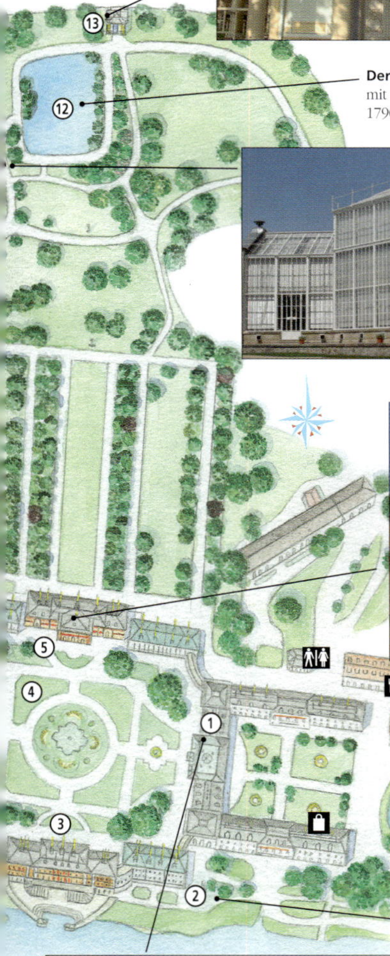

Der Chinesische Teich wurde mit dem Chinesischen Garten 1790–1804 angelegt.

INFOBOX

August-Böckstiegel-Straße 2. 11 km südöstlich des Zentrums. 🚌 83. 📞 *0351-261 3260.* **Kunstgewerbemuseum** 🕒 *Mai–Okt: tägl. 10–18 Uhr.* **Palmenhaus** 🕒 *Apr–Okt: Di–So 10–17 Uhr; Nov–März: Di–So 10–16 Uhr.* **Schlossmuseum** 🕒 *Apr–Okt: Di–So 10–17 Uhr.* **Schlosspark** 🕒 *tägl. 5 Uhr bis Einbruch Dunkelheit.* *Park frei.* **www**.schloesser-dresden.de

★ Palmenhaus
Bei seiner Fertigstellung 1861 war das Palmenhaus, der Standort vieler exotischer Pflanzen, das größte Gewächshaus in ganz Deutschland.

★ Bergpalais
Wie das Wasserpalais gegenüber ist auch das Bergpalais von konkav geschwungenen Dachlinien geprägt. Beide beherbergen Sammlungen des Kunstgewerbemuseums.

Löwenkopfbastei
Das nach dem Löwenkopf benannte Areal ist Schauplatz vieler Open-Air-Veranstaltungen.

★ Neues Palais
Das Schlossmuseum befindet sich in diesem östlichen Abschlussbau des Lustgartens. Den Festsaal zieren Fresken.

NICHT VERSÄUMEN

- ★ Bergpalais
- ★ Neues Palais
- ★ Palmenhaus

Karte Großraum Dresden *siehe Seiten 14f*

Barockgarten Großsedlitz ⓮

Motiv an einer Vase

Das Meisterwerk der Gartenkunst, etwa 15 Kilometer südöstlich von Dresden gelegen, gehört zu den wenigen vollständig erhaltenen barocken Gartenanlagen nördlich der Alpen. Der weitläufige Garten entstand ab 1719 auf Bestreben des Grafen Wackerbarth. Vier Jahre später erwarb August der Starke das Areal und ließ es bis 1732 umgestalten und erweitern – vollendet wurden die Pläne jedoch nie. Ein Spaziergang durch den terrassenförmig auf mehreren Niveaus (Parterres) angelegten Park führt über Freitreppen zu Skulpturen, Wasserspielen und Orangerien.

Die weibliche Allegorie mit Fischen *wurde 1981 als Kopie einer Skulptur aus dem frühen 18. Jahrhundert geschaffen.*

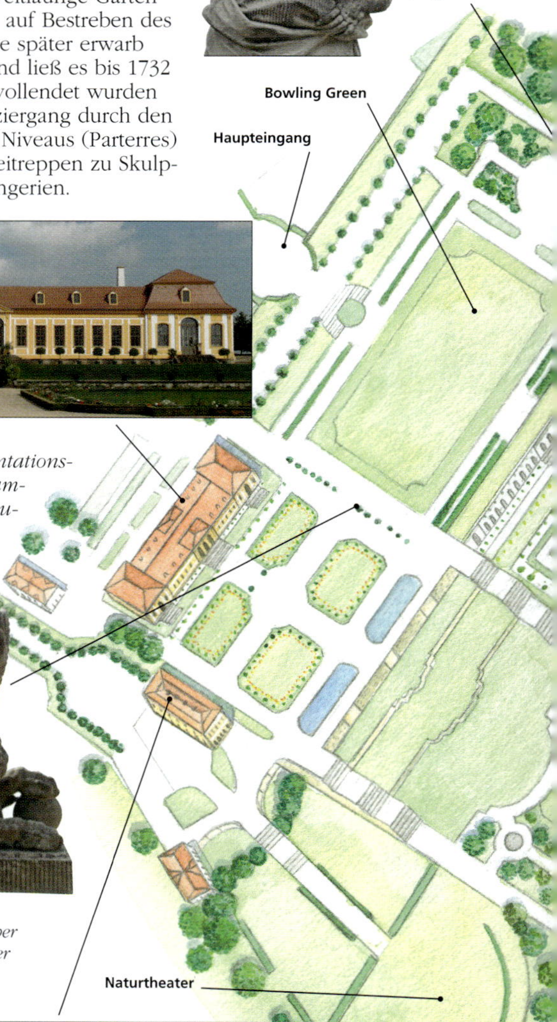

★ Obere Orangerie
Der 1719–21 errichtete Repräsentationsbau – einer der ältesten der gesamten Anlage – ist ein Werk des Baumeisters Johann Christoph Knöffel und wird für Ausstellungen genutzt.

Diese Figur der Sphinx, *ein beliebtes Motiv barocker Gartenkunst, trägt über dem gekrönten Kopf ein Tuch statt der üblichen Mähne eines Löwen.*

★ Friedrichsschlösschen
Hier befindet sich das Parkcafé, von dessen Terrasse man die Anlage überblickt.

Nicht versäumen

- ★ Friedrichsschlösschen
- ★ Obere Orangerie
- ★ Stille Musik

Unteres Orangerieparterre
Im Sommer ist die Untere Orangerie Bühne für kulturelle Veranstaltungen. Rund 150 Orangenbäume schaffen einen Festsaal im Grünen.

Infobox

Heidenau, Parkstraße 85.
15 km südöstlich von Dresden.
Heidenau. *03529-56 390.*
Apr–Aug: tägl. 8–20 Uhr; Sep–März: tägl. 8 Uhr bis Einbruch der Dunkelheit (maximal bis 20 Uhr; witterungsbedingte Schließung möglich). *nur Apr–Okt.* *eingeschränkt.* *Apr–Okt: So, Feiertage 11 Uhr.* *Ostern–Okt: tägl. 10–18 Uhr.* **www.** barockgarten-grosssedlitz.de

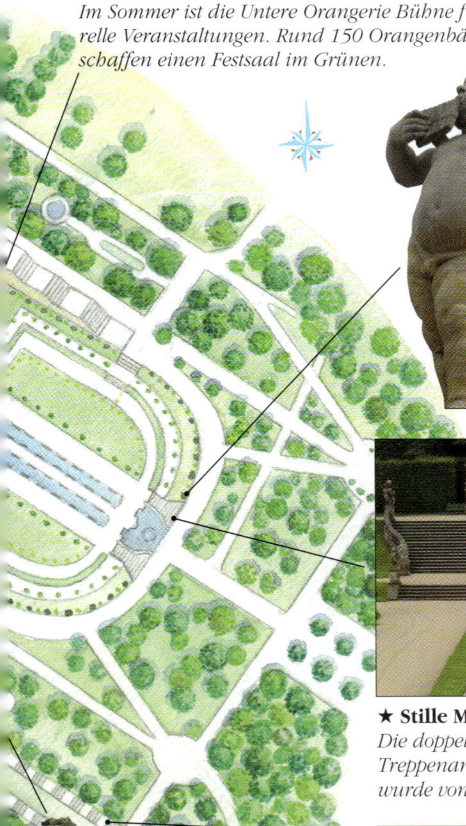

Musizierende Putten *schmücken die Stille Musik, die abgebildete ist mit einer Panflöte dargestellt. Insgesamt kann man rund 60 sehr schöne Skulpturen im Barockgarten Großsedlitz bewundern – und dabei so mancherlei Details entdecken.*

★ Stille Musik
Die doppelläufige, von Wasserbecken umrahmte Treppenanlage mit geschwungenen Balustraden wurde von Matthäus Daniel Pöppelmann konzipiert.

Waldkaskaden
An den unvollendeten Waldkaskaden wird sichtbar, dass die ehrgeizigen Pläne von August dem Starken nie ganz umgesetzt wurden. 1732 mussten die Bauarbeiten aus Geldmangel eingestellt werden.

Liebespaare der Mythologie *heißen acht detailreich dargestellte Skulpturen (im Bild Zephyr und Flora), die Johann Benjamin Thomae (1682–1751) zugeschrieben werden.*

Karte Großraum Dresden *siehe Seiten 14f*

Drei Spaziergänge

Mit seinen beeindruckenden Bauwerken und Denkmälern, Flaniermeilen, Grünanlagen und Flusspanoramen ist Dresden ideal für Spaziergänge. Das Zentrum ist sehr kompakt, die Wege zwischen den Sehenswürdigkeiten sind entsprechend kurz. Die drei vorgestellten Spaziergänge führen Sie zu vielen der renommiertesten Attraktionen sowie zu einigen weniger bekannten Kleinoden. Die erste Route verläuft durch die Innere Neustadt zwischen der Elbe und dem Albertplatz. Sie besticht durch prachtvolle Straßenzüge mit einigen der letzten originalen Barockbauten, Kunstgalerien und einer Markthalle.

Statue oben an der Kathedrale

Die beiden anderen Spaziergänge führen Sie durch die Altstadt. Der eine verläuft vom Zwinger über den Theaterplatz mit seinem unvergleichlichen Ensemble aus Semperoper, Kathedrale und Schloss auf die Brühlsche Terrasse, von der man einen wunderbaren Ausblick über die Flusslandschaft genießt, bis zur Synagoge. Die andere Route beginnt am Neumarkt, dem neuen Schmuckkästchen der Stadt, und bringt Sie über den Altmarkt zum Hauptbahnhof. Spannend ist hier der Kontrast zwischen erhabenen Barockbauten und moderner Architektur. Die Start- und Endpunkte aller Spaziergänge sind gut mit öffentlichen Verkehrsmitteln zu erreichen.

Spaziergänge auf einen Blick

Drei Spaziergänge

Die Orientierungskarte zeigt Ihnen die Lage und den groben Verlauf der drei vorgeschlagenen Routen.

Flanieren auf der Brühlschen Terrasse

Detail am Zwinger

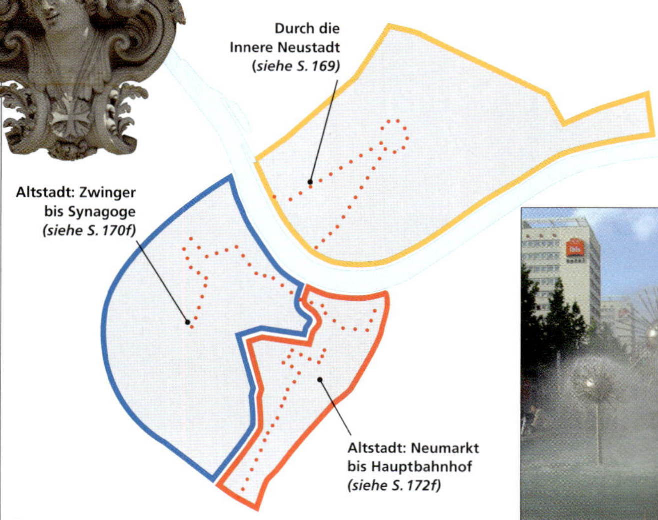

Wasserspiele in der Mitte der Prager Straße

Legende

······ Routenempfehlung

Spaziergang durch die Innere Neustadt (90 Min.)

Der Weg führt durch die beiden Hauptachsen der Neustadt, Königstraße und Hauptstraße, vorbei an barocken Stadtpalästen, edlen Boutiquen, Galerien und Passagen mit Kunsthandwerksläden. Beide Boulevards treffen sich am nahezu kreisrunden Albertplatz, dessen Brunnen wahre Kunstwerke sind. Kunterbuntes Treiben herrscht wochentags in der Neustädter Markthalle.

Japanisches Palais ①

Japanisches Palais bis Albertplatz

Das auch für seinen Figurenschmuck bekannte Japanische Palais ① zählte zu den ambitioniertesten Bauprojekten von August dem Starken. Der Park um das Museumsgebäude reicht bis an die Elbe, wo sich der zauberhafte Canaletto-Blick ② des berühmten italienischen Hofmalers bietet. Überqueren Sie die Große Meißner Straße und schlendern Sie die Königstraße ③ entlang. Hier befinden Sie sich auf der zentralen Achse des Neustädter Barockviertels, in dem einige Bauten aus jener Epoche die Jahrhunderte überdauert haben. Von der Königstraße zweigen Passagen und Seitengassen ab, in denen sich Galerien und Kunstgewerbeläden angesiedelt haben. Zu den sehenswertesten gehört die Antiquitätenpassage ④ in der Königstraße. Im weiteren Verlauf der Prachtstraße kommen Sie an der Dreikönigskirche ⑤ vorbei (Haupteingang an der Hauptstraße), die das berühmte Relief *Dresdner Totentanz* birgt. Am verkehrsreichen Albertplatz ⑥ faszinieren vor allem zwei Brunnenanlagen – *Stille Wasser* und *Stürmische Wogen*.

Vor der Neustädter Markthalle ⑦

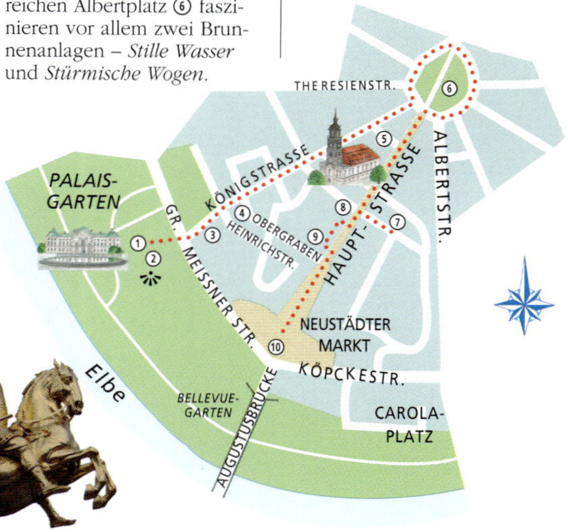

Goldener Reiter ⑩

Routeninfos

Start: *Japanisches Palais.*
Länge: *2 Kilometer.*
Dauer: *90 Minuten.*
Anfahrt: *Straßenbahn 4 oder 9.*
Rasten: *In der Inneren Neustadt befinden sich einige der besten Restaurants der Stadt. Zu empfehlen sind u. a. die Lokale der Prisco Passage (Wallgässchen 4). Angenehm beschaulich ist es im Biergarten des Red Rooster (Rähnitzgasse 10).*

Albertplatz bis Neustädter Markt

Die Hauptstraße verläuft vom Albertplatz direkt nach Süden. Gegenüber der Dreikönigskirche biegen Sie links in die Metzerstraße ein und betreten dort die Neustädter Markthalle ⑦, wo Sie ein Fest der Sinne erwartet. Verlassen Sie die Markthalle nach Süden zur Ritterstraße hin und begeben Sie sich nach rechts wieder in die Hauptstraße. Nr. 13 ist das Kügelgenhaus ⑧. Zu beiden Seiten dieses Museums (Nr. 9, 11, 13, 15, 17 und 19) gibt es Durchgänge zu den Kunsthandwerkerpassagen mit Galerien, Glaswerkstätten und Kunstschmieden. Das Dresdner Fußballmuseum ⑨ Ecke Hauptstraße/Obergraben präsentiert vielfältige Objekte zur Geschichte der Fußballvereine der Stadt (u. a. Trophäen von Dynamo Dresden). Gehen Sie nun die baumgesäumte Hauptstraße weiter nach Süden bis zum Goldenen Reiter ⑩, dem Standbild von August dem Starken am Neustädter Markt.

Den nur etwa 250 Meter nordwestlich gelegenen Ausgangspunkt des Spaziergangs erreichen Sie mit der Straßenbahn (Linien 4 oder 9) oder zu Fuß.

0 Meter 300

Legende

- Routenempfehlung
- Fußgängerzone
- Aussichtspunkt

Altstadt: Zwinger bis Synagoge (2 Std.)

Der Spaziergang verbindet einen Streifzug zu Musterbeispielen barocker Architektur mit entspanntem Flanieren an der Elbe. Das Ensemble rund um den Theaterplatz ist an Pracht kaum zu überbieten, auch der Fürstenzug ist einmalig. Die Brühlsche Terrasse oberhalb der Elbe wurde wegen der wunderbaren Aussicht mit dem Beinamen »Balkon Dresdens« versehen. Einen architektonischen Kontrast setzt die Synagoge am Ende des Spaziergangs. Entlang der gesamten Strecke erinnern Denkmäler an berühmte Dresdner.

Wasservorhang am Postplatz, links Schauspielhaus, rechts Zwinger ①

Vom Zwinger zur Freitreppe
Vom Postplatz aus, dem Startpunkt vieler Stadtrundfahrten, betreten Sie den Zwinger ① durch den südöstlichen Eingang am Glockenspielpavillon. Um einen Eindruck von der gewaltigen Pracht dieses barocken Meisterwerks zu bekommen, gehen Sie links die Treppe hinauf zur Porzellansammlung und dann durch ein Tor ins Freie auf die Zwingerbalustrade. Schlendern Sie dort entlang und genießen Sie den Blick auf die Fassaden, Becken, Grünanlagen und Wege des Zwingers. Auf Höhe des Wallpavillons führt eine Treppe hinunter in den Hof, wo Sie noch ein wenig verweilen können. Verlassen Sie die Anlage im Nordosten Richtung Theaterplatz ②, der unbestritten zu den schönsten Plätzen in Deutschland gehört. Seine wahre Pracht zeigt er, wenn man ihn von der Mitte aus betrachtet – am Reiterstandbild König Johanns von Sachsen.

Umrunden Sie nun den Theaterplatz und lassen Sie sich dabei von der Fassade der Semperoper ③, Deutschlands international bekanntestem Opernhaus, beeindrucken. Hinter der Schinkelwache (Altstädter Wache) ④ halten Sie sich Richtung Osten. Zwischen der reich mit plastischem Schmuck verzierten Kathedrale ⑤ auf der linken und dem für seine wertvollen Sammlungen berühmten Schloss ⑥ auf der rechten Seite gehen Sie unter dem Übergang, der beide Bauwerke verbindet, zum Schlossplatz. Passieren Sie dort den Georgenbau ⑦, das früheste Bauwerk der Dresdner Renaissance, und bewundern Sie in der Augustusstraße den 102 Meter langen Fürstenzug ⑧. Dieses größte Porzellanbild der Welt vereint u.a. 35 Regenten der Wettiner, die mehr als 800 Jahre über Sachsen herrschten.

Hinter dem Fürstenzug biegen Sie links in die Brühlsche Gasse ein, auf der Sie die Brühlsche Terrasse unterqueren. In der Unterführung dokumentiert etwa in Kopfhöhe eine Markierung den Höchststand des Elbepegels bei der Jahrhundertflut im

ROUTENINFOS

Start: *Postplatz.*
Länge: *2 Kilometer.*
Dauer: *2 Stunden.*
Anfahrt: *Straßenbahn 1, 2, 4, 8, 9, 11 oder 12; Bus 75 oder 94.*
Rasten: *Lokale gibt es auf dieser Route in großer Zahl. Einige sind in erhabenen Bauwerken wie der Schinkelwache oder Sekundogenitur untergebracht. Besonders stilecht ist ein Aufenthalt im Radeberger Spezialausschank (Terrassenufer 1), der sich über mehrere Stockwerke erstreckt, auch Tische im Freien hat und sächsische Küche serviert.*

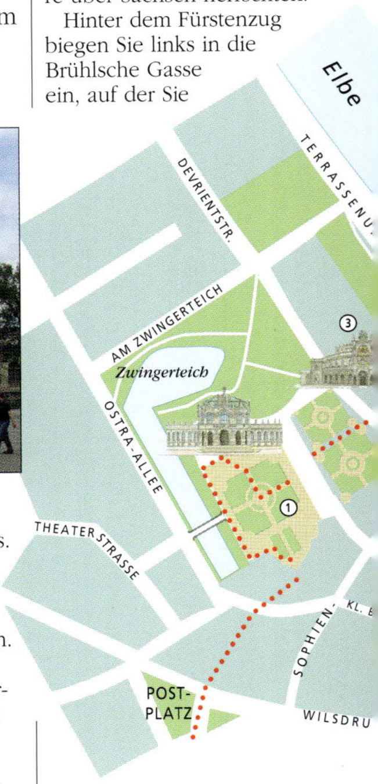

Nacht **ist eine von vier Figurengruppen an der Freitreppe ⑨ zur Brühlschen Terrasse**

August 2002. Am Terrassenufer wenden Sie sich nach links, wo Sie die Freitreppe ⑨ mit ihren imposanten Skulpturen erreichen.

Auf der Brühlschen Terrasse

Über die 41 Stufen der Freitreppe gelangen Sie auf die Brühlsche Terrasse ⑩. Ein Spaziergang auf der rund 500 Meter langen Flaniermeile zwischen der Elbe und großen, prachtvollen Bauwerken zählt zu den Höhepunkten eines Dresden-Besuchs.

***Eros*-Figur auf der Kunstakademie ⑫**

Der Brühlsche Garten ⑭ lädt Spaziergänger zu einer kurzen Rast im Grünen ein

Der Blick reicht über die Elbe und die vorbeiziehenden Elbedampfer bis hinüber zur Neustadt. Oben an der Freitreppe präsentieren Verkaufsstände vielfältige Ansichten der Stadt – von der Postkarte bis zum Kunstdruck. Oft sorgen Akkordeonspieler für musikalische Untermalung.

Vor der Sekundogenitur ⑪, die an der Stelle der Brühlschen Bibliothek errichtet wurde und barocke Elemente des Vorgängerbaus aufnimmt, steht ein Denkmal zu Ehren des spätklassizistischen Bildhauers Ernst Rietschel (1804–1861), der den Fassadenschmuck vieler Dresdner Bauwerke schuf.

Die Kunstakademie ⑫, das monumentalste Gebäude an der Brühlschen Terrasse, wird wegen der gerippten Gestalt ihrer Glaskuppel von den Dresdnern auch »Zitronenpresse« genannt. Zu den berühmtesten Künstlern, die an der Akademie lehrten, gehört Gottfried Semper. Für den bedeutenden Baumeister wurde zwischen der Hochschule und dem Albertinum ⑬ ein Denkmal errichtet.

Eine Treppe führt hinauf zum Brühlschen Garten ⑭ am östlichen Ende der Brühlschen Terrasse. In dieser Grünanlage kann man zwischen Brunnenanlagen wie dem Delphinbrunnen und Denkmälern wie dem Moritzmonument und der Böttgerstele ein wenig spazieren oder von einer Sitzbank die Aussicht über die Elbe genießen. Über einen Weg gelangt man hinunter zur Synagoge ⑮, hinter deren schmuckloser Fassade sich ein prachtvoll gestalteter Innenraum verbirgt.

Von der Synagoge erreicht man mit der Straßenbahn (Linie 3 oder 7) bzw. zu Fuß den rund 300 Meter südlich gelegenen Pirnaischen Platz. Von dort geht es mit Tram (1, 2, 4 oder 12) oder Bus (75) zurück zum Postplatz.

Synagoge ⑮ mit nach Osten gedrehtem Kubus und Gemeindezentrum

Altstadt: Neumarkt bis Hauptbahnhof (90 Min.)

Der Spaziergang führt zu herausragenden Sehenswürdigkeiten wie der Frauenkirche und der Kreuzkirche, streift aber auch sozialistische Plattenbauten und extravagante moderne Bauwerke wie das Glaskugelhaus. Außerdem überquert man ausladende Plätze wie Neumarkt und Altmarkt und wird zu Veranstaltungszentren wie dem Kulturpalast sowie zu einigen der gefragtesten Shopping-Adressen Dresdens, etwa der überdachten Altmarkt-Galerie, geleitet. Ein großer Teil der Route verläuft durch Fußgängerzonen – u.a. Neumarkt, Weiße Gasse und Prager Straße.

Neumarkt ① mit Frauenkirche ②, dem bekanntesten Wahrzeichen Dresdens

Neumarkt bis Altmarkt

Der Spaziergang beginnt am Neumarkt ①. Kaum ein anderer Platz in Deutschland hat sein Antlitz in den letzten Jahren so stark verändert wie dieser – nicht nur durch die Wiederherstellung von Frauenkirche ② und Coselpalais ③ an der Nordseite sowie des Steigenberger Hotel de Saxe ④ im Süden. In den kommenden Jahren wird der von pastellfarbenen Häusern gesäumte Platz mit großem Aufwand weiter verschönert werden. Zu seinem Schmuck gehören u.a. Statuen von Martin Luther und Kurfürst Friedrich August II.

Kurfürst Friedrich August II.

Beim Verlassen des Neumarkts nach Westen passieren Sie aktuelle Ausgrabungsstätten und das Johanneum ⑤. Dahinter biegen Sie links in die Schlossstraße ein. An der westlichen Fassade des Kulturpalasts ⑥ prangt mit dem monumentalen Wandbild *Der Weg der Roten Fahne* ein eindrucksvolles Beispiel für den Kunststil des sozialistischen Realismus. In der Südwestecke des Kulturpalasts ist die Ticketzentrale, wo Sie Eintrittskarten für Veranstaltungen sowie Informationen zu Events und Sehenswürdigkeiten erhalten.

Nun biegen Sie links in die Wilsdruffer Straße ein und kommen an der südöstlichen Ecke des Kulturpalasts vorbei, in der das Besucherzentrum Frauenkirche eingerichtet ist.

Einen Häuserblock weiter zweigt rechts die Weiße Gasse ⑦ ab, die Sie von Nord nach Süd durchqueren.

Coselpalais ③ mit Restaurant

Ganz gleich zu welcher Tageszeit Sie hier sind – die Düfte frisch zubereiteter Speisen aus den Restaurants, die Gerichte aus aller Herren Länder zubereiten, sind verführerisch. Bei schönem Wetter bieten alle Lokale Plätze im Freien, dann herrscht hier fast mediterrane Atmosphäre. Am südlichen Ende der Weißen Gasse steht der Gänsediebbrunnen ⑧, die Rekonstruktion einer 1880 von Robert Diez geschaffenen Plastik. An der Kreuzstraße biegen Sie rechts ab und passieren die Kreuzkirche ⑨, neben der Frauenkirche die bedeutendste protestantische Kirche Sachsens. Der international renommierte Kreuzchor ist die älteste Musikinstitution der Stadt. Hinter der Kreuzkirche erstreckt sich der Altmarkt ⑩, das historische Zentrum Dresdens.

In der Prager Straße ⑫ wurde 1972 das Rundkino ⑬ eröffnet

Die Plastik *Völkerfreundschaft* (1986) von Wolf-Eike Kuntsche in der Prager Straße ⑫

Legende

- ··· Routenempfehlung
- Fußgängerzone
- Hauptbahnhof
- S-Bahn

Altmarkt bis Hauptbahnhof

Überqueren Sie diesen größten Platz Dresdens und genießen Sie das Markttreiben, das hier fast das ganze Jahr hindurch herrscht. Mit dem Versprechen eines besonderen Shopping-Erlebnisses wirbt die Altmarkt-Galerie ⑪ im Südwesten des Platzes. Die Läden führen u. a. Mode, Beauty-Artikel, Sportgeräte, Delikatessen und Hightech-Equipment.

Verlassen Sie das Shopping-Center nach Osten und schlendern Sie die Seestraße hinunter. Nach Überqueren des Dr.-Külz-Rings sind Sie in der Prager Straße ⑫. Dieser Fußgängerboulevard wird von Einkaufszentren und Label-Shops gesäumt, Wasserspiele bringen Abwechslung in den fast schnurgeraden Straßenverlauf. Nach etwa 150 Metern führt ein Durchgang zum Rundkino ⑬ (Spielstätte des Dresdner Puppentheaters) und zum UFA-Kristallpalast ⑭, der acht Kinosäle umfasst. Beide Bauwerke sind architektonisch interessant.

Wieder zurück auf der Prager Straße fallen links drei in West-Ost-Richtung verlaufende große Plattenbauten auf, in denen sich u. a. Hotels befinden. Die Prager Straße mündet in den Wiener Platz mit dem Glaskugelhaus ⑮ als Blickfang. Hinter dem Platz ragt der Hauptbahnhof ⑯ auf, der unlängst umgestaltet wurde. Besondere optische Effekte bewirkt das lichtdurchlässige Bahnhofsdach.

Vom Hauptbahnhof kommen Sie mit der Straßenbahn (Linie 3 oder 7) zum Pirnaischen Platz, von dort geht es weiter zum Altmarkt (Straßenbahn 1, 2 oder 4). Die letzten 200 Meter zum Neumarkt legen Sie zu Fuß zurück.

Bei der Umgestaltung des Hauptbahnhofs ⑯ wirkte Sir Norman Foster mit

Routeninfos

Start: *Neumarkt.*
Länge: *2 Kilometer.*
Dauer: *90 Minuten.*
Anfahrt: *Straßenbahn 1, 2 oder 4.*
Rasten: *Die Weiße Gasse bietet internationale Küche für jeden Geschmack: Capetown's (Nr. 1) serviert südafrikanische, Kinh-Do (Nr. 4) vietnamesische Gerichte, Tapas Barcelona (Nr. 6) bringt die kulinarische Vielfalt Spaniens auf den Teller. Im Förster's (Nr. 5) bekommen Sie vorwiegend einheimische Kost.*

Ausflüge

Eine hübsche Ergänzung zum Aufenthalt in Dresden bietet die attraktive Umgebung. Tagesausflüge führen in charmante Kleinstädte, deren Historie sich immer noch im Stadtbild widerspiegelt. Sie können erlesene Handwerkskunst hautnah erleben oder sich in majestätischen Berglandschaften bewegen. Weinliebhaber wird Deutschlands nordöstlichstes Weinbaugebiet faszinieren.

Auch das Umland der Kunstmetropole ist reich an Historie. Die nach der Erfindung des europäischen Porzellans gegründete Manufaktur in Meißen exportiert ihre Waren seit Jahrhunderten in viele Länder. Die mit unterschiedlichsten Motiven bemalten Erzeugnisse ziehen Besucher in den Bann. Auch andere Rohstoffe spielten eine große Rolle für die Region. An die lange Tradition der Bergbaustadt Freiberg, deren Stadtkern unter Denkmalschutz steht, erinnern mehrere Museen.

Zwei gekreuzte Schwerter – Logo für Meissener Porzellan

Im nordöstlichen Sachsen leben viele Sorben. Das Siedlungsgebiet dieser slawischen Minderheit erstreckt sich auch in das nördlich angrenzende Bundesland Brandenburg. Zu den Hochburgen der Sorben gehören u.a. Bautzen und Kamenz. Das Sorbische Museum in Bautzen macht mit der Kultur dieser Volksgruppe vertraut. Die Kleinstadt Pirna, in deren Zentrum mittelalterliche Fachwerkhäuser erhalten sind, ist das Tor zur Sächsischen Schweiz im Elbsandsteingebirge. Ein Teil dieses von steilen Felsnadeln, tiefen Schluchten und romantischen Waldlandschaften geprägten Gebiets wurde 1990 zum Nationalpark Sächsische Schweiz erklärt.

Eine prominente Route ist die Sächsische Weinstraße zwischen Diesbar-Seußlitz und Pirna. Auf den fruchtbaren Böden der von der Sonne verwöhnten Elbhänge gedeihen Rebsorten, aus denen vor allem Weißweine gekeltert werden. Winzer bieten ihre edlen Tropfen zum Direktverkauf an, auf vielen Weingütern kann man an Verkostungen oder Führungen teilnehmen. Im Herbst findet hier immer irgendwo ein Weinfest statt.

Festung Königstein – einst wehrhafte Burg und Gefängnis, heute ein Freilichtmuseum ***(siehe S. 183)***

◁ **Wanderweg durch das Schluchtenlabyrinth, Sächsische Schweiz** ***(siehe S. 180–183)***

Überblick: Ausflüge

Obwohl Dresden eine Fülle an erstklassigen Kulturschätzen zu bieten hat, lohnt es sich auf jeden Fall, auch die Umgebung der sächsischen Metropole zu erkunden. Einige stimmungsvolle Kleinstädte mit historischen Stadtkernen liegen in unmittelbarer Nähe, ein Besuch der 1710 gegründeten Meissener Porzellan-Manufaktur – eine Produktionsstätte von Weltruf – ist ein Muss für Liebhaber des »weißen Goldes«. Die bizarren Felsformationen der Sächsischen Schweiz und die Flusslandschaften des Elbtals, das hier zwischen den Felswänden tief eingeschnitten ist, ergänzen die Vielfalt an sehenswerten Attraktionen. Bemerkenswert ist in dieser Region auch die große Zahl von Burgen und Festungen.

Europa, eine Porzellanfigur der Manufaktur in Meißen

Der Unterbau der Friedrichsburg (Festung Königstein) stammt von 1589/90, die doppelläufige Freitreppe ist barock

Sehenswürdigkeiten auf einen Blick

Bautzen (Budyšin) 5
Freiberg 2
Kamenz (Kamjenc) 4
Meißen 1
NP Sächsische Schweiz S. 180–183 6
  Bad Schandau
  Bastei
  Burg Hohnstein
  Felsenbühne Rathen
  Festung Königstein
  Lichtenhainer Wasserfall
  Schrammsteine
Pirna 3
Sächsische Weinstraße 7

Die Weinbergkirche bei Pillnitz, ein barockes Kleinod

Felsgruppe der Bastei in der Sächsischen Schweiz

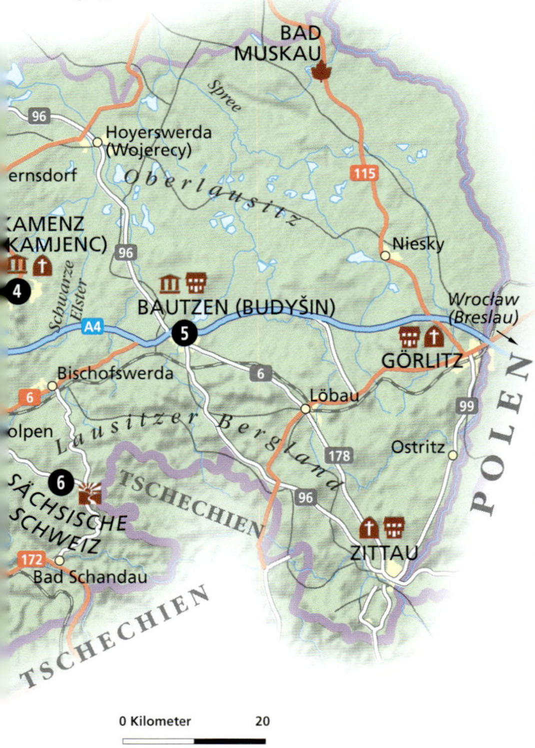

Die Altstadt von Bautzen liegt hoch über den Ufern der Spree

Legende

- Autobahn
- Bundesstraße
- Nebenstraße
- Panoramastraße
- Eisenbahn
- Bundeslandgrenze
- Staatsgrenze

Im östlichen Sachsen unterwegs

Auch wenn die meisten Ausflugsziele mit dem Zug zu erreichen sind, erkundet man die Umgebung von Dresden am besten mit dem Auto. Die A4 durchquert das östliche Sachsen von West nach Ost. Dresden liegt an der Sächsischen Weinstraße, die von Pirna im Südosten bis Diesbar-Seußlitz im Nordwesten verläuft. Eine wunderbare Möglichkeit, Dresdens Umland zu entdecken, bietet sich zu Wasser. An Bord eines historischen Raddampfers der Sächsischen Dampfschiffahrt kann man sich auf der Elbe ganz bequem zu einem Tagesausflug in die Sächsische Schweiz aufmachen.

Das spätgotische Rathaus in Meißen

Meißen ❶

22 km nordwestlich von Dresden. 29 900. Markt 3, 03521-41 940. *Stadt- und Weinfest (Sep).* **www**.stadt-meissen.de

Seit fast 300 Jahren steht der Name Meißen für edles Porzellan, doch die Stadt ist wesentlich älter. Im Jahr 929 war der Ort ein Ausgangspunkt für die Unterwerfung der slawischen Stämme östlich der Elbe. 968 wurde Meißen Bischofssitz.

Das Städtchen hat ein schönes spätgotisches **Rathaus** (15. Jh.), die **Frauenkirche** aus derselben Zeit besitzt als erste Kirche der Welt ein stimmbares Glockenspiel aus Porzellan (1929). Die älteste Kirche Meißens ist **St. Afra**.

Albrechtsburg und Dom

Domplatz 1. *03521-47 070.* **Burg** *März–Okt: tägl. 10–18 Uhr; Nov–Feb: tägl. 10–17 Uhr.*
Dom *Apr–Okt: tägl. 9–18 Uhr; Nov–März: tägl. 10–16 Uhr.*

Die mächtige Befestigungsanlage über dem Elbtal wurde ab 1471 für die Kurfürsten Ernst und Albrecht von Wettin errichtet. Eine Besonderheit ist die breite Treppe, der Große Wendelstein. Ab 1710 war im Schloss die Porzellan-Manufaktur zu Hause.

Der Dom entstand in seiner heutigen Form 1260–1410. Er weist frühgotische Figuren auf, die dem Naumburger Meister zugeschrieben werden, außerdem einen Triptychonaltar (1534) von Lucas Cranach d. Ä. in der Georgskapelle. In der Fürstenkapelle wurden Mitglieder des Herrscherhauses Wettin beigesetzt.

Staatliche Porzellan-Manufaktur

Talstraße 9. *03521-4680 (Ausstellung: 468 208).* *Mai–Okt: tägl. 9–18 Uhr; Nov–Apr: tägl. 9–17 Uhr.* **www**.meissen.com

Seit 1710 stellt die Meissener Porzellan-Manufaktur – als Erste in Europa – feinstes Porzellan her *(siehe S. 36f)*. 1864 zog die Manufaktur in die Talstraße um. Im Museum wird die Geschichte des Porzellans mit vielen Einzelstücken dokumentiert. Führungen vermitteln Details der Porzellanherstellung.

Otto von Meißen, der Gründer Freibergs

Freiberg ❷

30 km südwestlich von Dresden. 46 300. *Burgstraße 1, 03731-419 5190.* *Bergstadtfest (Juni).* **www**.freiberg.de

Schon im 12. Jahrhundert wurden die nahen Silberminen kommerziell ausgebeutet. 1186 erhielt Freiberg das Stadtrecht. Neben den schön restaurierten Fachwerkhäusern lohnt vor allem der **Dom St. Marien** eine Besichtigung. Man betritt das spätgotische Gotteshaus (15. Jh.) durch die Goldene Pforte, ein prächtiges Portal (frühes 13. Jh.). Der Innenraum birgt eine tulpenförmige Kanzel (1505), eine Orgel von Gottfried Silbermann, Statuen und Epitaphe.

Nicht weit entfernt steht am Untermarkt das **Stadt- und Bergbaumuseum**, in dem die lange Bergbautradition von Freiberg und Umgebung anschaulich gemacht wird. Auch die Exponate der **Mineralien- und Lagerstättensammlung der Bergakademie** sind nicht nur für Geologen interessant.

Durch verwinkelte Gassen erreicht man den **Obermarkt**. Hier stehen das spätgotische Rathaus und ein Brunnen mit dem Standbild des Stadtgründers Otto von Meißen.

Dom St. Marien

Untermarkt 1. *03731-22 598.* *So 11.30–12.45, 13.45–16 Uhr; Mai–Okt: Mo–Sa 10–12.30, 13.30–17 Uhr; Nov–Apr: Mo–Sa 11–12.30, 13.30–16 Uhr.* **Orgelvorführung** *So 11.30 Uhr.*

Stadt- und Bergbaumuseum

Am Dom 1. *03731-20 250.* *Di–So 10–17 Uhr.*

Mineralien- und Lagerstättensammlung

Brennhausgasse 14. *03731-392 264.* *Mi–Fr 9–12, 13–16, Sa 9–16 Uhr.*

Pirna ❸

15 km südöstlich von Dresden. *42 600.* *Am Markt 7, 03501-556 447.* *Stadtfest (Juni).* **www**.pirna.de

Die kleine Stadt am Elbufer war eine wichtige Station beim Handel mit Prag und hat

Marktplatz mit Renaissance-Rathaus in Pirna

Gotischer Altar von 1513 in der St.-Annen-Kirche von Kamenz

noch den alten geometrischen Straßengrundriss. Die **Marienkirche** wurde 1502–46 erbaut, der Turm ist älter. Eine Kanzel aus vorreformatorischer Zeit, ein prächtiger Renaissance-Altar und ein Taufstein mit Kinderfiguren (1561) bilden die Highlights im Inneren.

Weitere Sehenswürdigkeiten sind das im 16. Jahrhundert umgestaltete **Rathaus**, die Fachwerkhäuser am Marktplatz und die ehemalige Klosterkirche St. Heinrich. Über Pirna thront **Schloss Sonnenstein**, das im 17. und 18. Jahrhundert erweitert wurde.

Umgebung: 14 Kilometer südwestlich von Pirna steht **Schloss Weesenstein**. Der gotische Bau wurde zuletzt im 19. Jahrhundert umgebaut und beherbergt ein Museum für Tapeten und Gobelins.

Schloss Weesenstein
Müglitztal, Am Schlossberg 1. *035027-6260.* *Apr–Okt: tägl. 9–18 Uhr; Nov–März: tägl. 10–17 Uhr.*
www.schloss-weesenstein.de

Kamenz (Kamjenc) ❹

35 km nordöstlich von Dresden. *19 100.* *Pulsnitzer Straße 11, 03578-379 205.* *Kamenzer Forstfest (Aug).* **www**.kamenz.de

Die beste Zeit, Kamenz zu besuchen, ist im Mai und Juni, wenn die Rhododendronbüsche auf dem 294 Meter hohen Hutberg in Blüte stehen. Der Dichter Gotthold Ephraim Lessing wurde 1729 in Kamenz geboren, das 1931 gegründete **Lessing-Museum** widmet sich seinem Leben und Werk.

Das große Feuer von 1842 vernichtete den Stadtkern, ließ aber wie durch ein Wunder die spätgotische **Marienkirche** unberührt. Die vier Kirchenschiffe mit einem gotischen Altar (15. Jh.) sind typisch für die Kirchenbauten der Region. Ebenso interessant sind die spätgotische **St.-Annen-Kirche** und die **Katechismuskirche**, einst Teil der Stadtbefestigung. Auch der alte Friedhof und die **Kirche St. Justus** mit Wandmalereien aus dem 14. Jahrhundert sind einen Besuch wert.

Lessing-Museum
Lessingplatz 1–3. *03578-38 050.* *Di–Fr 9–17, Sa, So 13–17 Uhr.*
www.lessingmuseum.de

Bautzen (Budyšin) ❺

50 km nordöstlich von Dresden. *44 700.* *Hauptmarkt 1, 03591-42 016.* *Vogelhochzeit (Jan), Ostereierschieben (Ostersonntag).*
www.bautzen.de

Auch wenn Bautzen leider noch oft mit dem Hochsicherheitsgefängnis aus DDR-Zeiten in Verbindung gebracht wird, lohnt die hübsche Stadt mit ihrer malerischen Lage auf einem Felsen über dem Spreetal eine Besuch. Die Sorben, eine slawische Minderheit, haben Bautzen unübersehbar geprägt. Ihre Kultur und Sprache gewinnen wieder an Bedeutung.

Die Altstadt mit den engen Gassen, dem barocken Rathaus und dem schiefen **Lauenturm** ist zu Fuß gut zu erkunden. Der Aufstieg auf den Turm der **Alten Wasserkunst** (16. Jh.), ein Wahrzeichen Bautzens, ist ein Erlebnis. Der **Dom St. Petri** wird sowohl von katholischen Sorben als auch von Protestanten besucht. Die für den ungarischen König Matthias Corvinus erbaute spätgotische **Ortenburg** ist heute Sitz des **Sorbischen Museums**.

Sorbisches Museum
Ortenburg 3–5. *03591-270 8700.* *Apr–Okt: Mo–Fr 10–17, Sa, So 10–18 Uhr; Nov–März: Mo–Fr 10–16, Sa, So 10–17 Uhr.*
www.museum.sorben.com

Sorben

Die Sorben gehören der slawischen Minderheit in den östlichen Gebieten von Sachsen und Brandenburg an. Sie stammen von den Slawen ab, die seit dem 7. Jahrhundert in dieser Region leben. Sorbische Vereinigungen wurden im Dritten Reich verboten, seit 1945 genießen die Sorben Kulturautonomie. Es gibt sorbische Schulen, meist sind die Schilder in der Region zweisprachig.

Sorbische Festtracht

Nationalpark Sächsische Schweiz ❻

Schild des Nationalparks Sächsische Schweiz

Sachsens einziger Nationalpark besticht durch seine wildromantische Natur mit zum Teil ursprünglichen Landschaften, bietet aber auch kulturell interessierten Besuchern eine Vielfalt an Attraktionen. Einige Orte an der Elbe sind nicht nur bloße Versorgungszentren, sondern haben beispielsweise auch attraktive Wellness-Einrichtungen. Die Burgen und Festungen spielten in der sächsischen Historie eine wichtige Rolle. Das Nationalparkzentrum Sächsische Schweiz in Bad Schandau bietet auf ebenso informative wie spannende Art einen Überblick über alle Facetten der Region. Von Dresden aus erreichen Sie die Sächsische Schweiz mit öffentlichen Verkehrsmitteln (S-Bahn, Zug und – bequem – Schiffe der Sächsischen Dampfschiffahrt) oder mit dem Auto.

Burg Stolpen
Berühmt ist die Burg als Verbannungsort der Gräfin von Cosel (1680–1765), die hier ihre letzten 49 Jahre verbrachte.

★ Bastei
Die Felsformation zählt zu den größten Attraktionen der Sächsischen Schweiz. Die Basteibrücke verbindet mehrere Aussichtspunkte, von denen man einen wunderbaren Blick über diesen geradezu verwunschen wirkenden Naturraum hat.

★ Festung Königstein
Die Anlage blickt auf eine bewegte, nicht immer ruhmreiche Geschichte zurück. Der Faszination des Bauwerks kann sich kaum ein Besucher entziehen.

LEGENDE

- Nationalpark
- Staatsgrenze
- Eisenbahn
- Hauptstraße
- Nebenstraße
- Aussichtspunkt
- Wasserfall
- Gipfel
- Fähre
- Historische Eisenbahn

NICHT VERSÄUMEN

- ★ Bad Schandau
- ★ Bastei
- ★ Festung Königstein

Burg Hohnstein
Die mächtige Festung thront auf einem Felssporn über dem Ort Hohnstein. Zum Anwesen gehört ein idyllischer Burggarten mit Freilichtbühne. Im Burgmuseum wird die Historie des Anwesens lebendig.

INFOBOX

Nationalparkzentrum Sächsische Schweiz Dresdner Straße 2b, 01814 Bad Schandau. *035022-50 240. Apr–Okt: tägl. 9–18 Uhr; Nov–März: Di–So 9–17 Uhr. Jan. Ermäßigungen bei Benutzung öffentlicher Verkehrsmittel. nach telefonischer Anmeldung.*
www.bad-schandau.de;
www.nationalpark-sächsische-schweiz.de

Kuhstall
Das elf Meter hohe und 17 Meter breite Felsentor diente im Mittelalter angeblich Raubrittern als Versteck für gestohlenes Vieh.

Elbtal
Im Nationalpark präsentiert sich die landschaftliche Vielfalt des gesamten Elbtals: An manchen Stellen bahnt sich der Fluss in engen Schluchten seinen Weg zwischen steil aufragenden Felsen, in anderen Bereichen durchfließt er flacheres Terrain.

★ Bad Schandau
Der perfekt ausgestattete Kneippkurort am Elbufer ist einer der besten Ausgangspunkte für einen erholsamen Aufenthalt im Nationalpark Sächsische Schweiz.

Regionalkarte *siehe Seiten 176f*

NP Sächsische Schweiz: Überblick

Wappen auf dem Medusentor, Festung Königstein

Der Nationalpark birgt eine der außergewöhnlichsten Landschaften Mitteleuropas. Zum besonderen Reiz der Sächsischen Schweiz tragen erhabene, auf Bergspitzen thronende Festungen und idyllische Kleinstädte bei – Programm genug für einen mehrtägigen Aufenthalt in faszinierender Umgebung. Hier lassen sich Naturerlebnis und Kulturgenuss miteinander verbinden, etwa bei einem zu Musik inszenierten Wasserfall oder bei einer Theateraufführung im Naturtheater.

Bastei

Zwischen der Stadt Wehlen und dem Kurort Rathen – beides Haltepunkte der Sächsischen Dampfschiffahrt *(siehe S. 246f)* – ragt die wohl berühmteste Felsformation der Sächsischen Schweiz auf. Die bis 305 Meter hohe, bizarre Welt aus Sandsteinmassiven umfasst steil aufragende, von engen Schluchten getrennte Felsnadeln und -türme, bewaldete Felskuppen sowie Hochflächen.

Der in Rathen beginnende Wanderweg erschließt die Felsenwelt der Bastei und führt auch über in den Stein geschlagene Treppen und die spektakuläre steinerne Basteibrücke. Diese 76,5 Meter lange Brücke überspannt eine 40 Meter tiefe Schlucht. Man passiert auch die im Mittelalter errichtete Felsenburg Neurathen, von der nur noch einige Mauerreste existieren. Von der Aussichtsplattform ganz oben belohnt ein wunderbarer Blick über das Elbtal für die Mühen des Aufstiegs.

Felsenbühne Rathen

Rathen, Amselgrund 17. ☎ *035024-7770.* **www**.dresden-theater.de

Ein Naturschauspiel im wahrsten Sinne ist die 1936 angelegte Bühne, die zu den schönsten Naturtheatern in Europa gehört. Felswände bilden die eindrucksvolle Kulisse für Aufführungen der Landesbühnen Sachsen *(siehe S. 218)*, deren Ensemble die Felsenbühne in der Nähe des Kurortes Rathen bespielt. In der von Mai bis September dauernden Spielzeit gibt es rund 90 Vorstellungen – von Schauspiel bis Musiktheater, von klassisch bis modern. Zum Repertoire gehören neben Stücken von Karl May *(siehe S. 33)* auch Werke wie die romantische Oper *Der Freischütz* von Carl Maria von Weber *(siehe S. 33)* oder Shakespeares Tragödie *Romeo und Julia*. Die Felsumrahmung bewirkt eine fantastische Akustik, Rufe oder Gesang hallen bis weit in die Umgebung.

Hohe, schroffe Felsen sind ein vertrauter Anblick in der Sächsischen Schweiz

Felsenbühne Rathen – Theater ohne Vorhang, aber vor stattlicher Kulisse

Der Publikumszuspruch ist vor allem bei den Abendveranstaltungen groß, die rund 2000 Tickets sind oft schon lange vor der Vorstellung vergriffen. Reservieren Sie Ihre Eintrittskarten früh. Zuschauer müssen auf dem Weg zur Felsenbühne einen steilen Anstieg bewältigen, für Gäste mit eingeschränkter Mobilität gibt es – nach Anmeldung – einen Transportservice.

Burg Hohnstein

Hohnstein. ☎ *035975-81 202.* **Museum** *Apr–Okt: tägl. 10–17 Uhr.* **www**.burg-hohnstein.info

Die im 12. Jahrhundert erstmals urkundlich erwähnte Burg steht auf einem Sandsteinfelsen und überragt den von Fachwerkhäusern geprägten Ort Hohnstein. Die Anlage blickt auf eine wechselvolle Geschichte zurück – sie diente u.a. als Jagdschloss, Verwaltungssitz und Jugendherberge. 1933 installierten die Nationalsozialisten hier ein sogenanntes Schutzhaftlager, nach dem Zweiten Weltkrieg fanden Flüchtlinge Unterschlupf. 1948 wurde wieder eine Jugendherberge eingerichtet, die 1997 zum Naturfreundehaus umgestaltet wurde. Der Komplex umfasst neben Gästezimmern und Veranstaltungsräumen auch ein Burgmuseum mit historischen und naturkundlichen Sammlungen. Vom Aussichtsturm hat man einen weiten Blick über Sandsteinfelsen.

Festung Königstein

Königstein. *035021-64 607.* *Apr–Sep: tägl. 9–20 Uhr; Okt: tägl. 9–18 Uhr; Nov–März: tägl. 9–17 Uhr.*
www.festung-koenigstein.de

Die Festungsanlage thront auf dem Königstein, der gemeinsam mit dem etwas südöstlich gelegenen Pfaffenstein und dem Lilienstein am gegenüberliegenden Elbufer zu den mächtigsten Sandsteinplateaus in diesem Gebiet gehört. Die älteste schriftliche Erwähnung einer Burg auf dem Königstein datiert aus dem 13. Jahrhundert. Anfang des 15. Jahrhunderts gelangte sie in den Besitz der Wettiner *(siehe S. 26f)*, unter deren Herrschaft sie zur wehrhaften Festung ausgebaut wurde. Hinter den dicken Mauern bewahrte man Kunstschätze auf.

Bus für eine Erlebnisfahrt zur Festung Königstein

Von 1591 bis 1922 diente die Anlage als Gefängnis für Staatsfeinde. Berühmte Insassen waren Johann Friedrich Böttger *(siehe S. 36)* und der Sozialdemokrat August Bebel. Seit 1955 ist das 9,5 Hektar große Areal ein militärhistorisches Freilichtmuseum. Wer an einer Führung teilnimmt, erfährt manch schaurige Geschichte aus dem früheren Alltag auf der Festung.

Vom Ort Königstein erreicht man die Festung im Rahmen einer Wanderung, die rund 30–45 Minuten dauert, oder bequemer mit dem Festungs-Express, einem alten Bus.

Bad Schandau

3000. *Markt 12, 035022-90 030.* **Nationalparkzentrum Sächsische Schweiz** *Dresdner Straße 2b, 035022-50 240.*
www.bad-schandau.de

Der letzte größere Ort vor der tschechischen Grenze ist ein guter Ausgangspunkt für Erkundungen der Umgebung, vor allem des hier endenden Kirnitzschtals und der Schrammsteine. Mehrere Rund- und Fernwanderwege führen durch Bad Schandau.

Im Nationalparkzentrum Sächsische Schweiz informieren verschiedene Erlebnis- und Informationsbereiche anhand von Multimediashows, interaktiven Stationen und Schautafeln über die faszinierende Natur der Region.

Eine besondere Attraktion des seit 1936 staatlich anerkannten Kneippkurortes ist die Toskana Therme, die ein faszinierendes Badeerlebnis mit vielen Überraschungen garantiert. Das Museum Bad Schandau präsentiert Exponate zur Elbeschifffahrt und zum Bergsteigen in der Sächsischen Schweiz.

Lichtenhainer Wasserfall

Der ursprünglich natürliche Wasserfall des Lichtenhainer Bachs über dem Kirnitzschtal wurde 1830 durch ein Wehr angestaut, das zeitweise geöffnet wurde – eine touristische Attraktion war geboren. Noch heute ergießen sich jede halbe Stunde rauschende Wassermassen zu musikalischer Untermalung den Felsen hinab.

Kirnitzschtalbahn: von Bad Schandau zum Lichtenhainer Wasserfall

Vor allem seit Inbetriebnahme der Kirnitzschtalbahn 1898 gehört ein Besuch des Wasserfalls zum Pflichtprogramm für Besucher. Diese historische Straßenbahn durchfährt das romantische Tal der in die Elbe mündenden Kirnitzsch zwischen Bad Schandau und dem Lichtenhainer Wasserfall, die einfache Fahrt für die gut acht Kilometer lange Strecke dauert rund 30 Minuten. Von der Endstation erreicht man über einen bequemen Wanderweg den Kuhstall. Dieses Felsentor mit senkrechten Wänden wird von einer Spalte mit Treppenaufgang durchzogen, der zu einem Aussichtsplateau führt.

Schrammsteine

Das zerklüftete Felsmassiv der bis zu 417 Meter hohen Schrammsteine gehört – wie die Bastei – zu den beliebtesten Wander- und Klettergebieten im Nationalpark. Die östlich von Bad Schandau aufragenden Schrammsteine erreicht man über einen Wanderweg von der Haltestelle Ostrauer Brücke der Kirnitzschtalbahn *(siehe oben)*.

An den für Laien unbezwingbar wirkenden Felsen tummeln sich viele Kletterer, doch auch eine Wanderung durch das Felsenlabyrinth zu den Aussichtsplateaus ist purer Outdoor-Genuss.

Festung Königstein, eine der größten Bergfestungen Europas

Sächsische Weinstraße ❼

Logo der Weinstraße

Mit rund 440 Hektar Rebfläche zählt Sachsens Weinbaugebiet zu den kleinsten in Deutschland, fasziniert aber durch seine landschaftliche Schönheit. Weinkenner schätzen die Qualität der edlen Tropfen (überwiegend Weißweine), zu den wichtigsten Rebsorten gehören Müller-Thurgau, Riesling und Traminer. Die meisten Weingüter bieten – nach Absprache – Verkostungen an.

Lößnitz ⑤
Neben Weingütern ist Lößnitz für die Schmalspurbahn Lößnitzdackel *(siehe S. 158)* bekannt – Nostalgie pur.

Diesbar-Seußlitz ①
Das romantische Doppeldorf ist der nördlichste Ort an der Weinstraße. Besucher fasziniert das Schloss mit dem skulpturengeschmückten Garten.

Weinböhla ③
Hier findet sich die Weinkultur im Ortsnamen wieder. Die Geschichte des Weinbaus der Region wird im Weinmuseum dokumentiert.

Coswig ④
Die Historie des Weinortes wird im Museum Karrasburg nachgezeichnet. Im Weingut Matyas erfahren Sie alles über Traubenproduktion und Kellerwirtschaft.

Meißen ②
Weltberühmt ist die Stadt im Schatten der Albrechtsburg für ihre Porzellan-Manufaktur *(siehe S. 36f)*. Der doppeltürmige gotische Dom auf dem Burggelände prägt die Silhouette der bezaubernden Altstadt – genau die richtige Kulisse für Open-Air-Veranstaltungen wie das Weinfest.

Radebeul ⑥
Die »Karl-May-Stadt« *(siehe S. 158)* zählt zu den meistbesuchten Orten an der Weinstraße. Im September findet das Weindorf statt, eine Mischung aus Weingenuss und kulturellen Events (u. a. Theater, Musik, Mittelaltermarkt).

LEGENDE

- Weinstraße
- Bundesstraße
- Fluss

0 Kilometer 5

Dresden ⑦
Die Weinberge am nördlichen Ufer der Elbe bilden einen markanten Kontrast zur Erhabenheit der architektonischen Pracht, für die Dresden weltbekannt ist. Edle Tropfen, die entlang der Sächsischen Weinstraße produziert werden, kann man in gemütlichen Weinlokalen wie der Neustädter Winzerstube »Zum Rebstock« genießen – zum Teil mit Blick auf die Weinterrassen.

ROUTENINFOS

Start: *Diesbar-Seußlitz oder Pirna.*
Länge: *55 Kilometer.*
Anfahrt: *Die Dampfer der Sächsischen Dampfschiffahrt halten an vielen Weinorten.*
Übernachten: *Hotels und Pensionen gibt es in allen Orten. Viele Weinlokale bieten auch Gästezimmer an.*
Feste: *Im Spätsommer laden alle Orte zu Weinfesten.*
Information: **Tourismusverband Sächsisches Elbland**
Fabrikstraße 16, 01662 Meißen.
03521-76 350.
www.elbland.de

Loschwitz ⑧
Um 1660 begann der Weinanbau im Dresdner Stadtteil Loschwitz. In die idyllische Weinlandschaft wurden repräsentative Bauwerke wie die drei Elbschlösser (*siehe S. 150f*; im Bild das Lingnerschloss) errichtet. Verheerender Reblausbefall Ende des 19. Jahrhunderts bedeutete das Aus für den großflächig betriebenen Weinanbau.

Pillnitz ⑨
Barocke Bauten wie die für vielfältige Veranstaltungen genutzte Weinbergkirche oder die berühmte Schlossanlage *(siehe S. 164f)* schmiegen sich an die Weinberge von Pillnitz – eine reizvolle Symbiose aus Baukunst und Kulturlandschaft.

Pirna ⑩
Rund um den vom Rathaus dominierten Marktplatz erstreckt sich das gut erhaltene historische Stadtzentrum von Pirna. Der italienische Maler Canaletto *(siehe S. 32)* verewigte in seinen Bildern einige Stadtansichten.

CAFFEE ~ BIERSAAL ~ WE
BIERSAAL
Pizza und Pasta

Zu Gast in Dresden

Hotels

So vielfältig wie das Stadtbild der sächsischen Metropole ist auch das Angebot an Hotels. Für jede Art von Reise, jeden Geschmack und jedes Budget ist die passende Unterkunft dabei – von luxuriösen Fünf-Sterne-Hotels, die oft in prächtige Barock-Palais eingezogen sind, über hochmodern ausgestattete neue Business-Hotels renommierter Hotelketten bis zu einfachen, aber gemütlichen Pensionen mit sehr gutem Preis-Leistungs-Verhältnis. Die Dresdner Hotellerie ist immer noch in Bewegung: Viele der rund 150 Hotels im Stadtgebiet wurden in den vergangenen Jahren grundlegend renoviert, andere eröffneten erst vor kurzer Zeit. Auch wer eine ausgefallene Unterkunft sucht, wird in Dresden sicher fündig werden. Die Hotelauswahl in diesem Reiseführer *(siehe S. 192–197)* stellt Ihnen Hotels aller Kategorien nach Stadtteilen und Preisklassen geordnet vor.

Hotelportier

Eingang des Radisson Blu Gewandhaus Hotel *(siehe S. 193)*

Hotelsuche

Sind Sie vor allem an Sightseeing interessiert, spricht vieles dafür, ein Hotel in oder nahe der Innenstadt zu wählen. Ob Sie Ihren Standort in der Altstadt oder der Neustadt wählen – viele Attraktionen sind von hier aus zu Fuß oder mit öffentlichen Verkehrsmitteln bequem erreichbar. Die meisten Luxushotels befinden sich in der östlichen Altstadt, vor allem im Gebiet um den Neumarkt, dem Schmuckkästchen der Stadt. Besucher, die zu Veranstaltungen im Internationalen Congress Center (ICC) am westlichen Rand der Altstadt anreisen, werden ein Hotel in dessen Nähe bevorzugen. Für Geschäftsreisende kann die Nähe zum Flughafen ein Kriterium sein.

Wenn Sie eine ruhigere und vielleicht auch grünere Umgebung abseits des Treibens im Zentrum bevorzugen, kommen Hotels in Stadtteilen wie Loschwitz oder rund um den Großen Garten infrage. Dort sind einige Hotels in alten, stimmungsvollen, originalgetreu restaurierten Gebäuden untergebracht, die zum Teil von ausgedehnten Gärten umgeben sind. Ganz besonders illustres Wohnen bieten einige Schlosshotels, etwa das Hotel Schloss Eckberg *(siehe S. 151 und 196)*. Von dessen Zimmern und Balkonen bietet sich ein hinreißender Blick über das Elbtal in Richtung der Altstadt von Dresden.

Hotelkategorien und Ausstattung

Die Elbmetropole bietet Hotels aller Preiskategorien. Am oberen Ende rangieren Fünf-Sterne-Hotels, die jeglichen Komfort bieten. Einige von ihnen sind in prachtvoll restaurierten Gebäuden untergebracht, die ihren Teil zum barocken Stadtbild beitragen. Die großzügig geschnittenen, klimatisierten Zimmer und Suiten dieser Luxusunterkünfte sind mit erlesenem Mobiliar eingerichtet und verfügen über exklusiv ausgestattete Bäder und modernste Kommunikationseinrichtungen. Manche Suiten bieten einen Balkon mit wunderbarer Aussicht auf die Silhouette der Altstadt und/oder die Elbe. Im Preis inbegriffen ist in der Regel auch die Benutzung eines perfekt ausgestatteten Fitness-Centers und Wellness-Bereichs mit Spa-Einrichtungen wie Saunalandschaft, Dampfbad und Massageräumen. Meist gehört auch ein Schwimmbad zur Wohlfühloase. In den Gourmet-Restaurants der Luxushotels kann man zu allen Tageszeiten stilvoll speisen.

Wie jede überregional bedeutende Wirtschaftsmetropole ist auch Dresden Standort von Business-Hotels, die perfekt auf die Bedürfnisse von Geschäftsreisenden zugeschnitten sind. Neben komfortabel eingerichteten, geräumigen Zimmern findet man hier auch Konferenz- und Tagungsräume, die mit modernstem Equipment aus-

Das Hotel Suitess *(siehe S. 193)* liegt direkt an der Frauenkirche

◁ Das Italienische Dörfchen *(siehe S. 82)*, in dem sich u. a. das Ristorante Bellotto *(siehe S. 204)* befindet

Hotel Taschenbergpalais Kempinski Dresden *(siehe S. 193)*

gestattet sind. Diese Hotels gehören in der Regel zu international agierenden Hotelketten wie etwa Maritim, Ramada oder Best Western. Einige dieser Hotelketten pflegen Kooperationen mit Airlines oder Mietwagenfirmen und bieten ihren Gästen mitunter Preisrabatte, Bonusmeilen oder andere Vergünstigungen. Erkundigen Sie sich schon bei der Buchung danach.

Während viele Business-Hotels in den letzten Jahren entstanden, gibt es auch eine Reihe – durchaus günstiger – Hotels, die in historischen Gebäuden eingerichtet wurden und ein heimeliges Flair bieten. Besonders charmant sind auch manche kleineren Hotels oder Pensionen, die als Familienbetriebe geführt werden. Wer Wert auf eine persönliche Note legt, ist hier genau richtig.

In der Neustadt findet man einige unkonventionelle Unterkünfte – typisch für ein Künstler- und Szeneviertel. Bei der Gestaltung mancher Hotels wirkten Neustädter Künstler mit, auch eine komplett zum Hotel umgestaltete Fabrikhalle ist hier nicht ungewöhnlich. Für preisbewusste Besucher sind auch einige einfache Hotels im Zentrum, die zum Teil in Plattenbauten untergebracht sind, eine sinnvolle Option. Neben günstigen Preisen überzeugen sie durch ihre Nähe zu den meisten Sehenswürdigkeiten.

Reservierung

Die Buchung eines Hotelzimmers kann telefonisch, per Fax oder online erfolgen. In der Hotelauswahl dieses Buchs *(siehe S. 192–197)* finden Sie sowohl Internet-Adresse als auch Telefon- und Faxnummer jedes vorgestellten Hotels. Im Internet können Sie sich im Voraus über die jeweilige Ausstattung und das Preisniveau informieren. Mit der Online-Recherche nach einem Hotelzimmer lässt sich viel Zeit sparen, vor allem, wenn Sie den Zeitraum Ihres Aufenthalts bereits kennen und wissen, in welchem Stadtviertel Ihre Unterkunft liegen soll.

Bei der Kontaktaufnahme per Telefon lohnt es sich in jedem Fall, nach Sonderkonditionen und Pauschalangeboten zu fragen. Viele Hotels sind nämlich nicht das ganze Jahr über gleichmäßig ausgelastet und bieten in Zeiten schwächerer Belegung oft interessante Preise. Bei längeren Aufenthalten kann man meistens einen Rabatt aushandeln.

Schild am Hotel Bülow Palais *(siehe S. 195)*

Auf der offiziellen Website der Stadt (www.dresden.de/tourismus) und auf der für die Reiseplanung ebenfalls empfehlenswerten Website www.dresdeninformation.de finden Sie nicht nur jede Menge Informationen über viele Hotels in Dresden, sondern können auch direkt ein Zimmer buchen.

Sollten Sie vor Ort nach einer Unterkunft suchen, hilft Ihnen die von der Dresden Tourismus GmbH betriebene Tourist-Information im Kulturpalast *(siehe S. 226f)* weiter. Frühzeitige Reservierung ist anzuraten, da es vor allem im Sommer, an verlängerten Wochenenden und an den Adventswochenenden (anlässlich des Striezelmarkts; *siehe S. 103*) schwierig sein kann, kurzfristig noch ein Zimmer zu finden. Andererseits bieten Business-Hotels gerade an Wochenenden, über Feiertage und in Ferienzeiten oft günstige Tarife an.

Arrangements

Nicht alle Gäste eines Vier- oder Fünf-Sterne-Hotels zahlen den entsprechend stolzen Preis. Es gibt vielmehr auch in diesen Hotelklassen eine ganze Reihe von attraktiven Angeboten – etwa außerhalb der Hauptsaison, bei kurzfristiger (Last-Minute-) Buchung oder im Rahmen von Gruppen- bzw. Pauschalreisen. Auch hier erhalten Sie im Internet schnell einen Überblick über Sonderkonditionen.

Viele Unterkünfte bieten günstige Arrangements, bei denen zum Hotelzimmer auch Tickets für bestimmte kulturelle Veranstaltungen angeboten werden. Für die in der Regel lange im Voraus ausverkauften Aufführungen in der Semperoper ist diese Variante meistens die einzige Gelegenheit, Eintrittskarten für bestimmte Termine zu bekommen, und deshalb bei vielen Besuchern entsprechend begehrt. Andere Pakete umfassen etwa eine Dresden City Card bzw. Dresden Regio Card *(siehe S. 227)*, eine Stadtrundfahrt mit dem Bus, eine Fahrt mit einem Schiff der Sächsischen Dampfschiffahrt und/oder den Eintritt in mehrere Museen wie Historisches Grünes Gewölbe oder Gemäldegalerie Alte Meister. Damit können Sie den organisatorischen Aufwand deutlich reduzieren. Nähere Informationen zu Art und Umfang von Hotelarrangements bieten die Websites der Hotels.

Eingang des zentral gelegenen Hilton Dresden *(siehe S. 193)*

Vom Hotel Schloss Eckberg *(siehe S. 196)* hat man den schönsten Blick

Zusätzliche Kosten

In den Preisen für die Hotelübernachtung ist die Mehrwertsteuer inbegriffen. Ob das Frühstück im Zimmerpreis enthalten ist, sollten Sie jedoch bei der Reservierung prüfen. Falls es extra berechnet wird, müssen Sie es nicht in Anspruch nehmen, sondern können auch in einem Café frühstücken. Die Benutzung des Fitness-Centers und Spa-Bereichs eines Hotels kann ebenfalls extra berechnet werden. In jedem Fall zu bezahlen sind Telefongespräche, die Sie vom Hotel bzw. von Ihrem Zimmer aus führen. Da die Gebühren meist sehr hoch sind, sollten Sie sich vorher über die Tarife informieren. Auch Getränke und Snacks aus der Minibar sind relativ teuer.

Über den üblichen Hotelservice hinausgehende Leistungen werden häufig extra berechnet. Dies gilt etwa für die Nutzung von Hotelparkplätzen, die in vielen Hotels kostenpflichtig ist.

Wenn Ihnen die Rezeption Tickets für gefragte Veranstaltungen oder Eintrittskarten für gefragte Ausstellungen und Museen organisiert, wird unter Umständen eine kleine Gebühr berechnet. Ist dies nicht der Fall, sollten Sie diese zusätzliche Dienstleistung auf jeden Fall mit einem Trinkgeld honorieren. Dies gilt auch für andere Sonderleistungen, beispielsweise wenn man Ihnen das Gepäck aufs Zimmer bringt, einen Mietwagen oder ein Fahrrad reserviert.

Behinderte Reisende

Immer mehr Hotels in Dresden sind behindertengerecht gestaltet und haben rollstuhlgerechte Zimmer, Lift, ausreichend dimensionierte Bewegungsflächen, stufenlosen Eingang und Behindertenparkplätze. Vor allem in den oberen Preissegmenten findet sich kaum noch ein Hotel, das nicht auf die speziellen Bedürfnisse behinderter Gäste eingestellt ist. In den Hotels der mittleren und preiswerten Kategorie ist diese Ausstattung nicht immer gewährleistet – vor allem Hotels, die in alten Gebäuden untergebracht sind, haben oft keinen Lift. In der telefonisch zu bestellenden Broschüre **Dresden ohne Barrieren** sind Hotels mit behindertengerechter Ausstattung aufgelistet. Auch der online verfügbare **Stadtführer für Körperbehinderte** weist entsprechende Hotels aus und gibt Hinweise bezüglich der Ausstattung. Informieren Sie das Hotel bei der Buchung über Ihre individuellen Anforderungen. Hilfreich ist auch das **Mobilitätsportal für behinderte Reisende**.

Logo der Mittelklasse-Hotelkette

Mit Kindern reisen

Viele Hotels bieten an, dass kleinere Kinder im Zimmer der Eltern kostenfrei übernachten, in einigen liegt die Altersgrenze sogar bei zwölf Jahren. Ansonsten ist für die Bereitstellung eines zusätzlichen Betts, etwa im Doppelzimmer der Eltern, eine Gebühr zu entrichten. Trotzdem ist diese Option wesentlich günstiger als die Buchung eines Dreibettzimmers.

Einige Hotels bieten für Familien zwei Hotelzimmer mit direkter Verbindungstür oder einen großes Wohnbereich mit abgetrennten Schlafzimmern an. Wenn Sie mehr Platz benötigen, sollten Sie die Reservierung einer Ferienwohnung erwägen.

In fast allen Hotelrestaurants und Frühstücksräumen sind Kinderstühle vorhanden. Manchmal gibt es Kinderkarten, meist bereitet die Küche auch Kinderportionen zu. Hotels mit kinderfreundlicher Ausstattung sind in der Hotelauswahl *(siehe S. 192–197)* mit einem entsprechenden Symbol gekennzeichnet.

Privatzimmer und Ferienwohnungen

Wenn Sie eher persönliches Ambiente bevorzugen als hochprofessionellen Hotelservice, sind Privatzimmer eine willkommene Alternative. Hier wohnt man bei Einheimischen, die oft viele Tipps parat haben, und bezahlt für die Unterkunft in der Regel deutlich weniger als in einem Hotel. Frühstück ist in den meisten Fällen im Zimmerpreis dabei. Ferienwohnungen eignen sich vor allem für Familien oder für längere Aufenthalte.

Viele Angebote finden Sie im Internet unter **dresden-pension.de**, einem umfassenden Verzeichnis von Privatunterkünften in und um Dresden sowie in der Sächsischen Schweiz. Ferienwoh-

Kunst und Design prägen jeden Bereich des art'otel *(siehe S. 192)*

nungen in Dresden und Umgebung vermittelt die Agentur **fewos-in-dresden.de**, auf deren Online-Portal jede Wohnung detailliert beschrieben und auf Fotos abgebildet ist.

City-Ferienwohnungen-Dresden bietet in einem Haus in der Neustadt fünf unterschiedlich dimensionierte Wohneinheiten. Größe und Ausstattung gehen aus dem Namen der jeweiligen Wohnung hervor (z. B. City Appartement, City Residence, City Suite). Die Unterkünfte sind im modernen Landhausstil eingerichtet, das City Cottage umfasst zwei Ebenen.

Hostels und Herbergen

Ideal für Individualreisende mit begrenztem Budget ist **Lollis Homestay**, ein Hostel mit vielen Extras (u. a. Kaffee und Tee gratis, Mehrbettzimmer für Frauen, Fahrradservice). Oder wie wäre es mit einer Übernachtung auf einem Schiff? Im Neustädter Hafen nahe der Marienbrücke ankern zwei Herbergsschiffe: **Die Koje**, einst ein Elbedampfer, bietet Kajüten mit zwei bis vier Betten (Dusche/WC an Deck), das **CVJM-Jugendschiff** verfügt über Zwei- und Dreibettkabinen mit Dusche/WC. Mit einem Angebot von 480 Betten gehört die in der Altstadt gelegene **Jugendherberge JGH Dresden** zu den größten ihrer Art in Deutschland. Voraussetzung für eine Übernachtung ist die Mitgliedschaft im Deutschen Jugendherbergswerk. Den entsprechenden Ausweis kann man online (www.jugendherberge.de), telefonisch (05231/740 10) oder per Post (DJH Service GmbH, Bismarckstraße 8, 32754 Detmold) beantragen.

Das Steigenberger Hotel de Saxe ***(siehe S. 193)*** **eröffnete 2006**

Camping

Am Stadtrand und in der Umgebung von Dresden gibt es einige Campingplätze mit Stellplätzen für Wohnmobile, Wohnwagen und Zelte. Trotz ihrer Ausstattung mit modernstem Equipment bieten sie die wohl günstigste Form des Wohnens. Im südlichen Vorort Mockritz, unmittelbar neben einem Freibad, befindet sich der **Campingplatz Dresden-Mockritz**.

Zu den beliebtesten Standorten außerhalb der Stadt zählt der **Campingplatz Bad Sonnenland**. Das weitgehend naturbelassene Areal am Dippelsdorfer Teich bei Moritzburg liegt etwa 15 Kilometer nördlich der Stadt. Mit seinem reichhaltigen Sportprogramm und der angebotenen Kinderanimation ist der **Camping- & Freizeitpark LuxOase** rund 30 Kilometer nordöstlich von Dresden ideal für Familien.

Auf einen Blick

Reservierung

Tourist-Information
Schlossstraße 2
(im Kulturpalast).
0351-50 160 160.
www.dresden.de/tourismus

Behinderte Reisende

Dresden ohne Barrieren
0351-5016 0160.

Mobilitätsportal für behinderte Reisende
www.oepnv-info.de

Stadtführer für Körperbehinderte
www.dresden.de/behindertenfuehrer

Privatzimmer und Ferienwohnungen

City-Ferienwohnungen-Dresden
Louisenstraße 11.
0179-522 8214.
www.city-dresden.de

dresden-pension.de
www.dresden-pension.de

fewos-in-dresden.de
Pulsnitzer Straße 10.
0351-417 256 950 oder 0351-802 0755.
www.fewos-in-dresden.de

Hostels und Herbergen

CVJM-Jugendschiff
Leipziger Straße 15.
0351-894 5850.
www.cvjm-sachsen.de/jugendschiff

Jugendherberge JGH Dresden
Maternistraße 22.
0351-492 620.
www.jugendherberge-sachsen.de

Die Koje
Leipziger Straße 15.
0351-840 0981.
www.diekoje.de

Lollis Homestay
Görlitzer Straße 34.
0351-810 8458.
www.lollishome.de

Camping

Camping- & Freizeitpark LuxOase
Arnsdorfer Straße 1,
01900 Kleinröhrsdorf.
035952-56 666.
www.luxoase.de

Campingplatz Bad Sonnenland
Dresdner Straße 113,
01468 Moritzburg.
0351-830 5495.
www.bad-sonnenland.de

Campingplatz Dresden-Mockritz
Boderitzer Straße 30.
0351-471 5250.
www.camping-dresden.de

Hotelauswahl

Die Hotels auf den folgenden Seiten wurden aufgrund ihres guten Preis-Leistungs-Verhältnisses, ihrer Ausstattung und ihrer Lage ausgewählt. Sie sind nach Stadtvierteln und innerhalb dieser nach Preiskategorien aufgeführt. Sofern nicht anders angegeben, verfügen alle Hotelzimmer über ein eigenes Badezimmer.

PREISKATEGORIEN
Die Preise gelten für ein Standard-Doppelzimmer pro Nacht, inklusive Frühstück, Steuer und Service:
€ unter 80 Euro
€€ 80–120 Euro
€€€ 120–160 Euro
€€€€ 160–200 Euro
€€€€€ über 200 Euro

WESTLICHE ALTSTADT

Artis Hotel — €€

Berliner Straße 25, 01067 Tel. *0351-864 50* FAX *0351-864 5999* ***Zimmer*** *96* ***Stadtplan*** *3 A3*

Fast ein Schnäppchen, schließlich ist im Preis für eines der geräumigen Zimmer auch eine komplett ausgestattete Küche enthalten. Frühstücksbuffet im hauseigenen Bistro, Fitness-Center direkt nebenan. Man fühlt sich im Artis schnell wie zu Hause, das Haus eignet sich auch sehr gut für längere Aufenthalte. **www.artis-hotel.de**

IBIS Hotels Dresden — €€

Prager Straße 5–13, 01069 Tel. *0351-4856 2000* FAX *0351-4856 2999* ***Zimmer*** *918* ***Stadtplan*** *1 C5*

Nichts für Freunde erlesener Architektur, aber zweckmäßig sind die drei an der Prager Straße in Plattenbauten untergebrachten IBIS-Hotels Bastei (Nr. 5), Königstein (Nr. 9) und Lilienstein (Nr. 13) mit jeweils 306 Zimmern. Alle sind freundlich eingerichtet und bieten Standard-Ausstattung. **www.ibis-dresden.de**

Achat Hotel — €€€

Budapester Straße 34a, 01069 Tel. *0351-473 800* FAX *0351-4738 0999* ***Zimmer*** *157* ***Stadtplan*** *3 B5*

Von den 157 Zimmern sind 51 als Zweiraum-Apartments gestaltet und auch mit einer kleinen Küche ausgestattet. In allen Zimmern gibt es Telefon und einen Schreibtisch. Kinder bis zwölf Jahre übernachten im Zimmer der Eltern kostenlos. Gleich neben dem Hotel ist das Stammhaus der Brauerei Feldschlösschen. **www.achat-hotel.de**

Hotel Elbflorenz — €€€

Rosenstraße 36, 01067 Tel. *0351-86 400* FAX *0351-864 0100* ***Zimmer*** *227* ***Stadtplan*** *3 B4*

Das stilvolle Hotel ist mit dem World Trade Center verbunden und bei Geschäftsreisenden wie Urlaubern beliebt. Im Sommer bieten bunte Markisen an den Zimmerfenstern Sonnenschutz. Für längere Aufenthalte eignen sich die Long-Stay-Rooms. Vom Ruheraum der Hotelsauna blickt man über die Dächer der Stadt. **www.hotel-elbflorenz.de**

L Hotel Dresden Altstadt — €€€

Magdeburger Straße 1a, 01067 Tel. *0351-486 700* FAX *0351-4867 0100* ***Zimmer*** *162* ***Stadtplan*** *1 A2*

Genießen Sie sächsische Gastfreundschaft in modernem Ambiente. Die Zimmer sind mit allen Annehmlichkeiten ausgestattet, beim Service wird Wert auf Individualität gelegt. Das Hotel ist ein idealer Ausgangspunkt für Streifzüge durch die Altstadt sowie Standort für Tagungen mit bis zu 70 Teilnehmern. **www.leonardo-hotels.com**

Pension am Kongresszentrum — €€€

Maxstraße 3, 01067 Tel. *0351-8990 0200* FAX *0351-8990 0170* ***Zimmer*** *12* ***Stadtplan*** *1 A3*

Die günstige Lage zum Internationalen Congress Center (ICC) und das hervorragende Preis-Leistungs-Verhältnis sind Pluspunkte der Pension, die komfortable, großzügige Zimmer bietet. Die Business-Suiten verfügen über getrennte Wohn- und Schlafbereiche und sind mit einer Küchenzeile ausgestattet. **www.pension-kongresszentrum.de**

art'otel — €€€€

Ostra-Allee 33, 01067 Tel. *0351-492 20* FAX *0351-492 2777* ***Zimmer*** *174* ***Stadtplan*** *1 A2*

Das Kunsthotel, eines der besten Häuser der Stadt, bordet geradezu über vor Gemälden und Skulpturen des zeitgenössischen Dresdner Künstlers A. R. Penck. Die Zimmer sind in modernem Design gehalten – ein Kontrast zu den barock gestalteten Luxushotels der Altstadt. Hauseigene Kunsthalle mit Wechselausstellungen. **www.artotel.de**

Maritim Hotel Dresden — €€€€

Devrientstraße 10–12, 01067 Tel. *0351-2160* FAX *0351-216 1000* ***Zimmer*** *328* ***Stadtplan*** *1 B3*

Jeden nur erdenklichen Komfort bietet dieses 2006 im denkmalgeschützten Erlweinspeicher *(siehe S. 88)* eröffnete Hotel. Wegen seiner direkten Anbindung zum Internationalen Congress Center (ICC) eignet es sich ideal für Veranstaltungen. Exklusiver Wellness-Bereich mit Pool, Saunen und Massageräumen. **www.maritim.de**

Pullman Dresden Newa — €€€€

Prager Straße 2c, 01069 Tel. *0351-48 140* FAX *0351-495 5137* ***Zimmer*** *319* ***Stadtplan*** *1 C5*

Das Business-Hotel an der Shopping-Meile Prager Straße bietet eine rundum perfekte Ausstattung. Jedes Zimmer hat große Panoramafenster und eine gläserne Duschkabine mitten im Raum. Die Konferenzräume sind mit modernster Technik ausgestattet. Relaxing Area mit Sauna, Dampfbad und Massagen. **www.pullmann-deutschland.de**

Zeichenerklärung *siehe hintere Umschlagklappe*

Hotel Taschenbergpalais Kempinski Dresden €€€€€
Taschenberg 3, 01067 ☎ *0351-49 120* FAX *0351-491 2812* ***Zimmer*** *214* ***Stadtplan*** *1 C4*

Was für ein Rahmen für ein Hotel der Extraklasse! Das prunkvolle Taschenbergpalais *(siehe S. 67)* besticht durch viele barocke Details, eine schöne Bereicherung der zeitgemäß zurückhaltenden Eleganz und ein Spiel der Kontraste. US-Präsident Obama residierte bei seinem Besuch Dresdens 2009 im Taschenbergpalais. **www.kempinski-dresden.de**

Östliche Altstadt

Aparthotels Neumarkt €€
Neumarkt 7, 01067 ☎ *0351-438 1111* FAX *0351-438 1122* ***Zimmer*** *32* ***Stadtplan*** *2 D4*

Die Zimmer und Apartments (40–100 m²) in dem 2008 eröffneten Hotel sind komfortabel eingerichtet und verfügen über eigene Küchenzeilen. Einige Zimmer bieten Balkon oder Blick zum Neumarkt, einem der Schmuckkästchen von Dresden. Auch für längere Aufenthalte geeignet. **www.aparthotels-frauenkirche.de**

Hotel Kipping €€
Winckelmannstraße 6, 01069 ☎ *0351-478 500* FAX *0351-478 5099* ***Zimmer*** *20* ***Stadtplan*** *3 B5*

Familiär geführtes Hotel in einer denkmalgeschützten Neorenaissance-Villa nahe dem Hauptbahnhof. Die Zimmer (alle mit Farb-TV und Telefon) verteilen sich auf drei Etagen, nur auf einer darf geraucht werden. Kostenlose Parkplätze vor dem Haus. Das Hotel verleiht Fahrräder für ganztägige Ausflüge. **www.hotel-kipping.de**

Hotel am Terrassenufer €€€
Terrassenufer 12, 01069 ☎ *0351-440 9500* FAX *0351-440 9600* ***Zimmer*** *194* ***Stadtplan*** *2 E3*

Das in einem aufgefrischten Plattenbau untergebrachte Nichtraucherhotel bietet ansprechende Zimmer mit modern-funktioneller Ausstattung. Das Pavillon-Restaurant mit Terrasse ist sehr gemütlich, die Lobby-Bar stylish. Tolle Aussicht von den Zimmern in den oberen Stockwerken. **www.hotel-terrassenufer.de**

InterCityHotel Dresden €€€
Wiener Platz 8, 01069 ☎ *0351-263 550* FAX *0351-263 55 200* ***Zimmer*** *162* ***Stadtplan*** *3 C4*

Das 2008 eröffnete Hotel gegenüber dem Hauptbahnhof bietet Zimmer mit schallisolierten Fenstern und modernster Kommunikationsausstattung. Bei der Einrichtung dominieren Braun- und Beigetöne. Drei der vier klimatisierten Tagungsräume sind miteinander kombinierbar. **www.intercityhotel.com**

Radisson Blu Gewandhaus Hotel €€€€
Ringstraße 1, 01067 ☎ *0351-494 90* FAX *0351-494 9490* ***Zimmer*** *97* ***Stadtplan*** *2 D4*

Luxushotel mit romantischem Flair: Alle Zimmer sind elegant im Stil des Biedermeier eingerichtet und haben großzügig gestaltete Marmorbäder. Das riesige Atrium wird von einem Glasdach bedeckt. Das Restaurant Weber's im Gewandhaus *(siehe S. 206)* garantiert kulinarischen Genuss. **www.radissonblu.com/gewandhaushotel-dresden**

Hilton Dresden €€€€€
An der Frauenkirche 5, 01067 ☎ *0351-864 20* FAX *0351-864 2889* ***Zimmer*** *326* ***Stadtplan*** *2 D4*

Ein Hotel der Superlative mit perfekt eingerichteten Zimmern (darunter zwölf Suiten), neun Restaurants, drei Bars und 14 Konferenzräumen. Entspannen Sie sich nach einem ereignisreichen Tag im Living Well Health Club mit beheiztem Außen-Whirlpool unter freiem Himmel, Innenpool und Sauna. **www.hilton.de/dresden**

Hotel Suitess €€€€€
An der Frauenkirche 13, 01067 ☎ *0351-417 270* FAX *0351-4172 7160* ***Zimmer*** *21* ***Stadtplan*** *2 D4*

Zeitlos in Eleganz und Komfort präsentiert sich das Hotel Suitess. Die großzügig gestalteten Zimmer sind mit feinsten Materialien und Accessoires versehen. Von den oberen Stockwerken hat man einen wunderbaren Blick auf die Kuppel der Frauenkirche. Perfekt ausgestatteter Beauty- und Wellness-Bereich. **www.hotel-suitess.de**

Innside by Meliá €€€€€
Salzgasse 4, 01067 ☎ *0351-795 150* FAX *0351-795 154 099* ***Zimmer*** *180* ***Stadtplan*** *2 D4*

Mit bemerkenswertem Design wartet das 2010 eröffnete Hotel auf. Die Studios und Suiten sind extravagant gestaltet, Kingsize-Betten und Badlandschaften mit Regendusche sind nur einige Gestaltungselemente. Entspannung bietet auch der Wellness-Bereich mit Massageraum, Dampfbad und Sauna. Großzügige Smokers Lounge. **www.innside.de**

QF-Hotel Dresden €€€€€
Neumarkt 1, 01067 ☎ *0351-563 3090* FAX *0351-563 309 911* ***Zimmer*** *96* ***Stadtplan*** *2 D4*

Hinter einer historischen Fassade im Quartier an der Frauenkirche verbirgt sich das 2007 eröffnete Boutique-Hotel. Luxus, Komfort und allerhöchste technische Qualität sind Markenzeichen des Hauses. Die Badezimmer (mit bodenebenen Wannen) sind in italienischem Naturstein gestaltet. **www.qf-hotel.de**

Steigenberger Hotel de Saxe €€€€€
Neumarkt 9, 01067 ☎ *0351-438 60* FAX *0351-438 6888* ***Zimmer*** *185* ***Stadtplan*** *2 D4*

Das exklusive, 2006 eröffnete Hotel gegenüber der Frauenkirche wartet mit modernstem Komfort auf. Die Fassade ist barock, das Interieur zeitgenössisch chic gestaltet. Elegant eingerichtete Zimmer, großzügiger Wellness-Bereich, technisch perfekte Konferenzräume, Gourmet-Restaurant. **www.desaxe-dresden.steigenberger.de**

Neustadt

Mezcalero
€

Königsbrücker Straße 64, 01099 0351-810 770 FAX 0351-810 7711 ***Zimmer*** *24* ***Stadtplan*** *4 D1*

Nicht nur junge Gäste sind vom aztekisch-mexikanischen Ambiente des Mezcalero begeistert, das im Stil eines Gästehauses geführt wird. Neben Einzel- und Doppelzimmern werden auch Mehrbettzimmer angeboten. Eine rundum ansprechende Unterkunft. Die Mexican Bar ist ein guter Spot, um Leute kennenzulernen. **www.mezcalero.de**

Alte Remise
€€

Königsbrücker Straße 45, 01099 0351-326 5721 FAX 0351-216 7464 ***Zimmer*** *4* ***Stadtplan*** *4 D1*

In der 1858 erbauten klassizistischen Villa mit Remise für Kutschen und Pferde eröffnete 2007 eine Pension. Parkettböden und ein Mix aus modernen Massivholzmöbeln und Antiquitäten tragen zum Charme dieser Unterkunft bei. Im Frühstücksraum besteht Internet-Zugang. Alle Zimmer sind für Allergiker geeignet. **www.alte-remise.com**

Backstage
€€

Prießnitzstraße 12, 01099 0351-888 7777 FAX 0351-888 7799 ***Zimmer*** *11* ***Stadtplan*** *4 D2*

Kleines Hotel in einem ehemaligen Fabrikgebäude. Alle Zimmer wurden von Künstlern der Dresdner Neustadt individuell gestaltet (z. B. unter Verwendung von Wildholz, Stein oder Bambus). Die Eckzimmer im Dachgeschoss verfügen über eine Terrasse. Restaurant und Musik-Bar sind beliebte Treffpunkte. **www.backstage-dresden.de**

City-Oase Dresden
€€

Ludwigstraße 2, 01097 0351-479 8614 FAX 0351-479 8616 ***Zimmer*** *8* ***Stadtplan*** *1 B1*

Eine Insel der Ruhe mitten in der Stadt. Das familiengeführte Nichtraucherhotel in einem Gründerzeithaus (1880) zählt zu den außergewöhnlichsten Adressen der Neustadt. Die Zimmer sind liebevoll nach Dresdner Themen gestaltet (u. a. »Yenidze«, »Erich Kästner«, »Semperoper«). Romantischer Garten. **www.city-oase-dresden.de**

Hotel Amadeus
€€

Großenhainer Straße 118, 01129 0351-841 80 FAX 0351-841 8333 ***Zimmer*** *80* ***Stadtplan*** *3 C1*

Ein wunderschön restauriertes Gebäude aus der Gründerzeit beherbergt das Hotel, in dem sich der Gast einfach wohlfühlen muss. Die Zimmer sind in warmen Holztönen und sanften Farben gehalten. Sehr stimmungsvoll ist das Ambiente im Gewölberestaurant Papageno. Gutes Preis-Leistungs-Verhältnis. **www.hotel-amadeus-dresden.de**

Hotel Martha Hospiz
€€

Nieritzstraße 11, 01097 0351-817 60 FAX 0351-817 6222 ***Zimmer*** *50* ***Stadtplan*** *2 D1*

Familiär geführtes Haus des Verbands Christlicher Hotels mit geschmackvoll eingerichteten Zimmern. Einige sind im Biedermeierstil gehalten. Das Frühstück nimmt man im idyllischen Wintergarten ein, sächsische Spezialitäten offeriert das rustikale Restaurant Zum Kartoffelkeller. **www.hotel-martha-hospiz.de**

Nichtraucherhotel PRIVAT
€€

Forststraße 22, 01099 0351-811 770 FAX 0351-801 3953 ***Zimmer*** *28* ***Stadtplan*** *4 E1*

Im ersten Nichtraucherhotel Deutschlands wird Gesundheit großgeschrieben. Die Zimmer sind allergie- und asthmagerecht gestaltet, im Restaurant wird auf Verwendung frischester Zutaten geachtet (auch Schon- und Diätkost erhältlich). Einige Zimmer haben einen Balkon oder Erker. **www.das-nichtraucher-hotel.de**

Best Western Macrander Hotel Dresden
€€€

Buchenstraße 10, 01097 0351-815 1500 FAX 0351-815 1555 ***Zimmer*** *84* ***Stadtplan*** *4 D1*

Zeitgemäßer Hotelkomfort erwartet die Gäste dieses auch von Urlaubern genutzten Business-Hotels, das neben modernster Ausstattung von Zimmern und Konferenzräumen auch Wohlfühlzonen wie Innenpool, Sauna, Sonnenterrasse und Sanarium mit Farblichttherapie bietet. **www.macrander-dresden.bestwestern.de**

Holiday Inn Dresden
€€€

Stauffenbergallee 25a, 01099 0351-815 10 FAX 0351-815 1333 ***Zimmer*** *120* ***Stadtplan*** *4 D1*

Vollklimatisierte Zimmer mit geschmackvoller Einrichtung und großzügigem Badezimmer gehören zur Standardausstattung des Tagungshotels mit neun multifunktionalen Konferenzräumen. Viele kostenlose Annehmlichkeiten (u. a. Kaffee- und Teebar auf dem Zimmer, Garagenplatz). Badelandschaft mit Terrasse. **www.holiday-inn-dresden.de**

Hotel Bayerischer Hof Dresden
€€€

Antonstraße 33, 01097 0351-829 370 FAX 0351-801 4860 ***Zimmer*** *50* ***Stadtplan*** *1 C1*

Das selbst ernannte Wohlfühlhotel stellt seinen Gästen exklusive und großzügig dimensionierte Zimmer zur Verfügung. Für längere Aufenthalte stehen auch Apartments im Nebengebäude bereit. Das Restaurant Patrizierstube verwöhnt mit bayerischen und sächsischen Gerichten. **www.bayerischer-hof-dresden.de**

Hotel Rothenburger Hof
€€€

Rothenburger Straße 15–17, 01099 0351-812 60 FAX 0351-812 62 22 ***Zimmer*** *26* ***Stadtplan*** *2 F2*

Hinter der Fassade des Gründerzeitgebäudes werden die Gäste des Hauses mit modernstem Komfort verwöhnt. Die Zimmer sind perfekt ausgestattet und überwiegend in Grün- und Gelbtönen gehalten. Der orientalische Wellness-Bereich bietet u. a. ein maurisches Dampfbad und eine Erlebnissauna mit Aquaviva. **www.rothenburger-hof.de**

Preiskategorien *siehe Seite 192* **Zeichenerklärung** *siehe hintere Umschlagklappe*

Quality Hotel Plaza Dresden
€€€

Königsbrücker Straße 121a, 01099 0351-806 30 FAX 0351-806 3721 **Zimmer** 148 **Stadtplan** 4 D1

Ein komfortables Vier-Sterne-Hotel mit einem besonderen Schmuckstück: Der im Stil der Belle Époque erbaute Ballsaal Lindengarten ist Kulisse für Festlichkeiten und Kongresse. Die sieben Konferenzräume sind flexibel nutzbar. Concierge-Service, Fitnessraum und Sauna runden das Angebot ab. **www.qualityhotelplazadresden.de**

The Westin Bellevue Dresden
€€€

Große Meißner Straße 15, 01097 0351-8050 FAX 0351-805 1609 **Zimmer** 340 **Stadtplan** 1 C2

Hotel mit malerischen Gärten am Elbufer. Der Canaletto-Blick *(siehe S. 52)* von den elbseitig gelegenen Zimmern auf die Silhouette der Altstadt ist fantastisch. Die Zimmer sind in warmen Holztönen gehalten. Für das kulinarische Wohl sorgen das Restaurant Canaletto *(siehe S. 207)* und der Biergarten Elbsegler. **www.westin-dresden.de**

Hotel Bülow Palais
€€€€€

Königstraße 14, 01097 0351-800 30 FAX 0351-800 3100 **Zimmer** 58 **Stadtplan** 2 D1

Edle Materialien und kräftige Farben kennzeichnen die geräumigen Zimmer in dem Anfang 2010 eröffneten Hotel. Von einigen blickt man auf die Königstraße. Das Gourmet-Restaurant Caroussel *(siehe S. 207)* verwöhnt seine Gäste. Exklusiver Fitness- und Spa-Bereich, gemütliche Zigarrenlounge. **www.buelow-residenzen.de**

Hotel Bülow Residenz
€€€€€

Rähnitzgasse 19, 01097 0351-800 30 FAX 0351-800 3100 **Zimmer** 30 **Stadtplan** 2 D2

Das Flair eines florentinischen Palazzo verströmt dieses prachtvoll restaurierte Gebäude im Barockviertel der Inneren Neustadt. Den Gast erwarten historische Eleganz und exklusiver Komfort. Die goldgelb oder rot gestalteten Zimmer sind voller Antiquitäten und üppiger Grünpflanzen. **www.buelow-residenzen.de**

Grosser Garten

A&O Dresden Hauptbahnhof
€

Strehlener Straße 10, 01069 0351-4692 715 900 FAX 0351-4692 715 990 **Zimmer** 131 **Stadtplan** 3 C5

Eine einfache, aber preisgünstige Option nahe dem Dresdner Hauptbahnhof. Die Zimmer sind ansprechend möbliert und alle mit Dusche/WC und TV ausgestattet. An der Rezeption besteht Internet-Zugang. Das Personal gibt Tipps für Ihren Aufenthalt und hilft beim Buchen von Tickets. **www.aohostels.com/de/dresden**

Pension am Großen Garten
€

Beilstraße 30, 01277 0351-254 740 FAX 0351-254 7419 **Zimmer** 13 **Stadtplan** 4 F5

Die ruhig und doch verkehrsgünstig gelegene Pension befindet sich in einer Villa aus der Gründerzeit, auch wiederholte Renovierungen schadeten dem historischen Charakter des Hauses nicht. Die Zimmer sind hell eingerichtet und entsprechen klassischem Hotelkomfort (u. a. mit geräumigen Badezimmern). **www.pension-am-grossen-garten.de**

Artushof
€€

Fetscherstraße 30, 01307 0351-445 910 FAX 0351-445 91 129 **Zimmer** 33 **Stadtplan** 4 E4

Das gründerzeitliche, 1898–1901 errichtete Gebäude ist wegen seiner dekorativen Fassade eine Augenweide. Alle Zimmer habe eine Kitchenette, einige verfügen über Stuckdecken und Kachelöfen aus der Porzellan-Manufaktur in Meißen *(siehe S. 36f)*. Abendessen im argentinischen Steakhouse Estancia. **www.artushof.de**

Villa de Baron
€€

Wiener Straße 44, 01069 0351-451 9708 FAX 0351-451 9745 **Zimmer** 11 **Stadtplan** 3–4 C–D5

Ein Aufenthalt in der Villa stellt rundum zufrieden. Die Zimmer sind großzügig bemessen, stilvoll eingerichtet und verfügen über komfortable Bäder. Die Benutzung von Swimmingpool und Sauna ist im Preis enthalten, der Hamam bietet orientalische Badekultur. Offener Kamin im Lobby-Bereich. **www.villadebaron.info**

Villa Seraphinum
€€

Dohnaer Straße 31, 01219 0351-427 7630 FAX 0351-803 2812 **Zimmer** 12

Das Hotel im Stadtteil Strehlen nimmt zwei Häuser ein, die durch einen Laubengang verbunden sind und von einer ausgedehnten Grünanlage mit altem Baumbestand umrahmt werden. Alle Zimmer haben TV, Telefon und Bad, Internet-Zugang besteht auf Anfrage. Frühstücksraum mit Stuck an der Decke. **www.seraphinum.com**

Dorint Hotel Dresden
€€€

Grunaer Straße 14, 01069 0351-491 50 FAX 0351-491 5100 **Zimmer** 244 **Stadtplan** 2 E5

In Bezug auf Optik und Einrichtung bieten die Zimmer den Komfort eines Vier-Sterne-Hotels, darunter Farb-TV und geräumige Bäder. Im Wellness-Bereich stehen Schwimmbad, Whirlpool, Sauna, Dampfbad und Massageraum zur Verfügung. Ideal als Schlummertrunk ist ein Cocktail an der Lobby-Bar. **www.dorint.com/de/hotel-dresden**

Four Points by Sheraton Königshof Dresden
€€€

Kreischaer Straße 2, 01219 0351-873 10 FAX 0351-873 1499 **Zimmer** 93

Boutique-Hotel mit historischem Charme. Einige der ausnahmslos sonnendurchfluteten Zimmer haben ein Himmelbett. Das Restaurant Königshof serviert mediterrane Küche. Glanzstück des denkmalgeschützten Hauses ist der im Stil der Neorenaissance gestaltete Ballsaal. Fitness-Center, finnische Sauna. **www.fourpoints.com/koenigshof**

Stadtplan *siehe Seiten 248–257*

Loschwitz

Altes Fährgut Loschwitz €

Friedrich-Wieck-Straße 45, 01326 ☎ *0351-265 6511* FAX *0351-265 6991* **Zimmer** *8* **Stadtplan** *5 B3*

Eine erhabene Adresse: Die Hotelpension ist in einem 1697 errichteten Gebäude untergebracht, das nach Originalplänen restauriert wurde. Die Zimmer bieten eine perfekte Aussicht. Das Restaurant Il Camino *(siehe S. 208)* verwöhnt mit italienischer Kochkunst und italienischen Weinen. Fahrradverleih im Haus. **www.ilcamino-dresden.de**

Gästehaus Loschwitz €

Grundstraße 40, 01326 ☎ *0351-268 7785* FAX *0351-267 8775* **Zimmer** *18* **Stadtplan** *5 B3*

Das familiengeführte Gästehaus ist in einem originalgetreu restaurierten denkmalgeschützten Gebäude zu finden und ein geeigneter Standort für eine Erkundung von Loschwitz. Alles in allem: eine stilvolle Unterkunft mit passabler Ausstattung in einem der schönsten Stadtteile Dresdens. **www.haus-loschwitz.de**

Hotel am Waldschlösschen €

Am Brauhaus 8b, 01099 ☎ *0351-895 1330* FAX *0351-895 1335* **Zimmer** *20* **Stadtplan** *4 F2*

Die reizende Unterkunft bietet schöne Zimmer mit Bad und TV, die Lage am Elberadweg ist ideal für Radfahrer. Von fast allen Zimmern hat man einen traumhaften Blick auf Elbe und Altstadt. Im Erdgeschoss befindet sich das urgemütliche Brauhaus am Waldschlösschen mit Biergarten *(siehe S. 208)*. **www.hotel-am-waldschloesschen.de**

Hotel am Blauen Wunder €€

Loschwitzer Straße 48, 01309 ☎ *0351-336 60* FAX *0351-336 6299* **Zimmer** *39* **Stadtplan** *5 A3*

Wohlfühlen in charmanter Atmosphäre: Ein Hauch von venezianischem Stil durchzieht die Zimmer des Hotels, das sich auf der Blasewitzer Seite der berühmten Brücke *(siehe S. 144)* befindet. Frühstück bei schönem Wetter auf der Gartenterrasse. Kinder unter zwölf Jahren wohnen im Zimmer der Eltern ohne Zusatzkosten. **www.habw.de**

Villa Weißer Hirsch €€

Hermann-Prell-Straße 6, 01324 ☎ *0351-642 413* FAX *0351-460 1656* **Zimmer** *8* **Stadtplan** *5 B2*

Das Nichtraucherhaus mit umlaufender Terrasse liegt traumhaft am Loschwitzer Elbhang. Die grandiose Aussicht vom ehemaligen Gästehaus der Stasi beeindruckte schon DDR-Staatsgäste wie Fidel Castro oder Wladimir Putin. Zusätzliche Annehmlichkeiten sind kostenloses Parken und die illustre Hausbar. **www.villa-weisser-hirsch.de**

Hotel Schloss Eckberg €€€€€

Bautzner Straße 134, 01099 ☎ *0351-809 90* FAX *0351-809 9199* **Zimmer** *84* **Stadtplan** *5 A2*

Hotelkomfort gepaart mit dem Ambiente einer Schlossanlage mit traumhafter Parklandschaft. Die 17 Zimmer in Schloss Eckberg *(siehe S. 151)* sind mit Antiquitäten und Marmorbädern ausgestattet, auch die 67 Zimmer im Kavaliershaus sind mehr als komfortabel. Viele Bäume schirmen den Verkehrslärm ab. **www.schloss-eckberg.de**

Abstecher

Altstadtperle €

Gohliser Straße 19, 01159 ☎ *0351-410 0177* FAX *0351-410 0166* **Zimmer** *38*

Das Haus liegt keineswegs in der Dresdner Altstadt, wie der Name suggeriert, sondern im Stadtteil Löbtau. Die Zimmer weisen modernes Equipment auf, Badezimmer mit Doppelwaschbecken und Badewanne runden das Raumkonzept ab. Insgesamt eine mehr als passable Unterkunft zum günstigen Preis. **www.altstadtperle.de**

An der Pillnitzer Schlossfähre €

Hosterwitzer Straße 22, 01259 ☎ *0351-210 7850* FAX *0351-210 7851* **Zimmer** *11*

Die kleine, aber charmante Pension im Stadtteil Kleinschachwitz ist in einem restaurierten Haus untergebracht. Das üppige Frühstück wird im begrünten Innenhof serviert. An der Elbe ist man in wenigen Minuten. Eine gute Wahl für Besucher, die einen ruhigeren Standort bevorzugen. **www.pension-pillnitzer-schlossfaehre.de**

Akademiehotel Dresden €€

Königsbrücker Landstraße 2a, 01109 ☎ *0351-457 3010* FAX *0351-457 3015* **Zimmer** *266*

Im grünen Norden der Stadt, am Rand der Dresdner Heide, liegt dieses Seminar- und Tagungshotel. Die Zimmer sind modern und komfortabel eingerichtet. Das Freizeitangebot umfasst u. a. Fitness-Center, Sporthalle, Saunalandschaft und Massageraum. Günstige Lage zum Flughafen Dresden-Klotzsche. **www.akademiehotel-dresden.de**

Alttolkewitzer Hof €€

Alttolkewitz 7, 01279 ☎ *0351-251 04 31* FAX *0351-252 6504* **Zimmer** *24* **Stadtplan** *5 C5*

Komfort im Landhausstil und eine gute Portion sächsische Gastlichkeit zeichnen den Alttolkewitzer Hof aus. Die Zimmer sind mit hellen Holzmöbeln eingerichtet, die Maisonnette-Zimmer haben zwei Ebenen. Zum Anwesen gehören ein Restaurant und ein Biergarten mit einer Auswahl heimischer Biere. **www.alttolkewitzer-hof.de**

Preiskategorien *siehe Seite 192* **Zeichenerklärung** *siehe hintere Umschlagklappe*

Churfürstliche Waldschänke Moritzburg €€

Moritzburg, Große Fasanenstraße, 01468 035207-86 00 FAX 035207-86 093 **Zimmer** 33

Die ältesten Teile dieses denkmalgeschützten Anwesens stammen aus dem 18. Jahrhundert. Die Zimmer entsprechen modernem Standard und sind doch individuell gestaltet. Jagdtrophäen bilden markante Ausstattungsmerkmale. Die Waldschänke ist ein idealer Standort für einen Reiterurlaub. **www.waldschaenke-moritzburg.de**

Eisenberger Hof €€

Moritzburg, Kötzschenbrodaer Straße 8, 01468 035207-816 73 FAX 035207-816 84 **Zimmer** 25

Das idyllisch gelegene Drei-Sterne-Hotel in Moritzburg unweit des Schlosses *(siehe S. 156f)* eignet sich auch für Familien und Reisegruppen. Jedes Zimmer hat einen Balkon. Gespeist wird im Restaurant oder im Gästegarten, serviert werden u. a. Wild und Fisch aus heimischen Wäldern und Seen. **www.eisenberger-hof.de**

Elbterrasse Wachwitz €€

Altwachwitz 14, 01326 0351-269 610 FAX 0351-269 6113 **Zimmer** 16 **Stadtplan** 5 C5

Ein wahres Idyll an der Elbe: Jedes Zimmer bietet traumhafte Aussicht auf den Fluss und die vorbeiziehenden Raddampfer. Im Restaurant *(siehe S. 209)* werden sächsische Spezialitäten serviert. Im Hotel übernachten auch viele Radfahrer, ein Fahrradverleih befindet sich im Haus. **www.elbterrasse-wachwitz.de**

Hotel an der Rennbahn €€

Winterbergstraße 96, 01237 0351-212 500 FAX 0351-212 5050 **Zimmer** 22

Familiengeführtes Drei-Sterne-Hotel in einem 1891 erbauten, liebevoll restaurierten Bürgerhaus nahe der Pferderennbahn. Die Zimmer (allesamt Nichtraucherzimmer) wurden 2007 renoviert. Gutbürgerliches Restaurant, gemütlicher Weinkeller und Biergarten mit Schatten spendenden Kastanien. **www.hotel-an-der-rennbahn-dresden.de**

Hotel Goldener Anker €€

Radebeul, Altkötzschenbroda 61, 01445 0351-8399 0100 FAX 0351-839 9067 **Zimmer** 60

Das familiengeführte Hotel in Radebeul, direkt an Elbe, Elberadweg und Sächsischer Weinstraße gelegen, bietet Zimmer mit stilvollen Möbeln. In der Nähe startet die Schmalspurbahn Lößnitzdackel *(siehe S. 158)*. Weinstube in historischem Kellergewölbe und Biergarten. Prunkstück ist der Ballsaal. **www.goldener-anker-radebeul.de**

Ringhotel Residenz Alt Dresden €€

Cotta, Mobschatzer Straße 29, 01157 0351-428 10 FAX 0351-428 1988 **Zimmer** 212

Zwei gegenüberliegende Gebäude mit jeweils vier Etagen bilden eine Hotelanlage mit ansprechend möblierten Zimmern. Zwei Restaurants mit Terrasse, eine gemütliche Lobby-Bar, ein modernes Fitness-Center, Wellness-Bereich mit Sauna und Dampfbad sowie ein hübscher Garten runden das Angebot ab. **www.residenz-alt-dresden.de**

Quality Hotel Dresden-West €€€

Kesseldorf, Zschoner Ring 6, 01723 035204-4590 FAX 035204-459 113 **Zimmer** 126

Das Business-Hotel am westlichen Stadtrand bietet Tagungsmöglichkeiten für bis zu 250 Personen. Restaurant mit sächsischer und internationaler Küche. Fitness-Center und Wellness-Bereich mit Sauna und Dampfbad ergänzen das vielfältige Angebot. Die Nähe zur Autobahn garantiert Mobilität. **www.qualityhotel-dresdenwest.de**

Ramada Hotel Dresden €€€

Wilhelm-Franke-Straße 90, 01219 0351-478 20 FAX 0351-478 2550 **Zimmer** 262

Das Business-Hotel, eines der größten Konferenzzentren der Stadt, liegt nur zwei Minuten von der A17 (Ausfahrt Dresden-Prohlis) entfernt. Die Zimmer sind mit Badewanne, TV, Telefon, Schreibtisch und Minibar, die zwölf Tagungsräume mit modernster Kommunikationstechnik ausgestattet. **www.hotel-dresden-city.de**

Romantikhotel Pattis €€€

Merbitzer Straße 53, 01157 0351-425 50 FAX 0351-425 5255 **Zimmer** 46

Elegante Zimmer mit charmanten Accessoires wie nostalgischen Badewannen und Deko-Elementen im Jugendstil. Auch die erstklassige Gastronomie und der ausgedehnte Hotelpark sorgen dafür, dass sich der Gast hier rundum wohlfühlt. Ausstellungsraum mit Werken sächsischer Künstler, großzügiges Wellness-Angebot. **www.pattis.net**

Schlosshotel Pillnitz €€€

Pillnitz, August-Böckstiegel-Straße 10, 01326 0351-261 40 FAX 0351-261 4400 **Zimmer** 45

Wohnen direkt in der Schlossanlage *(siehe S. 164f)* – stilvoller geht es kaum. Komfortable Hotellerie und gepflegte Gastronomie in Verbindung mit eindrucksvoller Landschaft machen einen Dresden-Besuch zum märchenhaften Erlebnis. Kaminrestaurant *(siehe S. 209)*, Schlosscafé, Hausbar und Biergarten. **www.schlosshotel-pillnitz.de**

Villa Sorgenfrei €€€

Radebeul, Augustusweg 48, 01445 0351-795 6660 FAX 0351-795 666 77 **Zimmer** 14

Das Hotel hält, was sein Name verspricht. Eine ausgedehnte französische Parkanlage bildet den würdevollen Rahmen für ein kleines Waldschlösschen, das Erholung wie Inspiration bietet. Die Zimmer sind im Stil des 18. Jahrhunderts gehalten. Frühstücksbuffet im historischen Gartensaal oder auf der Terrasse. **www.hotel-sorgenfrei.de**

Welcome Parkhotel Meißen €€€

Meißen, Hafenstraße 27–31, 01662 03521-722 50 FAX 03521-722 904 **Zimmer** 97

Idyllisch in einem kleinen Park direkt an der Elbe gelegene Anlage, deren Zentrum eine 1870 errichtete Jugendstilvilla bildet. Neben den fünf Suiten bieten auch die 92 Zimmer stilvollen Wohnkomfort. Entspannungsbereich mit Sauna und Infrarot-Wärmekabine sowie ayurvedischen Massagen. **www.welcome-hotel-meissen.de**

Restaurants

Als beliebtes Reiseziel für Menschen aus aller Welt bietet Dresden ein breites Spektrum an Küchen und Lokalen. Das Angebot an internationalen Restaurants, Cafés und Bars reicht von mediterran über fernöstlich bis hin zu karibisch und kann sich sehen lassen. Daneben wird natürlich auch typisch sächsische Küche kultiviert. Auch wenn kulinarische Trends rasch wechseln, bleibt bodenständiges Essen in Dresden gefragt. Serviert wird es weniger in von Sterneköchen geleiteten Gourmet-Tempeln, sondern eher in Restaurants der einfachen und mittleren Preisklasse. Egal wann Sie Hunger haben – Sie können zu allen Tageszeiten essen gehen, in der Äußeren Neustadt auch rund um die Uhr. Viele Restaurants haben Tische im Freien, an denen es im Sommer recht eng werden kann. An der frischen Luft und ohne Gedränge kann man es sich bei einem Picknick gemütlich machen. Im Großen Garten oder an der Elbe ist dafür immer ein Plätzchen frei.

Im Brauhaus am Waldschlösschen geht es gemütlich zu

Villa Marie – ein »romantischer« Italiener in Blasewitz *(siehe S. 208)*

Wegweiser zu den Restaurants

Die Auswahl an guten Restaurants ist groß. Egal ob Sie sächsische oder internationale Küche bevorzugen, Liebhaber von Hausmannskost oder Feinschmecker sind: Jeder findet hier das richtige Speiselokal.

In der Altstadt Dresdens sind die Restaurants nicht gleichmäßig über das gesamte Areal verteilt, sondern es gibt einzelne gastronomische »Hotspots« mit einer hohen Restaurantdichte. Solche kulinarischen Zentren sind die (eher touristisch orientierte) Münzgasse zwischen Elbe und Frauenkirche sowie die Weiße Gasse in unmittelbarer Nähe der Kreuzkirche. Bei der Weißen Gasse handelt es sich nicht um irgendeine Nebenstraße, sondern um den Schauplatz einer kulinarischen Weltreise mit japanischer, chinesischer, indischer, vietnamesischer, südafrikanischer, mexikanischer, spanischer, italienischer, niederländischer Küche und vielem mehr. 21 Restaurants reihen sich hier aneinander, fast alle haben Tische im Freien – kein Wunder, dass es nicht nur Besucher, sondern auch viele Dresdner hierherzieht (Überblick: www.weisse-gasse.de).

Natürlich gibt es auch in der Nähe der Sehenswürdigkeiten rund um Theaterplatz und Neumarkt eine ganze Reihe etablierter Restaurants. Viele davon sind in authentisch rekonstruierten Gründerzeithäusern untergebracht. Gäste dieser Lokale sind eher Besucher als Einheimische, aber was macht das schon, wenn man das einzigartige Ambiente der Altstadt genießen möchte.

Andere Gastro-Szenen haben sich am gegenüberliegenden Ufer der Elbe etabliert. Im Barockviertel der Inneren Neustadt zwischen Königstraße und Hauptstraße geht es – bei aller Qualität der Lokale – gemütlicher zu. Viele Restaurants stellen im Sommer in ihren ruhigen Innenhöfen Tische auf – genau das richtige Ambiente nach einem Sightseeing- oder Shopping-Tag. Von hier ist es nicht weit in die Äußere Neustadt, in deren urigen Lokalen Küche aus aller Welt serviert wird. Auch zu später Stunde scheint es hier nie richtig dunkel zu werden, manche Lokale haben bis tief in die Nacht oder rund um die Uhr offen.

Viele Restaurants am Elbufer bewirten ihre Gäste bei schönem Wetter auf der Terrasse. Mit Blick auf die Elbe zu speisen ist nicht nur bei Sonnenuntergang ein Genuss.

Schöne Aussichten: Biergarten im Italienischen Dörfchen *(siehe S. 82)*

In der Münzgasse reiht sich ein Lokal ans andere

Reservierung

Wenn Sie am Abend in einem gehobenen Restaurant im Stadtzentrum gepflegt dinieren möchten, ist eine Tischreservierung anzuraten. In Gegenden mit hoher Restaurantdichte wie etwa der Weißen Gasse ist dies nicht notwendig – vorausgesetzt, Sie sind flexibel und weichen einfach auf das nächste Restaurant aus, falls in dem anvisierten gerade kein Tisch frei ist. In vielen Lokalen können Sie bei Platzmangel erst einmal einen Aperitif an der Bar nehmen und in aller Ruhe warten, bis etwas frei wird.

Preise und Trinkgeld

Restaurants, Café und Bars gibt es in Dresden und Umgebung nicht nur für jeden Geschmack, sondern auch in allen Preisklassen. Grundsätzlich gilt wie überall: je »touristischer« die Lage, desto höher das Preisniveau. Auch der Blick auf die Elbe schlägt sich in aller Regel auf den Preis nieder. Am Eingang aller Lokale hängt eine Speisekarte inklusive Preisangaben aus, auf der Sie sich über das Angebot informieren können.

In günstigen Restaurants, mit denen vor allem die Äußere Neustadt gut bestückt ist, gibt es Hauptgerichte ab etwa acht Euro. In teureren muss man schon mit 15 Euro, in Spitzenrestaurants zum Teil mit wesentlich höheren Preisen rechnen. Berücksichtigen Sie auch, dass bei preisgünstigen Menüs die Getränke nicht im Preis enthalten sind und dass sich der Genuss guter Weine deutlich auf die Höhe der Rechnung auswirkt.

Der ausgewiesene Rechnungsbetrag beinhaltet Service und Mehrwertsteuer. Falls Sie zufrieden waren, runden Sie den Betrag auf: Zehn Prozent Trinkgeld sind üblich. In teureren Restaurants können Sie mit Kreditkarte bezahlen, akzeptierte Karten werden durch Logos am Eingang ausgewiesen.

Mit Kindern essen

In den meisten Dresdner Lokalitäten sind Kinder willkommen, viele Restaurants stellen Babystühle zur Verfügung. Vor allem mittags gibt es in immer mehr Restaurants spezielle Kindergerichte, manche bieten sogar eine eigene Kinderkarte an.

Watzke – *der* Klassiker am Goldenen Reiter *(siehe S. 206)*

Schneller als in feineren Restaurants sind die Mahlzeiten in Cafés oder Snackbars *(siehe S. 210f)* auf dem Tisch. Für die Kleinen ist es oft wesentlich spannender, im Freien zu essen. Manche Biergärten *(siehe S. 211)* an der Elbe haben darüber hinaus einen kleinen Spielplatz angelegt, auf dem sich Kinder vor und nach dem Essen austoben können. Und die Mühen einer langen Sightseeing-Tour durch die Stadt sind beim Besuch eines Eiscafés *(siehe S. 211)* schnell vergessen. Natürlich finden Sie in Dresden auch Fast-Food-Lokale der bekannten Ketten.

Rauchen

Anfang 2008 trat in Sachsen ein Rauchverbot in allen Gaststätten in Kraft, Rauchen war demnach nur noch in abgetrennten Nebenräumen erlaubt. Im Dezember 2009 wurde dieses Verbot gelockert. Rauchen ist nunmehr auch in Einraumgaststätten möglich – unter der Voraussetzung, dass Kinder und Jugendliche unter 18 Jahren dort nicht eingelassen werden. Diese neue Regelung gilt auch für geschlossene Gesellschaften.

Restaurant Canaletto *(siehe S. 207)* im Hotel Bellevue

Behinderte Reisende

In Dresden gibt es eine ganze Reihe von Restaurants, die barrierefrei zugänglich sind und über Behinderten-WCs verfügen. Allerdings mangelt es auch bei diesen Lokalen häufig an einem ausreichenden Angebot an Parkplätzen für Behinderte, außerdem stehen die Tische häufig sehr eng beieinander. Zu berücksichtigen ist auch die Lage der Lokale, manche befinden sich in Fußgängerzonen mit Kopfsteinpflaster. Erkundigen Sie sich im Voraus telefonisch oder auf der Website des Restaurants, das Sie besuchen möchten, über die jeweiligen Gegebenheiten vor Ort. Einige auf Menschen mit eingeschränkter Mobilität eingestellte Restaurants sowie andere öffentliche Einrichtungen sind in der informativen Online-Broschüre *Dresden ohne Barrieren (siehe S. 217)* aufgelistet. Hier erhalten Sie detaillierte Angaben in Bezug auf behindertengerechte Ausstattung – u. a. Angebote an entsprechenden Parkplätzen, Angaben zu Entfernung zur nächsten Tram- oder Bushaltestelle, Zugänglichkeit und Bewegungsmöglichkeiten im Restaurant.

Sächsische Küche

In den kulinarischen Spezialitäten Sachsens spiegelt sich das Traditionsbewusstsein der Bevölkerung wider. Elbschiffer, Landwirte und Bergleute stärkten sich mit Hausmannskost aus regionalen Produkten wie Fleisch, Kartoffeln und Gemüse. Die mit Kutschen aus Böhmen, Frankreich oder Italien hertransportierten Delikatessen waren hingegen Adel und Großbürgertum vorbehalten. Die bodenständigen Gerichte wurden verfeinert, die Grundrezeptur blieb im Wesentlichen erhalten. Manche Speisen – vom Sächsischen Sauerbraten bis zum Dresdner Stollen – wurden nach der Region bzw. der Stadt ihrer Herkunft benannt.

Kartoffeln und Lauch von sächsischen Feldern

Das Café Vis à Vis lockt mit Wiener-Kaffeehaus-Atmosphäre

Kartoffelgerichte

Ackerbau spielt in Sachsen von jeher eine große Rolle, zu den wichtigsten Kulturpflanzen gehört die Kartoffel. In der Region waren Kartoffeln schon immer mehr als bloße Beilage, wegen ihrer vielseitigen Verwendbarkeit sind sie seit Jahrhunderten Bestandteil vieler Gerichte. Durch die Kreation immer neuer Kombinationen mit Fleisch, Fisch oder Gemüse ist ihre Beliebtheit ungebrochen. Kartoffeln kommen in Sachsen als Salz-, Pell- und Bratkartoffeln, Püree, Klöße, Puffer, Gratin, Suppe oder Salat auf den Tisch. Ein Klassiker ist die Sächsische Kartoffelsuppe.

Fleisch- und Fischgerichte

Auch deftige Fleischgerichte mit würzigen Saucen sind typisch für die sächsische Küche. Zu den Favoriten gehören Sächsischer Sauerbraten mit Klößen und Rotkohl sowie Krautrouladen mit Salzkartoffeln oder Kartoffelpüree und Gemüse. Im Winter, aber nicht nur zu Weihnachten, lässt man sich

Eine Auswahl an Gebäck aus Sachsen

Typische Gerichte Sachsens

Prägend für die sächsische Küche sind Kartoffel- sowie Fleisch- und Fischgerichte. Hinzu kommen Kuchenspezialitäten und andere Süßspeisen. Sächsischer Kartoffelsalat wird mit besonders vielen Zutaten und in diversen Variationen kreiert. Auf keinen Fall fehlen dürfen saure Gurken, Zwiebeln und Mayonnaise. Ein Mix aus Kartoffelgericht und Süßspeise und somit vielleicht die Quintessenz sächsischer Kochtradition sind die gern als Dessert verzehrten Quarkkeulchen: Kartoffel-Quark-Teig wird zu flachen Klößen geformt, gebraten und gesüßt.

Zu den Favoriten unter den Fleischgerichten zählen Krautrouladen. Dafür werden Weißkohlblätter mit Hackfleisch gefüllt und geschmort. Ein beliebtes Fischgericht ist Moritzburger Spiegelkarpfen »blau«, serviert mit Kräuterkartoffeln und Sahnemeerrettich.

Bratwurst mit Brötchen – Stärkung für zwischendurch

Sächsische Kartoffelsuppe *wird außer mit Kartoffeln u. a. mit Karotten, Lauch und Sellerie zubereitet und oft mit Würstchen serviert.*

in Sachsen gern Gänsebraten schmecken. Wenn es einmal schnell gehen muss, findet sich unterwegs immer eine Bude, die Bratwürste verkauft. Bautzner Senf schmeckt dazu besonders gut.

In der Teichlandschaft rund um Moritzburg werden vor allem Karpfen sowie Zander, Hecht, Barsch und Schleie gezüchtet. Gerichte mit diesen Edelfischen bereichern viele Speisekarten in und um Dresden.

Süssspeisen

Sächsische Süßspeisen bestechen durch Vielfalt und Originalität, was sich auch in einer ausgeprägten Kaffeehaus-Kultur *(siehe S. 210f)* niederschlägt. Gelegentlich sieht man Einheimische, die ihr Gebäck in den Kaffee »ditschen« (eintunken). Einige süße Gerichte traten von Sachsen aus ihren Siegeszug an, Dresdner Stollen erlangte sogar internationale Bekanntheit. Frische Eierschecken gehören zum Inventar jeder Dresdner Konditorei. Das rechteckig oder wie ein Tortenstück geschnittene Gebäck besteht aus drei Schichten: Auf dem Teigboden liegt eine Vanille-Quark-Creme, darüber eine Sahne-Eier-Zucker-Masse. Ein Gebäck für Feinschmecker ist der auf einer rotierenden Walze gebackene Baumkuchen – so benannt nach seiner hohen Form und den Schichten, die an Jahresringe eines Baums erinnern. Die Schokoladen-Kuvertüre reicht von süß bis zartbitter. Die in ganz Deutschland bekannten Dominosteine sind eine Kreation aus Dresden. Das Rezept von Russisch Brot kam über St. Petersburg in die sächsische Metropole.

Trockengebäck in Buchstabenform

Baumkuchen dunkel und hell

Nach dem sächsischen Standesherrn und Gartenkünstler Hermann von Pückler-Muskau (1785–1871) benannt ist Fürst-Pückler-Eis aus je einer Schicht Vanille-, Schokoladen- und Erdbeereis. Als Pückler-Schnitte wird das Eis von einer Waffel umhüllt.

Dresdner Stollen®

Keine andere sächsische Delikatesse ist so bekannt wie die registrierte Marke Dresdner Stollen. Vor und während der Adventszeit herrscht Hochbetrieb in den Backstuben – die weltweite Nachfrage liegt schließlich bei rund zwei Millionen pro Saison. Zur Vermeidung von Etikettenschwindel haben sich rund 150 Bäckereien in und um Dresden zum Schutzverband Dresdner Stollen e. V. zusammengeschlossen. Nur sie dürfen den »echten« Dresdner Stollen anbieten. Natürlich hat jeder Bäcker »sein« Rezept, basierend auf den Grundzutaten Mehl, Butter, Zucker, Rinderschmalz, Rosinen, Zitronat, Mandeln, Hefe, Salz, Zitronenschale und Milch. Dresdner behaupten, der beste Ort zum Testen sei der Striezelmarkt *(siehe S. 103)*.

Sächsischer Sauerbraten, *vor dem Braten in Essig und mit Wacholderbeeren eingelegt, kommt mit Klößen und Rotkohl auf den Tisch.*

Sächsisches Rahmfleisch *erhält seine spezielle Note durch die Sahnesauce, die verschiedene Gemüse und Gewürze enthalten kann.*

Quarkkeulchen *werden in der Pfanne goldbraun gebraten, mit Zimtzucker bestreut und mit Apfelmus oder Kompott serviert.*

Sächsische Getränke

Bierspezialität aus Dresden

Als Standort mehrerer Großbrauereien hat sich Sachsen landesweit den Ruf einer »Bierregion« erworben. Auch Weine aus Kellereien entlang der Sächsischen Weinstraße *(siehe S. 184f)* werden wegen ihrer guten Qualität von Kennern hoch geschätzt. Zu den renommiertesten Getränken in Sachsen zählt Sekt der Marke Rotkäppchen, unter den Spirituosen dominieren Bittergetränke. Klassiker unter den Softdrinks sind Fassbrause und Vita Cola. Dresdner sind Kaffeetrinker – nicht erst seit Erfindung des Kaffeefilters *(siehe S. 41)* in Dresden.

Altes Werbeplakat für Sekt aus dem Hause Rotkäppchen – auch heute noch im Trend

Bier

Im sächsischen Vogtlandkreis wird seit 1436 in einer der ältesten Brauereien der Welt Wernesgrüner, ein Bier nach Pilsner Art, produziert. Eine fruchtige Variante als Mix aus Pils und Limetten-Erfrischungsgetränk ist als Wernesgrüner Lemon auf dem Markt. Die Qualität der Biere aus der Radeberger Exportbierbrauerei *(siehe S. 162)* wusste man schon am sächsischen Königshof zu schätzen, das Pilsner aus Radeberg ist längst ein Exportschlager. Die Brauerei Feldschlößchen braut in Dresden Pilsener, Export und Urbock und füllt auch Biermischgetränke ab.

Radeberger Pilsener

Wernesgrüner Bier

Logo von Feldschlößchen

Wein

Sachsen ist stolz darauf, eines der nördlichsten Weinbaugebiete in Europa zu sein. Es zählt zwar zu den kleinsten in Deutschland, bringt aber eine Reihe von Spitzentropfen hervor. Bedeutende Rebsorten sind Müller-Thurgau, Riesling, Traminer und Weißburgunder bei Weißweinen, Spätburgunder und Dornfelder bei Rotweinen. Die Weinstöcke gedeihen hier auf den von der Sonne verwöhnten Hängen entlang der Elbe. Viele Weingüter reihen sich entlang der 55 Kilometer langen Sächsischen Weinstraße. Die Winzer produzieren auch Raritäten, etwa Weine mit dem Namen der jeweiligen sächsischen Weinkönigin. Sehr beliebt sind außerdem die Weine aus dem Hause Rotkäppchen *(siehe Sekt)*.

Qualitätsweine der Marke Rotkäppchen

Riesling vom Meißner Kapitelberg

Sekt

Eine Erfolgsmarke durch alle Zeiten: Der seit 1856 gekelterte Sekt wird seit 1894 unter der Marke »Rotkäppchen« vertrieben. Markenzeichen aller Flaschen ist seither die rote Aluminiumkappe, der das Label auch seinen Namen verdankt. Rotkäppchen war die beliebteste Sektmarke in der DDR und genießt in Sachsen – wie in allen neuen Bundesländern – auch heute noch allerhöchste Popularität. Unter den erfolgreichen ostdeutschen Unternehmen nimmt Rotkäppchen eine Sonderstellung ein. Durch Firmenübernahmen entstanden 2002 die Rotkäppchen-Mumm Sektkellereien und damit der größte Sektproduzent in Deutschland.

Rotkäppchen-Sekt

Spirituosen

Nach dem Genuss deftiger sächsischer Kost *(siehe S. 200f)* wird gern ein Gläschen Hochprozentiges getrunken, das die Mahlzeit so richtig abrundet. Schnapsbrennen ist in Sachsen ein traditionsreiches Gewerbe, vor allem Liköre und Bitterspirituosen werden produziert. Eiskalt serviert wird Königsteiner Berggeist, ein grüner Kräuterlikör aus der Sächsischen Schweiz. Aus Enzian (aus dem Erzgebirge) und anderen Kräutern wird Pirnaer Bitter gebrannt, einer der beliebtesten Magenbitter. Zu den hochprozentigsten Destillaten (bis zu 60 Vol.-%) gehört Blutwurz. Er wird in einigen Regionen Deutschlands, darunter auch Sachsen, aus dem gleichnamigen Waldkraut gebrannt.

Königsteiner Berggeist

Pirnaer Bitter

Blutwurz

Zille's Fassbrause (Himbeer/Apfel)

Doppel-Caramel

Vita Cola Original **Vita Cola Schwarz**

Softgetränke

Fassbrause (eine Limonade mit natürlichen Frucht- und Kräuterzutaten) des Torgauer Brauhauses gibt es in vier Geschmacksrichtungen (Himbeere, Apfel, Waldmeister, Waldbeere), abgefüllt wird sie in farblose Bügelflaschen. Nach streng gehütetem Rezept wird Doppel-Caramel gebraut. Für dieses Malzbier mit geringem Alkoholgehalt wird doppelt karamellisierter Brausirup verwendet. Seit mehr als 50 Jahren auf dem Markt ist Vita Cola. Dieses Cola-Getränk gibt es in mehreren Ausführungen, u. a. Original (mit einem Spritzer Zitrone) und Schwarz (mit mehr Koffein).

Wellness-Getränke

Dresdner Leitungswasser kann ohne Bedenken getrunken werden, doch bei Tisch bestellt man in der Regel Mineralwasser – mit oder ohne Kohlensäure. Bedeutendster Produzent ist die 1991 gegründete Lichtenauer Mineralquellen GmbH, der seit 2005 auch die sächsischen Traditionsmarken Margon und Vita Cola *(siehe Softgetränke)* angehören. Lichtenauer füllt neben Mineralwasser auch eine Reihe von Wellness-Erfrischungsgetränken ab, dazu Schorlen, Limonaden und Bittergetränke. Natürlich bekommen Sie überall in Dresden auch Fruchtsäfte, in manchen Lokalen sogar frisch gepresst.

Mineralwasser

Wellness-Getränk

Margon Mineralwasser

Margon Bittergetränk

Kaffee

Tee

Kakao

Glühwein

Heisse Getränke

In der Beliebtheitsskala heißer Getränke steht Kaffee bei den Dresdnern ganz oben. Man trinkt ihn zu allen Tageszeiten, die Muße für ein Tässchen zwischendurch findet sich immer. Die Zeiten von »Bliemchengaffee« sind längst vorbei, auch wenn sich Filterkaffee neben Espresso, Cappuccino und jüngeren Kreationen wie Latte macchiato auf Platz eins behaupten konnte. Alternativen sind Kakao und Tee, wobei man Letzteren vom Beuteltee bis zu wirklich guten Aufgüssen, von schwarz bis hin zu allen Kräutervariationen serviert bekommt. Glühwein schmeckt natürlich am besten auf einem der Weihnachtsmärkte.

Restaurantauswahl

Die hier beschriebenen Restaurants wurden wegen ihrer guten Küche, ihrer günstigen Lage oder ihres besonderen Ambientes ausgewählt. Sie sind nach Stadtvierteln und dort innerhalb ihrer Preiskategorie alphabetisch aufgeführt. Informationen zu Cafés, Bars und Biergärten finden Sie auf den Seiten 210f.

PREISKATEGORIEN
Preise für ein Drei-Gänge-Menü pro Person mit einer halben Flasche Wein, inklusive Steuer und Service:
€ unter 20 Euro
€€ 20–30 Euro
€€€ 30–40 Euro
€€€€ 40–50 Euro
€€€€€ über 50 Euro

WESTLICHE ALTSTADT

brennNessel — €
Schützengasse 18, 01067 ☎ *0351-494 3319* — **Stadtplan** 1 A3

Das Restaurant fasziniert mit seiner vielfältigen Auswahl an soliden, fast ausnahmslos vegetarischen Gerichten: Eintöpfe (u. a. Kartoffelgulasch), Aufläufe (z. B. Champignon-Gemüse-Lasagne), Nudelgerichte, überbackene Baguettes und Salate. Natürlich gibt es auch eine Brennnesselsuppe. Idyllischer Innenhof.

Kahnaletto — €€
Terrassenufer, 01067 ☎ *0351-495 3037* — **Stadtplan** 1–2 C–F3

Der Name des Restaurants ist genauso einfallsreich wie der Standort. Das Restaurant auf dem Theaterkahn *(siehe S. 83)* präsentiert exzellente italienische Gastronomie in einem einzigartigen Ambiente. Fantasievoll gestaltete *cucina italiana* gepaart mit erstklassigen Weinen und maritimem Feeling – ein Fest für die Sinne.

Maximus — €€
Maxstraße 4, 01067 ☎ *0351-810 4100* — **Stadtplan** 1 A3

Rote Säulen und große Fenster tragen zum Charme des italienischen Restaurants bei. Die Pizza und Pastagerichte überzeugen jeden Gaumen, auch Hauptgerichte wie Doradenfilet in Limettenbutter oder toskanischer Schweinebraten mit getrockneten Tomaten sind tadellos. Günstiger Mittagstisch, beliebter Sonntagsbrunch.

Kuppelrestaurant in der Yenidze — €€€
Weißeritzstraße 3, 01067 ☎ *0351-490 5990* — **Stadtplan** 1 A2

Unter der Kuppel der Yenidze *(siehe S. 88f)* zu speisen ist ein ganz besonderes Erlebnis. Auf der Speisekarte findet man Orientalisches wie Harems- oder Kalifenschmaus, internationale Gerichte wie Lammrückenfilet oder Rumpsteak und regionale Kost wie Sächsischen Sauerbraten. Im Sommer hat hier Dresdens höchster Biergarten geöffnet.

Ristorante Bellotto — €€€
Theaterplatz 3, 01067 ☎ *0351-498 160* — **Stadtplan** 1 C3

Das Restaurant im ersten Stock des Italienischen Dörfchens *(siehe S. 82)* verwöhnt seine Gäste mit einer Auswahl mediterraner Spezialitäten wie Makkaroni mit Ochsenragout oder Lammrücken unter Oliven-Knoblauchkruste auf Auberginen. Verlockung pur ist der venezianische Dessertkuchen. Wundervolle Aussicht von der Terrasse.

Sophienkeller — €€€
Taschenberg 3, 01067 ☎ *0351-497 260* — **Stadtplan** 1 C4

Erlebnisgastronomie vom Feinsten: Durch das Gewölberestaurant des Taschenbergpalais weht ein Hauch von Mittelalter. Gaukler, Musikanten und Zauberer unterhalten die Gäste während des Mahls. Serviert wird einheimische Kost wie Sächsische Kartoffelsuppe, Sächsischer Sauerbraten oder Spanferkel mit Königskloß.

Café & Restaurant Alte Meister — €€€€
Theaterplatz 1a, 01067 ☎ *0351-481 0426* — **Stadtplan** 1 B3

Tagsüber Museumscafé der weltberühmten Galerie, abends Restaurant mit gehobener internationaler Küche – eine perfekte Symbiose aus Kunst und Geschmack. Das Lokal ist insbesondere nach dem Besuch einer Aufführung in der Semperoper nebenan sehr gefragt. Zugang besteht von der Gemäldegalerie und vom Theaterplatz.

Chiaveri — €€€€
Bernhard-von-Lindenau-Platz 1, 01067 ☎ *0351-496 0399* — **Stadtplan** 1 B3

Hier, im obersten Stockwerk des Sächsischen Landtags, gelingt der Mix aus leichter italienischer Küche (überwiegend Gerichte nach toskanischen Rezepten) und deftiger sächsischer Kost. Das Interieur präsentiert sich so schlicht wie edel. Von der Dachterrasse genießt man einen wunderbaren Blick über die Altstadt.

Intermezzo — €€€€€
Taschenberg 3, 01067 ☎ *0351-49 120* — **Stadtplan** 1 C4

Die Küche zaubert Mediterranes und Unkonventionelles, das Ambiente präsentiert sich elegant. Das Intermezzo, eines von zwei Restaurants im Hotel Taschenbergpalais Kempinski *(siehe S. 193)*, zieht Feinschmecker an. Die Weinkarte überzeugt jeden Gourmet. Zu den Gästen zählten schon Staatsoberhäupter. Terrasse im barocken Innenhof.

Zeichenerklärung *siehe hintere Umschlagklappe*

Östliche Altstadt

Der Fliegende Holländer
V €
Weiße Gasse 4, 01067 *0351-485 2580* **Stadtplan** *2 D4*

Das einzige niederländische Speiselokal in Dresden trägt seinen Teil zum internationalen Flair der Weißen Gasse bei. Frittierte Snacks wie Bitterballen (Fleischbällchen) oder Vlammetjes (Blätterteigtaschen) in verschiedenen Variationen sind ideal für einen Imbiss. Interessant sind die Mittagsangebote (jeweils drei Gerichte).

Kinh-Do
V €
Weiße Gasse 4, 01067 *0351-213 7624* **Stadtplan** *2 D4*

Das nach dem früheren Namen von Vietnams Hauptstadt Hanoi benannte Lokal bringt die Küche dieses südostasiatischen Landes nach Dresden. In den Woks werden Fleisch-, Fisch- und Gemüsegerichte zubereitet – den Schärfegrad bestimmt der Gast. Angenehmes Ambiente: Die dunklen Stoffe kontrastieren mit den bunten Möbeln.

Mandarin
V €
Gewandhausstraße 5, 01067 *0351-496 3193* **Stadtplan** *2 D5*

Das chinesische Restaurant ist ein Mikrokosmos der Küche aus dem Reich der Mitte: Raffiniert gewürzte Fleisch- und Fischgerichte in süßsauren oder scharfen Saucen, serviert mit Reis und bunten Gemüsevariationen. Besonders gefragt ist die knusprig gebratene Ente, sehr günstig und sättigend das Mittagsmenü.

Agra
V €€
Ringstraße 3, 01067 *0351-836 5222* **Stadtplan** *2 D5*

Die Kochkunst des indischen Restaurants, gepaart mit passender Musik und edlem Interieur, garantiert ein außergewöhnlich sinnliches Erlebnis. Auf der Speisekarte stehen Klassiker der indischen Küche, neben Huhn- und Lamm-Curry werden auch einige Fischgerichte und viele vegetarische Speisen serviert.

Dresden 1900 Museumsgastronomie
€€
An der Frauenkirche 20, 01067 *0351-4820 5858* **Stadtplan** *2 D4*

Die Gäste genießen sächsische Küche nach (ein wenig modernisierten) Rezepten aus der Zeit um 1900, z.B. Hackepeter, Dresdner Batzen (Schweinenacken), Lammhaxe oder Entenbrust im Ambiente jener Zeit. Danach tut ein Kutscherkaffee oder eine Schokolade Fräulein Antje (mit Eierlikör) wohl. Bemerkenswerte Weinkarte.

Förster's
V €€
Weiße Gasse 5, 01067 *0351-484 8701* **Stadtplan** *2 D4*

Der Himmel für Pastaliebhaber: Penne rigate, pikanter Nudelauflauf und Knoblauch-Spaghetti sind nur einige Beispiele. Daneben überzeugen auch Fleischgerichte wie Schweinefilet im Schinkenmantel oder gebratenes Hähnchenbrustfilet. Mit seinem italienischen Flair zieht das Lokal ein bunt gemischtes Publikum an.

Gänsedieb
€€
Weiße Gasse 1, 01067 *0351-485 0905* **Stadtplan** *2 D4*

Das gemütliche Lokal am Gänsediebbrunnen besticht durch seine Vielfalt. Neben sächsischen Klassikern wie Dresdner Sauerbraten werden auch internationale Gerichte wie argentinisches Rumpsteak oder ungarisches Paprikagulasch zubereitet. Für den kleinen Hunger locken ofenfrische Backkartoffeln oder leckere Crêpes.

No. 3
€€
Weiße Gasse 3, 01067 *0351-485 0888* **Stadtplan** *2 D4*

Lieben Sie die mediterrane Küche? Hier können Sie Speisen wie Gnocchi mit Hähnchenstreifen, Rotbarschfilet in Knoblauchsauce, Putenmedaillons mit Feta überbacken sowie Pastagerichte (u. a. Rigatonipfanne) im typischen Ambiente des Mittelmeerraums genießen. Spannende Kaffeevariationen.

Rauschenbach Deli
V €€
Weiße Gasse 2, 01067 *0351-821 2760* **Stadtplan** *1 C5*

Vom Morgen bis zum späten Abend ein angesagter Ort, an den man immer wieder gerne zurückkehrt. Die abendliche Auswahl des Bistro-Restaurants an Pasta- und Fleischgerichten ist beeindruckend. Für den richtigen Cocktail danach ist gesorgt. Eine attraktive Option ist der Businesslunch (Mo–Fr 11–14 Uhr).

Sächsisch-Böhmisches Bierhaus Altmarktkeller
€€
Altmarkt 4, 01067 *0351-481 8130* **Stadtplan** *1 C4*

Der Name ist Programm: Hier kommen Freunde sächsischer Küche (u. a. bei Sauerbraten oder Braumeisterschnitzel) auf ihre Kosten, einige Gerichte der Nachbarregion Böhmen (Lendenbraten oder Rindergulasch mit Böhmischen Knödeln) ergänzen das Angebot. Zum Dessert gibt es Quarkkeulchen oder böhmische Golatschen.

Kurfürstenhof
€€€
An der Frauenkirche 13, 01067 *0351-4244 8280* **Stadtplan** *2 D4*

Das für seine gehobene gutbürgerlich-sächsische Küche bekannte Gasthaus erstreckt sich über drei Stockwerke – vom rustikalen Zechkeller im Untergeschoss über das behagliche Café im Erdgeschoss bis zum erstklassigen Restaurant im Obergeschoss. Barocke Details (u. a. Porzellanfiguren) prägen das Interieur.

Stadtplan *siehe Seiten 248–257*

Restaurant Kutscherschänke €€€

Münzgasse 10, 01067 ☎ 0351-496 5123 **Stadtplan** 2 D3–4

Kulinarisches aus deutschen Landen, ein Klassiker ist der üppige Kutscherschmaus: Würstchen, Kassler und ein Rindersteak mit Speck, Gemüse und Bratkartoffeln. Die Auswahl an sächsischen Weinen ist gut. Zu den Salaten wird hausgemachtes Wurzelbrot serviert. Viele Kaffee- und Eisspezialitäten zum Dessert.

Ayer's Rock €€€€

Münzgasse 8, 01067 ☎ 0351-490 1188 **Stadtplan** 2 D3–4

Das australische Restaurant setzt einen weiteren gastronomischen Akzent in der Münzgasse. Spezialitäten vom fünften Kontinent wie Känguru-, Krokodil- oder Straußensteak werden hier serviert. Die Weinkarte mit edlen Tropfen aus »down under« konkurriert mit der ebenso langen Cocktailliste.

PulverTurm an der Frauenkirche €€€€

An der Frauenkirche 12a, 01067 ☎ 0351-262 600 **Stadtplan** 2 D4

Das Motto lautet: »Speisen als historisches Erlebnis zu Tischsitten und Bräuchen längst vergangener Zeiten«. In dem Gewölberestaurant tief im Keller servieren Mägde und Grenadiere Räuberschmaus (Schweinemedaillons) oder Pulversäckchen (Rindsroulade). Musikanten und Gaukler sorgen für ein gelungenes Rahmenprogramm.

Gourmet Restaurant Maurice €€€€€

An der Frauenkirche 13, 01067 ☎ 0351-417 270 **Stadtplan** 2 D4

Das Maurice im fünften Stock des Hotel Suitess *(siehe S. 193)* zählt zu den angesagten Adressen für Liebhaber feinster Küche. Die täglich neu verfasste Speisekarte umfasst internationale wie sächsische Gerichte und wird dem Gast mit rotem Wachs versiegelt überreicht. Dachterrasse im Schatten der Frauenkirche.

Grand Café & Restaurant im Coselpalais €€€€€

An der Frauenkirche 12, 01067 ☎ 0351-496 2444 **Stadtplan** 2 D4

Die mit vielen barocken Details und großen Spiegeln eingerichteten Räume bilden den würdevollen Rahmen für den Genuss von Köstlichkeiten wie Duett von gebratenen Edelfischfilets (Heilbutt und Lachs) auf Hummersauce, Entenbrust oder Spanferkelrücken. Zum Dessert erlebt man die hohe Kunst der Pâtisserie.

Rossini V €€€€€

An der Frauenkirche 5, 01067 ☎ 0351-864 2855 **Stadtplan** 2 D4

Italienische Gourmetküche kreiert von einem französischen Chefkoch. Laurent Leblanc verwöhnt die anspruchsvollen Gäste dieses Restaurants der Extraklasse im Hilton Dresden *(siehe S. 193)* mit Spezialitäten aus »bella Italia«. Sehr gefragt sind u. a. Seeteufel auf Pesto oder Safran-Gnocchi. Einmaliger Blick auf die Frauenkirche.

Steigenberger Hotel de Saxe €€€€€

Neumarkt 9, 01067 ☎ 0351-43 860 **Stadtplan** 2 D4

Luxusrestaurant im Luxushotel *(siehe S. 193)*. Regionale Spezialitäten und absolute Highlights internationaler Kochkunst begeistern die Gäste. Die große Auswahl an vorzüglichen Weinen rundet das exklusive Ambiente ab. Sommerterrasse mit Blick auf die Frauenkirche. Am Wochenende abends Live-Musik (Piano).

Weber's im Gewandhaus €€€€€

Ringstraße 1, 01067 ☎ 0351-49 490 **Stadtplan** 2 D5

Leichte, kreative Küche, zubereitet von Spitzenköchen – dies ist das Markenzeichen des Restaurants im Radisson Blu Gewandhaus Hotel *(siehe S. 193)*. Neben mediterranen Köstlichkeiten erfahren auch sächsische Spezialitäten hier allerfeinste Zubereitung. Raffiniert arrangierte Accessoires verleihen dem Weber's einen Hauch von Barock.

Neustadt

Gaststätte Zum Bautzner Tor €

Hoyerswerdaer Straße 37, 01099 ☎ 0351-803 8202 **Stadtplan** 2 F1

Die Traditionsgaststätte ist genau das Richtige, wenn es bodenständige Küche sein soll. Sauerkraut-Kassler-Pfanne, Kesselgulasch mit Kartoffeln oder Kohlrübeneintopf sind nicht nur schmackhaft, sondern auch erfreulich günstig. Das Bier stammt aus der angegliederten Neustädter Hausbrauerei Schwingenheuer.

Pastamanufaktur V €

An der Dreikönigskirche 3, 01097 ☎ 0351-323 7799 **Stadtplan** 2 D1

Spaghetti, Tagliatelle & Co – das Lokal präsentiert die ganze Welt der Pasta. Die Füllungen der Ravioli reichen von Rote Bete bis Apfel-Maronen. Wenn Sie Ihren Hunger rasch stillen wollen und nicht allzu viel Wert auf gehobene Ausstattung legen – hier sind Sie richtig. Täglich wechselnde Tagesgerichte. ● *So.*

Watzke Brauereiausschank €

Hauptstraße 1, 01097 ☎ 0351-810 6820 **Stadtplan** 2 D2

Der Name hält, was er verspricht: Rustikale Gastlichkeit mit deftigen Spezialitäten und Bier aus der eigenen Brauerei. Holz prägt das Ambiente auf allen drei Ebenen, vom Eichenparkett bis zu den holzvertäfelten Wänden. Ob Riesenbratwurst, Goldbroiler, Kümmelfleisch, Forelle oder Flammkuchen: Quarkkeulchen zum Dessert sind ein Muss.

Preiskategorien *siehe Seite 204* **Zeichenerklärung** *siehe hintere Umschlagklappe*

Bauernstuben im Kügelgenhaus €€
Hauptstraße 13, 01097 0351-563 3126 **Stadtplan** *2 D2*

Speisen Sie im Ambiente alter Zeiten im Kügelgenhaus (Museum der Dresdner Romantik; *siehe S. 113*)! Die Bauernstuben wurden als Kartoffelhaus konzipiert, die Auswahl an Gerichten rund um die Knolle ist entsprechend groß. In Gastraum, Gesindestube oder Kellergewölbe werden alle Gerichte auf handgetöpfertem Geschirr serviert.

Max €€
Louisenstraße 65, 01099 0351-563 5996 **Stadtplan** *4 D2*

Das Max im Szeneviertel Äußere Neustadt ist Restaurant, Café und Bar in einem. Genießen Sie in entspannter Atmosphäre mediterrane Spezialitäten wie Carpaccio vom Rinderfilet, Spaghetti *aglio e olio*, Tagliatelle mit Räucherlachs oder Grillteller mit verschiedenen Steaks. Sehr beliebt bei Neustädtern ist der Sonntagsbrunch im Max.

El Perro Borracho €€
Alaunstraße 70, 01099 0351-803 6723 **Stadtplan** *4 D1*

Der »Betrunkene Hund« im Hof der Fabelwesen der Kunsthofpassage *(siehe S. 120)* lockt mit spanischen Köstlichkeiten wie Tortillas, Chilis und Paellas ein kunterbuntes Publikum an. Die Tapas werden nach Wunsch zusammengestellt. Erlesen ist die Auswahl an spanischen Weinen. Auch vom Ambiente her ein Erlebnis.

La Posada €€
Königstraße 3, 01097 0351-801 5791 **Stadtplan** *1 C2*

Für viele Dresdner der Lieblingsspanier in der Inneren Neustadt. Wer sich nicht zwischen den leckeren Kleinigkeiten wie Datteln mit Speck oder Knoblauchgarnelen entscheiden kann, bestellt am besten eine gemischte Platte – oder eine Paella. Die angegliederte Tapas-Bar Tapasita ist ideal für den kleinen Hunger zwischendurch.

Red Rooster €€
Rähnitzgasse 10, 01097 0351-272 1850 **Stadtplan** *2 D2*

Der »Rote Hahn« kräht nachts besonders laut. Innen herrscht traditionelles Pub-Flair, im Biergarten schmecken Irish Stew, Geflügelleber oder Lammkoteletts mit Speckbohnen gleichermaßen gut. Die Riesenauswahl an schottischen und irischen Whisk(e)ys sowie internationalen Biersorten überzeugt Kenner. Gelegentlich Live-Musik (Jazz, Blues).

Saite €€
Seitenstraße 4b, 01097 0351-89 96 0077

Ein guter Tipp für zeitgenössische Bistroküche unter konsequenter Verwendung von Zutaten aus rein biologischem Anbau. Die Gerichte sind so ausgefallen wie appetitlich, u. a. Entenbrust mit Mangospalten und roten Linsen. Anhänger fleischloser Kost genießen z. B. gratinierte Tomaten mit Walnusspüree an Basmatireis.

Wenzel Prager Bierstuben €€
Königstraße 1, 01097 0351-804 2010 **Stadtplan** *1 C2*

Eine tschechische Schankwirtschaft, wie sie im Buche steht. An den massiven Holztischen der urigen Bierstuben geht es ausgelassen zu. Hier genießt man Hausmannskost wie Gulasch mit Böhmischen Knödeln oder Prager Schwarzbierrolle (Schweinerollbraten in Biersauce). Dazu passt tschechisches Bier (Staropramen).

Winzerstube »Zum Rebstock« €€
Hauptstraße 17, 01097 0351-563 3544 **Stadtplan** *2 D2*

Neben Deftigem wie Sächsischer Sauerbraten, Schnitzel in diversen Variationen oder Kartoffelgerichte ist die Winzerstube auch für mediterrane Küche bekannt (u. a. Fischgerichte und Salate). Die Weinkarte umfasst sächsische Weine und edle Tropfen aus der Pfalz. Dem Restaurant ist ein Weinverkauf angegliedert.

El Español €€€
An der Dreikönigskirche 7, 01097 0351-804 8670 **Stadtplan** *2 D1*

Ein Stück Spanien in der Neustadt: In diesem Restaurant wird zu andalusischem Flair südspanische Küche zelebriert. Grillteller, mariniertes Hähnchenbrustfilet, Schweinelendchen und Lachssteak zählen neben Paellas und Tapas zu den Spezialitäten. Terrasse direkt neben der Dreikönigskirche. Große Auswahl an ausgesuchten spanischen Weinen.

Villandry €€€
Jordanstraße 8, 01097 0351-899 6724 **Stadtplan** *4 D1*

Ob Zackenbarschfilet mit Feigen, Fenchel und Orange, Ochsenfleisch-Carpaccio oder Artischockensuppe mit Scampi: Bei der Zubereitung ihrer mediterranen Gerichte legen die Köche großen Wert auf Kreativität. Die Weinkarte wechselt regelmäßig. Alles in allem: exzellente Küche im Szeneviertel Äußere Neustadt. ● *So.*

Canaletto €€€€€
Große Meißner Straße 15, 01097 0351-805 1658 **Stadtplan** *1 C2*

Eine der ersten Dresdner Adressen für Kenner feinster Küche ist dieses Hotelrestaurant in The Westin Bellevue Dresden *(siehe S. 195)*. Genießen Sie beim Dinner den berühmten Canaletto-Blick *(siehe S. 52)*. Klassisch-elegantes Ambiente und exzellenter Service vervollständigen das kulinarische Erlebnis der Extraklasse.

Caroussel €€€€€
Königstraße 14, 01097 0351-80 030 **Stadtplan** *2 D1*

Barocker Rahmen für Feinschmecker: Das mit einem Michelin-Stern ausgezeichnete Restaurant im Hotel Bülow Palais *(siehe S. 195)* verwöhnt seine Gäste mit dem perfekten Mix aus klassischer Kochkunst und der Kreativität moderner Küche. Kronleuchter, Gemälde sowie feinste Stoffe in Blau, Goldgelb und Rot veredeln das Ambiente.

Stadtplan *siehe Seiten 248–257*

Grosser Garten

Wachstube €
Lennéstraße 9, 01069 0351-446 6975 **Stadtplan** 4 D4

Gutbürgerliche Küche mit vielen traditionsreichen sächsischen Gerichten zeichnet die Wachstube aus. Das Bierlokal mit eigenem Stil hat sich bei Dresdnern einen Namen gemacht. Bei schönem Wetter kann man es sich im 120 Plätze umfassenden Biergarten gemütlich machen. Auffallend großes Angebot an Eisbechern zum Dessert.

Torwirtschaft Großer Garten V €€
Lennéstraße 11, 01069 0351-459 5200 **Stadtplan** 4 D4

Das Restaurant am westlichen Eingang zum Großen Garten bietet bodenständige Gerichte in bester Qualität – von Sächsischer Kartoffelsuppe über Sauerbraten bis zur Torhauspfanne (drei verschiedene Sorten Fleisch vom Grill mit Pilzsauce). Sehr günstige Mittagskarte mit guter Auswahl an Gerichten. Für Kinder gibt es einen Spielplatz.

Lingner €€€
Lingnerplatz 1, 01069 0351-484 6600 **Stadtplan** 3–4 C–D4

»Mediterrane Küche mit experimentellem Ansatz« ist das Motto der Betreiber des Café-Restaurants im Deutschen Hygiene-Museum *(siehe S. 128–131)*. Einige Kreationen sind ungewöhnlich, doch jederzeit harmonisch. Schwertfischfilet in Weißweinmarinade oder Putenmedaillons an Kokossauce sind nur zwei Beispiele.

Lesage €€€€
Lennéstraße 1, 01069 0351-420 4250 **Stadtplan** 4 D4

Das Restaurant in der Gläsernen Manufaktur *(siehe S. 132f)* ist alles andere als eine Werkskantine, sondern eines der besten in ganz Sachsen. Gebratene Entenbrust, Kalbsfilet auf Artischockenpüree mit Brokkoli oder Wolfsbarschfilet stärken für einen Besuch der Produktionsstätte von Luxuslimousinen oder für einen Spaziergang im Großen Garten.

Restaurant Grand Café €€€€
Querallee 7, 01219 0351-250 6000 **Stadtplan** 4 E5

Das Interieur des Restaurants im Carolaschlösschen *(siehe S. 136)* ist im Art-déco-Stil gehalten. Serviert wird gut zubereitete internationale Küche – die Auswahl reicht von Schnitzel »Wiener Art« über Wok-Pfanne bis zu Spaghetti Salmone. Beim Blick von der Terrasse über den Carolasee eröffnet sich eine filmreife Kulisse.

Loschwitz

SchillerGarten €€
Schillerplatz 9, 01309 0351-811 9922 **Stadtplan** 5 A3

Direkt am Brückenkopf auf der Blasewitzer Seite des Blauen Wunders befindet sich der nach dem berühmten deutschen Dramatiker benannte SchillerGarten *(siehe S. 142)*. Auf der Speisekarte der Traditionsgaststätte stehen u. a. ostdeutsche Legenden wie Goldbroiler und Thüringer Rostbratwürste. Der Biergarten hat Platz für über 1000 Personen.

Brauhaus am Waldschlösschen €€€
Am Brauhaus 8b, 01099 0351-652 3900 **Stadtplan** 4 F2

Urgemütliche Gastlichkeit, ein Biergarten mit Blick über Dresden und das Elbtal sowie rustikal-deftige Spezialitäten machen den Charme dieses traditionellen Brauhauses mit eigener Bierproduktion aus. Der Braumeisterteller ist ein Genuss. Einige Wochentage stehen unter einem bestimmten Motto (z. B. Haxenessen, Schnitzeltag).

Il Camino V €€€
Friedrich-Wieck-Straße 45, 01326 0351-265 6511 **Stadtplan** 5 B3

In dem familienbetriebenen Restaurant vermischen sich verträumte Elbidylle und italienische Kochkunst. Egal ob im Gewölbekeller, in der Stube, im Wintergarten oder auf der Terrasse – Ambiente wie kulinarischer Genuss sind schlicht *perfetto*. Zu jedem Gericht gibt es den passenden Wein, darunter natürlich viele edle Tropfen aus Italien.

Körnergarten €€€
Friedrich-Wieck-Straße 26, 01326 0351-268 3620 **Stadtplan** 5 B3

Zu den Spezialitäten des auf gutbürgerliche sächsische Küche ausgerichteten Wirtshauses mit Biergarten am Elbufer gehören die Wildgerichte. Der perfekte Ort, um bei einem kühlen Bier den Sonnenuntergang zu erleben. Einem breiten Publikum bekannt wurde der Körnergarten als Drehort mehrerer Folgen der Fernsehreihe *Tatort*.

Villa Marie V €€€
Fährgässchen 1, 01309 0351-31 5440 **Stadtplan** 5 A3

Wo italienische Lebensart zelebriert wird, ist Urlaubsstimmung garantiert. *Cucina italiana* in ihrer gesamten Vielfalt lockt ein buntes Publikum in die erhabene Villa, darunter mischen sich viele Künstler. Die rund 150 Weine stammen allesamt aus Top-Lagen verschiedener Regionen Europas. Perfekter Blick auf die Elbhänge.

Luisenhof
€€€€

Bergbahnstraße 8, 01324 0351-214 9960 **Stadtplan** *5 B2*

Unter den Dresdner Restaurants mit grandioser Aussicht nimmt der Luisenhof *(siehe S. 147)* einen Spitzenplatz ein. Bodenständige Speisen wie Sächsischer Sauerbraten oder Hirschgulasch überzeugen genauso wie die fein abgestimmten Fischgerichte und das Brunchbuffet am Sonntag. Vorzügliche Auswahl an Kuchen und Eisspezialitäten.

bean & beluga
€€€€€

Bautzner Landstraße 32, 01324 0351-4400 8800 **Stadtplan** *5 C2*

Nomen est omen: Bohnen und Kaviar stehen exemplarisch für die Vision der Inhaber für puren Genuss. Das mit einem Michelin-Stern ausgezeichnete Restaurant im ersten Stock verbindet mediterrane mit asiatischer Küche. Im Erdgeschoss befindet sich eine Bar im Bistro-Stil. Alle Räume sind in leuchtendem Weiß gehalten. *So.*

Schloss Eckberg
€€€€€

Bautzner Straße 134, 01099 0351-80 990 **Stadtplan** *5 A2*

Tafeln wie im Märchen: Sie speisen im holzgetäfelten Saal, im Wintergarten oder auf der Terrasse des Hotelrestaurants von Schloss Eckberg *(siehe S. 151 und 196)*. Die Spitzenköche verwöhnen Sie u. a. mit Spezialitäten wie Carpaccio von Wildschwein und Hirsch, Seezungenfilet, pochierter Lachs oder flambierte Kalbsnieren.

Abstecher

Zum Gerücht
€

Altlaubegast 5, 01279 0351-251 3425

Das Anwesen hat den rustikalen Charme einer Scheune, aber das urgemütliche Ambiente einer Kneipe um die Ecke. Die Speisekarte führt einfache, aber schmackhafte Gerichte wie Krautnudeln. Das Bier stammt aus eigener Produktion. Sonntagabends steht Live-Musik auf dem Programm (von Folk bis Jazzrock).

Ball- und Brauhaus Watzke
€€

Kötzschenbroder Straße 1, 01139 0351-852 920 **Stadtplan** *3 A1*

Das Watzke ist ein Symbol sächsischer Gastlichkeit. Das frisch gezapfte Bier entstammt der hauseigenen Brauerei, Dresdner Kümmelfleisch, knusprige Grillhaxe und Forelle »Müllerin Art« sind beliebte Standardgerichte. Bei den Tanzveranstaltungen im alten Ballsaal wird die Dresdner Balltradition gepflegt. Biergarten mit Elbblick.

Elbterrasse Wachwitz
€€

Altwachwitz 14, 01326 0351-269 610 **Stadtplan** *5 C5*

Die Elbterrasse gehört zu den beliebtesten Ausflugslokalen auf dem Weg nach Pillnitz. Verwöhnt wird der Gast mit bodenständigen Gerichten, sei es die Sächsische Kartoffelsuppe, der Sächsische Sauerbraten oder der Zander. Bei einem kühlen Bier oder einem Wein kann man beschaulich die Elbschiffe vorbeiziehen lassen. Urlaubsatmosphäre.

Fischhaus
€€€

Fischhausstraße 14, 01099 0351-899 100 **Stadtplan** *4 F1*

Für ein gemütliches Essen (nicht nur Fisch) in romantischer Waldlage am Rand der Dresdner Heide *(siehe S. 159)* ist das Fischhaus die richtige Wahl. Viele Gerichte kommen aus dem Holzbackofen, Kräuter aus dem eigenen Garten. Bei kaltem Wetter genießt man das wärmende Kaminfeuer. Im Biergarten sitzt man mitten im Grünen.

Schmidt's Restaurant
€€€€

Hellerau, Moritzburger Weg 67, 01109 0351-804 4883

Nicht nur wegen seines Loft-Ambientes zählt das Schmidt's auf dem Gelände der Deutschen Werkstätten *(siehe S. 158)* in Hellerau zu den Lieblingslokalen der Dresdner. Neben dem Genuss innovativer Küche mit überraschenden Duft- und Geschmacksnuancen beeindrucken Architektur und Design des gesamten Standorts. *So.*

Spitzhaus
€€€€

Radebeul, Spitzhausstraße 36, 01445 0351-830 9305

Das Spitzhaus ist weit über Radebeul hinaus für gutbürgliche Küche bekannt. Buntbarschfilet an Wurzelgemüse, Schweinerückenschnitzel, Krustenbraten vom Spanferkel und Sächsischer Sauerbraten zählen zu den Favoriten. Vom Biergarten auf zwei Ebenen hat man eine grandiose Aussicht über das Elbtal.

La Fourchette
€€€€€

Wittenberger Straße 87, 01277 0351-312 0371

Nouvelle cuisine vom Feinsten: Der Feinschmeckertempel zaubert französische Delikatessen mit einem Hauch von Karibik in ständig neuen Kreationen. Vielfalt und Innovationskraft des Restaurants zeigen sich bei Gerichten wie Dorade an Hummersauce auf Spinat-Couscous oder Red Snapper mit Chili-Currysauce an Kokosrisotto.

Kaminrestaurant im Schlosshotel Pillnitz
€€€€€

Pillnitz, August-Böckstiegel-Straße 10, 01326 0351-26 140

Das im Schlosshotel Pillnitz *(siehe S. 197)* gelegene Restaurant befriedigt mit seiner mediterranen Küche auch gehobene kulinarische Bedürfnisse. Zur Piano-Musik schafft im Winter knisterndes Kaminfeuer eine anheimelnde Atmosphäre. Das angegliederte Wintergarten-Café ist auch auf große Besuchergruppen eingestellt.

Cafés, Bars und Biergärten

In Dresden gibt es eine große Auswahl an Lokalen, in denen man zu allen Tageszeiten einen Imbiss zu sich nehmen kann. Sachsen trinken gern Kaffee, entsprechend groß ist die Auswahl an Cafés mit verführerischen Leckereien. Zu den gastronomischen Zentren der Stadt gehört das Szene- und Kneipenviertel in der Äußeren Neustadt – nicht nur wegen der langen Öffnungszeiten. Das Flair hier ist bunt und international. Urgemütlich dagegen sind die Biergärten am Elbufer, wo man neben gepflegter Gastlichkeit auch den Blick auf den Fluss genießt.

Café Vis à Vis auf der Brühlschen Terrasse

Cafés

In Dresden gibt es viele Cafés, in denen man eine Tasse Kaffee trinken oder eine Kleinigkeit essen kann. Typisch ist das ebenso üppige wie verführerische Angebot an Kuchen und Desserts.

Im Stil klassischer Kaffeehaustradition präsentiert sich das **Café Schinkelwache** mit seiner Vielfalt an Kaffeespezialitäten. Von der Terrasse kann man die Atmosphäre des Theaterplatzes am besten genießen. Die Terrasse des **Cafés zur Frauenkirche** ist der richtige Ort, das Treiben auf dem Neumarkt zu erleben. Die ganze Palette an Leckereien aus der Sachsenmetropole genießt man im **Café Kreutzkamm am Altmarkt**. Weihnachtliche Leckereien wie Baumkuchen gibt es hier das ganze Jahr über. Auch die Auswahl an Torten und Pralinen ist groß. Das einem Weltladen angegliederte **Café aha** serviert Gerichte, deren Zutaten aus ökologischem Anbau stammen.

L'art de vie im Societaetstheater – nicht nur für Theaterbesucher

Eine Option für ein spätes Frühstück (bis 15 Uhr) ist das in einem Gründerzeitgebäude untergebrachte **Café Neustadt** mit seiner bemerkenswerten Auswahl an Crêpes. Abends wird das Café zur Cocktailbar. Frühstück bis 16 Uhr gibt es im **L'art de vie** im Hof des Societaetstheaters *(siehe S. 117)*. Kaum zu toppen ist das Frühstücksangebot im **Café Central**, es reicht von süß über vital, vegetarisch und mediterran bis zum English breakfast. Ähnlich vielfältig sind Mittags- und Abendkarte.

Bars

Jedes Hotel der gehobenen Preisklasse verfügt über mindestens eine Bar, doch auch sonst findet man in Dresden problemlos die richtige Bar für einen netten Abend oder einen Absacker.

Schild einer Bäckerei

Das **Madness** ist eine gute Option, um den Tag (oder die Nacht) in der Äußeren Neustadt ausklingen zu lassen. Zu später Stunde werden hier schon mal die Stühle zur Seite gerückt, um Platz für eine Tanzfläche zu schaffen. Eine hippe Sportkneipe mit mehreren Großbildschirmen ist die **Jim Beam's Bar**, in der über 200 Cocktails gemixt werden. Gefeiert wird hier meist unabhängig vom Ausgang der Sport-Events. Stilvoll ist das Ambiente in **Lloyd's café & bar**, in der jeder Gast seinen Lieblingsplatz findet – im Kaminzimmer, am Bücherregal, in der Rundecke oder an der Bar. Zwei Happy Hours (19–20, 0–1 Uhr) gibt es im **Mangoo**. Cocktails und Speisen werden hier nach Rezepten aus der Karibik zubereitet.

Szenekneipen

Die Äußere Neustadt gilt als das Szeneviertel Dresdens, die Kneipen sind unkonventionell und bunt. Im selben Komplex wie der Musikclub Scheune *(siehe S. 219)* ist das **Scheunecafé** untergebracht. Das üppige Brunch-Buffet am Wochenende ist nicht nur eine Augenweide. Ein bunteres Publikum wie im rund um die Uhr geöffneten **Café Europa** wird man nirgendwo in Dresden finden. Frühaufsteher, typisches Café-Publikum und Nachtschwärmer lassen sich hier Frühstück, Salate, Omeletts, Bagles, Aufläufe, Sandwiches, Pasta, Desserts und vieles mehr schmecken.

Das Frühstücksbuffet in der **Planwirtschaft** sucht seinesgleichen. Von Mittag bis spät in den Abend werden Salate, Fisch-, Fleisch- und Gemüsegerichte serviert. Auch Kaffeeliebhaber und Weinkenner werden hier glücklich. Frühstück in vielerlei Variationen, Pasta und Salate sind auf der Speisekarte des **Café Blumenau** gut vertreten, die mediterrane Note ist unverkennbar.

Das Scheunecafé im Herzen der Neustadt

Snackbars

Die **Suppenbar** serviert in ihren beiden Niederlassungen nach dem Motto »What's oup?« ein ständig wechselndes Angebot an Suppen. **Devils Kitchen** bietet schnelle, aber sättigende Kost: Hotdogs, Sandwiches, Fingerfood, Tortillas und Burger. Die schnelle Wurst für zwischendurch hat **Curry & Co** parat. Nach Originalrezept zubereitet werden die Snacks in **Tapas Barcelona**. Neben über 100 kalten und warmen Tapas stehen hier diverse Paellas zur Auswahl. Auch der Sangria ist hausgemacht.

Biergärten

Im Sommer locken viele Gaststätten mit Plätzen im Freien. Wegen seiner Lage an der Brühlschen Terrasse ist der **Radeberger Spezialausschank** der perfekte Ort, um die besondere Atmosphäre zu erleben. Mit dem typischen Loschwitz-Flair lockt der **Elbegarten** direkt am Blauen Wunder. In der Nähe einer Anlegestelle der Elbfähre liegt der **Fährgarten Johannstadt**, ein uriger Biergarten mit Gerichten vom Holzkohlegrill. Etwas flussaufwärts findet man das **Fährhaus anno 1860** mit Blick auf Schloss Pillnitz.

Eiscafés

Bei schönem Wetter präsentiert sich das »Elbflorenz« in seiner wahren Pracht, das Flair ist dann fast schon mediterran. Italienischen Eiszauber verströmen die beiden Filialen des **Eiscafé Venezia** in Alt- und Neustadt. Eine Institution in Dresden ist die patentrechtlich geschützte Marke **Haselbauer-Eis**, das man im gleichnamigen Eispavillon genießt. Eisspezialitäten aus hauseigener Produktion serviert auch das **Café Jähnig**. Ein Tipp für den großen Eishunger: Im Riesenbecher »Eisberg« türmen sich zehn Kugeln.

Auf einen Blick

Cafés

Café aha
Kreuzstraße 7.
Stadtplan 1 C5.
☎ *0351-496 0673.*
◯ *tägl. 10–24 Uhr.*

Café Central
Altmarkt 6.
Stadtplan 1 C4.
☎ *0351-497 6124.*
◯ *Mo–Do 9–1, Fr, Sa 9–2, So 10–24 Uhr.*

Café Kreutzkamm am Altmarkt
Seestraße 6. **Stadtplan** 1 C4. ☎ *0351-495 4172.* ◯ *Jan–März: Mo–Fr 10–18, So 12–18 Uhr; Apr–Dez: Mo–Fr 10–19, So 12–18 Uhr.*

Café Neustadt
Bautzner Straße 63.
Stadtplan 4 D2.
☎ *0351-899 6649.*
◯ *Mo–Fr 7.30–24, Sa, So 9–24 Uhr.*

Café Schinkelwache
Theaterplatz 2.
Stadtplan 1 C3.
☎ *0351-490 3909.*
◯ *tägl. 10–24 Uhr.*

Café zur Frauenkirche
An der Frauenkirche 7.
Stadtplan 2 D4.
☎ *0351-498 9836.*
◯ *tägl. 8–24 Uhr.*

L'art de vie
An der Dreikönigskirche 1a.
Stadtplan 2 D1.
☎ *0351-802 7300.*
◯ *tägl. 10–24 Uhr.*

Bars

Jim Beam's Bar
Alaunstraße 57. **Stadtplan** 4 D2. ☎ *0351-804 2000.* ◯ *tägl. ab 18 Uhr.*

Lloyd's café & bar
Martin-Luther-Straße 17.
Stadtplan 2 F1.
☎ *0351-501 8774.*
◯ *Mo–Do 8–1, Fr 8–2, Sa 9–2, So 9–1 Uhr.*

Madness
Louisenstraße 20.
Stadtplan 4 D2.
☎ *0351-448 3835.*
◯ *So–Do 19–3, Fr, Sa 19–5 Uhr.*

Mangoo
Kreuzstraße 1–3.
Stadtplan 1 C5
☎ *0351-497 6600.*
◯ *tägl. ab 11 Uhr.*

Szenekneipen

Café Blumenau
Louisenstraße 67.
Stadtplan 4 D2.
☎ *0351-802 6502.*
◯ *Mo–Do 8.30–24, Fr, Sa 9–3, So 9–24 Uhr.*

Café Europa
Königsbrücker Straße 68.
Stadtplan 4 D1.
☎ *0351-804 4810.*
◯ *24 Stunden.*

Planwirtschaft
Louisenstraße 20.
Stadtplan 4 D2.
☎ *0351-801 3187.*
◯ *Mo–Do 9.30–1, Fr 9.30–2, Sa 9–2, So 9–1 Uhr.*

Scheunecafé
Alaunstraße 36–40.
Stadtplan 4 D2.
☎ *0351-802 6619.*
◯ *Mo–Fr 16–1, Sa, So 10–14 Uhr.*

Snackbars

Curry & Co
Louisenstraße 62.
Stadtplan 4 D2.
☎ *0173-976 5497.*
◯ *So–Mi 11–22, Do 11–24, Fr, Sa 11–2 Uhr.*

Devils Kitchen
Alaunstraße 39.
Stadtplan 4 D2.
☎ *0351-426 3813.*
◯ *Mo–Fr ab 12, Sa, So ab 10 Uhr.*

Suppenbar
Rothenburger Straße 37.
Stadtplan 2 F1.
☎ *0351-810 7130.*
◯ *Mo–Fr 11.30–22, Sa 11.30–16 Uhr.*

Ostra-Allee 20. **Stadtplan** 1 A2. ☎ *810 71 30.* ◯ *Mo–Fr 11–16.30 Uhr.*

Tapas Barcelona
Weiße Gasse 6. **Stadtplan** 2 D4. ☎ *0351-485 2583.* ◯ *So–Do 11–24, Fr, Sa 11–1 Uhr.*

Biergärten

Elbegarten
Friedrich-Wieck-Straße 18.
Stadtplan 5 B3.
☎ *0351-210 6443.*
◯ *Mo–Fr 12–23, Sa, So 11–23 Uhr.*

Fährgarten Johannstadt
Käthe-Kollwitz-Ufer 23b.
Stadtplan 4 E2.
☎ *0351-459 6262.*
◯ *Apr–Okt: 10–1 Uhr (nur bei schönem Wetter).*

Fährhaus anno 1860
Berthold-Haupt-Str. 130.
☎ *0351-207 8402.*
◯ *tägl. 11–22 Uhr.*

Radeberger Spezialausschank
Terrassenufer 1.
Stadtplan 2 D3.
☎ *0351-484 8660.*
◯ *tägl. 11–24 Uhr.*

Eiscafés

Café Jähnig
Geinitzstraße 16.
Stadtplan 3 C5.
☎ *0351-471 8894.*
◯ *Okt–März: Di–Sa 14–22, So 14–20 Uhr; Apr–Sep: Di–Fr 12–22, Sa 13–22, So 13–20 Uhr.*

Eiscafé Venezia
Weiße Gasse 6.
Stadtplan 2 D4.
☎ *0351-484 3605.*
◯ *tägl. 9–23 Uhr.*
Hauptstraße 2a.
☎ *0351-804 5458.*
◯ *9–23 Uhr.*

Haselbauer-Eis
Dr.-Külz-Ring 14.
Stadtplan 1 C5.
◯ *Mo–Sa 10–20, So 13–18 Uhr.*

Shopping

Dresden ist eine der Metropolen in Deutschland für Kunst und Kultur, entsprechend hochwertig und reichhaltig ist das Angebot. Doch auch die Suche nach Erlesenem für den Gaumen wird belohnt. Sie können durch ausgedehnte Shopping-Meilen schlendern oder Passagen durchstöbern. Die Areale, in denen sich Laden an Laden reiht, findet man in mehreren Vierteln. Somit lernen Sie auch beim Einkaufen die Stadt kennen. Beliebte Souvenirs aus Dresden und Umgebung sind Porzellan, Kunsthandwerk, Delikatessen (u.a. Weine von der Sächsischen Weinstraße, Schokolade und Christstollen) sowie Bildbände aus Museumsshops.

Holzfigur mit Tradition von Wendt & Kühn

In der Altmarkt-Galerie versammeln sich mehr als 100 Läden

Shopping-Meilen und Passagen

Eine beliebte Shopping-Meile ist die vom neu gestalteten Wiener Platz bis zum Altmarkt reichende Prager Straße. Zu DDR-Zeiten war sie Vorzeigequartier, heute präsentiert sie sich als Mix aus »Ostmoderne« und zeitgenössischer Architektur. Hier findet man Shopping-Paläste wie die 2009 eröffnete **Centrum Galerie** (mit 52000 m² das größte Einkaufszentrum der Innenstadt) und erschwingliche internationale Label-Shops. Über 100 Läden unter einem Dach vereint die **Altmarkt-Galerie** zwischen Altmarkt und Wallgasse. Auf drei Etagen findet man alles von der Boutique bis zum Discounter. Die glasüberdachte Einkaufspassage im Quartier an der Frauenkirche **(QF-Passage)** gehört ebenfalls zu den gefragten Shopping-Adressen der Altstadt.

Auch vis-à-vis der Altstadt lässt sich schön shoppen. Nur einen Brückenschlag (Augustusbrücke) entfernt wartet die Neustadt mit Läden der besonderen Art auf. Passagen und kleine Gassen mit Galerien, Kunsthandlungen und Antiquitätenläden prägen das Ambiente im **Barockviertel** der Inneren Neustadt – eine Visitenkarte der Stadt und die erste Adresse für Shoppen mit Stil. Die Läden der **Kunsthandwerkerpassagen** *(siehe S. 169)* präsentieren u.a. Glaskunst und Holzschnitzereien. Ein etwas anderes Erlebnis bietet die **Kunsthofpassage** *(siehe S. 120)* in der Äußeren Neustadt. In dem Labyrinth aus kleinen Höfen und schmalen Durchgängen finden Sie viele individuell gestaltete Läden.

Zwei Stadtteilzentren mit ausgefallenen Shops befinden sich zu beiden Seiten des Blauen Wunders – der Schillerplatz in Blasewitz und der Körnerplatz in Loschwitz.

Kunst und Kunsthandwerk

Es soll Menschen geben, die allein wegen des Angebots an Kunst und Kunsthandwerk nach Dresden reisen. Im Hotel Hilton Dresden findet man den Laden **Meissener Porzellan am Fürstenzug** – eine der besten Optionen, »weißes Gold« aus Meißen zu erwerben, wenn ein Besuch der dortigen Manufaktur nicht Teil Ihres Programms ist. Antiquitäten von Barock bis Jugendstil führt **Kunst und Antiquitäten Noack** im Barockviertel der Inneren Neustadt. Ob Vitrinen oder Standuhren, Porträtgemälde oder Porzellan, Glaslampen oder Bronzestatuen – Kunden haben die Wahl zwischen zahlreichen erlesenen Werken. Glasobjekte deutscher und internationaler (vor allem tschechischer) Künstler zeigt die **Galerie-F-Dresden**. Neben klassischer Glaskunst gibt es auch ausgefallene Stücke, die jeden Besucher in Staunen versetzen.

Logo von Meissener Porzellan

Galerie und Kunstladen in einem ist **art + form**. Die Grafiken und Aquarelle, Schreibgeräte und Kalender, die hier angeboten werden, sind originell, aber auch erschwinglich. In der angegliederten Werkstatt können Sie Ihr Lieblingsblatt auch gleich rahmen lassen. Ein Paradies für Liebhaber von Retro-Möbeln und -Deko für den Garten ist **Drinnen & Draußen**, eine Fundgrube mit Parkbänken, Drahtstühlen und Amphoren, die durch Patina wirken.

Die Kunsthofpassage mit vielen kleinen Läden

Mode und Schmuck

Dresden gilt gemeinhin nicht unbedingt als Mode-Hochburg. Dieses Vorurteil ist jedoch schnell widerlegt. Beim Bummel durch die City entdecken Sie Mode und Schmuck international renommierter Labels. Wer Secondhandware bevorzugt, hat in der Äußeren Neustadt freie Auswahl. Klassisches und Verspieltes in kreativen Kombinationen führt **Besonders – Mode für Frauen**. Zum Kleid, Kostüm oder Mantel gibt es hier auch die passende Handtasche. Eine hochwertige Auswahl von Kreationen weltbekannter Modezaren wie Giorgio Armani findet man bei **Silbermann**. Kultige Labels und stylishe Mode bietet **23 clothing for men and women**.

Das Modehaus Silbermann führt edlen Chic im Herzen der Altstadt

Im Laden finden auch Kunstausstellungen statt. Die Hutdesignerin Jacqueline Peevski offeriert in ihrem Laden **HUTkunst Japée** handgefertigte Unikate.

Qualität und Klasse zeichnet das Sortiment an Dessous und Underwear bei **Infit** aus. Ob edel, sexy oder verspielt – hier gibt es Schmuckstücke für »drunter« für sie und ihn. Erlesenen Schmuck und Uhren international renommierter Produzenten wie Cartier, Ferrari und Nomos führt **Juwelier Wempe**. Ungewöhnliche Objekte aus unterschiedlichsten Materialien präsentiert **UNIKAT**. Hier finden Sie Ketten, Armreife und Broschen aus Metall, Holz und Glas.

Der Juwelier Wempe wartet mit exklusiven Uhren und Schmuck auf

Delikatessen

Direkt an der Frauenkirche und doch (fast) noch ein Geheimtipp ist die kleine, aber gut sortierte **Sächsische Vinothek**. Rund 150 edle Tropfen aller sächsischen Weingüter stehen hier zur Auswahl. Dresden ist auch eine Bierstadt. Sind Ihnen Neustadt Hell, Elbhang Rot, Lenins Hanf oder Hecht Alt ein Begriff? Die **Neustädter Hausbrauerei Schwingenheuer** produziert diese Bierspezialitäten und verkauft die Kreationen vor Ort. Die von der Brauerei angebotenen zweistündigen »Expeditionen ins Bierreich« eignen sich eher für den späteren Abend.

Hochprozentiges wie Whisky, Grappa oder Fruchtliköre füllt **Destille Dresden** aus Glasballons in formschöne, zum Teil mundgeblasene Flaschen ab. Fast zu schade zum Verschenken! Zum Angebot gehören auch Essige und Öle sowie Weine aus aller Welt.

Milchprodukte, darunter mehr als 100 Käsesorten, verkauft **Pfunds Molkerei** *(siehe S. 120f)*. Zum Sortiment gehören auch ausgefallene Produkte wie Milchgrappa. Neben etwa 150 internationalen Käsespezialitäten bietet die **Fromagerie** am Schillerplatz auch eine Auswahl an Schinken und französischen Weinen. Gelb gestrichene Wände und mediterrane Bodenfliesen runden das Ambiente ab. Ebenfalls mit Pikantem lockt **Der Senfladen**. Mehr als 200 verschiedene Senfsorten stehen zur Auswahl, außerdem gibt es jede Menge Gewürze in den Regalen. Ihr Geruchssinn wird hier auf eine Probe gestellt.

Shopping-Paradies an der Frauenkirche

Lust auf eine Schokoladenverkostung? **Chirel Chocolade & Caffee** macht's möglich, frühzeitige Anmeldung wird empfohlen. Im Verkaufsraum locken süße Verführungen wie edle Tafelschokoladen und eine üppige Auswahl an Pralinen. Bei der Gestaltung der witzigen Schokofiguren waren der Fantasie keine Grenzen gesetzt. Neben Schokolade führt der Laden ein Sortiment von 14 erlesenen Kaffeesorten.

Für Exportschlager der Dresdner Backkunst ist **Dr. Quendt** die richtige Adresse. Ob Baumkuchen oder Stollen, Konfekt oder Dominosteine – in der Werksverkaufsstelle werden Naschkatzen glücklich. Nicht weniger verlockend ist die Auswahl hinter der Verkaufstheke im **Café Kreutzkamm am Altmarkt** *(siehe S. 210f)*.

In der Sächsischen Vinothek kann man aus über 150 Weinen wählen

Bücher

In Dresden findet man noch beides: Buchhäuser mit Literatur auf mehreren Etagen und den kleinen Buchladen, der auf bestimmte Genres spezialisiert ist. Die **Thalia**-Gruppe betreibt in der sächsischen Metropole zehn Filialen, die größte ist die auch als »Haus des Buches« firmierende Niederlassung am Dr.-Külz-Ring. Auf einer Verkaufsfläche von rund 4000 Quadratmetern, verteilt über fünf Stockwerke, liegen hier über 100 000 Bücher aus. Das Sortiment umfasst zudem u. a. Software und Spiele. Weitere zentral gelegene Filialen befinden sich am Altmarkt 24 und in der Hauptstraße 26.

Auch **Hugendubel** ist in Dresden mit einer Filiale in der Altmarkt-Galerie (siehe Shopping-Meilen und Passagen) vertreten, in deren Lese-Ecken Sie es sich gemütlich machen können. Was auch immer Sie an Literatur über Dresden suchen, **Dresden Buch** am Neumarkt hat es. Hier finden Sie Bücher über Geschichte, Kunst und Kultur der Stadt, über berühmte Dresdner, über einzelne Stadtteile, ja sogar über einzelne Bäume. Klassiker sind außerdem Sächsische Schimpfwörterbücher und Dresden-Krimis.

Der Reisebuchladen verkauft Bücher, Karten, Bildbände, Kalender und Belletristik rund ums Thema Reisen – ganz nach dem Motto: »Ihr Urlaub beginnt zu Hause!«

Typisch für Dresden: Räuchermännchen

Musik

Dresden ist eine Musikstadt, nicht nur in puncto Klassik. **Musik Schubert** verkauft rund 8000 Tonträger wie CDs und DVDs sowie Totgesagtes wie LPs und MCs. Von ABBA bis Zappa: **Popcorn Records** führt mehr als 20 000 Scheiben. In der gigantischen Auswahl an Jazz, Oldies, Pop, Heavy Metal und Schlagern ist garantiert für jeden etwas dabei.

Eine wahre Oase für Klassikliebhaber ist **Opus 61**, allein schon wegen der vielen Einspielungen von Dresdner Ensembles. Auch Weltmusik und Jazz sind gut vertreten. Trotz mehrfachen Umzugs innerhalb der Neustadt gehört **Zentralohrgan** zu den Institutionen des Stadtviertels. Insider suchen hier meist erfolgreich nach Veröffentlichungen lokaler Indie-Labels. Auch das Angebot an Secondhandplatten ist üppig.

Fachgeschäfte

Dinge mit Witz, Charme und ausgefallenem Design führt **JO+CO Wohnaccessoires**, das Fachgeschäft für Kultobjekte wie selbstdrehende Spaghettigabeln oder Ampelmännchen mit Leuchtfunktion. Frei nach der Devise »Außergewöhnliche Geschenke für außergewöhnliche Menschen« findet man in den beiden Filialen von **Catapult** auch auf den letzten Drücker noch das passende Geschenk – vom Stresskiller bis zum Parkscheinhalter.

Blue Child ist eine Hommage an Papier- und Schreibkunst: Hier gibt es handgeschöpftes Papier in allen Farben, kalligrafisches Werkzeug, Papierlampen, Schreibfedern und vieles mehr. Mit feinsten Duftnoten von Chanel bis Dior lockt **Die Parfümerie**, zum Laden gehört auch ein Wellness-Bereich, der gestresste Shopping-Victims mit Hot-Stone-Massagen verwöhnt.

Einseifer – Seifen in allen Farben und Düften

Möchten Sie Ihre ganz persönliche Seife formen lassen? **Einseifer** kreiert alle nur denkbaren Formen in speziell auf Sie abgestimmten Düften.

Möbel sowie Wohnaccessoires wie Lampen und Kerzenleuchter der besonderen Art offeriert **Eyecatcher**. Originalstücke vergangener Epochen stehen neben Rekonstruktionen und aktuellen Kreationen. Dem neuesten Trend nach mehr Klarheit und Wertigkeit folgt **Magazin Dresden**, dessen Möbel und Einrichtungsideen (darunter ausgeklügelte Leuchtensysteme) nicht nur praktisch sind, sondern auch ästhetisch überaus anspruchsvoll.

Die richtige Ausrüstung für Outdoor-Sportler führt **Globetrotter** im World Trade Center. Wenn Sie sich für eine Tour in der Sächsischen Schweiz noch mit dem nötigen Equipment – vom Klettersteigset bis zum Kompass – eindecken wollen, sind Sie hier richtig.

Souvenirs gibt es bei Remember Dresden

Souvenirs

Porzellan aus Meißen genießt Weltruf, Produkte der dortigen Manufaktur bekommt man bei **Meissener Porzellan am Fürstenzug** *(siehe Kunst und Kunsthandwerk)*, in kleinerer Form, etwa als Porzellanbüste von August dem Starken oder als Porzellanmedaillon mit dem Konterfei des sächsischen Regenten, auch in den Souvenirläden bei den Hauptsehenswürdigkeiten in Altstadt und Neustadt.

Bereits seit vielen Generationen beliebt ist Holzkunst aus dem Erzgebirge – vom Räuchermännchen über Nussknacker bis zur mehrstöckigen Weihnachtspyramide. Eine Fundgrube für diese ebenso traditionellen wie originellen Holzarbeiten ist natürlich der **Striezelmarkt** *(siehe S. 103)*. Für Dresdner Christstollen gibt es in einigen Einkaufszentren der Stadt das entsprechende Set – bestehend aus Stollenmesser (aus Silber mit barocken Ornamenten) und Stollenbrett (aus Holz). Viele Besucher der Stadt nehmen auch edle Tropfen von Weingütern entlang der Sächsischen Weinstraße *(siehe S. 184f)* mit nach Hause.

Auf einen Blick

Shopping-Meilen und Passagen

Altmarkt-Galerie
Webergasse 1.
Stadtplan 1 C4.
www.altmarkt-galerie-dresden.de

Barockviertel
Stadtplan 2 D2.
www.barockviertel.de

Centrum Galerie
Prager Straße 15.
Stadtplan 1 C5.
www.centrumgalerie.de

Kunsthandwerker-passagen
Hauptstraße 9–19.
Stadtplan 2 D2.
www.kunsthandwerkerpassagen.de

Kunsthofpassage
Zwischen Görlitzer Straße und Alaunstraße.
Stadtplan 4 D2.
www.kunsthof-dresden.de

QF-Passage
Töpferstraße 6.
Stadtplan 2 D4.
www.q-f.info

Kunst und Kunsthandwerk

art + form
Bautzner Straße 11.
Stadtplan 2 E1.
☎ *0351-803 1322.*
www.artundform.de

Drinnen & Draußen
Schillerstraße 1.
Stadtplan 5 B3.
☎ *0351-265 5653.*
www.drinnenunddraußen-antik.de

Galerie-F-Dresden
Obergraben 10.
Stadtplan 2 D2.
☎ *0351-804 0060.*
www.galerie-f-dresden.de

Kunst und Antiquitäten Noack
Königstraße 5.
Stadtplan 1 C2.
☎ *0351-810 6644.*
www.antiquitaeten-noack.de

Meissener Porzellan am Fürstenzug
An der Frauenkirche 5.
Stadtplan 2 D4.
☎ *0351-864 2964.*

Mode und Schmuck

23 clothing for men and women
Königstraße 4.
Stadtplan 1 C2.
☎ *0351-404 5369.*
www.23clothing.de

Besonders – Mode für Frauen
Justinenstraße 1.
Stadtplan 5 A3.
☎ *0351-494 0799.*
www.besonders.biz

HUTkunst Japée
Bautzner Straße 6.
Stadtplan 2 E1.
☎ *0351-810 8200.*
www.hutkunst-japee.de

Infit
Rothenburger Straße 25.
Stadtplan 2 F1.
☎ *0351-656 8754.*
www.schluepperladen.de

Juwelier Wempe
An der Frauenkirche 20.
Stadtplan 2 D4.
☎ *0351-496 5313.*
www.wempe.de

Silbermann
Schlossstraße 1.
Stadtplan 1 C4.
☎ *0351-484 1701.*
www.silbermann-fashion.de

UNIKAT
Friedrich-Wieck-Straße 2.
Stadtplan 5 B3.
☎ *0351-266 6763.*
www.unikat-dresden.de

Delikatessen

Chirel Chocolade & Caffee
Heinrichstraße 8.
Stadtplan 2 D2.
☎ *0351-426 6697.*
www.chirel.de

Destille Dresden
Peschelstraße 39.
☎ *0351-655 7742.*
www.destille.de/dresden

Dr. Quendt
Offenburger Straße 1.
☎ *0351-4361 6281.*
www.dr-quendt.de

Fromagerie
Tolkewitzer Straße 4.
Stadtplan 5 A3.
☎ *0351-312 9899.*
www.fromagerie-dresden.de

Neustädter Hausbrauerei Schwingenheuer
Schönbrunnstraße 1.
Stadtplan 4 D1.
☎ *0351-799 3774.*
www.obergaerig.de

Pfunds Molkerei
Bautzner Straße 79.
Stadtplan 4 D2.
☎ *0351-808 080.*
www.pfunds.de

Sächsische Vinothek
Salzgasse 2.
(Wettiner Weinlädchen Terrassengasse 1.)
Stadtplan 2 D4.
☎ *0351-484 5200.*
www.saechsische-vinothek.de

Der Senfladen
Bautzner Straße 79.
Stadtplan 4 D2.
☎ *0351-456 8375.*
www.senf.de

Bücher

Dresden Buch
Neumarkt 1.
Stadtplan 2 D4.
☎ *0351-416 4171.*
www.ddbuch.de

Hugendubel
Webergasse 1.
Stadtplan 1 C4.
☎ *0180-148 4484.*
www.hugendubel.de

Der Reisebuchladen
Louisenstraße 70b.
Stadtplan 4 D2.
☎ *0351-899 6560.*
www.der-reisebuchladen.de

Thalia
Dr.-Külz-Ring 12.
Stadtplan 1 C5.
☎ *0351-497 360.*
www.thalia.de
Eine von zehn Filialen.

Musik

Musik Schubert
Wallstraße 5–7.
Stadtplan 1 B4.
☎ *0351-284 1007.*
www.musik-schubert.de

Opus 61
Wallstraße 17–19.
Stadtplan 1 C5.
☎ *0351-486 1748.*
www.opusweb.de

Popcorn Records
Alaunstraße 20.
Stadtplan 4 D2.
☎ *0351-801 2829.*
www.popcorn-records.de

Zentralohrgan
Louisenstraße 22.
Stadtplan 4 D2.
☎ *0351-801 0075.*
www.zentralohrgan.de

Fachgeschäfte

Blue Child
Görlitzer Straße 25.
Stadtplan 4 D2.
☎ *0351-802 9068.*
www.bluechild.de

Catapult
St. Petersburger Straße 30.
Stadtplan 3 C4.
☎ *0351-4977 2530.*
Rothenburger Straße 28.
Stadtplan 4 D2.
☎ *0351-804 9437.*
www.catapult.de

Einseifer
Hauptstraße 9.
Stadtplan 2 D1.
☎ *0351-841 2256.*
www.einseifer.de

Eyecatcher
Rothenburger Straße 11.
Stadtplan 2 F1.
☎ *0351-206 9449.*
www.der-eyecatcher.de

Globetrotter
Freiberger Straße 39.
Stadtplan 3 B3–4.
☎ *0351-495 2116.*
www.globetrotter.de

JO+CO Wohnaccessoires
Prager Straße 10.
Stadtplan 1 C5.
☎ *0351-496 7890.*
www.joundco.de

Magazin Dresden
Grüne Straße 3.
Stadtplan 1 A3
☎ *0351-867 160.*
www.magazin-dresden.de

Die Parfümerie
Hauptstraße 36.
Stadtplan 2 D1
☎ *0351-802 0970.*
www.dieparfuemerie.de

Stadtplan *siehe Seiten 248–257*

Unterhaltung

Dresden ist eine Kulturstadt ersten Ranges mit einer traditionsreichen Musikgeschichte, die noch heute nicht nur von der Semperoper, sondern gleich von zwei weltbekannten Orchestern weitergetragen wird. Auch die Theaterszene ist lebendig, das Spektrum der Bühnen reicht vom klassischen Schauspiel bis zur leichten Muse. Neben den Kinozentren behaupten sich in der Stadt immer noch Programmkinos. Nachtschwärmern stehen viele Türen offen, in den Clubs wird jeder Musikgeschmack bedient. Die alternative Szene lebt vor allem in der Äußeren Neustadt, dem Szeneviertel, in dem Kneipen bis spätnachts offen haben.

Emblem des Puro Beach ***(siehe S. 122f)***

Information

Das kulturelle Angebot in Dresden und Umgebung ist das ganze Jahr über groß und vielfältig. Die Mitarbeiter der **Tourist-Information** im Kulturpalast nördlich des Altmarkts unterstützen Sie gern bei der Planung und Gestaltung Ihres Aufenthalts in der Stadt und bieten Orientierung bei der nicht einfach zu überblickenden Vielfalt an kulturellen Veranstaltungen. Nutzen Sie diesen Service.

Von den zahlreichen Events, die sich hier mit Flyern und Broschüren vorstellen, werden Sie bei Ihrem Aufenthalt in der Elbmetropole sicher nur einen kleinen Teil besuchen können. Nehmen Sie sich deshalb ein wenig Zeit für die Auswahl. Auch das Personal in Ihrem Hotel kann Ihnen sicher Tipps geben, was Sie nicht verpassen sollten, und in der Hotellobby liegen bestimmt Flyer aus.

Die Dresdner Tageszeitungen und Zeitschriften *(siehe S. 235)* bieten Veranstaltungstipps zu Konzerten, Theaterstücken und Filmen sowie zu Party-Events. Vielleicht lassen Sie sich auch von den Veranstaltungsplakaten leiten, die überall im Zentrum hängen.

Hilft in vielen Belangen: Tourist-Information im Kulturpalast

Kartenvorverkauf

In der Tourist-Information erhalten Sie Eintrittskarten für viele Veranstaltungen – nicht jedoch für die Semperoper. Tickets für Aufführungen im weltberühmten Opernhaus gibt es bei der Theaterkasse in der **Schinkelwache** (Altstädter Wache) am Theaterplatz. Besucher der Landesbühnen Sachsen (u. a. Stammhaus in Radebeul, Felsenbühne Rathen) können im Internet (www.dresden-theater.de) nicht nur die Spielpläne einsehen, sondern auch Tickets für einzelne Aufführungen ordern. Wenn Sie schon vor Ihrer Reise wissen, wofür Sie Eintrittskarten benötigen, wenden Sie sich entsprechend früh an diese Stellen.

Sie können die Karten für Musik- oder Theateraufführungen natürlich auch bei den jeweiligen Veranstaltungsorten kaufen oder dort telefonisch bzw. elektronisch bestellen. Die Adressen, Telefonnummern und Websites einiger renommierter Bühnen finden Sie auf Seite 219. Tickets für kulturelle Veranstaltungen können Sie außerdem bei der **Ticketcentrale** per Telefon oder online buchen. Diese Option eignet sich vor allem, wenn Sie vorhaben, Vorstellungen unterschiedlicher Bühnen zu besuchen.

Die Schinkelwache ist Sitz der Kartenvorverkaufsstelle

Berücksichtigen Sie bei Ihrer Planung, dass der Vorverkauf oft schon Monate vor der Veranstaltung beginnt und für eine ganze Reihe von Events – vor allem an den großen Musik- und Theaterbühnen – eine frühzeitige Reservierung unbedingt anzuraten ist. Verlassen Sie sich nicht auf die Abendkasse.

Für viele Kulturstätten gilt jedoch: Wer beim Vorverkauf zu kurz gekommen ist, kann auch bei offiziell ausverkauften Veranstaltungen sein Glück noch an der Abendkasse versuchen. Oft werden bestellte Tickets nicht abgeholt und gehen kurz vor Beginn in den freien Verkauf. Wenn Sie wirklich einmal leer ausgehen sollten: Das Angebot an Unterhaltung ist erfreulicherweise derart groß, dass Sie sicher problemlos ein Alternativprogramm finden.

Einige Reiseveranstalter bieten Eintrittskarten für einzelne Events im Rahmen eines Pauschalangebots zu häufig recht attraktiven Preisen an. Darin enthalten sind auch die Kosten für An- und Abreise sowie für die Unterkunft.

Behinderte Reisende

In den letzten Jahren wurde viel unternommen, damit auch Menschen mit eingeschränkter Mobilität die Kunst- und Kulturstadt Dresden in all ihren Facetten erleben können. Die meisten Veranstaltungsorte sind rollstuhlgerecht ausgestattet. Der von der Stadt Dresden publizierte **Stadtführer für Körperbehinderte** ist im Internet zu finden. Sehr hilfreich ist zudem die Broschüre **Dresden ohne Barrieren**, die telefonisch bestellt werden kann. Sie listet barrierefrei zugängliche Kultureinrichtungen der Stadt (Theater, Kinos etc.) auf und bietet Infos zu deren Erreichbarkeit mit öffentlichen Verkehrsmitteln sowie zur Ausstattung mit Stellplätzen und sanitären Einrichtungen. Dieses Angebot richtet sich neben Rollstuhlfahrern auch an Seh- und Gehörschwache. Letztere profitieren an einigen Veranstaltungsorten (etwa der Semperoper) von Induktionsschleifen. Über die konkreten Bedingungen vor Ort sollten Sie sich auf jeden Fall vor Reservierung der Tickets informieren.

Bei Vorlage eines Schwerbehindertenausweises werden an vielen Veranstaltungsorten Ermäßigungen bis zu 50 Prozent gewährt, die auch für die Begleitperson gelten.

Musikalisches »Picknick« vor der Gläsernen Manufaktur

Das Besucherzentrum Frauenkirche zeigt auch Filme

Im Citybeach kann man wunderbar entspannen

Open-Air-Veranstaltungen

In den warmen Monaten finden in Dresden zahlreiche attraktive Veranstaltungen unter freiem Himmel statt. Zu den ersten Adressen für Open-Air-Events gehört die Freilichtbühne *(siehe S. 136)* im Großen Garten, auf der Konzerte, Theaterstücke und Musicals aufgeführt werden. Hier finden bis zu 5000 Zuschauer Platz, sodass man meist auch noch Tickets bekommt, wenn man sich erst kurzfristig für einen Besuch entscheidet.

Höhepunkt der Sommerfeste im weitläufigen Garten von Schloss Albrechtsberg *(siehe S. 150)* am Loschwitzer Elbhang ist das abschließende Feuerwerk – ein Erlebnis auch aus großer Entfernung. Selbst vom gegenüberliegenden Elbufer kommt das farbenprächtige Spektakel noch richtig zur Geltung.

Ihren festen Platz im Veranstaltungsreigen Dresdens haben alljährlich im Juli/August die geradezu legendären Filmnächte am Elbufer, deren spezielle Atmosphäre nicht nur Cineasten verzückt. Außer Filmvorführungen finden hier auch Konzerte namhafter Musiker statt.

Neben dem kunterbunten Stadtfest im August gibt es einige Stadtteilfeste wie das Elbhangfest *(siehe S. 149)*. Auf einer rund sieben Kilometer langen Strecke zwischen dem Blauem Wunder und Schloss Pillnitz herrscht im Juni ein lebhaftes Treiben mit vielen Musikdarbietungen und anderen Spektakeln. Höhepunkt ist ein festlicher Umzug.

Ein besonderer Genuss ist die seit 2008 stattfindende Veranstaltung »Klassik picknickt«, ein Konzert der Sächsischen Staatskapelle vor der Gläsernen Manufaktur. *Das Jahr in Dresden* stellt auf den Seiten 46–49 all diese Events vor. Nach dem Programm locken dann im Sommer die Stadtstrände *(siehe S. 122f)* zu einem Cocktail mit Blick auf die illuminierte Altstadt.

Auf einen Blick

Information

Tourist-Information
Schlossstraße 2 (im Kulturpalast).
0351-5016 0160.
www.dresden.de/tourismus

Kartenvorverkauf

Schinkelwache
Theaterplatz.
0351-491 1705.

Ticketcentrale
Schlossstraße 2 (im Kulturpalast).
0351-486 6666.
www.ticketcentrale.de
ticket@kkg-dresden.com

Behinderte Reisende

Dresden ohne Barrieren
0351-5016 0160.

Stadtführer für Körperbehinderte
www.dresden.de/behindertenfuehrer

Die Sächsische Staatskapelle ist eines der traditionsreichsten Orchester der Welt

Oper und klassische Musik

Von unvergleichlicher Strahlkraft für die Rolle Dresdens als Musikmetropole ist die **Semperoper** *(siehe S. 84–87)*. Deren Aufführungen mit der Sächsischen Staatskapelle zählen zu den begehrtesten Veranstaltungen der Stadt. Das Opernhaus ist zudem Heimat des Dresden SemperOper Balletts.

Stammhaus der Dresdner Philharmonie ist der auch für viele andere Veranstaltungen genutzte **Kulturpalast** *(siehe S. 67)*. Weitere Spielstätten des Orchesters sind u. a. die Frauenkirche *(siehe S. 98–101)* und Schloss Albrechtsberg *(siehe S. 150)*.

Im Marmorsaal des **Zwingers** finden barocke Kammerkonzerte statt, der Zwingerhof ist Bühne für tänzerische Serenaden. Zu den Höhepunkten der Kirchenmusik gehören Auftritte des Kreuzchors, die überwiegend in der **Kreuzkirche** *(siehe S. 106)* stattfinden. Der Chor gehört auch zur ständigen Besetzung der Dresdner Musikfestspiele *(siehe S. 46)*. Sehenswert sind auch die Veranstaltungen der **Hochschule für Musik**.

Theater und Kleinkunst

Die Theatertradition ist kaum weniger eindrucksvoll als die der Musik. Klassische und moderne Theaterstücke stehen im **Schauspielhaus** *(siehe S. 82)* und im **Kleinen Haus** auf dem Programm. Radebeul ist Standort der **Landesbühnen Sachsen**. Zu den Bühnen des Mehrspartentheaters gehören auch der Zwingerhof sowie die Felsenbühne Rathen *(siehe S. 182)*, eine Naturbühne in der Sächsischen Schweiz. Bekannt für innovatives Sprech- und Musiktheater ist das **Societaetstheater** *(siehe S. 117)*. Eine Kirchenruine als Schauplatz für Theater unter freiem Himmel ist so ungewöhnlich wie reizvoll: Die **Theaterruine St. Pauli** ist Bühne für moderne Inszenierungen klassischer Stoffe. Großes Theater auf kleinem Raum erlebt man im **Wechselbad der Gefühle**. Engagierte Stücke für Jugendliche bietet das **Theater Junge Generation**.

Auch die leichte Muse ist gut vertreten. Das Boulevardtheater **Komödie Dresden** *(siehe S. 89)* zeigt auch Musicals und Shows. Heiteres Musiktheater bietet die **Staatsoperette Dresden**. Ein unterhaltsames Programm erwartet die Gäste auf dem **Theaterkahn** *(siehe S. 83)*.

Politische Satire bringt das **Kabarett Breschke & Schuch**. Über Sachsen hinaus bekannt ist **Die Herkuleskeule**.

Die Dresdner Philharmonie ist im Kulturpalast beheimatet

Kino

Das Medium Film genießt in Dresden einen hohen Stellenwert. Zu den größten Anziehungspunkten zählen der **UFA-Kristallpalast**, das **Rundkino** und das **CinemaxX**. Neben diesen Giganten existieren einige Programmkinos, in denen Freunde anspruchsvoller Filme auf ihre Kosten kommen. Das **Filmtheater Schauburg** wird für seine Arthouse-Produktionen geschätzt. Streifen abseits des Mainstreams präsentiert auch das **Programmkino Ost**. Highlights sind das Filmfest Dresden *(siehe S. 46)* und die Filmnächte am Elbufer *(siehe S. 47)*.

(Night)Clubs

Das Nachtleben spielt sich vorwiegend in der Äußeren Neustadt und im Industriegelände nördlich davon ab. Auffällig ist das schnelle Kommen und Gehen von Clubs. Am besten, Sie werfen einen Blick in die Stadtmagazine *(siehe S. 235)*. Zu den angesagten Locations zählt der **BLUE Dance Club**, der mittwochs, freitags und samstags Motto-Nächte veranstaltet. Von Blackstage bis Cuban Salsa reichen die Themen im **PM Club**. Club, Lounge und Bar unter einem Dach bietet das **Metronom**. Bei Drum & Bass, Indie-Pop und Techno ist für jeden das Richtige dabei. Das **Downtown Dresden** ist eine Institution im Dresdner Nachtleben. Für lange Clubnächte bekannt ist das **Arteum**, in dem DJs mit House, Electro und Black Music einheizen.

Das Schauspielhaus steht für spannende Inszenierungen

Live-Musik

Selbst im oft recht schnelllebigen subkulturellen Szeneviertel Äußere Neustadt gibt es Legenden wie die **Scheune** – Café, Kneipe, Disco und Live-Musik-Veranstaltungsort (mit wechselndem Programm) in einem. Der **Jazzclub Neue Tonne** bietet jährlich mehr als 100 Konzerte, deren Qualität auch außerhalb Sachsens ein Begriff ist. Jedes Jahr im Frühling begeistert der Club seine Fans mit dem Festival »Jazzwelten«. **Beatpol**, der ehemalige Starclub, ist *die* Adresse für Freunde harter Gitarrenriffs. Neben Rock-, Metal- und Punkbands treten hier auch Vertreter eingängiger Rhythmen auf. Zu den größten Konzerthallen der Stadt gehört das **Eventwerk**. In der früheren Industriehalle gastierten u. a. schon viele bekannte Popbands aus ganz Deutschland.

Schwule und Lesben

Zu den Zentren der Dresdner Gay-Szene gehört die **Boys Bar** (Motto: »Nicht nur für Jungs!«). Café, Bar und Club in einem ist **Valentino**. Ein beliebter Treffpunkt für Lesben ist das **Sappho** mit Bar und Partykeller. Gelegentlich steht hier auch Live-Musik (u. a. »Sapphos Musenswing«) auf dem Programm, sehr beliebt sind auch die »griechischen Abende«.

Auf einen Blick

Oper und klassische Musik

Hochschule f. Musik
Wettiner Platz 13. **Stadtplan** 1 A3. ☎ *0351-492 3600.* **www**.hfmdd.de

Kreuzkirche
An der Kreuzkirche 6. **Stadtplan** 1 C5. ☎ *0351-439 3920.* **www**.dresdner-kreuzkirche.de

Kulturpalast
Schlossstraße 2. **Stadtplan** 1 C4. ☎ *0351-486 6666.* **www**.kulturpalast-dresden.de

Semperoper
Theaterplatz 2. **Stadtplan** 1 C3. ☎ *0351-491 1705.* **www**.semperoper.de

Zwinger
Sophienstraße/Ostra-Allee/Theaterplatz. **Stadtplan** 1 B3–4. ☎ *0351-4914 2000.* **www**.skd-dresden.de/museen

Theater

Dresdner Kabarett Breschke & Schuch
Wettiner Platz 10. **Stadtplan** 1 A3. ☎ *0351-490 4009.* **www**.kabarett-breschke-schuch.de

Die Herkuleskeule
Sternplatz 1. **Stadtplan** 1 A5. ☎ *0351-492 5555.* **www**.herkuleskeule.de

kleine szene
Bautzner Straße 107. **Stadtplan** 4 E2. ☎ *0351-491 1705.* **www**.semperoper.de/de/kleine_szene

Kleines Haus
Glacisstr. 28. **Stadtplan** 2 E1. ☎ *0351-491 3555.* **www**.staatsschauspiel-dresden.de

Komödie Dresden
Freiberger Straße 39. **Stadtplan** 1 A5. ☎ *0351-866 410.* **www**.komoedie-dresden.de

Landesbühnen Sachsen
Radebeul, Meißner Str. 152. ☎ *0351-89540.* **www**.dresden-theater.de

Schauspielhaus
Theaterstraße 2. **Stadtplan** 1 B4. ☎ *0351-491 3555.* **www**.staatsschauspiel-dresden.de

Societaetstheater
An der Dreikönigskirche 1a. **Stadtplan** 2 D2. ☎ *0351-803 6810.* **www**.societaetstheater.de

Staatsoperette Dresden
Pirnaer Landstraße 131. ☎ *0351-207 9999.* **www**.staatsoperette-dresden.de

Theater Junge Generation
Meißner Landstraße 4. ☎ *0351-429 120.* **www**.tjg-dresden.de

Theaterkahn
Terrassenufer. **Stadtplan** 1 C3. ☎ *0351-496 9450.* **www**.theaterkahn-dresden.de

Theaterruine St. Pauli
Königsbrücker Platz. **Stadtplan** 4 D1. ☎ *0351-272 1444.* **www**.theaterruine.de

Wechselbad der Gefühle
Maternistraße 17. **Stadtplan** 1 A5. ☎ *0351-796 1155.* **www**.theater-wechselbad.de

Kino

CinemaxX Dresden
Hüblerstraße 8. **Stadtplan** 5 A3. ☎ *0180-52463 6299.* **www**.cinemaxx.de

Filmtheater Schauburg
Königsbrücker Straße 55. **Stadtplan** 4 D1. ☎ *0351-803 2185.* **www**.schauburg-dresden.de

Programmkino Ost
Schandauer Straße 73. **Stadtplan** 4 F4. ☎ *0351-310 3782.* **www**.programmkino-ost.de

Rundkino
Prager Straße 6. **Stadtplan** 3 C4. ☎ *0351-484 3922.* **www**.rundkino.com

UFA Kristallpalast
St. Petersburger Straße 24. **Stadtplan** 3 C4. ☎ *0351-48 250.* **www**.ufa-dresden.de

(Night)Clubs

Arteum
Am Brauhaus 3. **Stadtplan** 4 F2. ☎ *0351-459 0047.* **www**.arteum-dresden.de

BLUE Dance Club
Wallstraße 11. **Stadtplan** 1 B4. ☎ *0351-802 0066.* **www**.blue-dresden.de

Downtown Dresden
Katharinenstraße 11–13. **Stadtplan** 4 D2. ☎ *0351-811 5592.* **www**.downtown-dresden.de

Metronom
Louisenstraße 55. **Stadtplan** 4 D2. ☎ *0351-484 2741.* **www**.metronomclub.de

PM Club
Wilsdruffer Straße 19–21. **Stadtplan** 2 D4. ☎ *0351-213 9438.* **www**.haus-altmarkt.de

Live-Musik

Beatpol
Altbriesnitz 2a. ☎ *0351-421 0397.* **www**.beatpol.de

Eventwerk
Hermann-Mende-Straße 1. ☎ *0351-215 2771.* **www**.eventwerk-dresden.de

Jazzclub Neue Tonne
Königstraße 15. **Stadtplan** 2 D1. ☎ *0351-802 6017.* **www**.jazzclubtonne.de

Scheune
Alaunstraße 36–40. **Stadtplan** 4 D2. ☎ *0351-3235 5640.* **www**.scheune.org

Schwule und Lesben

Boys Bar
Alaunstraße 80. **Stadtplan** 4 D1. ☎ *0351-563 3630.* **www**.boys-dresden.de

Sappho
Hechtstr. 23. **Stadtplan** 3 C1. ☎ *0351-404 5136.* **www**.sappho-dresden.de

Valentino
Jordanstraße 2. **Stadtplan** 4 D1. ☎ *0351-889 4996.* **www**.valentino-dresden.de

Stadtplan *siehe Seiten 248–257*

Sport und Aktivurlaub

Ähnlich facettenreich wie die Auswahl an kulturellen Veranstaltungen ist auch das Angebot für sportliche Aktivitäten. Für fast jede Sportart bietet Dresden moderne Einrichtungen. Ob Wasserski, Kanu fahren oder Beachvolleyball – sehr viel spielt sich auf oder an der Elbe ab. In den weitläufigen Grünanlagen der Stadt gibt es viele ideale Strecken für Jogger oder Inline-Skater. Durch die Innenstadt und an vielen Sehenswürdigkeiten vorbei führen der Marathon und die Routen beim Nachtskaten. Der Elberadweg verläuft am gesamten Fluss entlang, die Sächsische Schweiz ist ein Eldorado für Wanderer und Kletterer. Besonders stimmungsvoll ist Eislaufen vor barocker Kulisse.

Für ambitionierte Läufer: Marathon

Vom Kanu aus kann man Dresden aus anderen Blickwinkeln entdecken

Laufen, Wandern, Klettern

Zu den beliebtesten Jogging-Strecken gehören die Alleen im Großen Garten und der Elberadweg. Bei Läufen durch die Dresdner Heide sind zum Teil beträchtliche Höhenunterschiede zurückzulegen. Bei geringer Ortskenntnis sollten Sie hier eher stärker frequentierte Strecken wählen.

Saisonhöhepunkt der Routiniers ist der im Oktober veranstaltete **Dresden Marathon**. Dabei ist auch die Teilnahme an einem Halbmarathon oder einem Zehn-Kilometer-Lauf möglich.

Die Sächsische Schweiz ist ein wahres Paradies für Wanderer und Kletterer, die die bizarren Sandsteinfelsen erklimmen wollen. Der **Sächsische Bergsteigerbund** versorgt Interessierte mit vielfältigen Informationen zu Wander- und Kletterrouten.

Radsport

Das Netz an Radwegen in Dresden hat eine Länge von mehr als 350 Kilometern. Ein großer Teil davon verläuft entlang von Hauptverkehrsstraßen, doch es gibt auch Areale, in denen man ungestört radeln kann. Der Große Garten oder die Dresdner Heide sind hervorragend geeignet. Ideal für eine Radtour ist der Elberadweg *(siehe S. 241)*. Ein besonderer Tipp: Fahren Sie mit der S-Bahn in Richtung Sächsische Schweiz und von dort mit dem Fahrrad flussabwärts zurück.

Die vom **Stadtplanungsamt Dresden** veröffentlichte Broschüre mit acht attraktiven Radtouren ist telefonisch zu bestellen. Die meisten Touren sind zwischen 50 und 60 Kilometer lang. Fahrräder können Sie in mehreren Fahrradläden sowie an Bahnhöfen leihen *(siehe S. 241)*.

Logo des Elberadwegs

Wassersport

Im Sommer bieten Freibäder ein erfrischendes Vergnügen, Hallenbäder haben das ganze Jahr über geöffnet. Sehr zentral liegt das **Georg-Arnhold-Bad**. Wer den speziellen Adrenalin-Kick sucht, kommt im **Wasserski- & Wakeboardzentrum** in Dresden-Leuben auf seine Kosten. Flusswanderungen auf der Elbe mit Schlauchboot oder Kanu sowie Floßfahrten bietet **Kanu Aktiv Tours** an. Touren im Herzen der Sächsischen Schweiz, wo der Fluss am beeindruckendsten ist, begeistern selbst ungeübte Paddler.

Inline-Skaten

Bei gutem Wetter rollen Scharen von Skatern an der Elbe entlang oder durch den Großen Garten. Die vor allem von Skateboardern benutzte Halfpipe an der Lingnerallee ist Start- und Zielpunkt des seit 1998 etablierten **Dresdner Nachtskatens**. Von Ende April bis Ende Oktober fährt an rund 15 Freitagabenden ein Pulk von Tausenden Inline-Skatern durch die Stadt.

Strandfeeling mitten in der Stadt an den beiden Beaches

Eislaufen

Mit dem 2007 eröffneten Eissport- und Ballspielzentrum **Freiberger Arena** verfügt Dresden über eine Anlage, die ihresgleichen sucht. Die Trainingseishalle und die Eisschnelllaufbahn stellen auch Hobbyläufern große Eisflächen zur Verfügung. Schlittschuhe können ausgeliehen werden. Der barocke Innenhof des **Taschenbergpalais** *(siehe S. 67)* verwandelt sich ab Ende November für mehrere Monate in eine wunderschöne Eisarena.

Andere Sportarten

Im **Sportpark Dresden** kann man sich u.a. bei Tennis, Badminton und Squash oder an den Fitnessgeräten so richtig ausarbeiten. Die Stadtstrände **Citybeach** und **Purobeach** *(siehe S. 122f)* an der Elbe bieten nicht nur Partystimmung, sondern auch Beachvolleyball am Elbufer.

In unmittelbarer Umgebung der Stadt gibt es mehrere Golfplätze. Der **Golfclub Elbflorenz** am südlichen Stadtrand bietet auch die Möglichkeit einer »Schnupperrunde«. Zum neuen Freizeitvergnügen hat sich das Fahren mit Segways entwickelt. Die Roller mit Elektromotor kann man im **FunPark Dresden** mieten.

Entspannung beim Golfen nach einer interessanten Stadterkundung

Profi-Sport

Wie in fast allen deutschen Großstädten ist auch in Dresden Fußball die Sportart Nummer eins. Bekanntester Verein ist die 1953 gegründete **SG Dynamo Dresden**. Die Heimspiele finden im Rudolf-Harbig-Stadion im Großen Garten statt.

Bis zu 4200 Zuschauer jubeln in der Eishalle der Freiberger Arena den Eishockey-Cracks der **Dresdner Eislöwen** zu. Im Heinz-Steyer-Stadion bestreiten die **Dresden Monarchs** ihre Heimspiele. Das Team spielt in der German Football League. Die Volleyball-Damenmannschaft des **Dresdner Sportclubs** wurde bereits zweimal Deutscher Meister. Pferde- und Wettenthusiasten zieht es an Renntagen zur **Galopprennbahn Dresden** im Stadtteil Seidnitz.

Auf einen Blick

Laufen, Wandern, Klettern

Dresden Marathon
www.dresden-marathon.de

Sächsischer Bergsteigerbund
Könneritzstraße 33.
Stadtplan 1 A3.
☎ *0351-494 1415.*
www.bergsteigerbund.de

Radsport

Stadtplanungsamt Dresden
Hamburger Straße 19.
☎ *0351-488 35 25.*
www.stadt-umland-region.dresden.de

Wassersport

Georg-Arnhold-Bad
Hauptallee 2.
Stadtplan 4 D4.
☎ *0351-494 2203.*

Kanu Aktiv Tours
Königstein, Schandauer Straße 17–19.
☎ *035021-59 99 60.*
www.kanu-aktiv-tours.de

Wasserski- & Wakeboardzentrum
Pirnaer Landstraße Ecke Leubener Straße.
www.wasserski-dresden.de

Inline-Skaten

Dresdner Nachtskaten
☎ *0351-484 8794.*
www.nachtskaten-dresden.de

Eislaufen

Freiberger Arena
Magdeburger Straße 10.
Stadtplan 1 A1.
☎ *0351-488 5252.*
www.freiberger-arena.de

Taschenbergpalais
Taschenberg 3.
Stadtplan 1 C4.

Andere Sportarten

Citybeach
Leipziger Straße 31.
Stadtplan 3 B2.
☎ *0152-2439 4304.*
www.citybeach dresden.de

FunPark Dresden
Leipziger Straße 27.
☎ *0351-795 7699.*
www.dresden-roller.de

Golfclub Elbflorenz
Bannewitz, Ferdinand-von-Schill-Straße 4a.
☎ *035206-2430.*
www.golfclub-dresden.de

Purobeach
Leipziger Straße 15b.
Stadtplan 3 B2.
☎ *0351-795 2902.*
www.puro.de

Sportpark Dresden
Südhöhe 28.
☎ *0351-403 700.*
www.sportpark-dresden.de

Profi-Sport

Dresden Monarchs (American Football)
Bärnsdorfer Straße 2.
☎ *0351-311 3111.*
www.dresden-monarchs.de

Dresdner Eislöwen (Eishockey)
Magdeburger Straße 10.
Stadtplan 1 A1.
☎ *0351-4843 3980.*
www.eisloewen.de

Dresdner Sportclub (Volleyball)
Magdeburger Straße 12.
Stadtplan 1 A1.
☎ *0351-438 2261.*
www.dresdnersportclub.de

Galopprennbahn Dresden
Oskar-Röder-Straße 1.
☎ *0351-211 040.*
www.dresdener-rennverein.de

SG Dynamo Dresden (Fußball)
Lennéstr. 12. **Stadtplan** 4 D4. ☎ *0351-43 94 30.*
www.dynamo-dresden.de

Dresden mit Kindern

Nicht nur Erwachsene finden in Dresden und Umgebung jede Menge Unterhaltung, auch für Kinder wird viel geboten. Wenn früher Museumsbesuche eine trockene Angelegenheit waren, sind Museen heute wahre Erlebniswelten für die ganze Familie. Ob Theater oder Oper – immer mehr Kulturstätten wenden sich mit speziellen Programmen an junge Besucher. Möglichkeiten für Sport, Spiel und Spaß im Freien eröffnen sich in Dresden ebenfalls in großer Zahl. Und wenn sich die Kinder einmal so richtig austoben wollen: Spielplätze werden Sie in jedem Stadtviertel finden. Bei allen Sehenswürdigkeiten und Events sowie in öffentlichen Verkehrsmitteln werden für Kinder ermäßigte Tickets angeboten.

Handbemalte Striezelkinder aus dem Erzgebirge

Im Deutschen Hygiene-Museum können Kinder den Körper entdecken

Information

Die **Tourist-Information** gibt Tipps für Aktivitäten mit Kindern. Hier erhalten Sie auch das Material für das Stadträtsel – der ideale Einstieg für Ihren Aufenthalt. Die Spurensuche für die ganze Familie umfasst einen aufregenden Rundgang durch die Altstadt und den Besuch zweier Museen, in denen knifflige Aufgaben gestellt werden. Nach der Lösung des Rätsels und der Aushändigung des Detektivausweises werden sich Ihre Kinder in Dresden wie zu Hause fühlen.

In der Kuppel der Yenidze finden Märchenlesungen statt

Parks und Zoo

Unter den Dresdner Parks wartet vor allem der Große Garten *(siehe S. 124–139)* mit vielen Attraktionen für Kinder auf. Rund 2500 Tiere aus allen Kontinenten können im **Zoo** *(siehe S. 137)* bestaunt werden. Besonders spannend sind das Aquarium mit Fischen in allen Farben und das Afrikahaus. Ein Riesenspaß im Großen Garten ist die Fahrt mit der Parkeisenbahn, die auf ihrer 5,6 Kilometer langen Strecke auch am Carolasee hält. Bei schönem Wetter löst eine Ruderpartie auf dem See Begeisterung aus.

Wer Dinos mag, ist im **Saurierpark** in Bautzen, etwa 50 Kilometer nordöstlich von Dresden, goldrichtig. Das Areal »Im Reich der Giganten« stellt urzeitliche Szenen mit Saurierplastiken nach – vom Tyrannosaurus Rex bis zum Brachiosaurus sind alle »Klassiker« vertreten. Wo sonst kann man schon einen Saurier so hautnah erleben?

Das mobile, interaktive Erich Kästner Museum

Museen

Zur Museumspädagogik der **Staatlichen Kunstsammlungen Dresden** gehören spezielle Besichtigungsangebote für Kinder, die im Rahmen von Führungen beispielsweise den Restauratoren bei der Arbeit über die Schulter schauen dürfen.

Einige Museen sind sogar speziell auf die Interessen von jüngeren Besuchern ausgerichtet oder haben mit interaktiven Stationen ausgestattete Erlebnisbereiche: Das Kindermuseum des **Deutschen Hygiene-Museums** *(siehe S. 128–131)* spricht alle Sinne der jungen Besucher an. Kinder lieben die Geschichten von Erich Kästner. Das ihm gewidmete **Erich Kästner Museum** *(siehe S. 120)* befasst sich auf höchst originelle Weise mit dem Kinderbuchautor.

Zu Entdeckungen in der Unterwelt lockt die **Festung Dresden** *(siehe S. 95)*. In den unterirdischen Gängen und Gewölben der Anlage begibt man sich auf eine Zeitreise in das 16. Jahrhundert. Indianerfans werden hingegen vom **Karl-May-Museum** *(siehe S. 158)* in Radebeul begeistert sein – schon die Hinfahrt mit der Schmalspurbahn Lößnitzdackel ist ein Erlebnis. In den Workshops der **Technischen Sammlungen** *(siehe S. 162f)* können Kinder zu Themen wie Fotografie und Medientechnik experimentieren.

Theater

Unter der mit Mosaiken verzierten Glaskuppel der ehemaligen Tabakfabrik **Yenidze** *(siehe S. 88f)* werden orientalische (Kinder-)Träume wahr. Hier finden nachmittags märchenhafte Theatervorstellungen für Kinder statt. Das **Puppentheater** *(siehe S. 107)* bringt Klassiker des deutschen

Das Puppentheater Sonnenhäusel liegt mitten im Großen Garten

Märchenguts auf die Bühne. Im Sommer bespielt das Ensemble das **Puppentheater Sonnenhäusel** *(siehe S. 135)* im Großen Garten. Selbst die **Semperoper** *(siehe S. 84–87)* öffnet ihre Pforten für kindgerechte Operninszenierungen. Unter dem Motto »Kapelle für Kids« stellen sich Musiker der Sächsischen Staatskapelle den Fragen von Kindern, die auch einen Blick hinter die Kulissen werfen können.

Sport

Wasserratten haben in Dresden die Auswahl zwischen mehreren Frei- und Hallenbädern. Wasserspaß für die ganze Familie bietet das Erlebnisbad **ELBAMARE**. Während die Kinder sich auf der 80-Meter-Rutsche vergnügen, können Eltern entspannt ihre Bahnen ziehen. Rauf aufs Fahrrad und die Elbe entlang – eine Tour auf dem Elberadweg *(siehe S. 241)* kommt auch bei Kindern gut an. Das 2007 eingeweihte Eissport- und Ballspielzentrum **Freiberger Arena** zählt zu den Schmuckkästchen unter den Dresdner Sportstätten. Kufenflitzer können hier auf insgesamt 1600 Quadratmetern ihre Runden drehen. Schlittschuhe für die Benutzung der Trainingseishalle und der Eisschnelllaufbahn kann man leihen.

Oase für Kinder: Abenteuerspielplatz Panama

Weitere Unterhaltung

Nicht mehr aus dem Staunen heraus kommen Kinder (und auch Erwachsene) beim Betrachten des gigantischen Panoramabilds des barocken Dresden im **Panometer** *(siehe S. 139)*.

Bei einer Fahrt mit einem der neun historischen Raddampfer der **Sächsischen Dampfschiffahrt** auf der Elbe fühlen sich junge Passagiere in Tom Sawyers Welt am Mississippi versetzt.

Oh, wie schön ist Panama! Mitten in der Äußeren Neustadt liegt der **Abenteuerspielplatz Panama**. In dieser Großstadtoase können Kinder auch handwerklich tätig werden und lernen außerdem den Umgang mit Tieren. Eine Wunderwelt für Kinder ist **Kidsplanet**, eine fantastische Indoor-Spiellandschaft mit Hüpfburgen, Trampolinen und Klettergerüsten.

Auf einen Blick

Information

Tourist-Information
Schlossstraße 2
(im Kulturpalast).
☎ *0351-50 160 160.*
www.dresden.de/tourismus

Parks und Zoos

Saurierpark
Bautzen,
Am Saurierpark 1.
☎ *035935-3036.*
www.saurierpark.de

Zoo
Tiergartenstraße 1.
Stadtplan 4 E5.
☎ *0351-478 060.*
www.zoo-dresden.de

Museen

Deutsches Hygiene-Museum
Lingnerplatz 1.
Stadtplan 3 C4.
☎ *0351-48460.*
www.dhmd.de

Erich Kästner Museum
Antonstraße 1.
Stadtplan 2 D1.
☎ *0351-804 5086.*
www.erich-kaestner-museum.de

Festung Dresden
Georg-Treu-Platz.
Stadtplan 2 D4.
☎ *0351-4914 9786.*
www.schloesser-dresden.de

Karl-May-Museum
Radebeul,
Karl-May-Straße 5.
☎ *0351-837 3010.*
www.karl-may-museum.de

Staatliche Kunstsammlungen Dresden
☎ *0351-4914 2000.*
www.skd-dresden.de

Technische Sammlungen
Junghansstraße 1–3.
Stadtplan 5 A4.
☎ *0351-488 7201.*
www.tsd.de

Theater

Puppentheater
Prager Straße 6.
Stadtplan 1 C5.
☎ *0351-496 5370.*
www.tjg-dresden.de

Semperoper
Theaterplatz 2.
Stadtplan 1 C3.
☎ *0351-491 1705.*
www.semperoper.de

Yenidze
Weißeritzstraße 3.
Stadtplan 1 A2.
☎ *0351-495 1001.*
www.1001maerchen.de

Sport

ELBAMARE
Wölfnitzer Ring 65.
☎ *0351-410 090.*
www.elbamare.de

Freiberger Arena
Magdeburger Straße 10.
☎ *0351-488 5252.*
www.freiberger-arena.de

Weitere Unterhaltung

Abenteuerspielplatz Panama
Seifhennersdorfer Straße 2
(Zugang über Görlitzer Straße).
Stadtplan 4 D2.
☎ *0351-803 8748.*
www.asp-panama.de

Kidsplanet
Siemensstraße 9.
☎ *0351-207 2699.*
www.kidsplanet-dresden.de

Panometer
Gasanstaltstraße 8b.
☎ *0351-860 3940.*
www.asisi-factory.de

Sächsische Dampfschiffahrt
Anlegestelle in Dresden:
Terrassenufer unterhalb der Brühlschen Terrasse.
Stadtplan 2 D3.
☎ *0351-866 090.*
www.saechsische-dampfschiffahrt.de

GRUND-
INFORMATIONEN

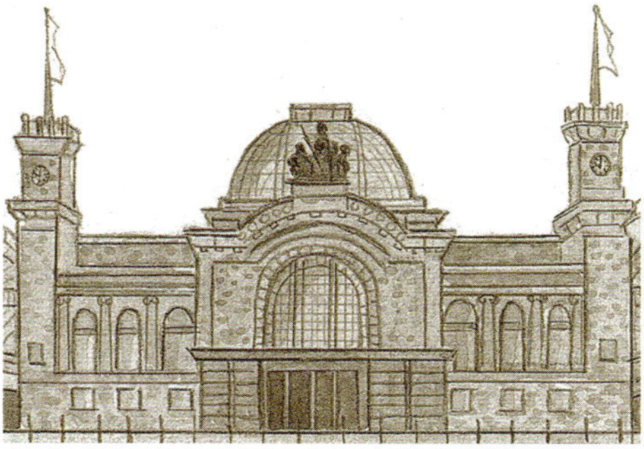

Praktische Hinweise

Die Elbmetropole ist zu allen Jahreszeiten eine Reise wert, zwischen Mai und September, wenn sich ein großer Teil des (Er-)Lebens im Freien abspielt, ist ein Aufenthalt allerdings besonders schön. Informieren Sie sich vor Reiseantritt über das Veranstaltungsprogramm und buchen Sie Tickets.

Schild der Tourist-Information

Für einen ersten Überblick über die an Sehenswertem reiche Stadt eignet sich eine Stadtrundfahrt oder ein Stadtrundgang – beides wird auch zu bestimmten, teils recht originellen Themen angeboten. Die Infrastruktur Dresdens ist ausgezeichnet: Mit öffentlichen Verkehrsmitteln kommen Sie in nahezu jede Ecke der Stadt.

Auch auf Zeichen der DDR-Vergangenheit stößt man in Dresden

Information

Schon bei der Planung Ihrer Reise nach Dresden können Sie sich an die **Tourist-Information** wenden, die von Dresden Tourismus GmbH betrieben wird. Dort erhalten Sie umfangreiches Material für die Gestaltung Ihres Aufenthalts – ob Sie eine Unterkunft oder ein Pauschalarrangement suchen, Tickets für Veranstaltungen reservieren wollen, Fragen zu Stadtrundfahrten und Führungen haben oder sich ganz einfach mit vielen bunten Flyern und Broschüren auf Ihren Dresden-Trip einstimmen möchten. Auch vor Ort helfen Ihnen die Mitarbeiter der Tourist-Information im Kulturpalast in vielen Belangen weiter.

Online-Portale, die Wissenswertes und Aktuelles über die sächsische Hauptstadt präsentieren, sind unter anderem die offizielle Website der Stadt www.dresden.de, www.dresden-cityguide.de oder www.dresden-online.de. Auch auf das Umland geht der Online-Reiseführer www.dresden-guidebook.com ein.

Öffentliche Toilette

Einreise und Zoll

Bürger aus EU-Mitgliedsstaaten und der Schweiz benötigen für die Einreise nach Deutschland ein gültiges Identitätsdokument (Personalausweis oder Reisepass). Wer aus einem Nicht-EU-Staat einreist, braucht einen gültigen Reisepass. Für Bürger vieler Länder – nicht jedoch aus EU-Staaten und der Schweiz – gilt auch bei einem Aufenthalt von bis zu 90 Tagen Visumpflicht. Details hierzu erfahren Sie beim Auswärtigen Amt (www.auswaertiges-amt.de) und bei der Botschaft Ihres Heimatlands. Für Nicht-EU-Bürger gelten folgende Einfuhrbestimmungen: Erwachsene dürfen bis zu 200 Zigaretten (oder 50 Zigarren, 100 Zigarillos, 250 Gramm Tabak) und einen Liter Spirituosen (oder zwei Liter Wein) einführen.

Museen

Sachsens Glanz als Zentrum für Kunst und Kultur spiegelt sich in den herausragenden Museen seiner Hauptstadt wider. Dresden besitzt eine Vielzahl an Museen, die dem Freistaat Sachsen unterstehen, der Stadt gehören oder von privater Hand getragen werden. Einen Museumspass, mit dem man zu allen Sammlungen Zutritt hat, gibt es nicht. Allerdings kann man zum Preis von 30 Euro eine Jahreskarte erwerben, die für die elf Museen der **Staatlichen Kunstsammlungen Dresden** gilt: Neues Grünes Gewölbe, Kupferstich-Kabinett, Münzkabinett, Gemäldegalerie Alte Meister, Rüstkammer, Porzellansammlung, Mathematisch-Physikalischer Salon, Galerie Neue Meister, Skulpturensammlung, Kunstgewerbemuseum und Museum für Sächsische Volkskunst mit Puppentheatersammlung. Auch wenn das Historische Grüne Gewölbe ausgeschlossen ist, hat man damit Zugang zu einer kaum zu übertreffenden Vielfalt an Museen. Der Ursprung dieser

Plakat des Museums für Sächsische Volkskunst im Jägerhof *(siehe S. 122)*

◁ **Die geschwungene Fassade des ICC Dresden *(siehe S. 88)***

Plakat des Stadtmuseums im Landhaus *(siehe S. 103)*

Kulturstätten liegt in den Sammlungen sächsischer Kurfürsten und Könige, die als bedeutende Kunstmäzene wirkten. Die Jahreskarte ist ab dem Tag des Erwerbs zwölf Monate gültig und lohnt sich schon bei wenigen Museumsbesuchen.

Eine enge Zusammenarbeit besteht auch zwischen den **Museen der Stadt Dresden**, zu denen Kraszewski-Museum, Kügelgenhaus, Stadtmuseum, Städtische Galerie Dresden, Technische Sammlungen, Carl-Maria-von-Weber-Museum und Schillerhäuschen gehören.

Die meisten Dresdner Museen öffnen ihre Pforten zur »Museums-Sommernacht« im Juli. Ähnlich beliebt ist die »Lange Nacht der Wissenschaften« im Juni, bei der Hochschulen und Forschungseinrichtungen Wissenschaft zum Anfassen präsentieren.

KultTourCard und Dresden City Card

Dresden für wenig Geld

Wenn Sie für Ihre Streifzüge durch die Stadt und Ausflüge in die Umgebung öffentliche Verkehrsmittel benutzen möchten, fahren Sie mit einer **Dresden-Card** (erhältlich in der Tourist-Information) besonders günstig. Die Kombitickets gibt es in zwei Variationen: Mit der Dresden City Card (21 Euro) genießen Sie innerhalb der Tarifzone Dresden *(siehe S. 242)* 48 Stunden lang freie Fahrt mit Bussen, Straßenbahnen, S-Bahnen und Elbfähren. Darüber hinaus haben Sie freien Eintritt in die Museen der Staatlichen Kunstsammlungen und erhalten Preisnachlässe bei Stadtrundfahrten, in manchen Theatern und einigen Restaurants.

Kultur Quartier Dresden

Partnerschaft von Kultureinrichtungen und gehobener Hotellerie

Den Großraum Dresden können Sie sehr gut mit der Dresden Regio Card (32 Euro) erkunden. Sie gilt 72 Stunden für das gesamte Liniennetz des Verkehrsverbunds Oberelbe *(siehe S. 242)*. Zusätzlich zu den Leistungen der City Card können Sie damit auch Ermäßigungen für viele touristische Attraktionen im Dresdner Umland in Anspruch nehmen.

Mit der KultTour-Card für 20 Euro haben Besucher unter 29 Jahren zwölf Monate lang verbilligten Zutritt zu vielen Institutionen im **Kultur Quartier Dresden**. Der Pass gewährt zu bestimmten Zeiten freien Eintritt in die Museen der Staatlichen Kunstsammlungen und berechtigt zum Erwerb verbilligter Karten für Konzerte der Dresdner Philharmoniker sowie zu Aufführungen in Semperoper und Schauspielhaus.

Einige Museen kann man mit günstigen Tageskarten wie dem Zwinger-Ticket oder dem Schloss-Ticket besuchen. Diese kosten jeweils 10 Euro und verschaffen einen Tag lang Zugang zu den Museen des Komplexes (Ausnahme: Histor. Grünes Gewölbe).

Aussichtspunkte

Die Pracht der Dresdner Skyline fasziniert jeden Betrachter. Es gibt einige Perspektiven, die Sie sich nicht entgehen lassen sollten. Nicht zu toppen ist der Canaletto-Blick an der Stelle am Neustädter Elbufer, von der aus der italienische Maler die berühmte Ansicht des barocken Dresden malte. Beste Aussicht über das Dächermeer der Neustadt, das Elbtal und bis hinüber zur Altstadt hat man vom Turm der Dreikönigskirche *(siehe S. 116)*. Faszinierende Panoramen bieten sich auch von den drei Elbschlössern *(siehe S. 150f)*, und der Waldschlösschenblick *(siehe S. 153)* sucht seinesgleichen.

Rathausturm *(siehe S. 106)*

Für einen wunderbaren Blick auf das Stadtzentrum müssen Sie sich nicht an das nördliche Elbufer begeben: Mitten im Geschehen der Altstadt und doch dem Treiben entrückt sind Sie auf den Aussichtsplattformen des Hausmannsturms *(siehe S. 66)*, des Rathausturms *(siehe S. 106)* und der Kreuzkirche *(siehe S. 106)*.

Einen Kontrast zur Silhouette der Gegenwart bietet das Panoramabild des alten Dresden im Panometer *(siehe S. 139)*.

Auf einen Blick

Information

Tourist-Information
Schlossstraße 2 (im Kulturpalast), 01067 Dresden. **Stadtplan** 1 C4.
0351-50 160 160 (Mo–Sa 9–18 Uhr). Apr–Dez: Mo–Fr 10–19, Sa 10–18, So 10–15 Uhr; Jan–März: Mo–Fr 10–18, Sa 10–16, So 10–14 Uhr.
www.dresden.de/tourismus

Museen

Museen der Stadt Dresden
0351-488 7372.
www.museen-dresden.de

Staatliche Kunstsammlungen Dresden
0351-4914 2000.
www.skd-dresden.de

Dresden für wenig Geld

Dresden-Cards
www.dresden.de/dresden-cards

Kulturquartier Dresden
www.kulturquartier-dresden.de

Auf dem Schiff genießt man das Altstadtpanorama auf entspannte Art

Stadtrundfahrten

Mit einer Stadtrundfahrt verschafft man sich den perfekten Überblick. Aus dem Stadtbild kaum wegzudenken sind die roten Doppeldeckerbusse von **Stadtrundfahrt Dresden** – mit Abstand der größte Anbieter. Ein Klassiker ist die »Große Stadtrundfahrt«, bei der Start- und Endpunkt am Theaterplatz liegen. Von dort geht es rund um die Altstadt, vorbei am Großen Garten und über das Blaue Wunder nach Loschwitz. Anschließend fährt der Bus an den Elbschlössern vorbei durch die Neustadt und über die Augustusbrücke wieder zurück. Sie können an jeder der 22 Haltestellen zusteigen, die Tour an Sehenswürdigkeiten Ihrer Wahl unterbrechen und mit einem der nächsten Busse weiterfahren. Die Haltestellen werden alle 15 bis 30 Minuten angefahren, eine Nonstop-Fahrt dauert etwa 90 Minuten. Das Ticket beinhaltet weitere Leistungen, darunter auch Führungen durch den Zwinger (nicht jedoch durch die Museen) und entlang dem Fürstenzug. Gegen Aufpreis sind Kombinationen möglich, z. B. mit einer Besichtigung von Historischem Grünem Gewölbe, Frauenkirche oder Semperoper.

Die »Abendfahrt« verläuft durch die gesamte wunderschön illuminierte Innenstadt. Das Ticket gilt den ganzen Abend lang – ideal für einen Absacker in einer der vielen Kneipen und Bars der Neustadt. Eine weitere Tour führt zum Schloss Pillnitz.

Sie können Dresden auch am Steuer eines Trabis erkunden, **Trabi-Safari** bietet diese witzige Form der Stadtrundfahrt an. Man fährt im Konvoi – im ersten Wagen sitzt der Reiseleiter und erzählt bei gemütlichen 30 km/h Wissenswertes über Funk. Wenn Sie noch keine Trabi-Erfahrung haben: Die Fahrt in einem dieser »Pappkameraden« (in stilechtem Himmelblau oder in Knallrot) wird Ihnen sicher in Erinnerung bleiben.

Trabi-Safaris – Stadtrundfahrt einmal anders

In modernen Reisebussen finden die Stadtrundfahrten der **Agentur Engel Reisen** statt. Zu den Highlights gehört die »Sächsische Stadtführung«, bei der der Leiter seine Stadt in sächsischer Mundart und mit viel Humor präsentiert.

Schiffsausflüge

Bei einem Ausflug an Bord eines Schiffes der **Sächsischen Dampfschiffahrt** *(siehe S. 246f)* bewundert man die Architektur der Elbmetropole eher aus der Distanz. Dafür bieten sich ständig wechselnde Perspektiven auf die prachtvollen Bauwerke, außerdem erlebt man die Weite des Elbtals zwischen Sächsischer Weinstraße und Sächsischer Schweiz. Beginn und Ende der Fahrten – darunter die ganzjährig angebotene »Kleine Rundfahrt« (90 Min.) – ist das Terrassenufer unterhalb der Brühlschen Terrasse.

Führungen

Wurde bei Stadtführungen früher überwiegend ein Pflichtprogramm heruntergespult, bei dem die Sehenswürdigkeiten mehr oder weniger »abgehakt« wurden, so kann ein geführter Spaziergang mittlerweile ein inspirierendes Erlebnis sein. Neben Führungen zu touristisch interessanten Attraktionen gibt es Rundgänge zu speziellen Themen, bei denen man die Stadt von einer ganz anderen Seite kennenlernt.

Segways gibt es – nicht nur für Führungen – im FunPark *(siehe S. 221)*

Zu den Vorreitern dieser Kultur gehört **Igeltour Dresden**. Die Stadtführungen stellen einzelne Stadtteile in den Vordergrund (z. B. »Barockviertel Innere Neustadt« oder »Lauschiges Loschwitz«), wandeln auf den Spuren berühmter Dresdner (u. a. »Das Dresden Erich Kästners« oder »Ludwig Richters freundliche Sommerasyle«) oder widmen sich genussvollen Themen (z. B. »Weinwanderung Pillnitz« oder der kulinarische

Stadtrundfahrten verschaffen einen guten Überblick

Purobeach, der Lifestyle-Beach-Club am Neustädter Hafen

Stadtrundgang »Dresden zum Anbeißen« – mit Kostproben). Sehr beliebt ist auch der Igeltour-Spaziergang »Des Nachts durch Dresdens Gassen«.

Die Agentur **Barokkokko** veranstaltet barock inszenierte Erlebnisrundgänge mit Schauspielern in farbenprächtigen Gewändern jener Epoche. Führer integrieren die Sehenswürdigkeiten mit vielen Anekdoten in einen Handlungsstrang, die Gäste werden dabei Teil des Geschehens und u. a. in höfische Etikette eingewiesen. Kunst und Kultur stehen im Fokus der Stadtrundgänge des **Touristischen Extra-Service Dresden**. Teilnehmer erfahren vieles über die wichtigsten Bauwerke und ihre Architekten sowie über die Dynastie der Wettiner und die Bedeutung des Porzellans für Sachsen.

Stadtrundfahrt mit einer historischen Kutsche

Senioren

Ältere Reisende können in Dresden eine Reihe von Ermäßigungen in Anspruch nehmen, so sind etwa Fahrten mit öffentlichen Verkehrsmitteln sowie Stadtrundfahrten günstiger. Senioren erhalten zudem verbilligten Eintritt in viele Kulturstätten, freitagnachmittags ist der Eintritt in die Museen der Stadt Dresden *(siehe S. 227)* sogar frei. Auch Theater bieten Preisvorteile.

Studenten

Inhaber eines gültigen Studentenausweises erhalten für die Benutzung öffentlicher Verkehrsmittel ermäßigte Wochen- und Monatskarten. Hierfür ist die Vorlage des Studentenausweises im Kundenzentrum oder einem der Servicepunkte der DVB *(siehe S. 242f)* erforderlich. Für viele kulturelle Events erhalten Studenten verbilligte Karten, die Höhe des Preisnachlasses erfahren Sie bei den Vorverkaufsstellen.

Für Veranstaltungen in der Semperoper werden ab 30 Minuten vor Beginn Restkarten zum Preis von 10 Euro verkauft. Außerdem gibt es dort ein Kontingent ermäßigter Studentenkarten (10 €), das bis einen Monat vor der Veranstaltung zur Verfügung steht.

Alle Besucher (nicht nur Studenten) unter 29 Jahren genießen mit der KultTour-Card *(siehe S. 227)* ein Jahr lang attraktive Preisnachlässe bei einer Reihe von Veranstaltungen.

Zeitzone

Dresden liegt in der Mitteleuropäischen Zeitzone (MEZ). Wie in allen Nachbarländern gilt auch in Deutschland von Ende März bis Ende Oktober die Sommerzeit.

Nachtschwärmer

Die Äußere Neustadt ist das wichtigste Kneipen- und Szeneviertel von Dresden mit der größten Dichte an Bars, Kneipen und Clubs. Eine Fundgrube an Tipps und Trends ist der *Kneipensurfer*. Dieser Kneipenstadtplan liegt in vielen Locations der Neustadt aus, Infos über die Neustädter Szene finden Sie auch unter www.kneipensurfer.de.

Im Sommer spielt sich das Leben auch zu später Stunde zum großen Teil im Freien ab. An den Tischen der Biergärten und Straßencafés kann es dann voll werden. Maritimes Flair verströmen die Strandbars Citybeach und Purobeach *(siehe S. 122f)* an der Elbe bis spätnachts.

Auch wenn *open end* angesagt ist: Mit den GuteNacht-Linien der Dresdner Verkehrsbetriebe *(siehe S. 243)* kommen Sie nachts bequem und günstig in Ihre Unterkunft.

Auf einen Blick

Stadtrundfahrten

Agentur Engel Reisen
0351-281 9206.
www.touristik-dresden.de

Stadtrundfahrt Dresden
0351-899 5650.
www.stadtrundfahrt.com

Trabi-Safari
0351-8990 0110.
www.trabi-safari.de

Schiffsausflüge

Sächsische Dampfschiffahrt
0351-866 090.
www.saechsische-dampfschiffahrt.de

Führungen

Barokkokko
0351-833 6000.
www.barokkokko.de

Igeltour Dresden
0351-804 4557.
www.igeltour-dresden.de

Touristischer Extra-Service Dresden
0351-472 6260.
www.tesd-dd.de

Sicherheit und Gesundheit

Sächsisches Landeswappen

Dresden ist im Allgemeinen eine sichere Stadt. So kann man beispielsweise auch zu später Stunde die öffentlichen Verkehrsmittel bedenkenlos benutzen. Allerdings sollte man wachsam sein und die üblichen Vorsichtsmaßnahmen ergreifen. Wie in allen größeren Städten gilt auch hier: Nehmen Sie für Ihre Streifzüge durch die Stadt nicht mehr Geld mit als notwendig. Meiden Sie Gedränge und lassen Sie Ihr Gepäck niemals unbeaufsichtigt. Problematisch sind die regelmäßigen Treffen der Neonazi-Szene in Dresden.

Königlich-Sächsisches Polizeipräsidium – heute Sitz der Polizeidirektion

Persönliche Sicherheit

Schwerere Verbrechen ereignen sich in Dresden nur selten. Allerdings missbrauchte die rechtsradikale Szene bereits einige Male Veranstaltungen zum Gedenken an die Bombenangriffe vom Februar 1945 für Aufmärsche. Dabei kam es in der Vergangenheit vereinzelt zu Übergriffen, bei denen Gegendemonstranten und Sicherheitskräfte verletzt wurden.

Um Kleinkriminellen aus dem Weg zu gehen, sollten Sie die in Großstädten üblichen Sicherheitsvorkehrungen treffen. Meiden Sie nachts vor allem schlecht beleuchtete Straßen, einsame Parkplätze und größere Parks. Die S-Bahnhöfe sind – wie in den meisten Großstädten – ab dem späteren Abend alles andere als einladend, doch Wachpersonal patrouilliert dort regelmäßig und steht Ihnen im Falle eines Falles zur Seite.

Eigentum

Achten Sie jederzeit auf Ihre Wertgegenstände, sofern Sie diese nicht ohnehin im Safe Ihres Hotels aufbewahren möchten. Verteilen Sie das mitgeführte Bargeld sowie EC- und Kreditkarten auf mehrere Stellen (eventuell unter Verwendung eines Brustbeutels oder einer Gürteltasche). Nehmen Sie für unterwegs nicht mehr Wertsachen mit, als Sie voraussichtlich brauchen. Tragen Sie Umhängetaschen immer mit der Verschlussseite zum Körper.

Zu den bevorzugten Terrains von Taschendieben gehören Plätze mit großen Menschenansammlungen. Dazu zählen Open-Air-Veranstaltungen wie Stadtfeste und Weihnachtsmärkte, touristische Hotspots (vor allem die bedeutendsten Sehenswürdigkeiten) sowie Bahnhöfe und der Flughafen.

Wie auf allen anderen Airports werden auch auf dem Dresdner *(siehe S. 236f)* die Sicherheitsvorkehrungen zur Vorbeugung gegen Verbrechen ständig verschärft. Trotzdem gilt natürlich auch hier – wie auf dem Hauptbahnhof und dem Neustädter Bahnhof *(siehe S. 238)* – besondere Vorsicht. Behalten Sie Ihre Koffer im Auge und achten Sie auf Ihr Handgepäck. Auch in öffentlichen Verkehrsmitteln und großen Einkaufszentren sollten Sie jederzeit ein offenes Auge haben. Vorsicht ist auch geboten, wenn ein Fremder Sie in ein Gespräch zu verwickeln versucht. Taschendiebe arbeiten nämlich oft in Gruppen, Ablenkungsmanöver gehören zu ihrem Geschäft.

Wenn Sie mit dem Auto unterwegs sind, sollten Sie keine Wertgegenstände im Innenraum liegen lassen. Die Gebühr für einen bewachten Parkplatz oder eine Hotelgarage ist in der Regel gut angelegt, Sie sparen sich damit unter Umständen viel Ärger.

Logo der Feuerwehr Dresden

Grundsätzlich gilt für alle Reisen: Fertigen Sie bereits vor der Reise von allen wichtigen Dokumenten, die Sie mitnehmen, Kopien an. Verwahren Sie diese während Ihres Aufenthalts getrennt von den Originalen.

Falls Sie trotz aller Vorkehrungen Opfer einer Straftat werden, sollten Sie unverzüglich bei der Polizei Anzeige erstatten. Lassen Sie sich im Falle eines Diebstahls eine Kopie des Protokolls mit der Auflistung aller gestohlenen Gegenstände aushändigen. Sie benötigen das Protokoll zur späteren Vorlage bei Ihrer Versicherung.

Fundbüros

Wenn Sie etwas verloren haben, wenden Sie sich an das **Fundbüro der Stadt Dresden**. Die hier abgegebenen Fundsachen werden für eine Dauer von maximal sechs Monaten aufbewahrt,

SaXonia Apotheke in der Prager Straße

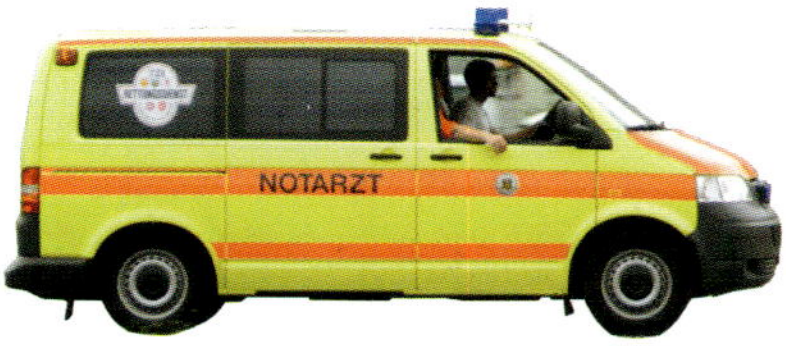

Notarztwagen

Dresdner Polizeiauto

Feuerwehrauto

Geldfunde auf einem Verwahrkonto bis zu drei Jahre.

Das Fundbüro des Flughafens befindet sich an der **Flughafen-Information** in der Ankunftsebene des Terminals. Sein Zuständigkeitsbereich beschränkt sich auf verlorene Gegenstände, die auf dem Gelände des Airports gefunden werden. Haben Sie im Flugzeug etwas liegen lassen oder ist Ihr Gepäck nicht angekommen, wenden Sie sich an die entsprechende Fluggesellschaft.

Bei Verlust von Gegenständen in einem Zug, einer S-Bahn oder in einem der Bahnhöfe der Stadt fragen Sie persönlich im Gepäckcenter von Hauptbahnhof oder Neustädter Bahnhof nach. Sie können sich auch telefonisch an die (teure) Hotline des **Fund-Service der Deutschen Bahn** wenden, die sich bis zu vier Wochen nach Kontaktaufnahme um Ihr Anliegen kümmert. Alternativ bietet die Bahn an, dass Sie Ihre Verlustmeldung auch – kostenlos – online aufgeben können (www.fundservice.bahn.de) und sofort mit der FundService-Datenbank verbunden werden. Je mehr Informationen Sie dabei über Ort und Zeitpunkt des Verlusts machen und je detaillierter Sie den verlorenen Gegenstand beschreiben können, desto größer sind die Chancen, dass Sie Ihr Eigentum wiederbekommen.

Medizinische Versorgung

Nehmen Sie für Ihren Aufenthalt in Dresden Ihre Krankenversichertenkarte (European Health Insurance Card, EHIC) mit. Ärzte finden Sie in den Gelben Seiten des Telefonbuchs. Unter der Telefonnummer des **Europäischen Notrufs** erreichen Sie nicht nur Polizei und Feuerwehr, sondern auch den ärztlichen und den zahnärztlichen Notfalldienst. Krankenhäuser mit Notaufnahme sind im Stadtplan *(siehe S. 248–257)* mit einem entsprechenden Symbol gekennzeichnet.

Apotheken gibt es in großer Zahl. Für sie gelten die auch für Läden üblichen Öffnungszeiten. Nachts und am Sonntag weisen Schilder an den Türen darauf hin, wo die nächste geöffnete Apotheke zu finden ist. Diese Informationen finden Sie auch in den Tageszeitungen. Benötigen Sie ein bestimmtes Medikament, sollten Sie es in ausreichender Menge mitnehmen oder ein Rezept Ihres Arztes bei sich haben.

Apothekenschild

Bei einer Anreise aus dem Ausland ist eventuell der Abschluss einer Auslandsreisekrankenversicherung anzuraten. Sie deckt im Notfall zusätzlich anfallende Kosten sowie den Rücktransport ab.

Bei Bedarf können Sie auch den **DRK-Rettungsdienst Rotes Kreuz** oder die **Drogen-Hotline** anrufen. Setzen Sie sich vorher mit Ihrer Krankenkasse in Verbindung. Prüfen Sie außerdem, ob Ihr Versicherungsschutz auch Sportverletzungen oder -unfälle abdeckt. Dies ist vor allem anzuraten, wenn Sie Wander- oder Klettertouren in der Sächsischen Schweiz planen.

Auf einen Blick

Notrufnummern

Europäischer Notruf (Polizei, Feuerwehr, Notarzt)
112 (gebührenfrei).

DRK-Rettungsdienst Rotes Kreuz
0351-850 0220.

Kinder- und Jugendnotdienst
0351-275 4004.

Frauen in Not
0351-281 7788.

Drogen-Hotline
0180-531 3031.

Telefonseelsorge
0800-111 0111.

Fundbüros

Fundbüro der Stadt Dresden
Theaterstraße 13.
Stadtplan 1 B4.
0351-488 5996.
Mo, Fr 9–12, Di, Do 9–18 Uhr.

Flughafen-Information
Ankunftsebene.
0351-881 3360.

FundService der Deutschen Bahn
0900-199 05 99 (0,59 Euro pro Minute).

Konsulate

Österreichisches Honorarkonsulat
An der Frauenkirche 12.
Stadtplan 2 D4.
0351-481 7040.
FAX *0351-481 7041.*
www.konsulat-dresden.de

Schweizerisches Honorarkonsulat
Könneritzstraße 11.
Stadtplan 1 A2.
0351-4383 2990.
FAX *0351-4383 2991.*
@ dresden@honorarvertretung.ch

Banken und Währung

Neues Logo der Dresdner Bank

Altes und neues Logo für Zahlungen mit Debit-Karte

Dresden zählt seit der hier erfolgten Gründung der Dresdner Bank – lange Zeit eines der Flaggschiffe unter den deutschen Kreditinstituten – zu den wichtigsten Bankenplätzen im Osten Deutschlands. Das Netz an Geldautomaten, an denen Sie rund um die Uhr Geld bekommen, ist nicht nur im Stadtzentrum sehr dicht. Die Maestro-/EC-Karte sowie die üblichen Kreditkarten können Sie in den meisten Hotels und Restaurants sowie in vielen Läden als Zahlungsmittel benutzen.

Banken und Geldwechsel

Wenn Sie aus einem Land der mittlerweile insgesamt 16 Staaten umfassenden Euro-Zone nach Deutschland einreisen, ist natürlich kein Geldwechsel erforderlich. Ansonsten sollte man sein Geld in Banken umtauschen. Sie bieten in der Regel erheblich günstigere Wechselkurse als die Wechselstuben und Hotels. Tauschen Sie am besten gleich einen größeren Betrag, da Sie jedes Mal eine Gebühr zahlen müssen. Die meisten Banken öffnen zwischen 8.30 und 9.30 Uhr und schließen zwischen 16 und 18 Uhr (freitags früher), nur wenige (u. a. Filialen der Postbank) haben samstags geöffnet.

An Geldautomaten kann man rund um die Uhr Geld bis zum persönlichen Tageslimit abheben. Wechselstuben befinden sich an touristischen Hotspots wie dem Hauptbahnhof und dem Flughafen. Sie haben meist längere Öffnungszeiten als Banken, viele sind auch sonntags offen.

Filiale der Dresdner Volksbank am Albertplatz

Dresdner Bank

Die 1872 in Dresden gegründete Dresdner Bank gehörte zu den traditionsreichsten Großbanken und den renommiertesten Unternehmen in Deutschland. Schon bald nach ihrer Gründung wuchs sie stetig, nicht zuletzt durch diverse Übernahmen anderer Geldinstitute. Nach dem Zweiten Weltkrieg wurde die Dresdner Bank – wie alle Banken – im Gebiet der Sowjetischen Besatzungszone enteignet. Nach der Wiedervereinigung eröffnete sie wieder Filialen in ihrer Gründungsstadt und engagierte sich in Dresden auch als Sponsor – u. a. beim Wiederaufbau der Frauenkirche.

Im Jahr 2009 erfolgte die Übernahme der Dresdner Bank durch die Commerzbank. Die Filialen der Dresdner Bank behielten jedoch in Dresden (und nur hier) ihren alten Namen, nur das Logo wurde geändert.

Logos verschiedener Kreditkarten

Kreditkarten und Reiseschecks

Da die Akzeptanz von Kreditkarten mittlerweile sehr hoch ist, muss man auf Reisen keine größeren Geldbeträge bei sich haben. Am Eingang von vielen Hotels, Restaurants und Läden sind die Logos von Geldinstituten abgebildet, deren Kreditkarten akzeptiert werden. Weitverbreitet sind vor allem **MasterCard** und **Visa**, **American Express** und **Diners Club** werden etwas seltener genommen. Sehr häufig kann man in Läden mit der **Maestro-/EC-Karte** bezahlen.

Auch Reiseschecks sind ein überaus sicheres Zahlungsmittel. Allerdings werden Sie nur in wenigen Hotels und Restaurants akzeptiert, sodass man sie in der Bank oder Wechselstube eingelösen muss. Bewahren Sie Reiseschecks und die Quittung mit den Nummern getrennt auf.

Auf einen Blick

Banken und Wechselstuben

Dresdner Bank
Dr.-Külz-Ring 10.
Stadtplan 2 D5.
0351-4890.

Dresdner Volksbank
Friedrich-List-Platz 2.
Stadtplan 3 C5.
0351-8131 9411.

Postbank
Webergasse 1. **Stadtplan** 1 C5.
0351-862 8330.

Targobank
Prager Straße 4. **Stadtplan** 1 C5.
0351-484 2410.

Kreditkartenverlust

Allg. Notrufnummer
116 116.
www.116116.eu

American Express
069-9797 1000.

Diners Club
0180-5070 704.

MasterCard
0800-819 1040.

Visa
0800-811 8440.

Maestro-/EC-Karte
069-740 987.

Währung

Die europäische Gemeinschaftswährung Euro (€) gilt in 17 EU-Staaten: Belgien, Deutschland, Estland, Finnland, Frankreich, Griechenland, Irland, Italien, Luxemburg, Malta, Niederlande, Österreich, Portugal, Slowakei, Slowenien, Spanien und in der Republik Zypern. Alte DM-Scheine und -Münzen sind ungültig, können aber bei der Deutschen Bundesbank unbefristet getauscht werden (www.bundesbank.de). Alle Euro-Scheine sind einheitlich gestaltet, bei Münzen prägt jedes Land unterschiedliche Rückseiten. Seit 2004 kann jeder Euro-Staat einmal im Jahr eine Zwei-Euro-Gedenkmünze bedeutender Attraktionen herausgeben. All diese Münzen gelten in jedem Staat der Euro-Zone.

Euro-Banknoten

Euro-Banknoten gibt es in sieben Werten (5, 10, 20, 50, 100, 200 und 500 €). Die unterschiedlich großen Scheine wurden vom Österreicher Robert Kalina entworfen und zeigen Architekturelemente und Baustile verschiedener Epochen, eine Europakarte und die EU-Flagge mit den zwölf Sternen.

5-Euro-Schein (Baustil: Klassik)

10-Euro-Schein (Baustil: Romanik)

20-Euro-Schein (Baustil: Gotik)

50-Euro-Schein (Baustil: Renaissance)

100-Euro-Schein (Baustil: Barock und Rokoko)

200-Euro-Schein (Eisen- und Glasarchitektur)

500-Euro-Schein (Moderne Architektur des 20. Jh.)

2-Euro-Münze

1-Euro-Münze

50-Cent-Münze

20-Cent-Münze

10-Cent-Münze

Euro-Münzen

Euro-Münzen gibt es in acht Werten (2 €, 1 € sowie 50, 20, 10, 5, 2 und 1 Cent). Die einheitlichen Vorderseiten entwarf der Belgier Luc Luycx. Die Rückseiten sind in jedem Land anders gestaltet, in Deutschland mit Bundesadler, Brandenburger Tor und Eichenlaub.

5-Cent-Münze

2-Cent-Münze

1-Cent-Münze

Kommunikation

Historischer Briefkasten

Die Telekommunikations- und Postdienste in Deutschland gelten als vorbildlich. Telefonieren ist bequem: An viel besuchten Orten steht in der Regel ein öffentliches Telefon, auch Restaurants und Cafés verfügen über Münz- oder Kartentelefone. Mobiltelefone funktionieren in Dresden und Umgebung reibungslos. In vielen Hotels und Internet-Cafés können Sie online gehen. Briefe und Postkarten innerhalb des Landes erreichen den Empfänger meist am nächsten Werktag. Zur nächsten Filiale der Deutschen Post oder einem T-Punkt-Laden ist es nicht weit.

Öffentliche Telefone

Auch wenn immer mehr Menschen mobil telefonieren, verfügt auch Dresden immer noch über ein dichtes Netz an öffentlichen Telefonen. Neben Münz- und Kartentelefonen sind zunehmend Basisstationen in Betrieb. Für Münztelefone benötigen Sie Kleingeld, die Annahme reicht von 10-Cent- bis zu 2-Euro-Münzen. Bequemer ist die Benutzung von Kartentelefonen. Telefonkarten gibt es u. a. in allen Postfilialen und T-Punkt-Läden. Auf dem Display wird das aktuelle Guthaben der Karte angezeigt.

In Deutschland werden immer mehr Telefonzellen zu sogenannten Basisstationen umgerüstet. Dabei handelt es sich um frei stehende Telefonsäulen ohne Kabine und Beleuchtung. Im Unterschied zu Münz- und Kartentelefonen kann an solchen Basisstationen nur mit Kreditkarte oder CallingCard (z. B. der T-Card) nach Eingabe der jeweiligen PIN telefoniert werden. T-Cards bekommt man in allen Filialen der Deutschen Post, an Kiosken und in T-Punkt-Läden. Leistungen der T-Card kann man auch als Guthaben im Internet erwerben.

Logo der Deutschen Telekom

Die Gebühren für Telefongespräche richten sich nach der Entfernung des angerufenen Teilnehmers und nach der Tageszeit. Am höchsten sind sie an Werktagen zwischen 8 und 18 Uhr. Gespräche vom Hotelzimmer aus sollten Sie vermeiden, da die Gebühren dort wesentlich höher sind.

Öffentliches Telefon

Mobiltelefone

Auch im Elbtalkessel, also in Dresden und Umgebung, sind die Netze flächendeckend ausgebaut, Mobiltelefone funktionieren überall problemlos.

Die EU begrenzt seit 2007 die Roaming-Gebühren in den Mitgliedsstaaten. 2010 beträgt der Minutenpreis für ein abgehendes Telefonat maximal 0,39 Euro (2011: 0,35 €), für ein ankommendes Gespräch 0,15 Euro pro Minute (2011: 0,11 €). Eine SMS kostet 0,11 Euro, Datenübertragungen pro MB 0,80 Euro (2011: 0,50 €). Stichtag ist jeweils der 1. Juli, alle Preisangaben verstehen sich zuzüglich Mehrwertsteuer.

Internet und E-Mail

Die meisten Hotels in Dresden sind mit modernen Kommunikationseinrichtungen ausgestattet und bieten ihren Gästen in der Regel WLAN im Haus, manchmal auch Computer mit Internet-Zugang an. Auch unterwegs können Sie problemlos online sein. Vor allem in der Innenstadt gibt es eine Reihe von Internet-Cafés. Die meisten haben bis 22 Uhr geöffnet, einige auch länger. Dort können Sie sich nicht nur um Ihre E-Mails kümmern, sondern sich z. B. auf den Seiten der entsprechenden Internet-Portale *(siehe S. 226)* auch kurzfristig über aktuelle Veranstaltungen informieren und Tickets buchen.

Briefe und Postkarten

Die Portopreise richten sich nach dem Gewicht und der Größe der Sendung. Die Preise eines Standardbriefes bis 20 Gramm betragen 0,55 Euro (innerhalb Deutschlands), 0,70 Euro (innerhalb Europas) und 1,70 Euro (in andere Kontinente). Für Postkarten liegen die Beträge bei 0,45 Euro, 0,65 Euro sowie 1,00 Euro. Für Zusatzleistungen wie Eilzustellungen, Einschreiben und Nachnahme gelten feste Preisaufschläge.

Briefmarken erhalten Sie bei Postämtern oder an speziellen Automaten. Vor allem im Stadtzentrum führen auch viele Kioske, die Ansichtskarten verkaufen, Briefmarken. Briefkästen gibt es in großer Zahl, die Leerungszeiten sind an den Kästen angeschrieben. Für Paketsendungen eignet sich der internationale Kurierdienst **DHL**.

Wichtige Telefonnummern

- Vorwahl Deutschland: 0049.
- Vorwahl Dresden: 0351.
- Auskunft: 118 33.
- Internationale Auskunft: 118 34.
- **Europäische Notrufnummer** (Polizei, Feuerwehr, Notarzt): 112.
- Vorwahl Österreich: 0043.
- Vorwahl Schweiz: 0041.
- Nummern zur Sperrung von Handykarten:
  Allg. Sperrnotruf 116 116.
  E-Plus 0177-1000.
  O_2 0179-55 222.
  T-Mobile 0180-330 2202.
  Vodafone 0172-1212.

Zwei wichtige Tageszeitungen aus der Landeshauptstadt

Auf einen Blick

Post

Kundenservice
0180-23 333.
www.deutsche-post.de

Filialen im Zentrum
Webergasse 1. **Stadtplan** 1 C5.
Wilsdruffer Straße 22.
Stadtplan 1 C4.
Prager Str. 12. **Stadtplan** 1 C5.

DHL
www.dhl.de

Post

Filialen der Deutschen Post haben in der Regel montags bis freitags von 9 oder 10 bis 18 oder 19 Uhr und samstags bis mittags geöffnet. Einige haben auch längere Öffnungszeiten, etwa die Post in der Webergasse 1 (Mo–Sa 9.30–21 Uhr). Postfilialen oder Postverkaufspunkte, die günstig zu Ihrem Hotel liegen, sowie weitere Einrichtungen wie Packstationen oder Briefmarkenautomaten finden Sie im Internet (**www**.deutschepost.de/postfinder).

Ein Service der Deutschen Post ist die Postfiliale im Internet (**www**.deutschepost.de/efiliale), bei der Sie etwa den Kauf von Briefmarken, Paketmarken oder Büroartikeln per Mausklick erledigen können. Online können Sie auch einen Abholservice für Sendungen organisieren.

Die einzelnen Filialen sind nicht telefonisch zu erreichen. Bei Anfragen wendet man sich an den Kundenservice der Deutschen Post.

Tageszeitungen und Zeitschriften

Tageszeitungen aus Dresden

Viele Straßenkioske und Läden verkaufen Tageszeitungen und Zeitschriften. Flaggschiffe unter den Tageszeitungen der Sachsenmetropole sind die *Sächsische Zeitung* (SZ) und *Dresdner Neueste Nachrichten* (DNN). Das Boulevardblatt *Dresdner Morgenpost* ist eine Alternative zur lokalen Ausgabe der *Bild*.

Wichtige Hinweise zu Veranstaltungen liefert das *PluSZ-Magazin*, das der Donnerstagsausgabe der *Sächsischen Zeitung* beiliegt. Infos über Kino, Theater und Musik bietet das kostenlose *Dresdner Kulturmagazin*. Auch mit anderen Stadtmagazinen wie *SAX* (mit vielen Informationen abseits des Mainstreams), *Blitz!* (Fokus auf Kino- und Musikszene) sowie der Dresdner Ausgabe von *PRINZ* (bekannt u.a. für Party- und Gastro-Tipps) sind Sie immer auf dem neuesten Stand.

Fernsehen

Zu DDR-Zeiten galt der Dresdner Elbtalkessel als »Tal der Ahnungslosen«, da dort terrestrisch kein »Westfernsehen« zu empfangen war. Heute ist Dresden Sitz des Landesfunkhauses Sachsen des Mitteldeutschen Rundfunks (MDR; Hauptsitz Leipzig). Innerhalb dieser öffentlich-rechtlichen Dreiländeranstalt (Sachsen, Sachsen-Anhalt, Thüringen) ist es für die Landesprogramme in Sachsen verantwortlich.

Zu den Flaggschiffen der im MDR-Regionalstudio Dresden produzierten Sendungen gehört der täglich um 19 Uhr ausgestrahlte *Sachsenspiegel*, ein Nachrichtenmagazin mit Informationen rund um Politik, Wirtschaft, Kultur, Wissenschaft und Sport aus dem Freistaat. Hoher Einschaltquoten erfreut sich auch das Freizeitmagazin *Unterwegs in Sachsen*.

Das aktuelle Dresdner Tagesgeschehen wird auch beim privaten TV-Sender Dresden Fernsehen dokumentiert – von Kunst und Kultur über Sport bis zur Lokalpolitik. Gemäß dem Motto des Senders »Dresden ist Programm!« werden an jedem Werktag ab 18 Uhr eine Stunde lang Filmbeiträge zu aktuellen Themen aus der Hauptstadt Sachsens gezeigt. Bis 23 Uhr erfolgen stündlich Wiederholungen.

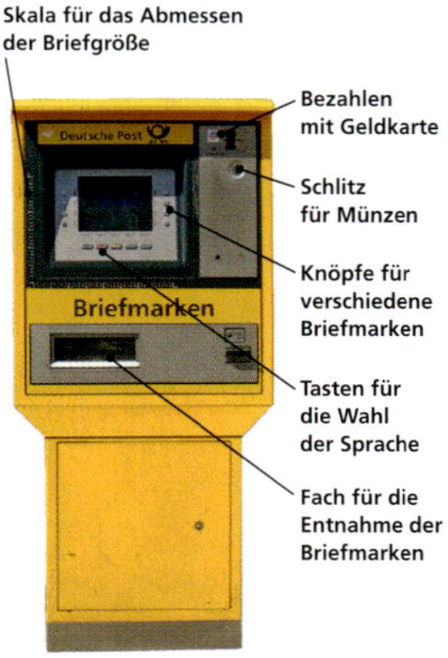

Automat für den Verkauf von Briefmarken

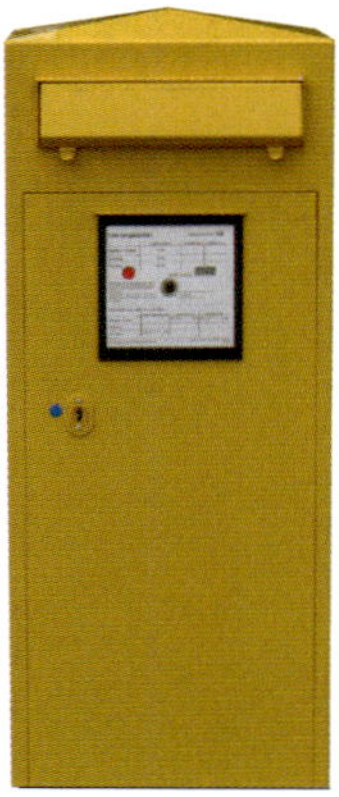

Briefkasten mit Angabe von Leerungszeiten

Stadtplan *siehe Seiten 248–257*

Anreise

Trotz seiner Randlage auf der deutschen Landkarte ist Dresden hervorragend an überregionale Verkehrsnetze angeschlossen. Nur wenige Kilometer außerhalb der Stadt wird der Flughafen Dresden International von nationalen und internationalen Airlines angeflogen. Eine bequeme Alternative ist die Anreise mit der Bahn: Zahlreiche Fernverkehrszüge halten am Knotenpunkt Hauptbahnhof und/oder am Neustädter Bahnhof. Die Stadt ist über mehrere Autobahnen auch mit Pkw oder Bus bestens zu erreichen. Für die Elbmetropole bietet sich natürlich auch die Anreise mit einem Schiff an – eine stilvolle und sicherlich die stimmungsvollste Variante.

DRESDEN INTERNATIONAL

Logo des Dresdner Flughafens

Anreise mit dem Flugzeug

Direkte Flugverbindungen gibt es mit acht deutschen Städten (Hamburg, Düsseldorf, Köln, Frankfurt, Nürnberg, Stuttgart, München und Friedrichshafen). Die Flüge werden über **Lufthansa**, **Air Berlin**, **germanwings** und **Cirrus** abgewickelt. Darüber hinaus bestehen Nonstop-Verbindungen mit 42 Zielen in anderen Ländern, darunter mit Wien und Zürich. Letztere werden mehrmals täglich von **Austrian** bzw. Cirrus bedient.

Informationen zum Flugangebot erhalten Sie bei den Airlines und direkt an den Flughäfen. Ein Preisvergleich zwischen den Angeboten lohnt sich. Grundsätzlich gilt: Je flexibler Sie bezüglich Ihres Reisetermins sind, desto größer ist die Auswahl an günstigen Flügen. Allerdings können sich auch kurzfristig günstige Optionen ergeben – nicht nur im Low-Cost-Segment, das von Air Berlin und germanwings bedient wird. Die Vielzahl an Angeboten umfasst Frühbucherrabatte ebenso wie Last-Minute-Tarife. Bedenken Sie aber, dass auf die genannten Flugpreise häufig noch Steuern und Flughafengebühren aufgeschlagen werden.

Zu überlegen ist auch eine Pauschalreise, bei der Sie neben dem Transport gleichzeitig auch die Unterkunft in Dresden buchen. Berücksichtigen Sie bei derartigen Angeboten jedoch unbedingt die Lage des Hotels. Übernachten Sie zu weit vom Zentrum entfernt, müssen Sie vor Ort jeden Tag viel Zeit aufwenden, um in die interessanten Stadtviertel zu gelangen.

Flughafen Dresden International

Der 1935 eröffnete und in den vergangenen Jahren vollständig modernisierte Flughafen Dresden befindet sich im Stadtteil Klotzsche, neun Kilometer nördlich des Stadtzentrums. Seit 1990 hat sich die Zahl der hier abgefertigten Passagiere auf knapp zwei Millionen verneunfacht. Der Airport verfügt über ein Terminal, das seit 2001 in Betrieb ist. Alle Bereiche wie Abflug- und Ankunftsebene, Aussichtsplattform, Konferenzzentrum und (unterirdischer) S-Bahnhof sind unter einem Dach vereint. Architektonisch interessant und sehr praktisch ist der futuristisch anmutende 83 Meter lange Skywalk. Die geschlossene gläserne Fußgängerbrücke verbindet seit 2001 Terminal und Parkhaus miteinander.

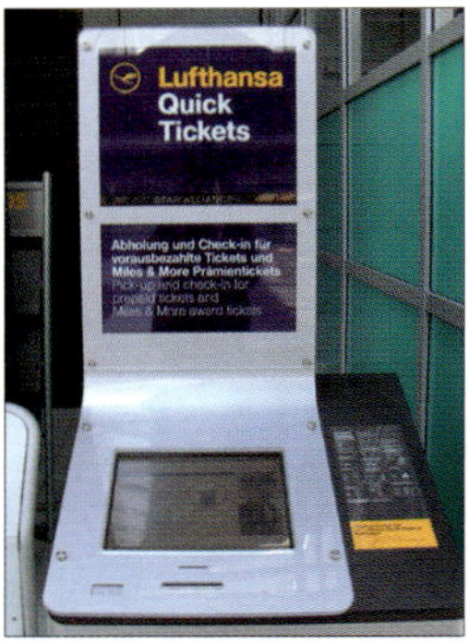

Ticket-Abholung und Check-in ohne Wartezeit am Terminal der Lufthansa

Der Flughafen offeriert jeden Service, den man von einem modernen Airport erwartet – mit allem, was zu einem Erlebnis- und Veranstaltungsort dieser Größenordnung gehört. Mit 27 auch sonntags geöffneten Reisebüros verfügt er über den größten Reisemarkt der Stadt. Außerdem bietet er an sieben Tagen in der Woche vielfältige Shopping-Möglichkeiten, eine abwechslungsreiche Gastronomie, Autovermietungen, Post- und Bankdienstleistungen, Konferenzräume, Langzeit-Parkplätze und vieles mehr. Drahtloser Internet-Zugang (WLAN) ist im gesamten Terminal möglich. Die Aussichtsplattform bietet einen wunderbaren Blick, der bis Schloss Moritzburg reicht.

Das Flughafengebäude wurde 2001 fertiggestellt

Europcar – nur eine von vielen Autovermietungen am Flughafen

In der Ankunftsebene hat die Flughafen-Information täglich von 7 bis 23 Uhr geöffnet. Hier erhalten Sie vielfältige Infos über Dresden, können Hotelzimmer buchen sowie Regio und City Cards erwerben. Auch das Fundbüro ist hier untergebracht. In der Abflugebene stehen Automaten, an denen Passagiere einiger Airlines (u.a. Lufthansa, Air Berlin, Austrian und Cirrus) ab 24 Stunden vor Abflug selbst einchecken können.

Der Airport ist sehr gut auf Fluggäste mit Behinderungen oder eingeschränkter Mobilität eingestellt: Die Eingänge sind stufenlos, die einzelnen Ebenen bis zur Abflugebene durch Lifte miteinander verbunden. Behindertengerechte Telefone und Toiletten sind ebenso vorhanden wie entsprechende Parkplätze. Außerdem wird ein Behindertenfahrdienst angeboten (Anmeldung mindestens 48 Stunden vor Abflug bei der Fluggesellschaft oder beim Reiseveranstalter).

Hinweisschild am Flughafen

Vom Flughafen ins Zentrum

Der Flughafen besitzt eine gute Verkehrsanbindung in die Innenstadt. Die S-Bahn (S2) bringt Flugreisende im 30-Minuten-Takt in 15 bis 20 Minuten ins Zentrum (u.a. zu den S-Bahn-Stationen Bahnhof Neustadt, Bahnhof Mitte und Hauptbahnhof). Auch mit einer Kombination aus Bus (Linie 77) und Tram (Linie 7; Umstieg an der Haltestelle Infineon Nord) gelangt man direkt vom Terminal in nur 20 bis 25 Minuten in die City. Eine Einzelfahrt mit öffentlichen Verkehrsmitteln kostet 1,90 Euro.

Vor dem Terminal befinden sich auch Taxistände. Für eine Fahrt zwischen Flughafen und Stadtzentrum müssen Sie mit etwa 20 Euro rechnen. Die Fahrtzeit beträgt rund 15 Minuten.

Mietwagen

Die internationalen Autoverleiher **AVIS**, **Europcar**, **Hertz** und **Sixt** haben alle sowohl eine Niederlassung am Flughafen als auch mindestens eine Filiale in der Stadt. Zum Mieten eines Wagens benötigen Sie eine Kreditkarte.

Auf einen Blick

Flughafen Dresden

Airport Office
☎ *0351-8810.*

Flughafen-Information
Ankunftsebene.
☎ *0351-881 3360.*
www.dresden-airport.de

Airlines

Air Berlin
☎ *0180-5737 800.*
www.airberlin.com

Austrian
☎ *0180-3000 520.*
www.aua.com

Cirrus
☎ *0180-5544 005.*
www.cirrusairlines.de

germanwings
☎ *0180-5955 855.*
www.germanwings.com

Lufthansa
☎ *0180-5838 426.*
www.lufthansa.com

Mietwagen

AVIS
☎ *0351-431 004 oder 0351-881 4600 (Flughafen).*
www.avis.de

Europcar
☎ *0351-500 180 oder 0351-881 4590 (Flughafen).*
www.europcar.de

Hertz
☎ *0180-533 3535 oder 0351-881 4580 (Flughafen).*
www.hertz.de

Sixt
☎ *0180-525 2525.*
www.sixt.de

In 15 bis 20 Minuten ist man mit der S-Bahn bequem im Zentrum

Mit dem Zug

Dresden ist von allen größeren Städten in Mittel-, Ost- und Südosteuropa direkt auf dem Schienenweg zu erreichen. Die Stadt hat zwei große Bahnhöfe, die an das deutsche ICE- und IC-Netz angeschlossen sind – den Hauptbahnhof *(siehe S. 107)* südlich der Altstadt und den Neustädter Bahnhof im nordwestlichen Teil der Neustadt. Viele Züge nach Dresden halten an beiden.

Züge aus Norden (Berlin) oder Westen (Leipzig) erreichen zuerst den Neustädter Bahnhof, Züge aus Süden (Prag) zuerst den Hauptbahnhof. Züge aus Südwesten (Nürnberg bzw. Chemnitz) hingegen enden am Hauptbahnhof, ohne zum Neustädter Bahnhof zu fahren. Sofern Ihr Zug an beiden Bahnhöfen hält, sollten Sie sich vergewissern, wo das Aussteigen für Sie günstiger ist. Vom Hauptbahnhof wie vom Neustädter Bahnhof aus erreichen Sie Ihr Ziel in der Elbmetropole gut mit öffentlichen Verkehrsmitteln.

Figur der Saxonia auf dem Hauptbahnhof

Je früher Sie das Zugticket kaufen und sich mit der Reservierung auf einen bestimmten Reisetag oder sogar einen Zug festlegen, desto günstiger ist der Fahrpreis. Mit einer BahnCard sparen Sie außerdem 25 Prozent (oder mehr) des Fahrpreises und profitieren darüber hinaus von einer ganzen Reihe zusätzlicher Service-Leistungen der Deutschen Bahn. Das Unternehmen bietet auch zum Teil erhebliche Ermäßigungen für bestimmte Zielgruppen wie Familien, Senioren oder Vielfahrer.

Wie bei Flugreisen *(siehe S. 236f)* gibt es auch bei der Bahn eine große Auswahl an interessanten Pauschalangeboten, bei denen Sie Fahrt und Unterkunft in einem Paket buchen. Auf der Website der Deutschen Bahn (www.bahn.de) finden Sie eine Übersicht über die vielfältigen Tarife und Angebote.

Bei einer längeren Anreise – etwa aus der Schweiz oder aus dem Südwesten Deutschlands – ist eventuell die Benutzung eines Nachtzugs zu erwägen. Sie sparen damit Zeit und kommen ausgeruht am Ziel an. Der Nachtreiseverkehr der Deutschen Bahn wurde unter dem Namen **City Night Line** gebündelt. Die Züge bieten entspanntes Reisen über Nacht im Schlaf-, Liege- oder Sitzwagen. Besonderen Komfort genießt man im »Schlafwagen deluxe«, dessen Abteile über eigene Duschen und Toiletten verfügen.

Beide Dresdner Bahnhöfe sind nur teilweise rollstuhlgerecht ausgestattet. Lifte und Behinderten-WCs sind vorhanden, für den Zugang zu manchen Bahnsteigen benötigt man jedoch Hilfestellung. Bei einem Vorlauf von mindestens einem Werktag organisieren die Mitarbeiter der **Mobilitätsservice-Zentrale** Begleitpersonen und Hubgeräte für das Ein- und Aussteigen mit dem Rollstuhl.

Der Bahnhof Dresden-Neustadt wird meist Neustädter Bahnhof genannt

Die lichtdurchflutete Halle des Hauptbahnhofs

Mit dem Bus

Dresden ist nicht nur ein überregional bedeutender Eisenbahnknotenpunkt, sondern auch über Autobahnen gut zu erreichen. Von mehreren deutschen Städten bestehen Busverbindungen nach Dresden, fast alle großen Veranstalter bieten Reisen in die Elbmetropole an.

Die komfortablen Reisebusse von **Berlin Linien Bus** fahren mehrmals täglich von Berlin nach Dresden. Haltepunkte in Dresden sind Schlesischer Platz und Hauptbahnhof. Das Busunternehmen bietet außerdem einmal täglich eine Verbindung von München mit Zustiegsmöglichkeiten in Ingolstadt, Nürnberg, Bayreuth, Hof und Chemnitz. Endstation ist der Dresdner Hauptbahnhof. Die bequemen Busse sind mit Klimaanlage und WC ausgestattet und bieten Bord-Service mit Getränken und Snacks. Buchung und Platzreservierung sind per Internet möglich.

Online (z. B. unter www.reisebus24.de) können Sie auch Pauschal-Arrangements buchen, die Übernachtung, Stadtführung und evtl. auch einen Besuch der Semperoper sowie Ausflüge in die Sächsische Schweiz umfassen.

Für eine Busfahrt spricht der – im Vergleich zur Anreise mit dem Zug – günstigere Preis. Allerdings bleibt bei allem Komfort moderner Reisebusse die Bewegungsfreiheit eingeschränkt.

Mit dem Auto

Die Hauptstadt Sachsens kann man aus allen Himmelsrichtungen bequem mit dem Auto anfahren. Von Norden erreicht man die Stadt über Berlin auf der A13, von Westen über Erfurt und Chemnitz auf der A4, die im Osten weiter bis Görlitz verläuft. Die A14 über Magdeburg, Halle und Leipzig trifft aus Nordwesten vor Dresden auf die A4, die Anreise aus Südwesten erfolgt über Hof auf der A72, die bei Chemnitz in die A4 mündet. Aus südlicher Richtung (von Prag) gelangt man auf der A17 nach Dresden.

Dresden hat eine gute Autobahnanbindung

Die meisten mit dem Auto anreisenden Besucher erreichen Dresden über die A4, die unmittelbar nördlich der Stadt die von Norden kommende A13 aufnimmt. Um ohne Umwege ins Stadtzentrum zu gelangen, nehmen Sie bei der Anreise von Westen die Abfahrt Altstadt, von Norden die Abfahrt Hellerau.

Sail&Cruise

Eine Flusskreuzfahrt bringt Sie zu attraktiven Städten an der Elbe

Dem dichten Straßenverkehr in der Innenstadt entgeht man am besten durch Benutzung der (kostenlosen) Park-and-Ride-Anlagen. Falls Sie mit einem Mietwagen anreisen, können Sie ihn bei einer Dresdner Niederlassung der Verleihfirma abgeben.

Angesichts des gut funktionierenden öffentlichen Nahverkehrs können Sie im Zentrum von Dresden gut auf Ihr Auto verzichten. Am besten stellen Sie es in einem äußeren Stadtteil ab und steigen dort auf Bus, Straßenbahn oder S-Bahn um. Für Ausflüge in die Sächsische Schweiz ist das Auto allerdings die beste Alternative.

Mit dem Schiff

Wahrscheinlich verbringt jeder Besucher der Stadt wenigstens einige Stunden auf der Elbe, sei es um die Altstadt an sich vorbeiziehen zu sehen oder um einen Ausflug nach Pillnitz oder weiter ins Elbsandsteingebirge zu machen. Allerdings reisen die wenigsten Besucher auf dem Wasserweg nach Dresden. Doch wenn Sie sich Ihrem Reiseziel mit ein wenig Muße nähern wollen, ist die Anreise auf der Elbe eine wunderbare Option.

Diverse Veranstalter, etwa **Viking Flusskreuzfahrten** oder **Sail & Cruise**, bieten mehrtägige Fahrten an, die z. B. in Hamburg oder Prag starten und einen Aufenthalt in Dresden auf dem Programm haben. Kreuzfahrtschiffe, die in Berlin starten, erreichen die Elbe bei Magdeburg.

An Bord eines meist luxuriös ausgestatteten Schiffes passieren Sie vor Erreichen des Dresdner Hafens nicht nur faszinierende Naturlandschaften, sondern genießen auch den Anblick der Silhouetten anderer Städte entlang der Route.

Die »Rundum-Arrangements« sind in der Regel auf acht Tage ausgerichtet und umfassen neben der komfortablen Reise in einem »schwimmenden Hotel« auch Landgänge, bei denen man die erreichten Städte (u. a. Magdeburg, Wittenberg, Meißen) besichtigen kann. Die meisten Veranstalter locken mit einem Unterhaltungsprogramm an Bord.

Um sich über die Angebote verschiedener Veranstalter zu informieren oder Kataloge anzufordern, bieten sich diverse Internet-Portale an, etwa www.flusskreuzfahrten. de, www.elbefahrten.de oder www.kreuzfahrten.de.

Auf einen Blick

Zugreisen

Deutsche Bahn (Zugauskunft)
0180-599 66 33 (einheitliche Servicenummer der Bahn).
0800-150 7090 (gebührenfrei mit Sprachdialogsystem).
www.bahn.de

CityNightLine
In Deutschland:
0180-514 15 14.
www.citynightline.de
In der Schweiz:
0900-300 300.
www.citynightline.ch

Mobilitätsservice-Zentrale
0180-5512 512.

Busreisen

Berlin Linien Bus
0800-252 2000 oder 0180-154 6436.
www.berlinlinienbus.de

Schiffsreisen

Sail & Cruise
0800-4477 123 202.
www.sail-and-cruise.de

Viking Flusskreuzfahrten
0800-1887 100 33.
www.vikingrivercruises.de

Berlin Linien Bus fährt mehrmals täglich von Berlin nach Dresden

In Dresden unterwegs

Die Innenstadt von Dresden ist recht kompakt. Die meisten Sehenswürdigkeiten erreichen Sie ganz leicht bei einem Spaziergang *(siehe S. 168–173)*. Die angrenzenden Stadtviertel sind gut mit Bus, Tram oder S-Bahn zu erreichen. Dies gilt auch für die meisten Attraktionen außerhalb des Zentrums. Auch wenn Sie mit dem Auto sehr flexibel sind: Die Verkehrsdichte kann in der City nicht nur in Stoßzeiten hoch sein. Eine entspannte Option der Fortbewegung sind die Elbedampfer – bei einer Sightseeing-Tour auf dem Wasser können Sie die historischen Bauwerke in Ufernähe am besten genießen. Ein Abschnitt des Elberadwegs, eines der beliebtesten Radwanderwege in Deutschland, verläuft durch das Stadtgebiet.

Verkehrsschilder weisen den Weg

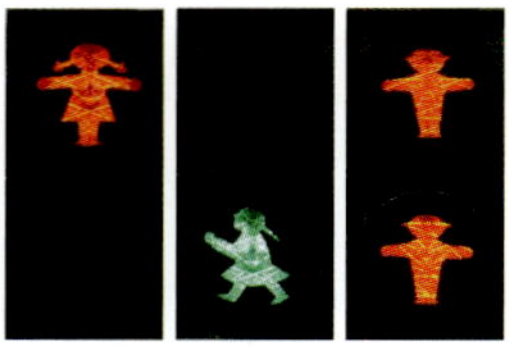

Ampelmännchen können in Dresden auch weiblich sein

Zu Fuss unterwegs

Die Wege zwischen den Attraktionen sind in der Regel kurz. Der Wechsel zwischen Altstadt und Neustadt erfolgt über die Elbbrücken – im Zentrum sind dies Marien-, Augustus-, Carola- und Albertbrücke, flussaufwärts verbindet das Blaue Wunder *(siehe S. 144)* Blasewitz und Loschwitz. Das Überqueren der Elbe ist ein Erlebnis für sich, bieten sich doch wunderbare Aussichten auf die Skylines an beiden Ufern. Außerdem erkennt man hier am besten die Ausmaße und die Pracht des Flusses. Versäumen Sie auf keinen Fall, einmal die Brühlsche Terrasse *(siehe S. 94)* hoch über dem Flussufer entlangzuschlendern. Sie werden merken, warum man diesen Abschnitt als »Balkon Dresdens« bezeichnet. Ähnlich faszinierend ist es, auf einer Fußgängern vorbehaltenen Straße den Fürstenzug *(siehe S. 66)* zu passieren – quasi Auge in Auge mit den Wettiner Herrschern. Der legendäre Canaletto-Blick *(siehe S. 112)* vom Neustädter Elbufer wird sich Ihnen auf jeden Fall einprägen.

Bei der Teilnahme an einem Stadtrundgang *(siehe S. 228f)* erfahren Sie Hintergründe zu den einzelnen Attraktionen oder Wissenswertes zu Themen wie Geschichte, Kultur oder Architektur.

Ein besonderer Service für Besucher ist das 2004 initiierte und seither kontinuierlich erweiterte touristische Leitsystem: An rund 40 Standorten des historischen Zentrums informieren Stelen über bedeutende kulturhistorische und touristisch interessante Sehenswürdigkeiten. Die Leitsysteme mit der übersichtlichen Karte stehen an Orientierungspunkten, die sich als Startpunkt für einen Stadtrundgang eignen: vor Bauwerken, an großen Plätzen, Bahnhöfen, Haltestellen des öffentlichen Nahverkehrs und Parkplätzen.

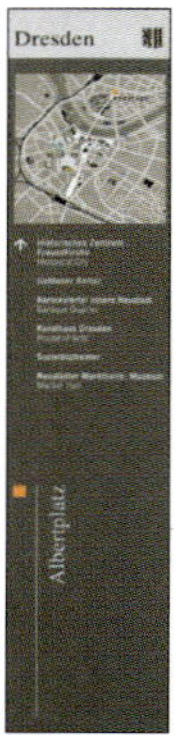

Stelen helfen bei der Orientierung

Autofahren

Falls Sie Sehenswürdigkeiten außerhalb der Stadt besichtigen möchten oder einen Ausflug in die Sächsische Schweiz planen, kann ein Auto durchaus hilfreich sein. Im Zentrum jedoch macht es Sinn, andere, zeit- und nervenschonendere Optionen zu wählen. Vor allem an den Elbbrücken der Innenstadt staut sich der Verkehr regelmäßig, und das nicht nur während der Stoßzeiten.

Obwohl die Anzahl der in Dresden zugelassenen Kraftfahrzeuge mit derzeit knapp 200 000 trotz gestiegener Einwohnerzahlen insgesamt rückläufig ist, macht sich dies im Straßenverkehr noch nicht bemerkbar. Eine spürbare Entlastung erhoffen sich die Verkehrsplaner von der Inbetriebnahme der Waldschlösschenbrücke *(siehe S. 153)* östlich des Stadtzentrums, auf die sich ab 2011 ein Teil des Verkehrsaufkommens der Dresdner City verlagern soll.

Einstweilen ist der nächste Elbübergang flussaufwärts die gut fünf Kilometer entfernte Loschwitzer Brücke (Blaues Wunder) zwischen Wachwitz und Loschwitz. Flussabwärts kann man die Elbe über die Flügelwegbrücke und die Autobahnbrücke (A4) überqueren.

Eingang mit Lift zur Parkgarage am Neumarkt

Dresdens elektronisches Parkleitsystem

Parken

Wie in wohl fast allen anderen Großstädten kann die Suche nach einem Parkplatz im Stadtzentrum auch in Dresden sehr mühsam werden. Um die Verkehrssituation zu entschärfen, wurden in den letzten Jahren große, zum Teil recht kostspielige Anstrengungen unternommen. Ein dynamisches Parkleitsystem weist Autofahrern den nächsten Weg zu einer Parkeinrichtung. Dafür wurde die Innenstadt in drei Bereiche gegliedert: Prager Straße, Innere Altstadt und Neustadt. An das Parkleitsystem sind 15 Parkplätze (davon drei Park-and-Ride-Anlagen), zwei Parkhäuser und zwölf Tiefgaragen mit einer Gesamtkapazität von mehr als 8000 Stellplätzen angeschlossen. Elektronische Parkwegweiser entlang den Zufahrtsstraßen ins Zentrum zeigen die Anzahl freier Plätze. Bei vollständiger Belegung einer Parkeinrichtung wird der Autofahrer zum nächstgelegenen freien Parkplatz geleitet. Dieses 2001 entwickelte System ist aus der City längst nicht mehr wegzudenken.

Doch bei allen Verbesserungen im Straßenverkehr gibt es Phasen, in denen man in jedem Fall öffentliche Verkehrsmittel wählen sollte – z. B. in der Adventszeit, wenn zum Striezelmarkt *(siehe S. 103)* wahre Menschenmassen auf den Altmarkt strömen.

Parkautomat in Dresden

Radfahren

Ein sehr flexibles und noch dazu kostengünstiges Verkehrsmittel ist das Fahrrad. Die Gesamtlänge des Netzes an Radwegen in Dresden beläuft sich auf über 350 Kilometer. Einen Fahrradverleih zu finden, ist überhaupt kein Problem. Neben City-Rädern stehen – für Ausflüge – auch Trekking-Räder oder Mountainbikes zur Verfügung. Auch Helme, Anhänger und Kindersitze können gegen geringe Gebühr ausgeliehen werden.

Sehr praktisch liegen die Verleihstellen in den beiden Bahnhöfen (Hauptbahnhof und Neustädter Bahnhof). Unter der **Fahrrad-Hotline der Deutschen Bahn** sollten Sie sich jedoch vorher telefonisch bestätigen lassen, dass genügend Fahrräder vorhanden sind.

Viele Fahrradverleiher liefern ihren Kunden das bestellte Rad direkt ins Hotel und holen es am Abend oder am verabredeten Tag wieder ab. Erkundigen Sie sich an der Rezeption. Der **Fahrradverleih Dresden** verfügt über zwei Filialen, eine auf jeder Elbseite.

Einen besonderen Service bietet das in mehreren deutschen Städten vertretene Unternehmen **Nextbike**: Sie können sich irgendwo in der Stadt ein Fahrrad mieten und es an einer anderen Stelle stehen lassen. Entdecken Sie eines der auffälligen Räder des Verleihs, genügt bereits ein Anruf, um sich den Freischalt-Code mitteilen zu lassen.

Der **ADFC Dresden** bietet (auch im Internet) Adressen von weiteren Fahrradvermietungen sowie wissenswerte Informationen zum Radfahren in Dresden und Umgebung.

Wenn Sie lieber in einer kleinen Gruppe in die Pedale treten, können Sie sich auf der Internet-Seite des ADFC auch über derartige (kostengünstige) Touren informieren. Die Teilnahme an einer betreuten Tour ist nicht an eine Mitgliedschaft gebunden.

Der Elberadweg, einer der beliebtesten Radwanderwege Europas, verläuft auf beiden Seiten des Flusses abseits des Straßenverkehrs. Auf der linken Seite des Flusses (also der Altstadtseite) ist der Elberadweg auf Dresdner Stadtgebiet auf einer Strecke von rund 30 Kilometern durchgehend befahrbar, auf der rechten Seite fehlen noch einige Teilstücke. Der überwiegende Teil ist asphaltiert und entsprechend gut befahrbar.

Zwischen beiden Elbufern wechselt man über eine der Brücken oder nimmt eine Elbfähre (*siehe S. 246*; Extragebühr für das Fahrrad). Die Benutzung des Elberadwegs eignet sich auch gut für Ausflüge in die Umgebung. Im Internet (www.elberadweg.de) finden Sie Unterkunfts- und Einkehrmöglichkeiten entlang der Strecke.

An ca. 20 Standorten in Altstadt und Neustadt findet man Nextbike-Räder

Auf einen Blick

Pannenhilfe

ADAC
0180-222 2222.

Radfahren

ADFC Dresden
Bischofsweg 38. **Stadtplan** 4 D1. *0351-501 3915.*
www.adfc-dresden.de

Deutsche Bahn (Fahrrad-Hotline)
0180-5151 415.

Fahrradverleih Dresden
Bautzner Str. 44. **Stadtplan** 2 F1. Schandauer Str. 26. **Stadtplan** 5 A4.
0351-374 4325.
www.dresden-fahrradverleih.de

Nextbike
030-6920 5046.
www.nextbike.de

Trams und Busse

Logo der DVB

Dresden hat ein sehr gut ausgebautes öffentliches Nahverkehrssystem, das nicht nur effizient, sondern auch preisgünstig ist. Trams und Busse – fast alle in den Farben des Stadtwappens Gelb und Schwarz lackiert – bringen die Fahrgäste in nahezu jede Ecke der Sachsenmetropole. Knotenpunkte des Nahverkehrs in der City sind Hauptbahnhof und Postplatz, in zweiter Linie die Haltestellen Pirnaischer Platz und Straßburger Platz in der Altstadt sowie der Bahnhof Neustadt und der Albertplatz nördlich der Elbe. Auch wer spät unterwegs ist, muss sich dank der GuteNacht-Linien keine Gedanken über das Fortkommen machen.

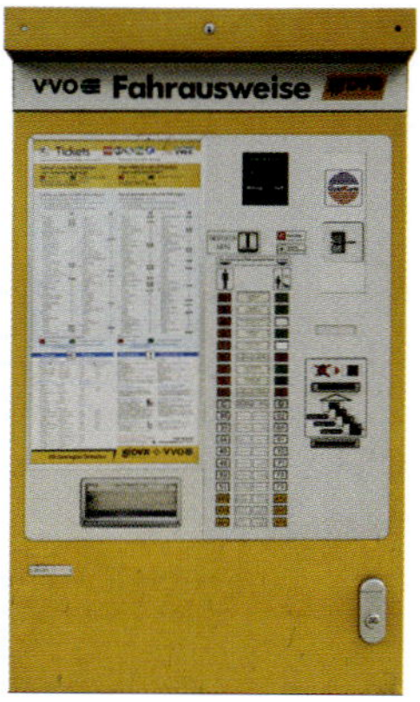

An größeren Haltestellen stehen Fahrkartenautomaten

VVO und DVB

Der öffentliche Nahverkehr im Großraum Dresden ist im VVO (Verkehrsverbund Oberelbe) zusammengefasst und in 21 Tarifzonen gegliedert. Eine davon ist die Tarifzone Dresden, die das gesamte Stadtgebiet umfasst und von den Dresdner Verkehrsbetrieben (DVB) bedient wird. Diese betreiben neben Trambahnen und Bussen u. a. auch die Elbfähren *(siehe S. 246f)* und befördern jedes Jahr mehr als 140 Millionen Fahrgäste.

Neben dem **Kundenzentrum** am Postplatz unterhält die DVB mehrere Servicepunkte. Sie befinden sich an stark frequentierten Haltestellen wie Albertplatz, Pirnaischer Platz, Hauptbahnhof und Prager Straße. Fahrgäste werden hier umfassend informiert und qualifiziert beraten. Auf Wunsch erhalten Sie von den Mitarbeitern Ausdrucke der empfohlenen Verkehrsverbindungen.

Fahrkarten

Das Tarifsystem des öffentlichen Personennahverkehrs in Dresden ist angenehm unkompliziert. Da die Tarifzone Dresden auch am Stadtrand gelegene Attraktionen wie etwa Schloss Pillnitz einschließt, benötigen Sie für die Besichtigung der allermeisten Sehenswürdigkeiten eine Fahrkarte für nur eine Tarifzone, für einen Ausflug in die Sächsische Schweiz hingegen ein Ticket für den gesamten Verbundraum.

Zur Auswahl stehen Einzelfahrscheine, Mehrfahrtenscheine (4er-Karten), Tageskarten sowie Wochen- und Monatskarten. Ein Einzelfahrschein für eine Tarifzone kostet 1,90 Euro, für zwei Zonen 3,70 Euro, für den gesamten Verbundraum 7,50 Euro. Eine 4er-Karte (ab 5 Euro) berechtigt zu vier Einzelfahrten von jeweils maximal vier Stationen ohne Umsteigen. Bei mehr als zwei Fahrten pro Tag lohnt sich der Kauf einer Tageskarte, der Preis für die günstigste (eine Tarifzone) liegt bei 5 Euro. Für Kinder zwischen sechs und 14 Jahren gelten ermäßigte Tarife, Kinder unter sechs Jahren fahren umsonst.

Eine preiswerte Option für Familien sind Familientageskarten, die ab 7 Euro zu haben sind. Sie gelten für maximal sechs Personen, von denen höchstens zwei älter als 14 Jahre sein dürfen. Die Benutzung innerhalb des gesamten Verbundraums – z. B. für einen Tagesausflug in die Sächsische Schweiz – kostet mit einer entsprechenden Familientageskarte nur 15 Euro.

Tageskarten gelten ab der Entwertung bis 4 Uhr des folgenden Tages und berechtigen zu beliebig vielen Fahrten im Geltungsbereich.

Tickets kauft man an Fahrkartenautomaten der größeren Haltestellen, in DVB-Zentren oder im Fahrzeug selbst – in Bussen beim Fahrer, in Trams an Automaten (nur Münzgeld). Fahrkarten müssen vor Antritt der Fahrt entwertet werden, für in der Tram gekaufte Tickets ist dies nicht nötig, da schon eine Zeit aufgedruckt ist.

Ein besonderer Service, der auch für Tageskarten, nicht jedoch für ermäßigte Fahrkarten gilt, ist das Handy-Ticket. Man kann es online (www.vvo-handyticket.de) oder per Mobiltelefon erwerben und zeigt bei der Fahrscheinkontrolle das Display mit dem Ticket vor.

Die »Kultourlinie« Nr. 4 auf der Augustusbrücke Richtung Neustadt

Straßenbahnen sind das wichtigste öffentliche Verkehrsmittel in Dresden

Trams

Die zwölf Tramlinien wikkeln den größten Teil des öffentlichen Nahverkehrs in der City ab. Wichtigster Umsteigepunkt ist der Postplatz, an dem sieben Linien halten. Acht Tramlinien überqueren die Elbe über eine der vier innerstädtischen Brücken und verbinden Altstadt und Neustadt.

Aus touristischer Sicht besonders interessant ist die als »Kultourlinie« vermarktete Tram Nr. 4. Sie befährt mit rund 29 Kilometern die längste Strecke aller Dresdner Trams und kommt dabei an vielen Sehenswürdigkeiten vorbei. Vom Stadtteil Laubegast führt sie durch das Zentrum und außerhalb von Dresden auch durch Radebeul und Coswig, bevor sie in Weinböhla endet. Alles in allem eine 80-minütige Erlebnistour zu den Themen Kunst, Kultur und Wein.

Tram-Haltestelle

Busse

Im Gegensatz zu den Trams verkehren die meisten Buslinien in zentrumsferneren Stadtvierteln, nur wenige durchqueren die Innenstadt. Ende 2009 wurde das Busnetz völlig neu organisiert und dabei die Taktfrequenz stark genutzter Linien erhöht. Der Einzugsradius jeder Haltestelle wurde auf maximal 300 Meter verringert und das System der Liniennummern vereinfacht. Insgesamt 28 Buslinien sind im Einsatz. Für die Verbindung von Stadtteilzentren besonders wichtig sind die sechs Buslinien mit 60er-Nummern.

Haltestellen von Trams und Bussen sind mit digitalen Informationssystemen ausgestattet, auf denen Warte- bzw. Abfahrtszeiten angezeigt werden.

Nachts unterwegs

Die DVB betreiben zwar keine gesonderten Nachtlinien, Nachtschwärmer brauchen sich jedoch keine Gedanken zu machen, wie sie auch zu später Stunde nach Hause oder ins Hotel kommen. Viele reguläre Tram- und Buslinien befahren ihre Stammstrecke nämlich auch die Nacht hindurch als sogenannte GuteNachtLinien. Sie verkehren bis 1.45 Uhr im 30-Minuten-Takt, ab 2.25 Uhr dann nur noch alle 70 Minuten, befahren dabei aber annähernd dieselben Strecken wie tagsüber. Die Haltestellen erkennt man am entsprechenden Logo (Haltestellensymbol mit Nachthimmel).

Wichtigster Knotenpunkt der GuteNachtLinien ist der Postplatz. Die Fahrpläne der einzelnen Linien sind so aufeinander abgestimmt, dass alle »nachtaktiven« Trams und Busse hier etwa gleichzeitig ankommen und aufeinander warten, falls sich ein Fahrzeug einmal verspäten sollte. Das »Postplatz-Treffen« ist ein fester Begriff im Dresdner Nachtleben. Dieses Treffen findet von 22.45 Uhr bis 1.45 alle 30 Minuten statt, im weiteren Verlauf der Nacht um 2.25 und um 3.35 Uhr.

Fahrpläne der GuteNacht-Linien bekommt man im Kundenzentrum, sie hängen aber auch in vielen Restaurants und Bars, Theatern und Kinos aus.

Auf einen Blick

DVB

Auskunft
0351-857 1011.
www.dvb.de

Kundenzentrum
Postplatz 1 (Wilsdruffer Kubus).
Stadtplan 1 B4.
0351-857 1011.
tägl. 9–19 Uhr.

Begleitdienst
0351-481 8161.

VVO

Auskunft
0180-2266 2266.
www.vvo-online.de

Behinderte Reisende

Seit Jahren sind in Dresden ausschließlich Niederflurbusse und fast ausnahmslos Niederflurtrams im Einsatz. Die meisten Haltestellen sind barrierefrei ausgebaut. Wo dies noch nicht der Fall ist, ermöglichen vom Fahrer ausklappbare Rollstuhlrampen das barrierefreie Ein- und Aussteigen.

Für Menschen mit eingeschränkter Mobilität bieten die Dresdner Verkehrsbetriebe zusätzlich Unterstützung bei der Benutzung öffentlicher Verkehrsmittel an. Mitarbeiter holen die Fahrgäste auch bereits an der Unterkunft ab. Die Inanspruchnahme des **DVB-Begleitdienstes** ist im Fahrausweis enthalten.

Die sächsische Landeshauptstadt führte in ihren öffentlichen Verkehrsmitteln im Jahr 2005 als erste Stadt Deutschlands das Blindeninformationssystem (BLIS) ein. Es ermöglicht sehbehinderten Menschen das Abrufen von Lautsprecheransagen (darunter Liniennummer oder Fahrtziel) mittels eines Minifunksenders.

Busse verkehren vor allem in zentrumsfernen Stadtvierteln

S-Bahn, Bergbahnen und Taxis

S-Bahn-Zeichen

Die S-Bahn ist ein geeignetes Verkehrsmittel, um die an Erholungsgebieten und Kulturschätzen reiche Region um Dresden kennenzulernen – bequemer und schneller als mit dem Auto. Für Flugreisende stellt die S-Bahn die beste Verbindung zwischen Airport und Innenstadt dar. Eine Fahrt mit einer der Loschwitzer Bergbahnen ist ein absolutes Muss für Dresden-Besucher, die die Stadtsilhouette einmal aus größerer Entfernung bewundern wollen. Taxis sind eine komfortable Alternative zu anderen Verkehrsmitteln, die Fahrt mit einem Velo- oder Rikscha-Taxi kann sehr unterhaltsam sein.

Stilvoller Fahrspaß mit zwei Pferdestärken

S-Bahn

Die Dresdner S-Bahn wird nicht von den Dresdner Verkehrsbetrieben (DVB; *siehe S. 242f*), sondern von der DB Regio Südost, einem Unternehmen der Deutschen Bahn AG *(siehe S. 238f)*, betrieben. Das S-Bahn-Netz umfasst drei Linien (S1, S2 und S3) sowie seit 2007 eine Ergänzungslinie (S30). Insgesamt kann die S-Bahn 46 Bahnhöfe und eine Streckenlänge von etwa 103 Kilometern aufweisen.

Auch wenn alle Linien den Hauptbahnhof passieren und es in der Innenstadt einige weitere Haltestellen gibt (u. a. Bahnhof Mitte und Bahnhof Neustadt), werden Besucher Dresdens dieses Verkehrsmittel eher für Ausflüge ins Umland nutzen, etwa nach Meißen (Porzellan-Manufaktur), Radebeul (Karl-May-Museum) sowie in andere Orte entlang der Sächsischen Weinstraße, in die Dresdner Heide und in die Sächsische Schweiz.

Die wegen ihres großen Einzugsgebiets wichtigste und meistgenutzte Linie ist die S1, die von Meißen im Nordwesten bis Schöna im Südosten fährt. Die S2 pendelt zwischen Pirna im Südosten und dem neun Kilometer nördlich des Stadtzentrums gelegenen Flughafen Dresden International *(siehe S. 236f)* mit Halt am Hauptbahnhof. Beide Linien bedienen das Teilstück zwischen Pirna und Bahnhof Neustadt.

Zwischen dem Dresdner Hauptbahnhof und Tharandt südwestlich der Stadt verkehrt die S3. Nur werktags zu Stoßzeiten wird der Ergänzungszug S30 eingesetzt, der weiter bis Freiberg fährt.

Fahrkarten

Für die S-Bahnen gelten die gleichen Tarife wie für Trams und Busse *(siehe S. 242f)*. Im Unterschied zu den meisten Linien dieser Verkehrsmittel führen alle S-Bahn-Strecken über die Grenzen der Tarifzone Dresden hinaus. Dies ist beim Kauf einer Fahrkarte, deren Preis sich nach der Zahl der befahrenen Tarifzonen richtet, zu berücksichtigen. Für die Mitnahme von Fahrrädern sind ermäßigte Fahrpreise zu entrichten, der Mindestpreis hierfür beträgt 1,30 Euro (bei Fahrten innerhalb einer einzigen Tarifzone).

Informationen zum Streckennetz und zu den Fahrpreisen liefern übersichtliche Hinweistafeln in den S-Bahn-Stationen. Hilfreich sind auch detaillierte Streckennetzpläne, die es gratis in der Tourist-Information *(siehe S. 226f)* und in einigen S-Bahn-Stationen gibt. In diesen Plänen ist jede S-Bahn-Linie durch eine andere Farbe gekennzeichnet. Die Stationen erkennt man am runden Schild mit weißem S auf grünem Grund.

Bergbahnen

Zu den Höhepunkten eines Aufenthalts in Dresden gehört eine Fahrt mit einer der beiden Bergbahnen in Loschwitz – sie sind öffentliche Verkehrsmittel und touristische Attraktionen gleichermaßen. Die Standseilbahn *(siehe S. 146)* und die Schwebebahn *(siehe S. 148)* befördern seit mehr als 100 Jahren Fahrgäste innerhalb weniger Minuten zu den schönsten Aussichtspunkten über Dresden und das Elbtal. Die Standseilbahn

500 Taxis von Funktaxi Dresden garantieren, dass Sie gut ans Ziel kommen

bringt Fahrgäste vom Körnerplatz hinauf zum Villenviertel Weißer Hirsch und überwindet dabei 96 Höhenmeter. An der Pillnitzer Landstraße, nicht weit vom Körnerplatz, befindet sich die Talstation der Schwebebahn, die zum 84 Meter höher gelegenen Oberloschwitz führt.

Bei beiden Bahnen beträgt der Preis für eine Berg- oder Talfahrt 3 Euro, für eine Berg- und Talfahrt am selben Tag 4 Euro. Kinder zwischen sechs und 14 Jahren zahlen 2 Euro bzw. 2,50 Euro. Dieser ermäßigte Preis ist auch für die Mitnahme eines Fahrrads zu entrichten.

Am 6. Mai 1901 wurde die Schwebebahn nach Oberloschwitz eingeweiht

TAXIS

Am bequemsten unterwegs sind Sie natürlich mit einem Taxi. Wenn Sie die GuteNachtLinie *(siehe S. 243)* gerade verpasst haben, bleibt Ihnen oft keine andere Möglichkeit, zu Ihrem Ziel zu gelangen.

Sie können ein Taxi telefonisch bei der Vermittlungszentrale **Funktaxi Dresden** bestellen, an einem der über 100 Taxistände in einen freien Wagen einsteigen oder eines auf der Straße anhalten. Bei Dunkelheit sind freie Taxis durch das beleuchtete Taxischild besonders gut zu erkennen. Taxistände sind über das gesamte Stadtgebiet verteilt, sehr dicht ist das Netz in der Innenstadt.

Der Grundpreis für eine Taxifahrt in Dresden beträgt 2,50 Euro. Der Preis je Kilometer liegt für die ersten drei Kilometer bei 1,70 Euro, für jeden weiteren Kilometer sind 1,40 Euro (Mo–Sa 5–20 Uhr) bzw. 1,60 Euro (Mo–Sa 20–5 Uhr sowie So) zu entrichten. Die Fahrt zwischen Flughafen Dresden und Innenstadt kostet etwa 20 Euro.

Recht günstig ist die Fahrt mit einem telefonisch zu bestellenden **ALITA** der Dresdner Verkehrsbetriebe. Diese Anruflinientaxis fahren vor allem nachts auf bestimmten Strecken als Ersatz für einige Tram- und Buslinien und kosten keinen Cent mehr als eine Fahrt mit öffentlichen Verkehrsmitteln. Fahrgäste bezahlen dem Fahrer nur eine DVB-Fahrkarte und kommen dafür bei Bedarf auch in die hintersten Winkel der Stadt.

Seit 1895 fährt die Standseilbahn in Loschwitz

Der Chauffeur-Service **8x8** bietet anspruchsvollen Gästen für den gesamten Aufenthalt in Dresden einen individuellen (auch mehrtägigen) Fahrdienst in einer Luxuslimousine an. Der Fuhrpark des Unternehmens umfasst auch Phaetons, die in der Gläsernen Manufaktur *(siehe S. 132f)* produziert wurden.

VELO- UND RIKSCHA-TAXIS

Von März bis Oktober rotieren **Velo-Taxis** auf zwei festen Routen durch die Stadt. Die gut informierten Fahrer – darunter viele Studenten – unterhalten ihre Passagiere während der Fahrt mit Fakten, Geschichten und Anekdoten über die Stadt und ihre Attraktionen – eine höchst vergnügliche Art der Stadtbesichtigung. Außerdem ist das Transportmittel ausgesprochen umweltfreundlich. Zur Abfahrt bereit stehen Velo-Taxis z. B. am Theaterplatz, am Schlossplatz oder am Altmarkt.

Farbtupfer im Straßenverkehr sind auch die **Rikscha-Taxis**. Mit ihnen kommt man sicher, schnell und günstig ans Ziel. Die Rikschas sind, außer bei Eisglätte oder Sturm, das ganze Jahr im Einsatz und befahren auch Straßen und Plätze, die für den Autoverkehr gesperrt sind. So kommt man – wenn die Zeit einmal drängen sollte – unter Umständen schneller zum Hauptbahnhof oder zum Kongresszentrum ICC Dresden als mit jedem anderen Verkehrsmittel.

Velo-Taxis sind originell und umweltfreundlich

AUF EINEN BLICK

TAXIS

8x8
0351-8888 8888.
www.8mal8.de

ALITA
0351-857 1111.
www.dvb.de

Funktaxi Dresden
0351-211 211.
www.taxi-dresden.de

Riksha-Taxi
0160-9270 8603.
www.rikschataxi-dresden.de

Velo-Taxi
0351-406 7258.
www.dresden.velotaxi.de

Mit dem Schiff unterwegs

Bushaltestelle am Fähranleger

Ein Dresden-Besuch wäre nicht komplett ohne wenigstens eine Fahrt an Bord eines Schiffes. Vom Wasser zeigt sich die volle architektonische Pracht der Stadt mit speziellen Ansichten der beiden Elbufer. Sehr praktisch sind die Elbfähren, die östlich des Zentrums verkehren. Jede der drei Verbindungen hat ihren eigenen Reiz. Kaum ein Besucher der Stadt kann dem nostalgischen Charme der historischen Raddampfer der Sächsischen Dampfschiffahrt widerstehen, die das Obere Elbtal befahren. Doch es geht auch flotter: Eine Fahrt mit dem Speedboot oder ein Törn an Bord eines Katamarans runden das Elbe-Feeling ab.

Elegant und komfortabel: Motorschiff *Gräfin Cosel* (Baujahr 1994)

Elbfähren

Im Dresdner Stadtgebiet gibt es drei Fährlinien, die zwischen Nord- und Südufer der Elbe verkehren. Betreiber sind die **Dresdner Verkehrsbetriebe** (DVB; *siehe S. 242f*). Von Westen nach Osten handelt es sich dabei um die Strecken Johannstadt–Neustadt (F17), Laubegast–Niederpoyritz (F16) sowie Kleinzschachwitz–Pillnitz (F14). Auf dieser letzten, unter dem Namen »Schlossfähre« bekannten Linie werden auch Autos mit einem Gesamtgewicht bis zu drei Tonnen befördert.

Da es vom Zentrum elbaufwärts nur wenige Brücken gibt, verkürzen Fähren den Weg ans andere Ufer für Fußgänger und Radfahrer oft ganz erheblich.

Egal mit welcher Linie und in welche Richtung Sie fahren: Eine Fahrt mit einer Elbfähre ist in jedem Fall ein spannendes Erlebnis, auch wenn die eigentliche Überfahrt nur etwa drei Minuten dauert. Manche Fahrgäste schwärmen gar von romantischer Atmosphäre – kein Wunder, verkehren die Elbfähren doch abseits der Innenstadt und bieten eine angenehm beschauliche Fahrt bei allerfeinstem Panoramablick auf die Silhouetten von Altstadt und Neustadt sowie auf die Loschwitzer Elbhänge. Bisweilen kreuzen die Elbfähren auch die Route von Schiffen der Sächsischen Dampfschiffahrt.

Fähranlegestelle Neustadt, gegenüber der Fährgarten Johannstadt

Besonders imposant ist die Anfahrt auf Pillnitz – der Blick auf das Schloss ist von der Wasserseite wesentlich beeindruckender, als wenn man sich dem Komplex von der Landseite aus nähert. In Kombination mit der Tramlinie 2 ist die Fähre von Kleinzschachwitz aus die günstigste Verbindung von der Innenstadt zu diesem beliebten Ausflugsziel.

Alle DVB-Fahrkarten sind auf den Fähren gültig. Benutzen Sie nur die Fähre, gelten folgende Preise: Eine Einzelfahrt kostet 0,90 Euro, für Hin- und Rückfahrt sind 1,50 Euro zu zahlen. Bei einem mehrtägigen Aufenthalt lohnt sich unter Umständen der Kauf einer Zehnerkarte für 7 Euro. Bei Mitnahme eines Autos (nur für die Überfahrt zwischen Kleinzschachwitz und Pillnitz) bis fünf Meter Länge sind je Fahrt 2,90 Euro zu entrichten (Hin- und Rückfahrt 5 Euro). Das Mitführen eines Fahrrads kostet auf allen Linien 0,60 Euro (Hin- und Rückfahrt 1 Euro).

Die Fähren verkehren ganzjährig, im Winter etwas seltener. Nur bei Hochwasser, Niedrigwasser oder Treibeis kann es zur Einstellung des Fährbetriebs kommen.

Logo der Sächsischen Dampfschiffahrt

Sächsische Dampfschiffahrt

Die älteste und größte Raddampferflotte der Welt lädt das ganze Jahr über zu entspannt-vergnüglichen Schiffsfahrten auf der Elbe ein. Jedes Jahr nehmen rund 750 000 Passagiere an einer Tour mit einem Schiff der Flotte teil. Zu ihr gehören neun historische Raddampfer, von denen der älteste 1879 vom Stapel lief, sowie zwei elegante Salonschiffe und zwei kleine Motorschiffe.

Das Fahrtgebiet umfasst das Elbland von der Sächsischen Weinstraße *(siehe S. 184f)* über Dresden bis in die Sächsische Schweiz *(siehe S. 180–183)*. Die Routen verlaufen durch eine der schönsten Flusslandschaften Europas und eine an kulturellen Schätzen geradezu überbordend reiche Gegend. Es gibt insgesamt 14 Haltepunkte: Seußlitz, Diesbar, Meißen, Radebeul, Dresden, Blasewitz, Schloss Pillnitz, Heidenau, Pirna, Stadt Wehlen, Kurort Rathen, Königstein, Prossen und Bad Schandau. An allen Haltepunkten besteht die Möglichkeit, die Fahrt zu unterbrechen.

Start- und Endpunkt der Fahrten ist jeweils das Terrassenufer unterhalb der Brühlschen Terrasse, wo Sie auch die Tickets erhalten. Wählen Sie aus dem breiten Angebot »Ihre« Tour. Die 90-minütige »Kleine Rundfahrt« führt vorbei an den Elbschlössern am Loschwitzer Elbhang bis zum Blauen Wunder. Ein gutes Stück weiter flussaufwärts führt die »Schlösserfahrt zum Schloss Pillnitz«, die knapp drei Stunden dauert. Beide Touren werden auch im Winter angeboten.

Zum Sommerfahrplan gehören ganztägige Fahrten in die bizarre Felsenwelt der Sächsischen Schweiz (mit Besuch der Felsenbühne Rathen) oder Touren entlang der Sächsischen Weinstraße, die auch die Besichtigung eines Weinguts (mit Verkostung) oder einen Besuch der Meissener Porzellan-Manufaktur einschließen.

Bei der Dampferparade *(siehe S. 46)* am 1. Mai oder zum Stadtfest am dritten Wochenende im August sind alle neun Raddampfer gleichzeitig im Einsatz. Locker swingend

Flotte der Sächsischen Dampfschiffahrt am Terrassenufer

Lang bewährt: Personendampfer *Pirna* (Baujahr 1898)

geht es bei der Jazz-Dixieland-Fahrt zu (Mai–Okt: Fr, Sa 19.30 Uhr). Partystimmung herrscht bei den vereinzelten Sommernachtsfahrten unter Mottos wie »Tribute to Elvis«, »Musik aus der Zeit der Langhaarigen« oder »Hits der 80er Jahre«.

Für das leibliche Wohl der Fahrgäste an Bord ist gesorgt, es gibt eine große Auswahl an Speisen (kalt und warm) und Getränken. Fahrten wie etwa die dreistündige »Stimmungsvolle Lichterfahrt«, die in der Adventszeit abends auf dem Programm steht, beinhalten ein Drei-Gänge-Menu. An Bord kann man auch Souvenirs kaufen.

Fahrräder werden nur in begrenztem Umfang mitgenommen. Da eine Reservierung mit Fahrrädern nicht möglich ist, sollten Sie direkt vor der Abfahrt mit dem Personal Kontakt aufnehmen. Für die Mitnahme von Rollstühlen ist eine Anmeldung erforderlich.

Elbe-Touren

Wer es sportlich-rasant mag, kann an einer Speedboot-Tour von **ElbeTaxi** teilnehmen. Bei einer 20 Minuten langen Schnuppertour unter dem Motto »Cruise & Fun« rast man mit hoher Geschwindigkeit die Elbe hinauf oder hinunter – wohin man will und so schnell man will. Die Tour »Altstadt Ahoi!« (30 Min.) verläuft entlang den schönsten Sehenswürdigkeiten Dresdens. Ziel der Tour »Blaues Wunder« (45 Min.), die an Dresdens Elbschlössern *(siehe S. 150f)* vorbeiführt, ist die gleichnamige Brücke *(siehe S. 144)*.

Das Unternehmen bietet neben Nervenkitzel auch entspannte Törns auf exklusiven Yachten, die stundenweise mit Skipper gemietet werden können. Wer selbst sportlich aktiv sein möchte, ist bei ElbeTaxi ebenfalls richtig: Hier kann man auch Kanus für Paddeltouren mieten.

Genusstouren mit einem Katamaran verspricht **Elbetours**. Die »Abendliche Lichter-Tour« (2:30 Std.) führt an den illuminierten Bauwerken beider Elbufer entlang. Eine sieben Stunden lange Route verläuft in die Sächsische Schweiz bis Bad Schandau. Bei der »Individual-Tour« bestimmen die Passagiere Verlauf und Dauer der Fahrt selbst (mindestens 3 Std.). Bei allen Touren können es sich die Fahrgäste auf Ledersitzplätzen oder auf der großen Liegefläche bequem machen.

Auf einen Blick

Elbfähren

Dresdner Verkehrsbetriebe
0351-857 1011.
www.dvb.de

Sächsische Dampfschiffahrt
Anlegestelle: Terrassenufer unterhalb der Brühlschen Terrasse.
Stadtplan 2 D3.
0351-866 090.
www.saechsische-dampfschiffahrt.de

Elbe-Touren

ElbeTaxi
Anlegestelle: Fährgarten Johannstadt. **Stadtplan** 4 E2.
0351-417 242 440.
www.elbe-taxi.de

Elbetours
Anlegestelle: Neustädter Hafen.
Stadtplan 3 B2.
0351-849 8111.
www.elbetours-dresden.de

Stadtplan

Die Sehenswürdigkeiten, Hotels, Restaurants, Läden, Theater etc. im Kapitel *Die Stadtteile Dresdens* sind mit Koordinaten für den Stadtplan versehen. Im Kartenregister *(siehe S. 255–257)* werden die Sehenswürdigkeiten ebenfalls aufgelistet. Die Übersichtskarte unten zeigt, welche Gebiete von welcher Karte abdeckt werden: 1–2 Altstadt und Innere Neustadt, 3–4 Überblickskarte des gesamten Zentrums (gesamte Altstadt, gesamte Neustadt, Großer Garten), 5 Loschwitz. Über die fünf farbig hervorgehobenen Stadtteile hinaus sind weitere Viertel dargestellt. Im Stadtplan finden Sie u.a. auch Bahnhöfe, Parkplätze, Polizei, Post, Kirchen und Krankenhäuser.

Zerrspiegel, Technische Samlung

Aussicht von Rathausturm nach Westen (von links nach rechts): Schloss mit Hausmannsturm, Kathedrale, Erlweinspeicher und Elbe mit Marienbrücke und Augustusbrücke (vorne)

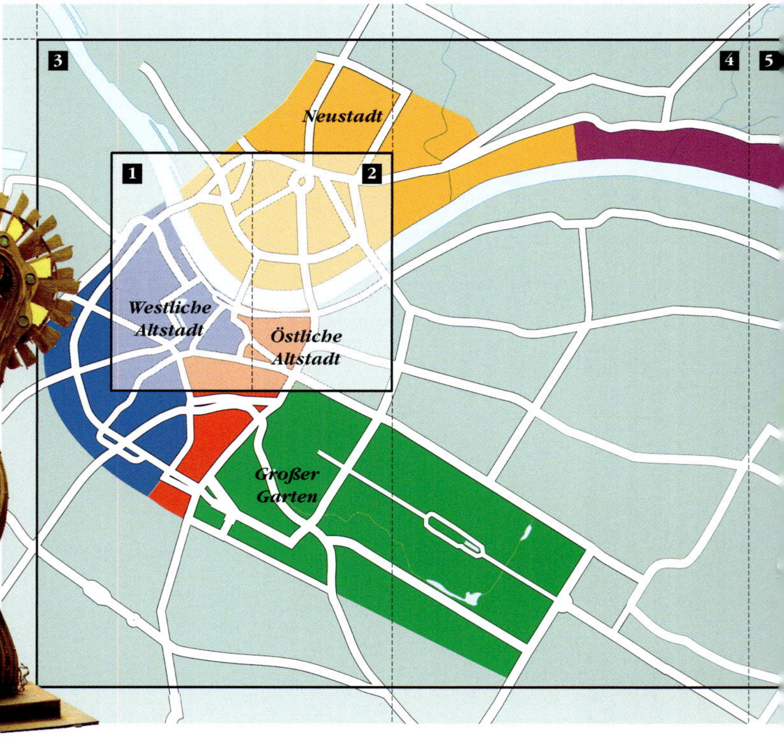

Objekt in den Kunsthandwerkerpassagen der Neustadt

So funktioniert das Verweissystem

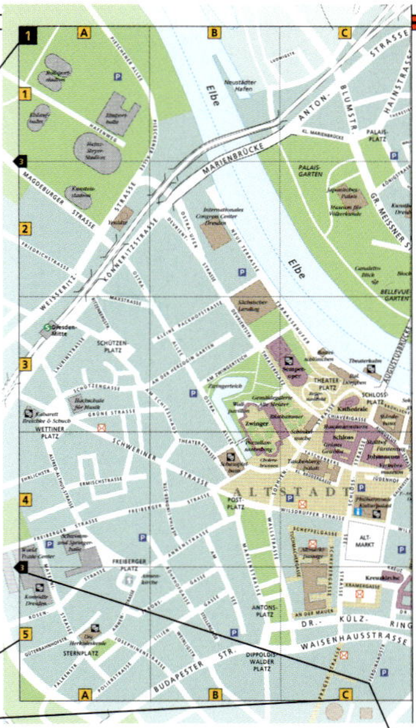

Die erste Zahl gibt an, welche Karte des Stadtplans aufzuschlagen ist.

Kreuzkirche ⓮

An der Kreuzkirche 6. **Stadtplan** 1 C5.
1, 2, 4. *0351-439 3920.*
Apr–Okt: tägl. 10–18 Uhr; Nov–März: tägl. 10–16 Uhr.
www.dresdner-kreuzkirche.de

Buchstabe und Zahl bezeichnen das Planquadrat bzw. geben die horizontale und vertikale Koordinate an.

Zahlen mit Pfeil verweisen auf die Anschlusskarte.

Sarrasani-Brunnen am Carolaplatz in der Neustadt

Legende

- Hauptsehenswürdigkeit
- Sehenswürdigkeit
- S-Bahn-Station
- Bahnhof
- Theater
- Parken
- Information
- Krankenhaus mit Notaufnahme
- Polizei
- Kirche
- Post
- Eisenbahn
- Fußgängerzone
- Fährlinie

Massstab Karten 1–2
0 Meter 200
1:11 000

Massstab Karten 3–4 und 5
0 Meter 600
1:28 000

1
A
B
C
Rollsport-stadion
Eislauf-bahn
Eissport-halle
Heinz-Steyer-Stadion
Kunsteis-stadion
Yenidze
HAFENWEG
PIESCHENER ALLEE
MAGDEBURGER STRASSE
FRIEDRICHSTRASSE
WEISSERITZ-STRASSE
KÖNNERITZSTRASSE
MARIENBRÜCKE
Elbe
Neustädter Hafen
LUDWIGSTR.
ANTON-STRASSE
BLUMSTR.
HAINSTRASSE
KL. MARIENBRÜCKE
PALAIS-PLATZ
PALAIS-GARTEN
Japanisches Palais
Museum für Völkerkunde
GR. MEISSNER S
KÖNIGSTRASSE
Internationales Congress Center Dresden
DEVRIENT-STRASSE
OSTRA-UFER
NEUE TERRASSE
Canaletto-Blick
BELLEVUE GARTEN
Sächsischer Landtag
TERRASSENUFER
MAXSTRASSE
OSTRA-ALLEE
RITZENBERGSTR.
Dresden-Mitte
SCHÜTZEN-PLATZ
LAURINSTRASSE
KLEINE PACKHOFSTRASSE
DEVRIENTSTR.
AN DER HERZOGIN GARTEN
AM ZWINGERTEICH
THEATERPLATZ
Bastei-schlösschen
Theaterkahn
Semper-oper
AUGUSTUSBRÜCKE
THEATER-PLATZ
Ital. Dörfchen
Reiter-standbild
SCHLOSS-PLATZ
Kathedrale
BRÜHLSCHE
Stände-haus
Zwingerteich
Wall-pavillon
Gemäldegalerie Alte Meister
Rüstkammer
Zwinger
Porzellan-sammlung
Cholera-brunnen
Schinkel-wache
CHIAVERIGASSE
Hausmannsturm
Schloss
Grünes Gewölbe
Stallhof
Fürstenzug
Johanneum
Verkehrs-museum
AUGUSTUS-STRASSE
SCHÜTZENGASSE
Hochschule für Musik
GRÜNE STRASSE
AM SCHIESSHAUS
Kabarett Breschke & Schuch
WETTINER PLATZ
SCHWERINER STRASSE
THEATERSTRASSE
Schauspiel-haus
Taschenberg-palais
TASCHENBERG
KL. BRÜDERGASSE
SOPHIEN-STRASSE
JÜDENHOF
ALTSTADT
EHRLICHSTR.
ERMISCHSTRASSE
ALFRED-ALTHUS-STRASSE
HERTHA-LINDNER-STR.
POST-PLATZ
SCHLOSS-STRASSE
Philharmonie Kulturpalast
GALERIESTR.
WILSDRUFFER STRASSE
FREIBERGER STRASSE
Schwimm- und Springer-halle
World Trade Center
SCHEFFELGASSE
TUCHMACHERGASSE
Altmarkt-passage
SCHREIBERGASSE
SEE-STRASSE
ALT-MARKT
WALLSTRASSE
ANNENSTRASSE
AM SEE
MARIENSTRASSE
FREIBERGER PLATZ
Annen-kirche
RÖHRHOFGASSE
GASSE
KREUZ
Kreuzkirche
KRAMERGASSE
MATERNI-STRASSE
Komödie Dresden
JAKOBS-GASSE
STELLERGASSE
SEE
ANTONS-PLATZ
AN DER MAUER
ROSEN-STRASSE
DR.-KÜLZ-RING
Die Herkuleskeule
GÜTERBAHNHOFSTR.
STERNPLATZ
LILIEN-
WEINLIGSTR.
JOSEPHINENSTRASSE
WAISENHAUSSTRASSE
DIPPOLDIS-WALDER PLATZ
BUDAPESTER STR.
FALKENSTR.
POLIERSTRASSE
PRAGER STRASSE
FERDINANDSTR.
2
3
4
5

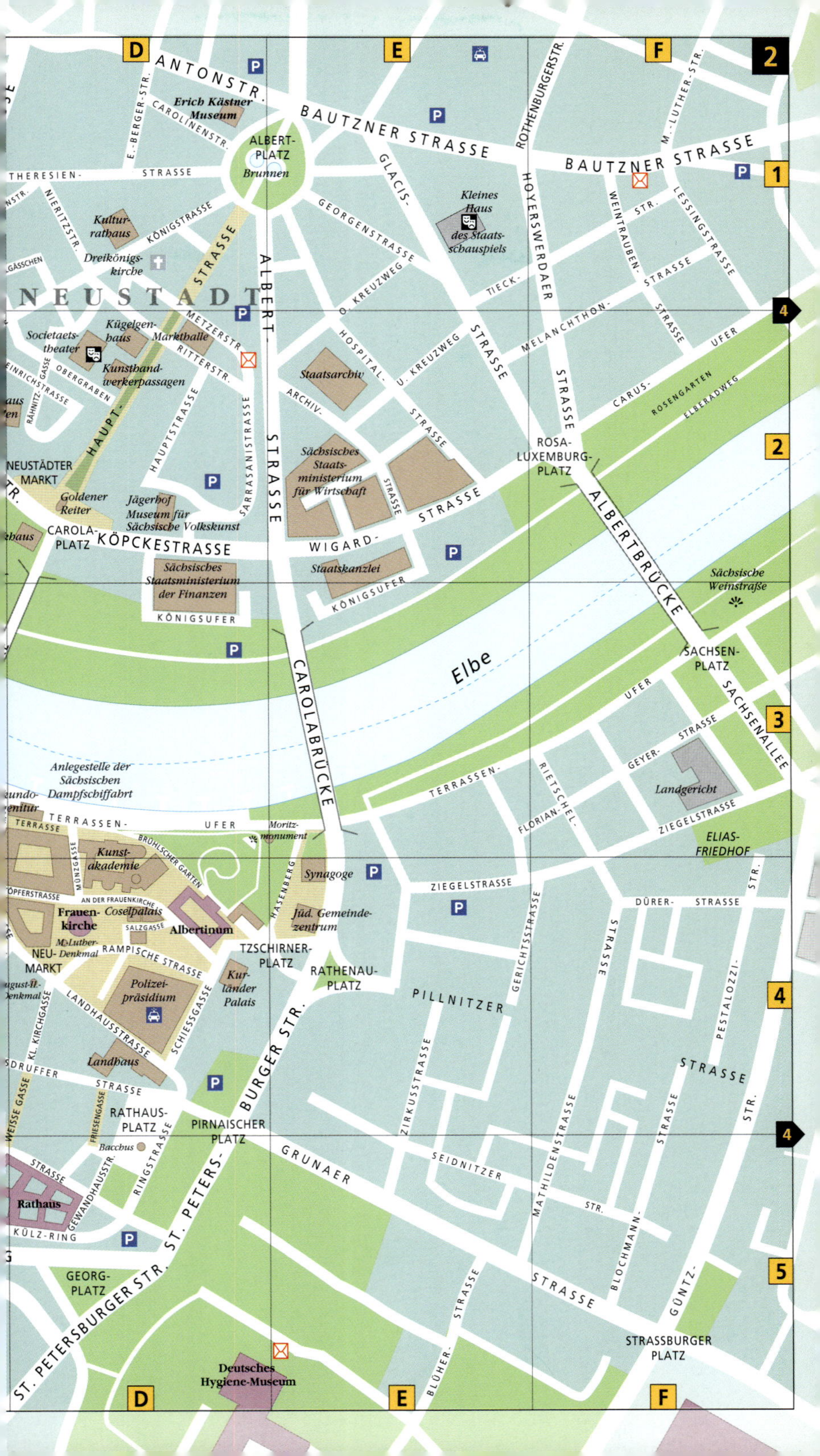

D
E
F
2
1
2
3
4
5
4
4
ANTONSTR.
BAUTZNER STRASSE
BAUTZNER STRASSE
Erich Kästner Museum
CAROLINENSTR.
E.-BERGER-STR.
ALBERT-PLATZ
Brunnen
THERESIEN-
STRASSE
NIERITZSTR.
GLACIS-
ROTHENBURGERSTR.
M.-LUTHER-STR.
Kleines Haus des Staatsschauspiels
GEORGENSTRASSE
HOYERSWERDAER STRASSE
WEINTRAUBEN-STR.
LESSINGSTRASSE
Kulturrathaus
KÖNIGSTRASSE
Dreikönigskirche
NEUSTADT
STRASSE
ALBERT-STRASSE
O. KREUZWEG
TIECK-
STRASSE
MELANCHTHON-
STRASSE
UFER
Kügelgenhaus
Societaetstheater
Markthalle
METZERSTR.
RITTERSTR.
Kunsthandwerkerpassagen
OBERGRABEN
RÄHNITZGASSE
HOSPITAL-
U. KREUZWEG
Staatsarchiv
ARCHIV-
CARUS-
ROSENGARTEN
ELBERADWEG
HAUPT-
HAUPTSTRASSE
SARRASANISTRASSE
STRASSE
ROSA-LUXEMBURG-PLATZ
NEUSTÄDTER MARKT
Sächsisches Staatsministerium für Wirtschaft
STRASSE
Goldener Reiter
Jägerhof Museum für Sächsische Volkskunst
WIGARD-
STRASSE
ALBERTBRÜCKE
CAROLA-PLATZ
KÖPCKESTRASSE
Staatskanzlei
Sächsisches Staatsministerium der Finanzen
KÖNIGSUFER
KÖNIGSUFER
Sächsische Weinstraße
SACHSEN-PLATZ
Elbe
CAROLABRÜCKE
UFER
SACHSENALLEE
STRASSE
GEYER-
Anlegestelle der Sächsischen Dampfschiffahrt
TERRASSEN-
RIETSCHEL-
Landgericht
TERRASSEN-
UFER
Moritzmonument
FLORIAN-
ZIEGELSTRASSE
TERRASSE
BRÜHLSCHER GARTEN
ELIAS-FRIEDHOF
Kunstakademie
MÜNZGASSE
HASENBERG
Synagoge
ZIEGELSTRASSE
TÖPFERSTRASSE
AN DER FRAUENKIRCHE
DÜRER-
STRASSE
STR.
Frauenkirche
Coselpalais
Jüd. Gemeindezentrum
GERICHTSSTRASSE
SALZGASSE
Albertinum
STRASSE
M.-Luther-Denkmal
TZSCHIRNER-PLATZ
NEUMARKT
RAMPISCHE STRASSE
RATHENAU-PLATZ
PESTALOZZI-
Polizeipräsidium
Kurländer Palais
PILLNITZER
LANDHAUSSTRASSE
SCHIESSGASSE
KL. KIRCHGASSE
BURGER STR.
ZIRKUSSTRASSE
STRASSE
Landhaus
STRASSE
STRASSE
STR.
MATHILDENSTRASSE
WEISSE GASSE
FRIESENGASSE
RATHAUS-PLATZ
PIRNAISCHER PLATZ
GRUNAER
SEIDNITZER
STRASSE
Bacchus
RINGSTRASSE
GEWANDHAUSSTR.
ST. PETERS-
STR.
Rathaus
BLOCHMANN-
KÜLZ-RING
STRASSE
GÜNTZ-
GEORG-PLATZ
ST. PETERSBURGER STR.
STRASSE
STRASSBURGER PLATZ
BLÜHER-
Deutsches Hygiene-Museum

3
A
B
C
1
2
3
4
5
Elbe
Kötzschen-
Broder Str.
Elb-center
Markus-Platz
Konkordien-
Konkordien-Platz
Moritz-burger-Platz
Pestalozzi-Platz
Hansa-
Radrenn-bahn
Messering
Messe Dresden
Pieschener
Leipziger Str.
Hafen
Moritz-
Burger
Str.
Gehe-
Strasse
Hartigstr.
Eisenberger Str.
Erfurter Str.
Alexander-Puschkin-Platz
Grossenhainer
Grossenhainer Platz
St. Petri-Kirche
Fritz-
Reuter-
Str.
Bischofs-Platz
Conrad-
Str.
Neustädter Friedhof
Rudolfstrasse
Friedens-
Strasse
Gewerbe-
Gebiet
Allee
Grosses Ostragehege
Hafenweg
Sportpark
Alberthafen
Schlachthofstr.
Open-Air-Bühne
Lössnitz-
Güter-bahnhof
Dresden-Neustadt
Dr.-Fr.-Wolf-
Schlesischer Platz
Magdeburger
Hafen-mühle
Bremer Str.
Alter Kath. Friedhof
Vergrösserung dieses Areals siehe Karten 1–2
Hafen
Heinz-Steyer-Stadion
Kunsteis-stadion
Yenidze
Ufer-
Str.
Anton-
Hainstr.
Theresienstr.
Erich Kästner Museum
Kultur-rathaus
Palaisplatz
Dreikönigs-kirche
Palais-Garten
Marienbrücke
Internationales Congress Center Dresden
Japanisches Palais
Societaets-theater
Kügelgen-haus
Kunsthaus Dresden
Neustädter Markt
Goldener Reiter
Gr. Meissner Str.
Hauptstrasse
Albertstr.
Jägerhof
Canaletto-Blick
Blockhaus
Köpckestr.
Bellevue-Garten
Staats-ministerium der Finanzen
Augustusbrücke
Friedrich-
Hohenthal-Platz
Krankenhaus Friedrichstadt
Walther-
Hamburger Str.
Wachsbleich-
Friedrich-Stadt
Dresden-Friedrichstadt
Schaefer-
Berliner
Str.
Adlergasse
Weisseritzstr.
Behringstr.
Amts-gericht
Rangier-bahnhof
Walther-
Ostra-
Maxstr.
Kl. Packhofstr.
Devrientstr.
Neue Terrasse
Sächs. Landtag
Dresden-Mitte
Schützen-Platz
Semper-oper
Theater-kahn
Ital. Dörfchen
Anlegestelle der Sächsischen Dampfschiffahrt
Schützengasse
Hochschule für Musik
A. d. Hzgl. Garten
Am Zwingerteich
Theater-Platz
Kathedrale
Schloss-Platz
Sekundo-genitur
Brühlsche Terr.
Zwinger
Schinkel-wache
Schloss
Stände-haus
Frauen-kirche
Kunst-akademie
Hasenberg
Wettiner Platz
Schweriner
Schauspiel-haus
Johanneum
Cosel-palais
Alber-tinum
Ermischstr.
Str.
Taschenberg-palais
Neu-markt
Polizei-präsidium
Altmarkt-passage
Kultur-palast
Post-Platz
Wilsdruffer
Landhausstr.
Berger
Alt-markt
Landhaus
Schwimm- und Springer-halle
Alt-stadt
Rathaus-Platz
Pirnaisch Platz
Freiberger Platz
Annen-kirche
Kreuz-kirche
Rathaus
Komödie Dresden
Antons-Platz
Kulz-
Ring
Dr.-
Jakobs-
Gasse
Georg-Platz
St. Peters-
Die Herkuleskeule
Lilien-
Dippoldis-walder Platz
Waisenhausstr.
Sternplatz
Fröbelstrasse
Cottaer
Nusstr.
Gambrinusstr.
Behring-Str.
Strasse
Bauhofstr.
Könneritz-
Altonaer
World Trade Center
Dresden-Freiberger Str.
Löbtauer
Strasse
Jagdweg
Rosen-
Str.
Freiberger
Oederaner Str.
Fabrikstrasse
Budapester
Ammonstr.
Feldgasse
Reitbahn-
Prager
Puppen-theater
Rundkino
Kristall-palast
St. Petersburger Str.
Bürgerwiese
Blüher-Park
Deutsches Hygiene-Museum
Feldschlösschenstr.
Strasse
Wielandstr.
Schweizer
Bayrische
Haupt-bahnhof
Wiener Platz
Sidonienstr.
Hans-Dankner-
Lindengasse
Bürger-wiese
Bürger-ballen
Ebert-Platz
Nossener Brücke
Weißeritz
Hofmühlenstrasse
Zwickauer
Strasse
Budapester
Leubnitzer Str.
Hohe
Kaitzer Str.
Altenzeller Str.
Bernhardstr.
Str.
Friedrich-List-Platz
Strehlener
Wiener
Strasse
Parkstr.
Nürnberger
Eisen-
Stuck-
Liebig-
Schnorr-
Bergstr.
Nim
Fritz-Löffler-Str.
Schulstrasse
HTW
Schubertstr.
Uhland-
Str.
Alter Annen-Friedhof
Bamberger
Bayreuther
Südvorstadt
Reichenbach-
Schnorrstr.
Franklin-
Str.
Beutler-Park
Zwickauer Platz
Chemnitzer
Würzburger
Hohe
Kaitzer Str.
St.-Paulus-Kirche
Bernhardstr.
Zions-kirche
Hübner-Str.
Ruge-
Fritz-Löffler-Platz
Russisch-Orthodoxe Kirche
Nürnberger Platz
Lukas-Platz
Münchner Platz
Hoch-
Erlwein-
Strasse
Am Beutler-Park
TU

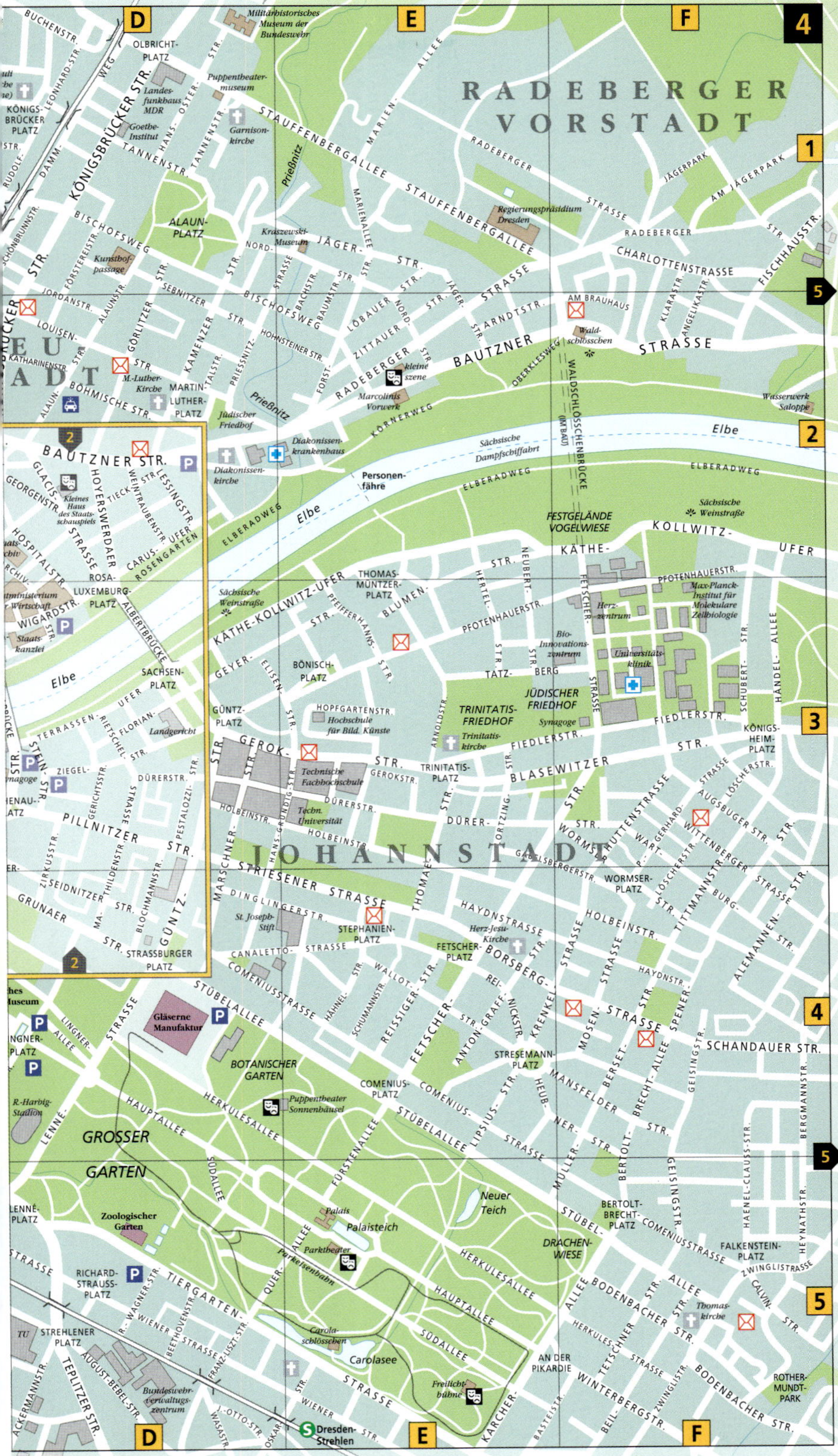
D
E
F
4
1
2
3
4
5
5
RADEBERGER VORSTADT
JOHANNSTADT
NEUSTADT
Militärhistorisches Museum der Bundeswehr
Puppentheatermuseum
Landesfunkhaus MDR
Goethe-Institut
Garnisonkirche
OLBRICHT-PLATZ
KÖNIGSBRÜCKER PLATZ
BUCHENSTR.
LEONHARD-STR.
KÖNIGSBRÜCKER STR.
HANS-OSTER-STR.
TANNENSTR.
STAUFFENBERGALLEE
Prießnitz
MARIENALLEE
RADEBERGER STRASSE
JÄGERPARK
AM JÄGERPARK
Regierungspräsidium Dresden
CHARLOTTENSTRASSE
FISCHHAUSSTR.
ALAUNPLATZ
BISCHOFSWEG
Kunsthofpassage
Kraszewski-Museum
JÄGERSTRASSE
NORDSTRASSE
SEBNITZER STR.
JORDANSTR.
LOUISENSTR.
GÖRLITZER STR.
KAMENZER STR.
BAUTZNER STRASSE
AM BRAUHAUS
Waldschlösschen
KLARASTR.
ANGELIKASTR.
M.-Luther-Kirche
MARTIN-LUTHER-PLATZ
BÖHMISCHE STR.
Jüdischer Friedhof
Marcolinis Vorwerk
kleine szene
KÖRNERWEG
OBERKLESWEG
WALDSCHLÖSSCHENBRÜCKE (IM BAU)
Wasserwerk Saloppe
Elbe
Diakonissenkrankenhaus
Diakonissenkirche
Sächsische Dampfschiffahrt
Personenfähre
ELBERADWEG
FESTGELÄNDE VOGELWIESE
Sächsische Weinstraße
KÄTHE-KOLLWITZ-UFER
THOMAS-MÜNTZER-PLATZ
BLUMENSTR.
PFOTENHAUERSTR.
Max-Planck-Institut für Molekulare Zellbiologie
Herzzentrum
Bio-Innovationszentrum
Universitätsklinik
BÖNISCH-PLATZ
GEYERSTR.
GÜNTZ-PLATZ
HOPFGARTENSTR.
Hochschule für Bild. Künste
TRINITATIS-FRIEDHOF
JÜDISCHER FRIEDHOF
Synagoge
Trinitatiskirche
FIEDLERSTR.
BLASEWITZER STR.
KÖNIGSHEIM-PLATZ
GEROKSTR.
Technische Fachhochschule
Techn. Universität
TRINITATIS-PLATZ
DÜRERSTR.
HOLBEINSTR.
STRIESENER STRASSE
DINGLINGERSTR.
St. Joseph-Stift
STEPHANIENPLATZ
CANALETTOSTRASSE
COMENIUSSTRASSE
HAYDNSTRASSE
Herz-Jesu-Kirche
FETSCHERPLATZ
BORSBERGSTR.
WORMSER PLATZ
HUTTENSTRASSE
AUGSBURGER STR.
WITTENBERGER STRASSE
TITTMANNSTR.
ALEMANNENSTR.
SCHANDAUER STR.
STRESEMANNPLATZ
MANSFELDER STR.
BERTOLT-BRECHT-ALLEE
BERTOLT-BRECHT-PLATZ
COMENIUSPLATZ
Puppentheater Sonnenhäusel
BOTANISCHER GARTEN
Gläserne Manufaktur
STÜBELALLEE
LINGNERALLEE
LINGNER-PLATZ
R.-Harbig-Stadion
GROSSER GARTEN
HAUPTALLEE
HERKULESALLEE
SÜDALLEE
FÜRSTENALLEE
Neuer Teich
Palais
Palaisteich
Parktheater
Parkeisenbahn
Zoologischer Garten
LENNÉPLATZ
RICHARD-STRAUSS-PLATZ
TIERGARTENSTR.
DRACHENWIESE
FALKENSTEIN-PLATZ
ZWINGLISTRASSE
HEYNATHSTR.
BODENBACHER STR.
Thomaskirche
Carolaschlösschen
Carolasee
Freilichtbühne
AN DER PIKARDIE
WINTERBERGSTR.
ROTHERMUNDTPARK
STREHLENER PLATZ
TEPLITZER STR.
Bundeswehrverwaltungszentrum
WIENER STRASSE
KARCHERALLEE
Dresden-Strehlen
BAUTZNER STR.
Kleines Haus des Staatsschauspiels
HOYERSWERDAER STRASSE
LUXEMBURG-PLATZ
ALBERTBRÜCKE
WIGARDSTR.
Staatskanzlei
SACHSENPLATZ
TERRASSENUFER
Landgericht
ZIEGELSTR.
PILLNITZER STR.
SEIDNITZER STR.
GRUNAER STR.
STRASSBURGER PLATZ
Synagoge

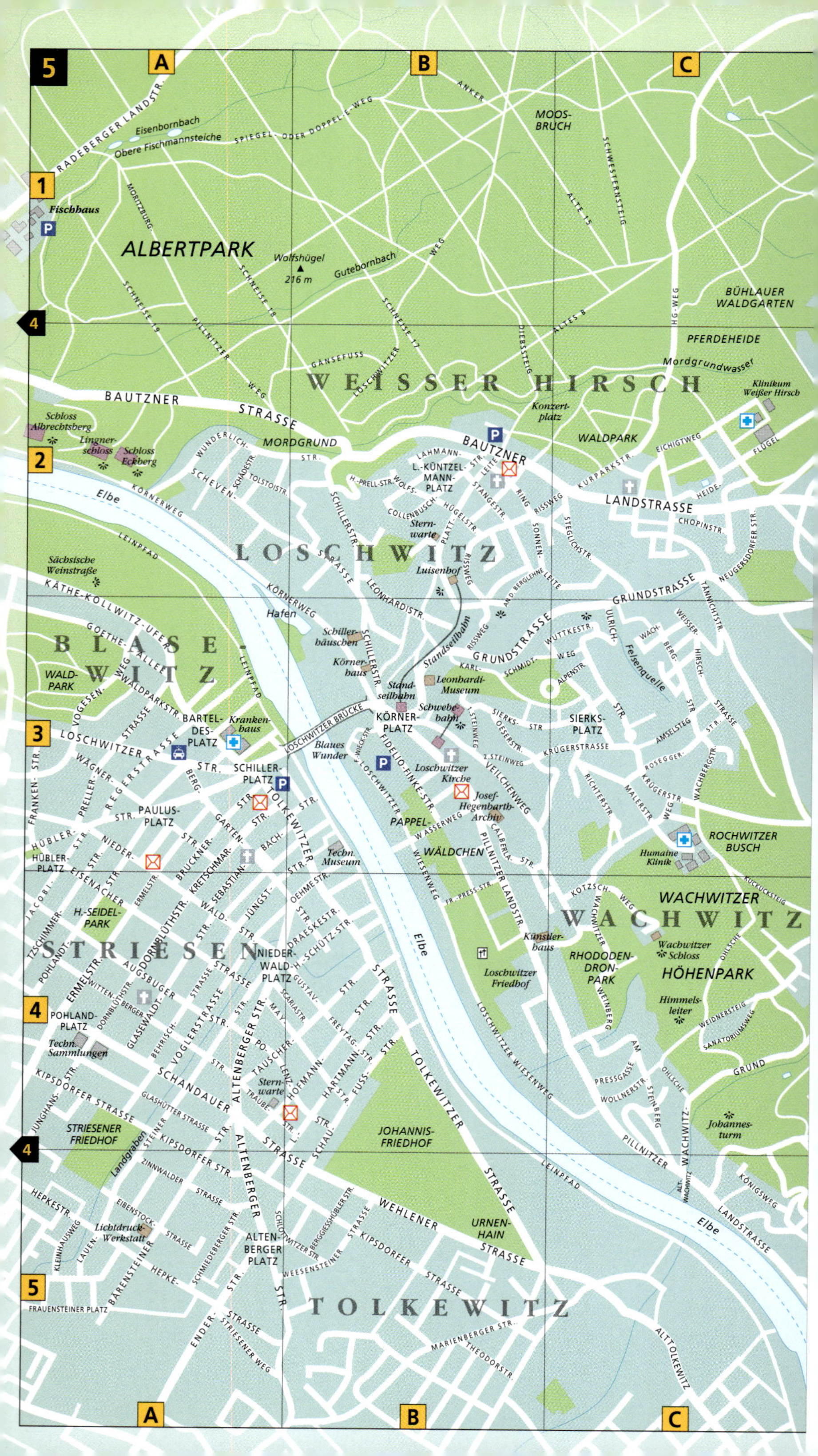
5
A
B
C
1
2
3
4
5
RADEBERGER LANDSTR.
Eisenbornbach
Obere Fischmannsteiche
SPIEGEL- ODER DOPPEL-E-WEG
ANKER
MOOS-BRUCH
SCHWESTERNSTEIG
ALTE 15
Fischhaus
ALBERTPARK
MORITZBURG.
Wolfshügel
216 m
Gutebornbach
WEG
SCHNEISE 18
SCHNEISE 19
SCHNEISE 17
DIEBSSTEIG
ALTES 8
HG-WEG
BÜHLAUER WALDGARTEN
PFERDEHEIDE
Mordgrundwasser
GÄNSEFUSS
LOSCHWITZER
PILLNITZER
WEISSER HIRSCH
Klinikum Weißer Hirsch
BAUTZNER
STRASSE
WEG
Konzert-platz
WALDPARK
EICHIGTWEG
FLÜGEL
Schloss Albrechtsberg
Lingner-schloss
Schloss Eckberg
WUNDERLICH-
MORDGRUND
STR.
BAUTZNER
LAHMANN-
L.-KÜNTZEL-MANN-PLATZ
LEITE
STR.
KURPARKSTR.
HEIDE-
LANDSTRASSE
CHOPINSTR.
SCHEVEN-
SCHADESTR.
TOLSTOISTR.
H.-PRELL-STR.
WOLFS.
COLLENBUSCH-
HÜGELSTR.
STANGESTR.
RING
RISSWEG
SONNEN-
STEGLICHSTR.
NEUGERSDORFER STR.
Elbe
KÖRNERWEG
LEINPFAD
SCHILLERSTR.
Stern-warte
PLATT-
LOSCHWITZ
Luisenhof
RISSWEG
LEITE
Sächsische Weinstraße
KÄTHE-KOLLWITZ-UFER
KÖRNERWEG
Hafen
LEONHARDISTR.
GRUNDSTRASSE
TANNICHTSTR.
ULRICH-
WEISSER-
HIRSCH-
Schiller-häuschen
SCHILLERSTR.
Standseilbahn
RISSWEG
GRUNDSTRASSE
WUTTKESTR.
Felsenquelle
WACH-
BERG-
BLASEWITZ
GOETHE-ALLEE
WALD-PARK
LEINPFAD
Körner-haus
KARL-
SCHMIDT-
WEG
ALPENSTR.
Leonhardi-Museum
WALDPARKSTR.
VOGESEN-
WEG
Stand-seilbahn
Schwebe-bahn
STR.
STRASSE
STR.
AMSELSTEG
BARTEL-DES-PLATZ
Kranken-haus
LOSCHWITZER BRÜCKE
KÖRNER-PLATZ
SIERKS-
STR.
SIERKS-PLATZ
LOSCHWITZER
STRASSE
REGERSTRASSE
Blaues Wunder
FIDELIO-FINKE-STR.
KRÜGERSTRASSE
ROSEGGER-
WACHBERGSTR.
FRANKEN-STR.
WAGNER-
STR.
SCHILLER-PLATZ
BERG-
Loschwitzer Kirche
VEILCHENWEG
RICHTERSTR.
MALERSTR.
KRÜGERSTR.
WEG
PRELLER-
PAULUS-PLATZ
STR.
TOLKEWITZER
GARTEN-
Josef-Hegenbarth-Archiv
PAPPEL-
WASSERWEG
CALBERLA-
STR.
ROCHWITZER BUSCH
HÜBLER-
NIEDER-
STR.
BACH-
Techn. Museum
WÄLDCHEN
Humaine Klinik
HÜBLER-PLATZ
BRUCKNER-
KRETSCHMAR-
SEBASTIAN-
WIESENWEG
PILLNITZER LANDSTR.
KOTZSCH-
WEG
KUCKUCKSTEIG
EISENACHER
ERMELSTR.
JÜNGST-
OEHME STR.
FR.-PRESS.-STR.
WACHWITZER
H.-SEIDEL-PARK
WALD-
DRAESKESTR.
H.-SCHÜTZ-STR.
WACHWITZ
JACOBI-
DORNBLÜTHSTR.
STR.
Künstler-haus
TSCHIMMER-
STRIESEN
NIEDER-WALD-PLATZ
STRASSE
Elbe
Wachwitzer Schloss
OELSCHE
POHLAND-
AUGSBURGER
STRASSE
RHODODEN-DRON-PARK
HÖHENPARK
ERMELSTR.
WITTEN-BERGER
GUSTAV-
SCARIASTR.
STR.
Loschwitzer Friedhof
WEINBERG
Himmels-leiter
POHLAND-PLATZ
GLASEWALDT-
VOGLERSTRASSE
STR.
ALTENBERGER STR.
MAY-
FREYTAG-
STR.
STR.
STRASSE
WEIDNERSTEIG
SANATORIUMSWEG
Techn. Sammlungen
BEHRISCH-
PO-
TAUSCHER-
HARTMANN-
FUSS-
LOSCHWITZER WIESENWEG
PRESSGASSE
AM
OHLSCHE
GRUND
KIPSDORFER STRASSE
SCHANDAUER
STR.
Stern-warte
HOFMANN-
STR.
WOLLNERSTR.
STEINBERG
JUNGHANS
GLASHÜTTER STRASSE
TRAUBE-
LENZ-
SCHAU-
TOLKEWITZER
Johannes-turm
STRIESENER FRIEDHOF
STEINER
KIPSDORFER STR.
STR.
JOHANNIS-FRIEDHOF
PILLNITZER
WACHWITZ-
Landgraben
ZINNWALDER
STRASSE
ALTENBERGER
STRASSE
LEINPFAD
KÖNIGSWEG
HEPKESTR.
EIBENSTOCK-
STRASSE
WEHLENER
STRASSE
Elbe
LANDSTRASSE
KLEINHAUSWEG
LAUEN-
Lichtdruck-Werkstatt
SCHMIEDEBERGER STR.
SCHLÜTERSTR.
BERGGIESSHÜBLER STR.
STRASSE
URNEN-HAIN
STRASSE
BÄRENSTEINER
HEPKE-
ALTEN-BERGER PLATZ
WEESENSTEINER
KIPSDORFER
STRASSE
FRAUENSTEINER PLATZ
STR.
STR.
TOLKEWITZ
ENDER-
STRASSE
STRIESENER WEG
MARIENBERGER STR.
THEODORSTR.
ALTTOLKEWITZ
A
B
C

Kartenregister

Textregister

Seitenzahlen in **fetter** Schrift verweisen auf Haupteinträge.

L

M

N

O

P

Q

R

T

U

V

W

Y

Z

Danksagung und Bildnachweis

Dorling Kindersley bedankt sich bei allen Beteiligten, die bei der Entstehung dieses Buches tatkräftig mitgewirkt haben.

Autor
Gerhard Bruschke, Diplom-Geograf, verfasste den *Vis-à-Vis Hamburg* und redigierte die deutsche Ausgabe weiterer Vis-à-Vis-Reiseführer (u. a. *San Francisco, Moskau, Indien*). Für die englischen Ausgaben der Vis-à-Vis-Titel *Deutschland, Österreich, Schweiz* und *München & Südbayern* war Gerhard Bruschke als Berater tätig. Ferner ist er Autor zahlreicher Beiträge für Länderkunden, Atlanten und Enzyklopädien (Print und Digital).

Publisher
Douglas Amrine

Publishing Director
Dr. Jörg Theilacker

Projektleitung
Stefanie Franz

Art Director
Anja Richter

Fotografien
Olaf Kalugin, Barbara Kimmerle

Illustrationen
Branimir Georgiev, Maria-Magdalena Renker, Eva Sixt

Kartografie
Kartographie Huber; Anja Richter, Mare & Monte

Redaktion
Brigitte Maier, Konzept & Text; Dr. Gabriele Rupp

Consultant
Helen Townsend

Umschlag
Anja Richter

Schlussredaktion, Kartenregister
Philip Anton

Fact-Check
Barbara Sobeck

Sprachführer
Grit-Uta Müller

Zusätzliche Kartografie
Casper Morris, DK Cartography

Weiterer Dank geht an folgende Personen, ohne die dieses Buch so nicht möglich gewesen wäre:
Andrew Phillips, Birgit Walter, Matthias Liesendahl, Oliver Stannius, Felix Krammer, Grit-Uta Müller, Kathrin Dettmann, Heike Hensel, Matthias Creutziger, Prof. Jörg Schöner, Heike Block (Kartographie Huber), Susanne Kantrowitz, Dr. Elisabeth Engelhardt.

Genehmigung für Fotografien
art'otel/Park Plaza Hotels (Kirstin Baumann), Asisi Factory (Diana Salow), Gerhart Baum, Bayern Express & P. Kühn Berlin GmbH (Mark Hörnisch), Gerhard Bruschke, Carl Zeiss Archiv, Citybeach, Matthias Creutziger, Kathrin Dettmann, Deutsche Telekom, Deutsches Hygiene-Museum (Odile Vassas), Dresden Marketing GmbH, Dresdner Magazin Verlag (Nadine Klare), Dresdner Verkehrsbetriebe AG (Claudia Spitzer), Elbhangfest (Friebel Werbeagentur), Anna Sophie Fehring, Flughafen Dresden GmbH (Claudia Franz), Golfclub Dresden, Herbst & Weinfest Radebeul (Jana Graedtke), Olaf Kalugin, Barbara Kimmerle, Conditorei Kreutzkamm GmbH (Frank Reiser), Lange Uhren GmbH (Katrin Mensinger), Architekt Daniel Libeskind AG (Jeanette Niggemeyer), Lichtenauer Mineralquellen (Bettina Krumbiegel, Sonja Stuckenbrock), Margon Brunnen GmbH (Enrico Vogel), Melitta (Annett Häßler), Militärhistorisches Museum der Bundeswehr (Simone Grün), Grit Müller, Musikfestspiele Dresden (Uta Stamm), Dr. Quendt KG, Radeberger Gruppe (Kathrin Arndt), Anja Richter, Sven Richter, Rotkäppchen Sektkellerei (Ulrich Ehmann), Rowohlt Verlag, Sächsische Dampfschiffahrts GmbH (Kathrin Stegemann), Prof. Jörg Schöner, Semper-Opernball (Katharina Karmel), Eva Sixt, Staatliche Kunstsammlungen Dresden (Andrea Vogt, Andrea Feistl, Doreen Schleicher), S&V Mobility GbR, Teekanne (Andrea Kolodziej), Neue Torgauer Brauhaus GmbH (Rosemarie Winkler), Tourismusverband Sächsische Schweiz, Sächsische Vinothek, Verkehrsmuseum Dresden (Martina Richter), Vita Cola (Neuland PR, Marion Schmidt), VW, Gläserne Manufaktur (Martin Jakob Nies), Weinbauverband Sachsen (Ellen Arnold), Wendt & Kühn KG (Lena Tetzner), Wernesgrüner Brauerei GmbH (Regina Zornow)

Bildnachweis

o = oben; ol = oben links; om = oben Mitte; or = oben rechts; m = Mitte; ml = Mitte links; mr = Mitte rechts; mo = Mitte oben; mu = Mitte unten; u = unten; ul = unten links; um = unten Mitte; ur = unten rechts

Abenteuerspielplatz Panama 232mr
American Express 233mo
art'otel Dresden / Park Plaza Hotels 4or, 190ur
Asisi 2–3, 29or, 139ml, 139mr, 139ul
Baum, Gerhart 44ol
Bayern Express & P. Kühn Berlin GmbH 239ur
Bruschke, Gerhard 38or, 39ol, 54or, 54m, 92m, 110ol, 113ol, 114ml, 115ul, 117ml, 170ml, 188om, 235ul, 235um, 240mr
Carl Zeiss Archiv 40m
Citybeach 217or
Conditorei Kreutzkamm GmbH 201m
Creutziger, Matthias 8–9, 85ol, 85or, 85ul, 85ur, 87ul, 218ol
Dettman, Kathrin 248ml
Deutsche Telekom AG 234ul
Deutsches Hygiene-Museum 5mr (David Brandt), 11or (Oliver Killig), 29ur (Werner Lieberknecht), 35ur (Werner Lieberknecht), 41or, 128ol (Werner Lieberknecht), 128or (David Brandt), 128ml (David Brandt), 128ul (Steffen Giersch), 128ur, 129om (Werner Lieberknecht), 129mr (Stadtgeschichtliches Museum Wismar Schabbelhaus), 129um (Werner Lieberknecht), 130ol (David Brandt), 130ml (Herbert Boswank), 130um (David Brandt), 131ol (David Brandt), 131m (David Brandt), 131ur (David Brandt), 222ol (Oliver Killig)
Dorling Kindersley Ltd., London 12–13 (3 Zeichnungen), 19m, 19ul, 19ur, 22ur, 24ml, 29ul, 31ml, 33or, 33ur, 34ol, 35m, 36–37 (16 Fotos), 42ol, 43ul, 45ol, 46om, 48m, 49ml, 53ol, 77ol, 77or, 77mr, 76–77 (Zeichnung), 78or, 78m, 79m, 80–81 (8 Fotos), 86m, 121ml, 144u, 157or, 176or, 177o, 177mr, 178ol, 178m, 179or, 179ur, 180or, 181ol, 181ur, 184ml, 185um, 200or, 203ul (3 Fotos), 233 (alle Fotos)
Dresden City Card 227mr
Dresden Marketing GmbH 63ur (Christoph Münch), 66um (Christoph Münch), 127ol (Christoph Münch), 158or (Franziska Scholze), 158ul (Christoph Münch), 159or (Christoph Münch), 165om (Christoph Münch), 175u (Herbert Boswank), 178ur (Silvio Dittrich), 181mr (Frank Richter), 182or (Frank Richter), 183or (Frank Richter), 184or (Franziska Scholze), 229or (Christoph Münch), 248ul (Franziska Scholze)
Dresden Marathon 220om
Dresdner Bank 232ol

Dresdner Magazin Verlag GmbH 235o
Dresdner Verkehrsbetriebe AG 242ol, hintere Umschlaginnenseiten
Elbhangfest (Holger Friebel) 47m
Electronic Cash 232om
Fehring, Anna Sophie 230ur
Feuerwehr Dresden 230mr
Flughafen Dresden GmbH 236om, 237ur
Georgiev, Branimir 5ur, 64–65 (Zeichnung), 68–69 (Zeichnung), 98–99 (Zeichnung), 110–111 (Zeichnung), 139 (Zeichnung), 142–143 (Zeichnung), 146 (Zeichnung)
Girocard 232or
Golfclub Dresden 220or
IBIS Hotels 190m
Inspirations Werbeagentur 203or
Kalugin, Olaf / Kimmerle, Barbara 1, 3m, 5ol, 5ml, 9m, 10om, 10mr, 10u, 11m, 11ur, 12or, 16ol, 16or, 16ul, 17or, 17ml, 17mr, 18, 19um, 20ol, 20m, 20ul, 20um, 21um, 22ol, 22or, 22ml, 22ul, 23ol, 23m, 23mr, 24or, 24um, 24ur, 25or, 25ml, 25ul, 26–27 (3 Fotos), 27ol, 28, 29ol, 29om, 29ml, 29m, 29mr, 29um, 29u, 30ol, 31or, 31m, 32or, 32ml, 32ul, 33m, 33ul, 34or, 34ul, 34ur, 35ol, 38ml, 38ur, 39mr, 40or, 42ml, 42mr, 42ul, 43ol, 43or, 43mr, 45mr, 45ul, 48ol, 49mr, 50om, 50ur, 52or, 52ol, 52m, 52ml, 52ul, 52ur, 53or, 53mr, 53ul, 53um, 53ur, 54ol, 54ul, 54ur, 55ol, 55om, 55mr, 55ul, 55ur, 56or, 56ml, 56mr, 56ul, 57ml, 57mr, 59m, 60, 61om, 62ol, 62or, 62ml, 62ul, 62ur, 63ol, 63or, 63mr, 63ul, 64ol, 64or, 64m, 64ur, 65mr, 65ur, 66o, 67or, 68or, 72ol, 72or, 72m, 72ur, 73ul, 74–75, 76or, 79or, 82or, 82m, 82ul, 83u, 84ol, 84or, 84ml, 84ul, 84ur, 86ol, 88u, 89or, 89m, 89ul, 90, 91o, 92ol, 92or, 92ml, 92mr, 92ur, 93ol, 93om, 93or, 93ul, 93ur, 94or, 94ul, 95or, 98ol, 100ol, 100um, 101or, 101m, 102om, 102m, 102ul, 103ol, 103m, 103ur, 104–105, 106ol, 106um, 107ol, 108, 109om, 110or, 110ml, 111ul, 111ur, 112m, 112ur, 114ol, 114ul, 114um, 114ur, 115ol, 116ul, 118–119, 120m, 120um, 121or, 121u, 122om, 122u, 123ol, 124, 125om, 126ol, 126or, 126ml, 126ur, 127mr, 127ml, 127ur, 132ol, 132or, 132um, 132ur, 133ol, 133mr, 134ol, 134ml, 134um, 135ol, 135or, 135ul, 135ur, 136or, 136ml, 136u, 137ol, 138ol, 139ol, 140, 142ol, 142or, 142ur, 143om, 143mr, 143ul, 143ur, 144or, 145ol, 145ur, 146ol, 146ml, 146ul, 146ur, 147or, 147m, 147ul, 148or, 150ol, 150m, 151or, 151ml, 152ol, 152ul, 152or, 152ul, 154, 155om, 156ol, 156ml, 156mr, 157m, 157mr, 157um, 162m, 162ur, 163ol, 164or, 164ml, 164m, 165ul, 166–167 (10 Fotos), 168om, 168ml, 168mr, 169ol, 169or, 169m, 170ru, 171ol, 171or, 171ur, 172ol, 172m, 172um, 172ml, 174, 175m, 176ml, 176ur, 180ol, 180ml, 180um, 181ul, 182ol, 182ul, 183m, 183ul, 185om, 185ml, 185mr, 186–187, 189ol, 189ur, 190ol, 191or, 198om, 198ml, 199ol, 199ur, 200ur, 201ul, 201um, 202ol, 202mr, 210mr, 210ml, 210ur, 212ol, 212mr, 212ur, 213ml, 213mr, 214mr, 216om, 216ul, 218ur, 220ol, 220ml, 220ur, 222mr, 222ul, 223ol, 226ml, 226ur, 227or, 230ml, 231ol, 231or, 234ol, 235o, 238m, 240ml (3 Fotos), 241um, 242or, 242ul, 243ur, 244ml, 245or, 245m, 245um, 246ol, 246ml, 246mr, 247ul, 248om, 249ul
Kulturamt Radebeul (André Wirsig) 48ur, 184ur
Kultur Card Dresden 227ml
Kultur Quartier Dresden 227ul
Lange Uhren GmbH 45ml
Lichtenauer Mineralquellen GmbH 203mr (2 Fotos)
Margon Brunnen GmbH 203mr (2 Fotos)
MasterCard 232mu
Melitta 41mr, 41ul
Militärhistorisches Museum der Bundeswehr (Architekt Daniel Libeskind AG) 35or, 123ur
Müller, Grit 5m, 200mr (3 Fotos), 222om
Neuland PR 203ml (2 Fotos)
Dr. Quendt KG 201ol, 201om
Radeberger Brauerei 162ol, 202ml (2 Fotos)
Renker, Maria-Magdalena 52–53 (Zeichnung), 54–55 (Zeichnung), 56–57 (Zeichnung), 84–85 (Zeichnung), 92–93 (Zeichnung), 126–127 (Zeichnung), 132–133 (Zeichnung), 150–151 (3 Zeichnungen)
Richter, Anja 31u, 39ur, 42or, 44ur, 50ml, 50ul, 51m, 55ml, 56m, 57ol, 77um, 100or, 114or, 134or, 134ul, 137ml, 137mr, 137ul, 137ur, 138m, 138ur, 141om, 142ml, 145ml, 148ul, 149om, 158m, 159ml, 159ur, 160–161, 164ol, 164ul, 165mo, 168ur, 173or, 184ol, 235m, 240ur, 246ul
Rotkäppchen Sektkellerei / Korenke PR 202or, 202ul (4 Fotos), 202ur (2 Fotos)
Rowohlt Verlag 25ur
Sächsische Dampfschiffahrts GmbH & Co. Conti Elbschiffahrts KG 4ur, 12ml, 46u
Sächsische Vinothek 213ur
Sail&Cruise 239ml
Schöner, Prof. Jörg 39ml, 98ml, 98um, 99om, 99m, 99ul, 99ur
SemperOpernball e.V. / CHL 49ul, 87or
Sixt, Eva 13mr, 30–31 (8 Zeichnungen), 34–35 (8 Zeichnungen), 38–39 (7 Zeichnungen), 42–43 (9 Zeichnungen), 114–115 (Zeichnung), 135mr, 134–135 (Zeichnung), 137 (5 Zeichnungen), 152m, 156–157 (2 Zeichnungen), 164–165 (Zeichnung), 166–167 (Zeichnung), 184–185 (9 Zeichnungen), 187m (Zeichnung), 225 (Zeichnung)
Staatliche Kunstsammlungen Dresden 68ml, 69ol (Jörg Schöner), 69om (SIB), 69mr (Herbert Boswank), 69ul (David Brandt), 69ur (Jürgen Karpinski), 70or (Jürgen Karpinski), 70ur (David Brandt), 71or (Lange), 71m, 71ur (Klut/Estel), 96or (Elke Estel/Hans-Peter Klut), 96ml (Hans-Peter Klut), 96ul, 97or (Jürgen Karpinski), 97mr, 97ul (Jürgen Karpinski)
S&V Mobility GbR 228mr
Teekanne 23ur, 41ml
Theilacker, Dr. Jörg 16ml, 25m, 30or, 30ml, 30ul, 38ul, 44m, 46mr, 51ol, 53om, 56ol, 57or, 57um, 58–59, 64ml, 65om, 67u, 68ol, 68um, 76ml, 76ul, 76um, 78ur, 83or, 87m, 88o, 93um, 95ur, 96ol, 101ur, 107ur, 110ul, 110ur, 111ol, 111om, 111mr, 112ol, 113ur, 114m, 115om, 115or, 115mr, 116om, 116m, 117ol, 117mr, 117ul, 149ur, 163m, 163ur, 164ur, 165mu, 165ru, 173ul, 188ml, 188ur, 189m, 198ur, 199m, 200ml, 200mr (4 Fotos), 200ul, 201ur, 203ul, 210om, 213or, 214ul, 216m, 217m, 218mr, 224–225, 226ul, 227ol, 228ol, 228ml, 228ur, 229m, 231m, 232ul, 234m, 236mr, 236ul, 237ol, 237m, 238or, 238ul, 239om, 240om, 241ol, 241m, 243ol, 243m, 244ur, 247or
Torgauer Brauhaus 203ml (3 Fotos)
Verkehrsmuseum Dresden 72ml, 73ol, 73or, 73mr
Visa 233m
VW, Gläserne Manufaktur 47ur, 132ml, 132ul, 133or, 133ul, 217ul
Weinbauverband Sachsen e.V. 203ur
Wendt & Kühn KG 212om, 214ol
Wernesgrüner Brauerei 202m (2 Fotos)
Wikipedia 21om (Stadtkarte 1634), 21m (Dresden 1650, Merian), 23ul (*Saxonia*), 40ul (*Saxonia*)

Vordere Umschlaginnenseiten:
Olaf Kalugin, Barbara Kimmerle (alle Fotos)
Hintere Umschlaginnenseiten:
Dresdner Verkehrsbetriebe AG
Umschlag:
Vorderseite: Olaf Kalugin / Barbara Kimmerle (Hauptbild); Dr. Jörg Theilacker ul; Maria-Magdalena Renker (Zeichnung)
Rückseite: Olaf Kalugin / Barbara Kimmerle (4 Fotos, links); Maria-Magdalena Renker (Zeichnung)
Buchrücken: Olaf Kalugin / Barbara Kimmerle (2 Fotos)

Sächsisch für Anfänger

Von Grit Müller

Um es gleich am Anfang klarzustellen: Der Sachse spricht gar nicht so oft das allbekannte **ei forbibbsch**, wie es ihm in den Mund gelegt wird. Wenn er staunt, so tut er dies mit Ausdrücken wie **huch** oder **oh** – so wie Menschen überall in Deutschland. Doch gerät er einmal außer Fassung, fühlt sich genervt oder enttäuscht, dann reagiert er mit einem lang gezogenen **our nee**.

Die Kunst des Sächselns

Um ein schönes weiches Sächsisch zustande zu bringen, bedarf es einiger Entspannungsübungen: Man lässt den Unterkiefer baumeln und die Mundwinkel nach unten rutschen. Anschließend lockert man die Zunge. Erst wenn die es sich im Mund so richtig gemütlich gemacht hat, kann man das **our nee** einmal probieren.

Noch ein Hinweis: Sächsisch kennt keine klaren Vokale. Das »a« klingt oft ein wenig wie das »o«. Denn für ein »a« muss man den Mund weiter öffnen, was mit entspannter Zunge eben nicht funktioniert. Das »e« wird gern zum »ä«, etwa in **Drähsdn** (Dresden) oder **sischs Lähm nähm** (sich das Leben nehmen). »i«, »o« und »u« bleiben meist unverändert, klingen aber dumpfer als im Hochdeutschen – etwa bei **Wurscht** (bzw. **Worscht**).

Bei vielen Wörtern werden die Vokale im Vergleich zum Hochdeutschen länger (z. B. **Lähm**) oder kürzer ausgesprochen. **Schonn** und **duschschn** für »schon« und »duschen« sind für die kurze Variante beispielhaft.

Kurz und weich

Das Sächsische neigt zu Sprachoptimierung durch Verkürzung. Sie erfolgt durch das Weglassen von Vokalen, das Ausmerzen der Konsonanten »p«, »t« und »k« zugunsten der weicheren Laute »b«, »d« und »g« sowie das Zusammenziehen von Wörtern. **Hammornisch** hat daher überhaupt nichts mit »harmonisch« zu tun – vielmehr verbirgt sich dahinter der komplette Satz »Das haben wir nicht«. Mit **Haddmor oh** meint der Sachse »Das hatten wir früher einmal«. Deutlich wird dies in der Konjugation des Verbs haben:

ham	haben
isch habbe, habbsch	ich habe, habe ich
du hasd, hasde	du hast, hast du
er hadd, haddor	er hat, hat er
mor hamm, hammor	wir haben, haben wir
ihr habbd, habbdor	ihr habt, habt ihr
se hamm, hammse	sie haben, haben sie

Auch die verschiedenen »sch«-Laute werden im Sächsischen in einem einzigen weichen Laut zusammengefasst. So enden beispielsweise »neidisch«, »eklig« oder »fröhlich« auf den gleichen, beinahe stimmhaften Auslaut »sch«. Selbst die Zahlen zwischen 20 und 99 sind solcherart verkürzt, so etwa **zwanzsch** (20), **eenzwanzsch** (21), **dreißsch** (30), **vürzsch** (40), **fuffzsch** (50), **fümfmfuffzsch** (55), **sechzsch** (60), **sibbzsch** (70), **siemsibbzsch** (77), **achzsch** (80), **neuinzsch** (90).

Nu und Nee

Im Sächsischen sagt man nicht einfach »nein« und »ja«. **Nee** (auch **nö** ist zulässig) kann in verschiedenen Melodien ausgedrückt werden. Der geübte Zuhörer erfasst dadurch den Seelenzustand seines Gegenübers in vollem Umfang. Das »Ja« hingegen ist meist ein kurzes **Nu**. Will der Sachse dies verstärken, sagt er **Nunu**. Aber das ist **gehubbd wie geschbrung**.

Sächsisch und Hochdeutsch

Der Sachse ist durchaus in der Lage, zum Hochdeutschen zu wechseln – etwa Fremden gegenüber. Dass ihm das Hochdeutsche leichtfällt ist wohl sprachgeschichtlich begründet: Martin Luther hat in einer Ausgleichssprache aus ostmittel- und ostoberdeutschen Elementen die Bibel übersetzt, die ja großen Einfluss auf die Entwicklung des Neuhochdeutschen hatte. Die Nähe zur Hochsprache unterstützt die kommunikative Seite des Sachsen. Er **nuschld villeih ä bissschn**, **gwadschd** und **gwassld** aber gern. Aber Achtung! Das Nachahmen ihres Dialekts empfinden Sachsen als **forschdbor** und fühlen sich leicht dadurch **veräbbld**.

Sachsen unterwegs

In die Stadt fährt man nicht einfach so. Zum **Eingoofn** muss **mor rumgudschn**, also von einem Laden in den nächsten fahren. Zu Fuß unterwegs, läuft der Sachse nicht nur. Wenn er es eilig hat, **semmld** oder **säbbld** er in das nächste Geschäft.

Gedränge liegt dem Sachsen nicht, er weckt seinen Vordermann gern mit einem **»Loofe zu!«** Tritt er ihm trotzdem auf die **Flossn**, kommt sofort ein versöhnendes **»Dschuldschung«**. Im Gegenzug antwortet der Sachse mit einem heiteren **»Geladschd is geladschd«**. Für das Einkaufen sind die Verben »haben« und »bekommen« (**grieschn**, kriegen) wertvoll. Geschätzt werden auch **machn** (machen) und **duhn** (tun).

Der **Gaffeesaggse** ist sprichwörtlich. Sein **Schälschn Heeßn** mag er daher kräftig, keinesfalls **lädsch**. Sein Credo lautet: **»Heeß mussor sein un sieße.«** Gerne werden Kuchen oder Kekse **eingediddschd**. Dünner Kaffee (wie auch **läbbrische** Suppe) heißt auf Sächsisch **Lorge** oder **Blembe**. Will er den Gastgeber nicht verletzen, spricht der Sachse von **Bliemschngaffee**. **Muggefugg** dagegen ist Kaffeeersatz, also falscher Kaffee (aus dem Französischen *mocca fault*).

Die **Bämme** wird gern mit **Läborbiebe** oder anderer **Worscht** belegt. Dazu passen **Joggort** oder **ä Abbl**, von dem nur der **Griebsch** übrig bleibt. Es wird nicht einfach nur gegessen: Je nach Geschmack kann man **mumbln**, **gädschn**, **nuhdschn**, **rumbiebln** oder **gnaubln**.

Dorheeme (zu Hause)

Vor allem die Kleinen sind wie im Leben so auch im Wortschatz sehr präsent. Je nach Verhalten sind es süße **Zweggn**, **Säggsor** oder **Griewadsche**, freche **Wännsdor** oder **Bähbn**, die **gwähgn**, **gwängln**, **ningln** oder **flänn**. Mögliche Reaktion: **rumdeddorn**, etwa mit **»Häre nu ma off mid dein Rumgeblähge, isch wär ganz fissblisch und fuchdsch«**.

Beim Streit unter Kindern kommt es zu **Geblähge**, **Gezerre** oder auch einmal handfesteren Auseinandersetzungen wie **Buche**, **Schlahe** oder **Globbe**. Hat es geregnet, ziehen Sandkästen die Kleinen scheinbar magisch an. Dort wird dann **Mebbermumbe** – Wasser-Schlamm-Gemisch – zum Bauen, Gestalten oder Werfen zusammengematscht. Entsprechend pflegebedürftig kommt das Kind dann nach Hause. Vor Betreten der Wohnung muss es natürlich **de Ladschn abbutzn**, damit es **geene Dabbsn offm Däbsch machd**. Behält es die Schuhe an, wird es liebevoll aufgefordert: **»Zieh d Boddn aus und ladsche nich den ganzn Dreck dursch de Horntzsche.« Gemäggor** gibt es übrigens auch, wenn am Tisch beispielsweise nicht ordentlich gegessen wird: **»Basse off, dassde midm Muggefugg nisch schwebborst.«**

Sie sehen: Sächsische Geselligkeit zeigt sich schon in der Sprache. Man ist fröhlich – und direkt.

Glossar

(ab)gnaubln	abnagen (Fingernägel, Hühnerbeine)
achd, achde	acht
aufbohln	Unordnung anrichten
ausbaldowern	aushecken, Plan schmieden
Babba, dor	Papa
Bämme, de	Scheibe Brot
bammeln	herunterhängen
Bargblads	Parkplatz
bibborn	zittern, frieren
blägn	laut rufen
blaudzn	laut zuschlagen (Türen)
Blembe, de	billiges Getränk
Bliemschn-gaffee, dor	Blümchenkaffee, dünner Kaffee
Bodäggs, dor	Po
Boddn, de	Schuhe, Füße
Buche, de (kurzes »u«)	Prügel
dabbsch	ungeschickt
Dabbsn, de	schmutzige Fußabdrücke
Däbsch, dor	Teppich
dahdorrzue	dazu
diddschn	eintunken (Keks in Kaffee)
Diggnischl, dor	Dickkopf
diggschn	trotzen
dorheeme	zu Hause
drei, dreie	drei
düschdsch	tüchtig, fleißig
eens, eense	eins
falschor Fuffzscher, ä	Lügner
Fehds, dor	Spaß
fimf, fimfe	fünf
Fisasche, de	Gesicht
fissblisch	nervös
flädsn	herumlungern
Flossn, de	Hände, Füße
Fohdn, de	Hände
forblämborn	vergeuden (Geld, Zeit)
forhäddorn	durcheinanderbringen
formiggord	welk
forschdbor	furchtbar
friemln	basteln
fuchdsch	nervös, ungeduldig
gädschn	laut kauen
gähssch	blass
Garliene, de	störrisches Mädchen
gaubln	tauschen
Gaugädschor	Kaugummi
Gelumbe, es	unnützes Zeug
Gemäggor	Geschimpfe
Giege, de	kleine Nase
Glabbsgobb, dor	alberner Mensch
gläggorn	klecksen, kleckern
Globbe, de	Prügel
glohbschnisch	glaube ich nicht
Glubschn, de	(große) Augen
gnille	müde
gohgln	Feuer anzünden, mit Feuer spielen
Griebl, dor	unguter Mensch
Griebsch, dor	Rest, Gehäuse vom Apfel
Griewadsch, dor	Junge
guddln	schnell trinken
Guggln, de	Augen (bei Kindern)
guggn	sehen, schauen
Gusche, de	Mund, abwertend (»Halde Gusche!«)
Gwaddora-dadsch, dor	Unsinn
Gwadrad-latschn, de	große Füße
gwarzn	rauchen
Horntzsche, de	Wohnung (abwertend)
hubbm	springen, hopsen
hundord	hundert
illorn	heimlich beobachten
läbborn	Appetit auf etwas haben; auch: zesammläbborn für zusammensparen
labbrisch	dünn, geschmacklos, fad
Läborbiebe, de	Leberwurst
lädsch	geschmacklos
ladschn	treten, nachlässig gehen
Ladschn, de	Schuhe, Füße
Lohdn, de	Haare
Lorge, de	billiges Getränk
Luhlaadsch, dor	großer Mensch
Luhmisch, dor	gerissener Mensch
märn	langsam machen, trödeln
miggrisch	blass, müde, schlaff
mobbsn	stehlen
mor	wir, aber auch man
Muggefugg, dor	Kaffeeersatz (Französisch: *mocca fault*)
nee	nein
neuin, neuine	neun
ningln	weinen
Nischl, dor	Kopf
nischln	jemdanden/etwas kräftig schlagen
nörschln	nörgeln
nu	ja
nuhdschn	lutschen
pulggsn	hart arbeiten
Reese, de	ungeschickte, dumme Frau, Mädchen
rumbiebln	basteln
rumdeddorn	schimpfen
Rumgeblähge, es	Geschrei
rumgudschn	herumfahren
rumobern	albern sein, herumtoben
rundorrubbn	herunterreißen
Rungsn, dor	dicke Nase (eigentlich: großes Stück Brot)
Sabbl, dor	Mund, abwertend (»Haldein Sabbl!«)
Säggsor, dor	kleiner Junge
Schälschn Heeßen, ä	Tasse Kaffee
Schibbe ziehn	trotziges Gesicht machen
Schlahe, de	Prügel
Schlübbor, dor	Slip
schwäbborn	kleckern, (zu) viel trinken
Schwieschor-muddor, de	Schwiegermutter
seggs, seggse	sechs
siem, sieme	sieben
vieor, viere	vier
vorheddorn	verfangen (Faden, Rede), irren
Wännsdor, de	Kinder
Worschd, de	Wurst
zähn, zähne	zehn
Zimmzigge, de	launische Frau
zordebborn	kaputt machen, zerschlagen
zwee, zweeje	zwei

DORLING KINDERSLEY VIS-À-VIS

DIE 106 BÄNDE DER VIS-À-VIS-REIHE

ÄGYPTEN • ALASKA • AMSTERDAM • APULIEN • ARGENTINIEN
AUSTRALIEN • BALI & LOMBOK • BALTIKUM • BARCELONA & KATALONIEN • BEIJING & SHANGHAI • BELGIEN & LUXEMBURG
BERLIN • BOLOGNA & EMILIA-ROMAGNA • BRASILIEN
BRETAGNE • BRÜSSEL • BUDAPEST • BULGARIEN
CHICAGO • CHINA • COSTA RICA • DÄNEMARK
DANZIG & OSTPOMMERN • DELHI, AGRA & JAIPUR
DEUTSCHLAND • DRESDEN • DUBLIN
FLORENZ & TOSKANA • FLORIDA
FRANKREICH • GENUA & LIGURIEN
GRIECHENLAND • GRIECHISCHE INSELN
GROSSBRITANNIEN • HAMBURG • HAWAII
INDIEN • IRLAND • ISTANBUL • ITALIEN
JAPAN • JERUSALEM • KALIFORNIEN • KANADA • KANARISCHE INSELN
KARIBIK • KENIA • KORSIKA • KRAKAU • KROATIEN • KUBA • LAS VEGAS
LISSABON • LOIRE-TAL • LONDON • MADRID • MAILAND
MALAYSIA & SINGAPUR • MALLORCA, MENORCA & IBIZA
MAROKKO • MEXIKO • MOSKAU • MÜNCHEN & SÜDBAYERN
NEAPEL • NEUENGLAND • NEUSEELAND • NEW ORLEANS
NEW YORK • NIEDERLANDE • NORDSPANIEN • NORWEGEN
ÖSTERREICH • PARIS • PERU • POLEN • PORTUGAL • PRAG
PROVENCE & CÔTE D'AZUR • ROM • SAN FRANCISCO
ST. PETERSBURG • SARDINIEN • SCHOTTLAND • SCHWEDEN
SCHWEIZ • SEVILLA & ANDALUSIEN • SIZILIEN • SPANIEN • STOCKHOLM
SÜDAFRIKA • SÜDTIROL & TRENTINO • SÜDWESTFRANKREICH
THAILAND • TOKYO • TSCHECHIEN & SLOWAKEI
TUNESIEN • TÜRKEI • UNGARN • USA
USA NORDWESTEN & VANCOUVER
USA SÜDWESTEN & LAS VEGAS
VENEDIG & VENETO • VIETNAM & ANGKOR
WASHINGTON, DC
WIEN • ZYPERN

Erhältlich in jeder Buchhandlung

DORLING KINDERSLEY
www.traveldk.com

VIS à VIS

Dresden: Nahverkehrsnetz DVB

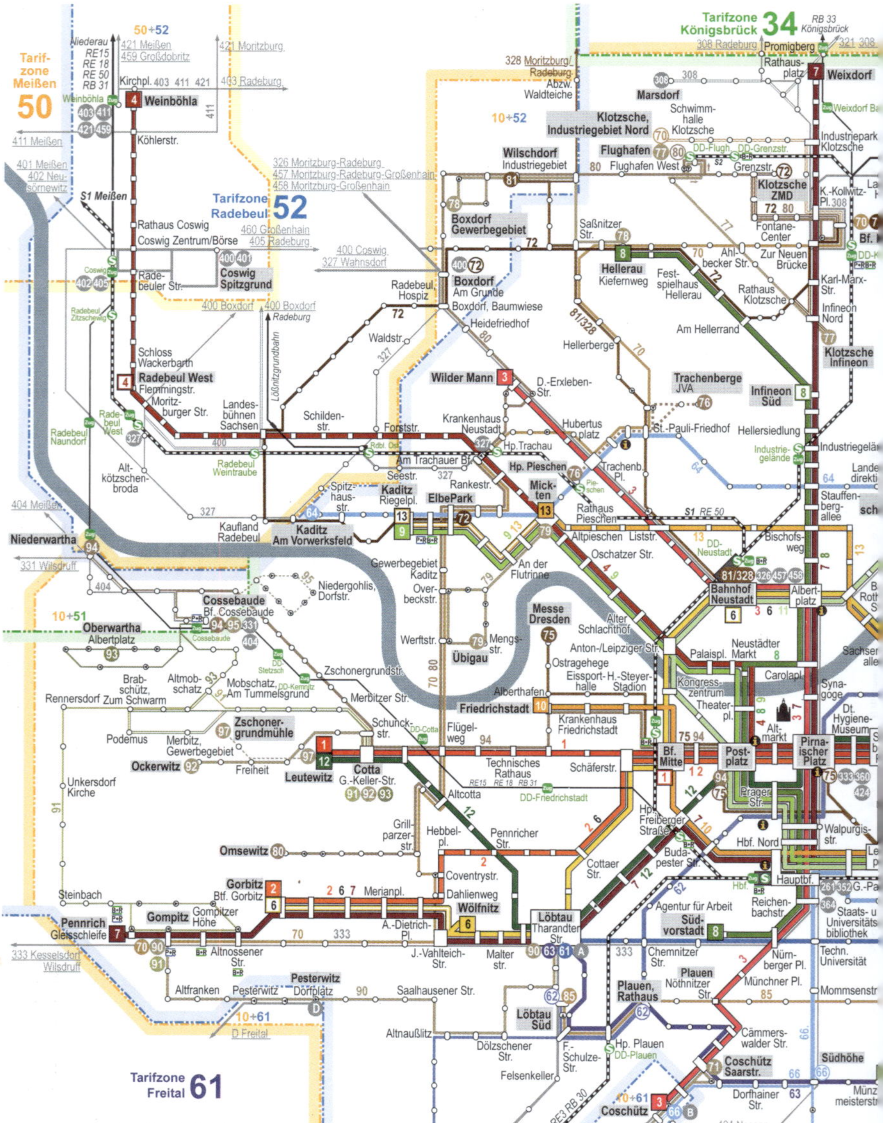

Redaktionsschluss: 23.11.2009 © DVB AG
Änderungen vorbehalten • Für Druckfehler und Irrtümer keine Haftung.

www.dvb.de
Service: 0351/ 857 10 11

Wir bewegen Dresden.